3·1운동 100년

4 공간과 사회

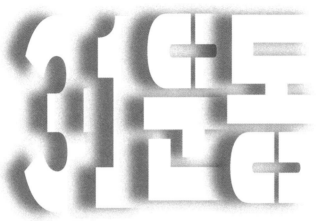

3·1운동 100주년 총서

4 공간과 사회

한국역사연구회 3·1운동100주년기획위원회 엮음

Humanist

▪ **일러두기**

1. 논문과 기사 제목은〈 〉로, 신문과 잡지, 단행본 제목은《 》로 표기했다.
2. 외래어 표기는 국립국어원 외래어 표기법에 따랐다. 단, 외국 도서명과 잡지명, 출판사명
   일부는 뜻을 명료히 하기 위해 한자 독음대로 표기했다.
3. 옛 문헌을 인용하는 경우, 맞춤법은 원문에 따랐다.
4. 역사 용어는 통일하지 않고, 각 필자의 의견에 따랐다.

3·1운동 100주년,
새로운 역사학의 모색

3·1운동 100주년을 맞는 소회가 남다르다. 3·1운동은 거리의 저항
축제였다. 전국 방방곡곡 공원과 장터를 메운 사람들은 독립만세를
외쳤고 태극기를 손에 쥔 채 대로와 골목을 누비며 행진했다. 그로부
터 100년의 세월이 흐른 2019년, 우리는 추운 겨울 거리에서 촛불을
밝혀 민주주의의 진전을 이뤄냈고 한반도 평화의 길로 성큼 들어섰
다. 100년 전과 마찬가지로 역사적 전환기를 맞아 새로운 역사를 써
내려가고 있다.

새로운 시대로의 진입, 그 길목에서 역사학계도 전에 없이 활발히
움직이고 있다. 특히 소장학자들이 새롭고 다양한 시각으로 자신들
의 목소리를 내고 있다. 한국근대사도 새로운 역사학을 모색하는 흐
름의 한가운데 있다. 오래도록 근대사의 주체는 민족이었고 때론 민
중이었다. 프레임 역시 민족 대 반민족이었다. 20세기에서 21세기로
진입하면서 양자 사이에 광범위한 회색지대가 존재했다는 선언이 이
뤄졌고 이분법적 구도는 서서히 무너져 내렸다. 그리고 2019년, 근대

사는 민족이나 민중을 단일한 집합주체로 보지 않고 다양한 스펙트럼과 경계를 넘나드는 그들의 운동성에 주목하는 한편, 장애인과 성소수자 등 역사 속에서 배제된 주체를 찾아 그들의 삶을 복원하려 한다. 수탈 대 저항이라는 전통적인 이분법을 해체하고 일제 시기를 재해석하려는 움직임이 주된 흐름으로 자리를 잡아가고 있다.

한국역사연구회가 3·1운동 100주년을 맞아 내놓는 다섯 권의 총서는 새로운 역사학을 모색하고자 하는 근대사의 고민을 담고 있다. 지금까지 10년을 주기로 역사적 사건을 기념하는 책들은 으레 배경, 발단, 전개, 결과와 영향, 역사적 의의로 차림표를 내놓는 경우가 많았다. 이번 3·1운동 100주년 총서는 이와 달리 구성되었다. 3·1운동을 주재료로 삼아 100년간의 3·1운동에 대한 기억과 상식을 메타역사적 시각에서 접근했고, 그동안 미진했던 3·1운동 자체에 대한 실증적 분석을 시도했으며, 3·1운동을 전후한 시기의 정치·경제·사회·문화적 변화와 식민지-동아시아-세계라는 공간의 변동을 살폈다.

먼저, 비평적 역사 읽기를 시도했다. 지난 100년 동안 3·1운동의 기억과 상식이 빚어져온 과정을 메타역사적 관점에서 접근했다. 3·1운동은 한국사는 물론이고 세계사적으로도 주목받는 대사건이었다. 그만큼 3·1운동에 대한 기억과 상식은 일찍부터 형성되어 고정관념으로 굳어지는 길을 걸어왔다. 총서에서는 그간 당연시되어온 3·1운동에 대한 기억과 상식이 남과 북, 한국과 일본이라는 공간에 따라 달리 해석되고 정치 변동에 따라 위상과 해석이 달라지는 역사적 주제임에 주목했다.

둘째, 역사학이 100년간 밝히지 못했던 3·1운동의 사건사를 규명하고자 했다. 이제껏 2·8독립선언, 3월 1일 7개 도시에서 일어난 만세시위, 3월 5일 서울에서 일어난 학생시위, 3·1운동에서의 학살 문제 등을 정면으로 다룬 논문은 없었다. 두 달 넘게 진행된 3·1운동의 끝자락에 어떤 만세시위가 자리하고 있는지에 대해서는 논의조차 없었다. 총서에서는 3·1운동을 이해하는 데 반드시 규명되어야 함에도 제대로 조명받지 못했던 주요 사건들을 실증적으로 짚었다.

셋째, 다양한 주체와 시선으로 3·1운동을 재현하고자 했다. 지금까지 3·1운동에 대한 연구는 주로 참여자에게 주목하고 그들과 관련한 판결문을 분석해왔다. 반면, 총서에서는 다양한 목격자가 등장한다. 일본 유학생 청년 양주흡과 청년 유학자 김황, 서울 한복판에서 3·1운동을 비판했던 윤치호, 탄압과 학살의 주역 조선군사령관 우쓰노미야 다로, 그리고 한국인도 일본인도 아닌 제3자인 외국인 선교사의 시선을 통해 3·1운동을 다각적으로 해석했다. 또한 세대론적 시각과 다원적 연대라는 관점에서 3·1운동을 재현했다.

넷째, 권력과 정치를 화두로 3·1운동을 일본의 식민지인 조선, 즉 조선총독부의 지배 권역에서 일어난 사건으로 조망하고자 했다. 일제 시기 연구는 늘 식민통치 대 저항운동이라는 이분법을 전제하고 있었다. 권력보다는 통치의 시선으로, 정치보다는 운동의 시선으로 역사를 해석해왔다. 총서에서는 3·1운동을 둘러싼 사법, 경찰, 군부 등 권력의 대응과 조선총독부, 한국인, 일본인 등을 포함한 정치세력의 동향에 주목했다. 3·1운동이 권력과 정치에 미친 파장은 '비식민화(decolonization)'라는 관점에서 다뤘다.

다섯째, 공간적이고 인적인 차원에서 경계 넘기를 시도했다. 이제껏 3·1운동과 일제 시기 연구는 주로 식민지 조선이라는 공간에 국한되었고 한국인의 동향을 살폈다. 총서에서는 식민지 조선, 식민 본국인 일본은 물론 세계로 공간을 넓혀 경제와 법, 사회현상을 다뤘다. 3·1운동을 경험한 한국인이 바라본 아일랜드 독립운동도 조망했다. 또한 한국인뿐 아니라 일본과 식민지 조선에 살고 있던 일본인의 동향도 살폈다. 무엇보다 총서에는 4명의 일본 학자가 필자로 참여했다. 대표적인 항일운동으로 꼽히는 3·1운동의 100주년을 맞아 발간하는 총서에 한국과 일본 학자가 함께 이름을 올린다는 것은 국경을 넘는 역사 교류의 반영이라 할 수 있다.

여섯째, 사회를 일원적 시각이 아니라 다층적 시각에서 살폈다. 그동안은 일제의 식민지배를 받았던 조선 사회를 단일한 사회로 인식하는 풍토가 있어왔다. 하지만 조선 사회는 일원적이지도 단일적이지도 않았다. 총서는 3·1운동 전후의 조선 사회를 도시 시위, 길거리 정치, 보통학교, 혁명의 여진이라는 사회적 화두로 재구성했다.

일곱째, 3·1운동 전후의 조선 사회를 문화사적 시각에서 접근했다. 지금까지 일제 시기 연구는 식민정책과 독립운동을 중심으로 이루어졌던 만큼 문화사 연구는 상대적으로 빈약했다. 문화사의 일환인 사상사에서는 3·1운동 전후 시기에 대한 연구가 소략했다. 총서에서는 그동안 3·1운동과 관련해 본격적으로 다룬 바가 없는 반폭력사상, 평화사상, 인종 담론뿐만 아니라 단군문화, 역사문화, 민족 정체성, 여성 정체성, 민족 서사 등에도 주목했다. 미술과 영화 같은 문화현상도 살폈다.

1919년으로부터 100년, 역사적 전환기에 발맞추어 역사학 또한 전환의 시대를 맞고 있다. 오늘날 역사학의 변화를 담고 있는 다섯 권의 총서가 앞으로 역사학이 나아갈 길을 모색하는 데 미력하나마 디딤돌이 되기를 기대한다. 대중 역사가들이 이끄는 대중 역사에는 아직도 민족주의적 기풍이 강하다. 하지만 새로운 역사학에는 단일한 대오도, 단일한 깃발도 없다. 근대사 연구에서는 이분법적 구도가 무너져 내리고 광범한 회색지대가 드러난 이래 기존 역사상에 대한 비판과 성찰이 이뤄지고 있으며 다양한 역사상이 새롭게 주조되고 있다.

1989년 한국역사연구회는 역사문제연구소, 한겨레신문과 함께 3·1운동 70주년 기념논문집인 《3·1민족해방운동연구》를 펴냈다. 27년이 지난 2016년, 그 논문집의 기획자와 집필자, 그 책을 밑줄 치고 읽은 대학원생, 1989년에는 그 존재조차 몰랐던 중학생과 유치원생이었던 이들이 모였다. '3·1운동100주년기획위원회'는 그렇게 3년 전인 2016년에 탄생했다. 10명의 중진, 소장학자가 함께 꾸린 기획위원회는 100년의 3·1운동 연구를 메타역사의 시각에서 분석하며 문제의식을 공유하고 총서의 틀을 짰다. 그간 대화가 소홀했던 중진학자와 소장학자 간의 활발한 토론은 새로운 역사학을 전망하며 총서를 구성하는 데 큰 힘을 발휘했다. 무엇보다 명망성보다는 문제의식의 참신성에 주목하면서 많은 소장학자가 필진으로 참여하는 성과를 거두었다.

　총서를 발간하기까지 기획위원회의 팀워크가 크게 기여했다. 게다가 집필자들의 헌신성이 있었기에 가능한 일이었다. 특히 비정규직 연구자로서 바쁜 삶을 살고 있는 소장학자들은 한 사람도 낙오 없이 옥고를 제출했다. 이 자리를 빌려 39명의 필자분께 깊은 감사의 말씀을 전한다.

　역사학자로서 3·1운동 100주년을 기획하고 총서를 발간하는 소임에 참여한 것은 무한한 영광이다. 그 역사적 소임을 제대로 마무리했는지 두렵지만, 3·1운동 100년의 기억과 기념에 머무르지 않고 역사학의 미래를 가늠할 수 있는 기회를 갖게 된 점에 자부심을 느끼며 3·1운동 100주년 총서를 세상에 내놓는다. 39명에 달하는 필진의 49편의 논문을 갈무리해 다섯 권의 총서로 묶어낸 휴머니스트의 노고에 깊이 감사드린다.

김정인(한국역사연구회 3·1운동100주년기획위원회 위원장)

공간과 사회

근래 역사학계에서는 '공간'에 대한 관심이 크게 높아지고 있다. 1990년대 이래 일상성과 다양성을 강조하는 포스트모더니즘의 확산과 함께, 다양하고 일상적인 삶이 전개되는 '공간'에 많은 연구자가 주목하게 된 것은 어쩌면 당연한 귀결이다. '공간'은 더 이상 영웅적 인물들의 활동무대에 그치지 않고, 인간에 의해 지각되고 묘사될 뿐만 아니라 인간의 인식 및 활동을 구속하는 일종의 구성체로 간주되고 있다.

이러한 '공간'에 대한 재인식은 특히 '도시 공간'에 대한 관심을 증폭시켰다. 이때 '도시 공간'은 도시 계획을 통해 권력 의지가 각인되는 현장이자, 사람들의 정체성 형성이나 사회적 관계들의 조율에 연루된 경관이며, 시민들에 의한 주체적인 변혁 가능성을 품은 열린 작품이다. 10여 년 전만 해도 한국 역사학계의 변방으로 평가되던 도시사 연구는 2019년 현재 꾸준히 연구 성과를 내고 있다. 그러나 그에 비해 '공간' 자체에 대한 논의는 여전히 미비한 상태이다.

'공간'은 도시와 시골 외에도 다양한 층위의 기준에 따라 구분될 수 있다. 예컨대 국내와 국외, 동양과 서양, 대륙과 대양 등이 그것이다. 그런데 여기에서 주목할 것은 어떤 층위든 간에 '공간'을 규정하려면 '경계' 획정이 선행되어야 하며, 그 '경계'의 기준은 산과 강 등의 자연일지라도 자의성이 개입되기 마련이라는 사실이다. 또한 '경계'는 공간의 분할과 동시에 각각에 상이한 역할과 가치를 부여함으로써, 공간들 사이에 비대칭적인 관계를 형성하기도 한다. "경계 저편에는 평화가 없다(There was no peace beyond the line.)"라는 서양의 관습적 표현은 바로 그러한 공간의 비대칭성을 매우 적절하게 일깨워준다.

3·1운동 100주년 총서 제4권에 해당하는 본서는 위와 같은 문제의식으로부터 출발해 기존의 사회경제사로 묶일 수 있는 주제들을 '공간'의 관점에서 재검토한 것이다. 따라서 본서에 실린 10편의 연구 논문에 대해 기본적으로는 3·1운동을 전후한 시기 다양한 층위의 '공간'과의 연관성을 물을 수 있다. 다만 제1부에서는 식민지 조선을 그 외부 세계와의 관계 속에서 파악하려 한 논문들을, 제2부에서는 식민지 조선의 내부, 곧 조선 사회에 보다 집중한 글들을 묶었다. 따라서 본서의 제목도 '공간과 사회'라고 붙였다.

제1부 '공간과 경계'에는 논문 여섯 편을 수록했다. 먼저 배석만의 〈제1차 세계대전 전쟁특수와 조선 경제〉는 유럽의 경계 저편에서 전쟁특수를 누리게 된 일본 및 조선에서의 변화들에 주목했다. 종래의 수탈론적 관점으로는 취급할 수 없었던 전쟁특수 문제를 전면에서 제기하고, 이를 통해 전쟁특수가 조선인 부르주아지의 성장은 물론 그 혜택으로부터 소외된 조선인 프롤레타리아의 저항력 또한 키워 놓았음을 논했다. 백선례의 〈'1918년 독감'의 유행과 혼란에 빠진 조선 사회〉는 교통수단의 발달과 제국주의의 팽창으로 인해 글로벌화

가 가속화하는 속에서 3·1운동을 전후한 시기 경계를 모르고 확산되던 독감과 그에 대한 식민당국의 대처를 검토했으며, 한승훈의 〈3·1운동 경험자가 바라본 아일랜드 독립전쟁〉은 3·1운동의 경험 위에서 영국 지배하의 아일랜드로부터 식민지 조선과의 유사성을 발견한 신생 언론《동아일보》가 아일랜드 무장투쟁을 어떻게 활용하고자 했는지를 살폈다.

한편, 김제정의 〈1920년대 초반 조선총독부의 산업정책과 조선인 자본가〉와 이정선의 〈공간에 속박된 사람들: 식민지 조선의 민사 법제와 공통법〉은 제국의 판도 안에서 '내지'와 '외지'로 구분되어 있던 일본 본토와 식민지 조선 간의 관계를 각각 경제와 법제의 측면에서 재검토했다. 김제정은 1910년대 조선총독부의 산업정책과 관련하여 민족 차별을 강조해온 기존 연구 성과들과 달리, 1920년대 초 관세제도 개정 문제를 통해 산업정책의 지역성을 부각시키고, 나아가 조선인 자본가와 재조 일본인 자본가의 이해관계 또한 대립하기보다는 일치하고 있었음을 밝혔다. 이정선은 법역을 달리하는 공간들로 구성된 제국 일본 내에서의 법제 운용상 필요에 의해 1918년에 제정된 '공통법'이 사실은 하나의 법역을 형성해가는 과도기적 법제가 아니라 이법역 간의 법적 저촉 문제를 해결함으로써 도리어 기존 체제를 유지하려는 데 목적이 있었다고 주장한다. 그리고 제국 내 공간들이 '내지'를 정점으로 위계화되어 있고, 또 그 공간들에 사람들이 호적제도를 통해 속박되어 있는 한, 내지연장주의는 사실상 일본인이 식민지 인구의 중심을 차지할 때야만 가능한 일이었다고 지적했다.

가토 게이키의 〈한국 동북부의 공간 변용과 3·1운동〉은 상시적 월경이 이루어지던 접촉지대인 한국의 동북부 지역에 초점을 맞추었다. 이 글에서 한국 동북부는 중앙권력에 대해 상대적으로 독자성을 유지해왔을 뿐만 아니라, 국경을 넘나들며 경제활동을 해온 지역으로 특징 지워지는데, 한국의 식민지화 이후 만주로까지 세력을 팽창해가던 일본이 이 지역을 어떻게 재편해갔는지, 그럼에도 불구하고 기존의 특질들이 어떻게 식민통치에 대한 저항으로 이어졌는지가 이글의 관심사이다.

제2부 '지역과 사회'의 논문 4편 중 첫 번째 박현의 〈도시 시위의 계보와 3·1운동〉은 시론적인 형태로나마 3·1운동을 임오군란, 만민공동회의 뒤를 이은 도시 시위의 계보 위에 자리매김하고, GIS(지리정보시스템)를 활용하여 3·1운동 참가자들의 거주 정보와 시위대의 행진 경로의 연관성을 추적했다. 기유정의 〈식민지 군중의 '길거리 정치'와 식민자의 공포(1920~1929)〉는 1920년대 식민당국에 의해 '군중의 소요'로 명명된 사건들을 3·1운동의 집단경험이 야기한 '길거리 정치'로 개념화함으로써, 조직적인 저항운동뿐 아니라 일상의 우발적 저항들도 수많은 정치 공간의 잠재적 역량으로서 재조명하고자 했다.

위의 두 논문이 도시(특히 서울) 시위에 초점을 맞췄다고 한다면, 다음 두 논문은 지방, 전국으로까지 시야를 넓혔다. 먼저 이기훈의 〈1910년대 보통학교의 구조와 지역 3·1운동〉은 1910년대 조선총독부의 교육정책이 사립학교와 서당 등을 억압함으로써 권력에 종속된 공립보통학교 중심의 체제를 만들어내는 것을 기본 목표로 했으나, 학교에 대한 통제가 불완전한 가운데 기형적일 정도로 높아진 보통학교의 위상은 역설적이게도 3·1운동 당시 지방 시위에서 보통학교의 교사, 학생, 졸업생 들이 핵심적인 역할을 하게 만들었음을 밝혔다. 마지막으로, 고태우의 〈3·1혁명의 여진과 조선 사회〉는 기본적으로 3·1운동을 '혁명'으로 봐야 한다는 최근의 학계 내 문제 제기에 동의를 표하면서, 3·1운동의 전국적인 전개 양상 및 여파의 분석을 통해 혁명의 열기가 식어가는 혁명 '이후'에 주목했다. 이는 3·1운동의 경험과 그 효과를 분석한 기유정의 논의와 얼마간 문제의식을 공유하고 있지만, '길거리 정치'에 대해 수적 열세의 식민자들이 품었던 공포보다는 '국면 전환' 이후 조선 사회 내의 다양한 변화 경로를 드러내고자 했다는 점에서 차이를 보인다.

이상과 같이 본서에 수록된 논문들이 그려내는 역사상은 기존 상식들을 뒤집는가 하면, 종래의 문제의식을 한층 심화시키고도 있다. 3·1운동 100주년을 맞이하는 시점에서 필자들의 새로운 시도들이 3·1운동 연구는 물론 한국근대사 연구의 지평을 넓히는 데 일조할 수 있기를 기대한다.

박준형(한국역사연구회 3·1운동100주년기획위원회 위원)

차례

2부 지역과 사회

1부

공간과 경계

1장

제1차 세계대전 전쟁특수와 조선 경제

배석만

전쟁특수에 주목하는 이유

3·1운동이 일어난 1919년은 제1차 세계대전이 가져온 일본제국주의 경제권 전쟁특수(戰爭特需)가 절정에 이르렀던 시점이다. 경제호황의 혜택은 당연히 식민지 본국 일본이 가장 크게 입었으며, 식민지 조선 또한 소외되지 않았다. 3·1운동은 경제적 측면에서만 본다면 호황의 정점에서 일어난 것이다. 호황은 정치적 저항을 줄일 수 있는 소재이다. 따라서 3·1운동이 일어나게 된 경제적 배경에 대해서는 제1차 세계대전 전쟁특수를 포함해 좀 더 폭넓게 설명할 필요가 있다.

3·1운동 발발의 경제적 배경과 관련해 토지조사사업, 회사령으로 상징되는 일제의 1910년대 식민지 경제정책에 대한 누적된 불만의 폭발이라는 기존 설명은 '사회구성체논쟁', '근대화논쟁'을 거치면서 이전만큼의 권위를 갖지 못하게 된 듯하다. 사실 제1차 세계대전 전쟁특수와 연관 지어보더라도, 이 시기에 접어들어 회사령은 사실상

무력화되었으며, 1920년 공식적으로 폐지되었다. 겸이포제철소, 조선 방직, 일본경질도기, 조선제지(朝鮮製紙) 등의 사례에서 보듯이 경제 호황으로 고수익을 얻은 일본 기업들의 조선 투자가 활발해졌을 뿐 만 아니라, 조선제사(朝鮮製絲), 경성방직, 대창무역(大昌貿易) 등 조선 인 기업의 설립도 활기를 띠었기 때문이다.

이 글은 우선 제1차 세계대전이 가져온 전쟁특수가 일본 경제에 어떤 변화를 주었고, 이것이 다시 조선 경제에 어떤 영향을 미쳤는지 분석해본다. 그리고 이를 토대로 전쟁특수로 인한 경제 변화가 3·1운동과 어떤 관련성을 가지는지 확인해보려 한다.

전쟁특수가 일본 경제를 변화시킨 양상에 대해서는 이미 일본 경제사학계를 중심으로 상당한 연구가 축적되어 있다. 일본 자본주의 성장의 중요한 변곡점으로 인식되었기 때문이다.[1] 조선 경제에 미친 영향과 관련해서도 일본의 식민지 경제사 연구자들이 일찍부터 주목했다. 일본 기업들의 조선 진출, 조선 내 기업 설립 붐, 조선과 일본 간의 무역량 증가, 철도 건설 등의 조선총독부 주도 관업 투자, 산미 증식 목적의 농업식민지 구축과 연결되는 동양척식주식회사, 조선식산은행·금융조합 등 농업금융 구축이 주목되었다.[2]

반면, 국내 초창기 연구에서는 제1차 세계대전 전쟁특수가 조선 경제에 미친 영향을 비중 있게 다루지는 않았다. 전쟁특수보다는 일제

1) 橋本寿郎, 《大恐慌期の日本資本主義》, 東京大学出版会, 1984; 大石嘉一郎 編, 《日本帝国主義史》 2, 東京大学出版会, 1985; 武田晴人, 〈景気循環と経済政策〉, 石井寛治·原朗·武田晴人 編, 《日本経済史》 3, 東京大学出版会, 2002.

2) 小林英夫, 〈'会社令' 研究ノート〉, 《海峡》 第3号, 1975; 波形昭一, 〈朝鮮金融組合の構造と展開〉, 《金融経済》 170号, 1978; 堀和生, 〈朝鮮における普通銀行の成立と展開〉, 《社会経済史学》 49巻 1号, 1983; 堀和生, 〈植民地産業金融と経済構造〉, 《朝鮮史研究会論文集》 20号, 1983; 金子文夫, 〈資本輸出と植民地〉, 大石嘉一郎 編, 《日本帝国主義史》 1, 東京大学出版会, 1985; 小林英夫, 〈資料 朝鮮会社令 実施状況〉, 《駒沢大学経済学論集》 第21巻 第2号, 1989; 小林英夫, 〈朝鮮会社令研究-その実施状況を中心に-〉, 《駒沢大学経済学論集》 第21巻 第3号, 1990.

가 시행한 토지조사사업, 회사령 등 식민지 경제정책에 주목해 그 수탈성을 밝히는 데 주력했기 때문이다.[3] 1990년대 이후 전쟁특수가 조선 경제에 미친 영향을 주목하기 시작했으나, 기업 설립 붐, 미곡 이출 증가 등을 설명하는 배경 요인의 하나로 간략하게 다루는 수준이었다.[4] 제1차 세계대전 전쟁특수를 중심에 두고 조선 경제에 끼친 영향과 그 변화상을 본격적으로 분석하는 국내 연구는 그다지 축적되지 않았다.[5]

본고의 전체적인 구성은 우선 전쟁특수가 일본 경제를 어떻게 변화시켰는지 살펴보고, 이것이 다시 조선 경제에 어떤 영향을 미쳤는지 살펴본다. 그리고 이를 토대로 제1차 세계대전 전쟁특수를 3·1운동 발발 배경과 어떻게 관련지을 수 있는지 고민해볼 것이다.

1. 전쟁특수에 의한 일본 경제의 변화

제1차 세계대전이 일본 경제에 가장 빠르게 미친 영향은 수출 확대와 수입 감소로 인한 국제수지 호전, 국제적 선박 부족에 따른 해운업 호황이었다. 우선, 수출 확대는 주력 수출품인 생사와 면직물을 생산하는 섬유산업에 대한 투자를 자극했다. 수입 감소는 중공업 성

---

3) 이영협, 〈3·1운동을 전후한 일본 자본주의와 한국〉, 동아일보사 편, 《3·1운동 50주년 기념논집》, 동아일보사, 1969; 김종현, 〈1919년 전후 일본 경제의 동향〉, 같은 책; 손정목, 〈회사령연구〉, 《한국사연구》 45, 1984.

4) 전우용, 〈19세기 말~20세기 초 한인 회사 연구〉, 서울대 박사학위논문, 1997; 주익종, 《대군의 척후: 일제하의 경성방직과 김성수·김연수》, 푸른역사, 2008; 전우용, 《한국 회사의 탄생》, 서울대학교출판문화원, 2011.

5) 박섭, 〈제1차 세계대전 전후의 한국 경제-기업 설립 붐, 생활수준, 산업정책〉, 《현대사광장》 제3호, 대한민국역사박물관, 2014.

장으로 이어졌다. 전쟁 전 일본은 주로 유럽에서 수입하던 기계류 등 생산재의 수입이 끊기면서 대체재 생산이 필요했기 때문이다. 해운업의 호황은 중공업 성장을 조선업이 선도하도록 했고, 철강업의 연쇄적 성장을 가져왔다.

수출 확대가 자극한 경공업과, 수입 감소가 강제하고 해운업 호황이 유도한 중공업의 동시 성장이라는 그동안 일본 경제가 경험하지 못한 전쟁특수는 기업의 투자 확대, 임금 상승, 내수 시장 확대라는 호황 주기를 형성했다. 투자 확대에 필요한 금융권의 기업 자금 제공도 인색하지 않았다. 기업들이 고이윤을 실현하고 있는 상황에서 수출 초과에 힘입은 국제수지 호전이 은행의 금고를 열게 했기 때문이다.

그러나 공전의 경기 호황은 과열 양상도 동반했다. 시중에 돈이 풀리는 상황에서 임금 상승과 도시 인구의 증가, 내수 시장 확대가 유발하는 물가 상승의 속도를 제조업 설비 투자를 통한 공급 확대가 따라잡지 못했기 때문이다. 수요와 공급 간 격차를 보여주는 대표적 사례가 '미일선철교환(美日船鐵交換)'이다. 당시 선박 주문이 폭주하는 상황에서 조선업에 필요한 철강재를 일본 철강업계가 공급할 수 있는 양은 수요의 절반 정도에 불과했다. 이에 관련 민간업계가 주도해 미국에서 부족한 철강을 수입하는 대신 이 철강으로 건조한 선박의 일부를 미국에 인도하는 이른바 철강과 선박의 물물교환이 성사된 것이 미일선철교환이었다.[6]

돈이 남아도는 상황에서 주식 투기, 토지 투기, 선물(先物)상품 투기

---

6) 직접적인 계기는 1917년 미국이 제1차 세계대전에 참전하면서 주요 전략물자의 수출을 금지했기 때문이다. 조선업 붐이 일어난 이후 부족한 철강재를 미국에서 수입했으나, 1917년 미국 참전으로 수입이 막히자 고안해낸 방법이었다.

등 각종 투기가 성행했다. 벼락부자를 의미하는 '나리킨(成金)'이라는 말이 일본 사회 일반에 확산된 것도 이 시기이다.[7]

전쟁특수와 투기가 벼락부자를 만들고 사람을 도시로 모이게 했지만, 한편으로는 물가고와 소득 격차 심화를 가져왔고, 서민들의 일상생활을 어렵게 했다. 특히 러시아혁명을 계기로 한 1918년 일본군의 시베리아 출병으로 특수를 기대한 유통업자와 미곡 상인 들의 미곡 매점 같은 투기행위는 이미 1917년부터 쌀값 폭등을 유발했고, 이것이 전국적인 쌀 폭동으로 비화해 데라우치(寺内) 내각을 붕괴시켰다.

1918년 11월 제1차 세계대전 종전을 계기로 과열된 경기는 숨고르기에 들어가는 듯했으나, 3·1운동이 일어난 1919년 봄부터는 이른바 '다이쇼 버블(大正 bubble)'로 불리는 경기과열이 재현되었다. 1919년 3·1운동이 일어난 시점의 일본 경제는 전쟁이 끝났음에도 불구하고 투기가 물가 상승을 부르고, 이것이 다시 투기를 부르는 투기적 경기 상승 국면의 정점에 있었다. 경기과열은 장기불황의 서막을 알리는 1920년 3월 도쿄 주식시장의 대폭락까지 지속되었다.

제1차 세계대전 전쟁특수에 의한 일본 경제의 전체적 변화 메커니즘을 도식화하면 〈그림 1〉과 같다.

전쟁특수는 도시화, 산업구조 고도화 등 일본의 사회·경제를 근본적으로 변화시켰고, 식민지 조선에도 적지 않은 영향을 주었다. 우선 막대한 잉여자본을 축적한 일본 정부와 기업들은 자본 수출지 중 한 곳으로 조선을 주목했다. 정부 자금은 조선총독부를 통해 관업 투자로 이어지고, 기업의 잉여자금은 조선에 대한 자회사 설립 또는 공장 건

---

7) 전쟁특수의 수혜를 입은 해운, 철강, 탄광회사 사장들을 '후네나리킨(船成金)', '데쓰나리킨(鉄成金)', '단코나리킨(炭鉱成金)'이라 불렸고, 이들 회사에 근무하면서 많은 임금을 받은 직공도 '나리킨숏코(成金職工)'라고 했다.

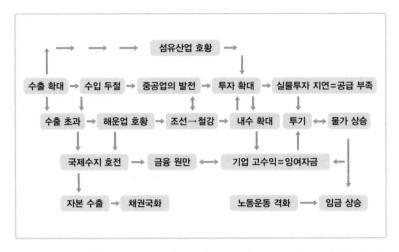

※ 출전: 武田晴人, 〈景気循環と経済政策〉, 石井寬治·原朗·武田晴人 編,《日本経済史》3, 東京大学出版会, 2002, 4쪽 참고.

그림 1. 전쟁특수에 의한 일본 경제의 변화구조

설에 투자되었다. 다음으로, 물가고와 빈부 격차 심화는 일본 사회의 갈등을 증폭했다. 쌀 폭동은 식민지 조선의 식량 공급지로서의 역할을 정책적으로 더욱 강화시켰고, 노동운동의 격화와 이로 인한 임금 상승의 압력은 기업의 조선 진출을 추동하는 또 하나의 동력이었다.

2. 조선 경제에 미친 영향

1) 회사 설립 붐

〈표 1〉은 제1차 세계대전 발발 후 조선에 회사 설립이 얼마나 활발해졌는지 확인하기 위해 제시했다. 전체적으로 1918년경부터 회사 설립이 급증했음을 알 수 있다. 그러나 민족별로 보면 약간 양상이

	1911	1912	1913	1914	1915	1916	1917	1918	1919	1920	1921(년)
조선인 회사	27	34	39	40	39	36	37	39	63	99	123
일본인 회사	109	117	132	141	147	147	177	208	280	414	541
합작(조선·일본)	16	19	22	27	29	28	13	18	22	29	39
합작(일본·외국)	–	1	–	–	–	–	1	1	1	2	1
합작(일본·미국)	–	–	1	1	1	1	–	–	–	–	–
합작(외국)	–	–	–	–	–	–	–	–	–	–	1
합계	152	171	194	209	216	212	228	266	366	544	705

※ 출전: 국가통계포털(KOSIS), 원자료는《조선총독부 통계연보》각 연도판.
※ 조선에 본점을 둔 회사만을 대상으로 함.

표 1. 1910년대 회사 수의 추이

다른데, 일본인 회사의 경우 이미 1917년을 전후해 증가하는 추세이고, 조선인 회사의 경우 3·1운동이 일어난 1919년 이후부터 증가했음이 확인된다. 이런 시기 차이는 전쟁특수로 투자가 활발해진 일본 기업 및 일본인이 조선에 진출한 것이 회사 설립 붐의 1차적 원인임을 의미한다. 이것은 1918년 회사령을 개정하면서 궁극적으로 폐지를 고민하던 조선총독부 스스로가 인정한 것이기도 했다.

조선의 공업은 아직 부업적 가내공업의 수준을 탈피하지 못하고 있었는데, 병합 이래 백방의 지도와 장려가 있었던 결과 해가 갈수록 민중의 자각을 촉진하여 조선인 중에도 소규모나마 공장공업 경영으로 이행하는 자가 적지 않았다. 한편으로 제반 산업의 진흥, 교통운수기관의 정비에 수반하여 자금력과 경험이 있는 내지인의 이주가 증가하여 발전

된 공업을 기획, 공장을 신설하는 자가 점점 많아지고 있다. 특히 구주 전쟁(제1차 세계대전-인용자) 후 재계가 미증유의 호황을 누리고, 그 자금의 잉여는 왕성하게 조선의 공업 경영에 투자되어 1917년과 1918년에 대규모 기업 기획이 실현되었기 때문에 뚜렷하게 일반의 기업심(企業心)을 유발해서 조선의 공업은 갑작스럽게 면목을 일신하는 단계로 나아가게 되었다.[8]

한편, 조선인의 기업 설립이 일본인보다 상대적으로 늦은 1919년부터 나타나는 것은 전쟁특수 혜택을 본토 일본인보다 나중에 실감했거나, 조선총독부와의 밀착이 상대적으로 덜한 상황에서 회사령에 대한 '자기검열' 때문으로 보인다.[9] 회사령이 조선인 기업가의 기업 설립을 제약했음은 명확하다. 예를 들면, 당시 조선 경제계 거물이었던 한상룡(韓相龍)은 전 재산을 털어서 회사 설립을 추진하던 종로 시전 상인 백윤수(白潤洙)가 회사령 때문에 고민하자 자신이 조선총독부와 연결시켜 해결해주었다고 회고했다. 이 회사는 1916년 자본금 50만 엔의 대창무역주식회사(大昌貿易株式會社)였다. 후술하겠지만, 대창무역은 다른 조선인 무역회사들보다 매우 일찍 설립되어 전쟁특수를 온전히 누리면서 막대한 수익을 축적했다.[10] 어쨌든 제1차 세계대전 전쟁특수는 일본 기업들의 조선 투자를 추동했고, 이는 회사령을

---

8) 朝鮮總督府, 《施政二十五年史》, 1935, 260·261쪽.

9) 고바야시의 연구에 따르면 1911년부터 1920년 회사령 폐지까지 실제 회사 설립 허가가 나지 않은 것은 단 2건에 불과했다. 그럼에도 불구하고 조선총독부와 밀착관계를 갖지 못한 조선인 기업가에게 회사령은 자기규제를 통해 회사 설립을 못하게 하는 압력으로 작용했을 것이라고 보았다. 小林英夫, 앞의 논문(1990), 268·269쪽.

10) 백윤수와 대창무역에 대해서는 배석만, 〈일제 시기 입전(立廛) 상인 백씨 집안의 경제활동－대창무역주식회사의 설립과 경영 과정을 중심으로〉, 《인문논총》 73-3, 서울대학교 인문학연구원, 2016 참조.

일본인 회사	1916	1917	1918	1919	1920(년)
농업	18	17	22	24	37
상업	60	60	59	73	103
공업	20	39	59	98	114
임업	2	4	4	3	5
수산업	2	2	1	3	23
광산업	2	2	2	6	5
은행업 및 금융업	10	13	16	17	23
운수업	17	21	26	33	64
가스·전기업	8	12	11	13	16
기타	8	7	8	10	24
조선인 회사	1916	1917	1918	1919	1920(년)
농업	1	1	1	4	4
상업	19	18	19	33	49
공업	4	6	8	13	18
임업	–	–	–	1	–
은행업 및 금융업	9	11	8	10	17
운수업	2	1	3	2	7
가스·전기업	–	–	–	–	2
기타	1	–	–	–	2

※ 출전: 국가통계포털(KOSIS), 원자료는《조선총독부 통계연보》각 연도판.
※ 조선에 본점을 둔 회사만을 대상으로 함.

표 2. 민족별 회사 설립 추이

무력화하면서 조선인의 기업 설립도 활발하게 하는 역할을 했다고
볼 수 있다.

업종별 설립 경향을 보면 〈표 2〉에서 보듯이 민족별로 일정한 차이
가 있었다. 일본인 기업들은 제조업 중심으로 설립이 활발하게 이루
어진 반면, 조선인의 기업 설립은 상업이 상대적으로 높은 비중을 차
지했다.[11]

이 시기 조선에 진출한 주요 일본 대기업들이 세운 기업들로는 미
쓰비시제철(三菱製鉄) 겸이포제철소, 대일본제당이 평양에 건설한 조
선제당, 왕자제지가 신의주에 세운 조선제지, 미쓰이물산(三井物産)
의 자본이 투자되어 부산에 건설된 조선방직, 일본경질도기가 역시
부산에 세운 조선경질도기, 오노다(小野田)시멘트의 평안남도 승호리
공장(뒤에 '조선오노다시멘트제조'로 개칭), 닛카제유(日華製油)가 목포에
건설한 조선제유 등을 들 수 있다.[12]

조선인들이 활발하게 설립한 상업 분야 기업들 중 가장 주목되는 것
은 무역회사이다. 〈표 3〉은 제1차 세계대전이 일어난 1914년부터 3·1
운동이 일어난 1919년까지 조선인이 설립한 무역회사를《조선은행
회사요록(朝鮮銀行會社要錄)》(1921년 판)에서 확인해 정리한 것이다.

총 16개 무역회사가 확인되는데, 이 중 11개사가 1919년에 설립되
었으며 8개사가 경성에 소재했다. 또한 자본금 100만 엔 이상을 투자
해 설립한 무역회사가 3개사나 있었는데, 이는 전 산업을 망라해도
아주 드문 경우였다. 특히 당시 조선 상계를 대표하는 경성 종로상가
의 주요 인물 중 한 명인 김윤면(金潤冕)의 동양물산은 자본금이 200

---

11) 일본 소재 기업이 조선에 자회사나 자매회사 형태의 별도 법인이 아니라 지점을 설치하는 경
우도 제조업 중심인 것은 비슷한 경향이다.

12) 개별 기업 정보는《조선은행회사요록》, 동아경제시보사, 1921 참조.

회사명	소재지	설립 연도	자본금(1,000엔)		대표	비고
			공칭	불입		
공익사(주)	경성	1914	1,000	437	박승직	조선. 일본 공동투자
조선무역(주)	경성	1914	100	75	조병택	
대창무역(주)	경성	1916	500	500	백윤수	
회령무역(주)	함북	1918	100	75	노성룡	
태성사(주)	함북	1918	200	5	홍주운	
덕흥상점(합자)	함남	1919	110		정덕현	정덕현은 대표사원 겸 최대 주주
해동물산(주)	경성	1919	300	75	현기봉	
일주상회(합자)	함남	1919	20		하야연	
공동무역(주)	경성	1919	500	125	안영기	
남선무역(주)	전남	1919	300	75	박사윤	
대동상회(합자)	함남	1919	100		차성규	차성규는 김재석과 함께 대표사원 겸 최대 주주
신의주무역(주)	평북	1919	500	125	다다 에이키치 (多田榮吉)	조선. 일본 공동투자
공진상회(주)	경성	1919	200	50	김홍식	
대동무역(주)	경성	1919	500	125	김종국	
동양물산(주)	경성	1919	2,000	500	김윤면	
백산무역(주)	부산	1919	1,000	250	최준	

※ 출전:《조선은행회사요록》(동아경제시보사, 1921) 상업 부분에서 작성.

표 3. 조선인 설립 무역회사

만 엔이었다.

전쟁특수에 힘입어 조선에 진출한 일본 기업들이 대규모 제조업 공장을 설립한 것과 달리, 같은 기간에 조선인들은 상업회사를 주로 설립했다. 이는 공업의 발달이 미약하고 광범위한 농민적 소상품 생산이 주도하는 당시 조선 사회의 경제 상황을 반영하는 불가피한 현상일 수 있다.[13] 그러나 한편으로는 전쟁특수에 따른 경기과열로 천정부지로 치솟는, 인플레이션에 편승해 일본에서도 광범하게 나타났던 미곡, 섬유제품 등의 투기 현상과도 관련이 있었다.

2) 조선인 상업회사들의 선물 투기

조선인 지주와 상인 들도 전쟁특수로 이익을 보았을 뿐 아니라, 심지어 이들 스스로가 더 큰 이익을 얻기 위해 물품 투기에 가담했다는 것은 주지의 사실이다. 쌀값 상승에 따른 조선인 지주의 이익은 비록 그것이 친일 여부와 대지주, 중소지주를 나누는 계급적 관점이 포함되었다 하더라도 이미 오래전부터 지적되었다.[14] 고부 김씨의 주도하에 전국 대지주들의 투자로 3·1운동이 아직 한창 전개되고 있던 1919년 5월 설립된 경성방직이 공장 건설 자금으로 면제품의 선물 투기에 나섰던 것은 잘 알려진 사실이다.[15]

상인의 경우도 마찬가지였다. 한상룡의 도움으로 조선총독부와 선이 닿아 육의전 비단 점포에서 무역회사로 변신한 대창무역은 전쟁특수를 통해 막대한 수익을 올리고 있었다. 1916년 창립 후 1919년 4기 영업기까지 평균 30% 이상이라는 고율의 주주배당이 이루어졌고, 이와 별도로 14만 엔에 달하는 거액의 이익잉여금을 적립금 형태로 사내 유보했다.[16] 아울러 공익사(共益社), 조선우선(朝鮮郵船), 후지(不二)광업과 함께 13만 엔에 달하는 전시이득세(戰時利得稅)를 분담했다.

---

13) 전우용, 앞의 책(2001), 388쪽.

14) 小林英夫, 앞의 논문(1975), 32쪽: 손정목, 앞의 논문, 111·112쪽: 전우용, 앞의 책(2001), 380쪽.

15) 경성방직의 면제품 선물 투기와 관련해서는 주익종, 앞의 책, 141~150쪽 참조.

전시이득세는 영국과의 군사동맹을 구실로 독일에 선전포고를 하면서 제1차 세계대전에 참전해 동아시아에 점재하는 독일의 군사기지를 점령한 일본이 전쟁 경비를 충당하기 위해 1918년 3월 공포한 '전시이득세법'에 근거한 것이었다. 전쟁 전 2년간의 평균소득과 비교해 그 120%를 초과하는 이익에 대해 법인 20%, 개인 15%를 과세하는 것이었다. 대창무역은 제1차 세계대전 전시경기 최대의 수혜자였다고 할 수 있다. 1918년 12월에는 대창무역 산하에 비록 소규모이기는 했으나 견직물과 마포(麻布)의 생산시설을 갖춘 직물가공부를 설립해 직포의 생산 영역까지 사업 확장을 시도했다.[17]

전쟁특수를 통해 막대한 수익을 올린 것은 한상룡, 조선총독부와 긴밀한 관계였던 대창무역, 일본 대자본과 합작한 공익사만의 특수한 사례는 아니었다. 〈표 3〉에서 보듯이 1919년 전국적으로 활발하게 설립된 조선인 무역회사들 역시 수익 규모의 차이는 있다고 할지라도 전쟁특수를 누렸던 것은 확실하다. 자본금 200만 엔의 동양물산 등 조선인이 활발하게 무역회사를 설립한 것 자체가 증거이며, 이 회사들의 경영과 관련된 파편적 증거들을 통해서도 어느 정도 확인할 수 있다.[18] 오늘날 민족기업의 상징과도 같은 위상을 구축한 백산무역의 경우 독립운동을 하던 안희제(安熙濟)가 전쟁이 시작된 1914년 본인 소유의 토지재산을 정리한 자금으로 부산에서 시작한 조그만 개인 상회였다. 그런데 백산상회라는 이름의 이 회사는 불과 3년

---

16) 창립 연도인 1916년 제1기 영업기에 이미 10%의 배당을 실현했고, 이후의 배당률은 1917년 50%, 1918년 10%, 1919년 60%였다.

17) 배석만, 앞의 논문(2016), 124·125쪽.

18) 〈표 3〉의 무역회사들 중 대창무역과 공익사를 제외하고 정보가 확인되는 모든 회사도 1919년까지 고수익을 내고 있었다. 이를 바탕으로 회령무역은 1918년 13%의 주주배당, 공동무역 1919년 10% 주주배당, 신의주무역 1919년 10% 주주배당을 실현했다(《조선은행회사요록》, 동아경제시보사, 1921 참조).

만인 1917년에 자본금 13만 엔의 합자회사가 되었고, 다시 2년이 지난 1919년에는 자본금 100만 엔의 무역회사로 급성장했다. 백산무역의 빠른 성장의 배경에는 영남 지역 대지주와 상인 들의 투자와 적극적인 경영 참여가 있었다. 백산무역의 사장은 당시 조선 최대 지주였던 '경주 최부자' 최준(崔浚)이었다. 이렇듯 1910년대 후반 조선인 무역회사의 활발한 설립에서는 전쟁특수와 조선 경제, 그리고 조선인 지주와 상인 등의 결합관계를 확인할 수 있다.

거액의 잉여금을 사내 유보자금으로 축적을 하면서도 60%의 주주배당을 할 수 있는 전쟁특수기 대창무역의 경영을 조선총독부와의 밀착관계만으로 설명할 수 없으며, 그 자체로도 정상적인 경영은 아니었다. 백산무역도 마찬가지였다. 조그만 상회가 설립된 지 불과 몇 년 만에 자본금 100만 엔의 무역회사가 되고 조선의 대지주가 사장이 되어 경영을 맡게 된 것을 민족주의의 영향이라고 볼 수만은 없다. 정책, 친일, 민족과 별도로 제1차 세계대전 전쟁특수가 중요하게 다루어져야 하는 이유이다.

1910년대 후반 조선인 지주와 상인의 자본 축적과 여기에 힘입은 무역회사 설립 붐이 제1차 세계대전 전쟁특수와 이것이 촉발한 물자 부족과 가격 폭등, 투기라는 식민지 본국 일본 경제와 동일한 시스템의 작동에서 기인했다는 것은 1920년 갑작스럽게 시작된 '전후 불황 도래'의 상황에서도 재차 확인이 가능하다. 〈표 4〉는 전후 불황이 시작된 1920년 무렵 조선인 무역회사들의 경영 성적표를 정리한 것이다.

1920년 모든 무역회사는 마치 3·1운동의 열기가 식어가고 있는 것에 보조를 맞추듯이 영업 손실과 함께 주주에게 이익 배당을 하지 못하는 경영난에 직면하고 있었다. 불과 1년 전, 짧게는 몇 달 전의 호황이 믿어지지 않을 정도였다. 주목되는 것은 손실의 규모가 엄청나

회사명	영업기	손익(엔)	주주배당
공익사(주)	1920년	-824,000	무배당
조선무역(주)	1920년	-45,216	무배당
대창무역(주)	1920년	-126,335	무배당
회령무역(주)	1921년 상반기	3,316	10%
태성사(주)		손실	무배당
덕흥상점(합자)	정보 없음		
해동물산(주)	1920년	-124,622	
일주상회(합자)			무배당
공동무역(주)	1920년	-47,929	무배당
남선무역(주)	정보 없음		
대동상회(합자)	정보 없음		
신의주무역(주)	1920년 하반기	152	무배당
공진상회(주)	1920년	-10,557	무배당
대동무역(주)	1920년	-61,708	무배당
동양물산(주)	1920년	-287,497	무배당
백산무역(주)	1920년 7월 ~ 1921년 6월	-93,781	무배당

※ 출전:《조선은행회사요록》(동아경제시보사, 1921) 상업 부분에서 작성.
※ 공익사의 손익은《동아일보》, 1921년 3월 18일자에 의거함.

표 4. 전후 불황기 조선인 설립 무역회사의 경영 실태

다는 것이다. 공익사의 경우 무려 82만 엔이 넘는 손실이 발생했고, 동양물산 28만 7,000엔, 대창무역 12만 6,000엔, 해동물산 12만 4,000 엔, 백산무역도 10만 엔에 가까운 대규모 손실을 입었다. 공익사는 막

대한 영업 손실에 대한 대책으로 자본금을 기존 200만 엔에서 100만 엔으로 감자하는 특단의 조치와 함께 지점을 출장소로 변경하는 조직 축소도 단행했다. 손실금은 전쟁특수로 축적한 사내 유보자금 중 37만 엔, 그리고 감자를 통한 43만 7,000엔의 계감(計減), 나머지 1만 7,000여 엔은 결손이월로 처리했다.[19]

대창무역 역시 공익사와 비슷한 손실 처리를 했다. 12만 6,335엔의 당기손실금 처분은 전기이월금 1만 518엔과 그간의 호황기 이익금을 사내 유보자금으로 적립한 14만 엔 중 12만 엔을 염출해 해결하고, 손실 처리 후 남은 잔액 4,183엔은 후기이월금으로 정리했다. 대창무역 창립 후 전쟁특수로 축적된 자금이 1920년 한 해 동안의 영업 손실로 대부분 날아가는 순간이었다.[20]

백산무역의 경우 10만 엔에 가까운 손실을 어떻게 처리했는지 알 수 없으나, 이 무렵부터 경영난이 지속되었고, 이로 인해 경영진과 주주 간에 내분까지 발생했다. 1924년 촉발된 최준을 중심으로 하는 기존 경영진과 주주들 간의 대립은 당시 신문지상에 대대적으로 보도되었고, 소송으로까지 이어진 큰 사건이었다.[21] 백산무역은 이런 상황에서도 독립운동 자금을 해외로 송금하고 있었다.[22] 그러다 보니 자금난이 가중될 수밖에 없는 상황이었다. 게다가 이와 관련해 이루

19) 《동아일보》, 1921년 3월 18일자.

20) 배석만, 앞의 논문(2016), 126쪽.

21) 관련한 신문 보도는 《동아일보》, 1924년 6월 8일자·6월 25일자·9월 14일자·1925년 9월 7일자·9월 20일자·9월 23일자·10월 5일자·10월 22일자; 《매일신보》, 1923년 9월 23일자·10월 8일자 등 참조. 관련 분석 논문은 오미일, 《근대 한국의 자본가들: 민영휘에서 안희제까지, 부산에서 평양까지》, 푸른역사, 2014, 312쪽과 권대웅, 〈경주 부호 최준(崔浚)의 생애와 독립운동〉, 《한국독립운동사연구》 45, 독립기념관 한국독립운동사연구소, 2013, 290~299쪽 참조.

22) 백산무역이 해외로 송금한 독립운동 자금은 이동언의 기술(《안희제》, 독립기념관 한국독립운동사연구소, 2010, 63~65쪽)에 따르면 100만 엔이 넘는 거액이었다.

어진 일제 경찰의 감시와 탄압은 영업을 한층 위축시켰을 것이다.[23] 최준이 사장직에서 물러나고 창업자 안희제가 경영권을 다시 장악했지만, 결국 경영난을 극복하지 못하고 1927년 회사가 해산되는 상황을 맞게 되었다.

갑작스럽게 전후 불황이 시작되었다고 하더라도 회사의 존망이 위태로울 정도로 큰 규모의 손실이 단기간에 발생한 것은 선물 투기 때문이었다. 특히 1920년 대창무역, 동양물산 등 경성 소재 조선인 무역회사의 대규모 손실은 중국산 마포의 선물 거래가 원인이었음이 확인된다.

……매년 중국으로부터 수입되는 마포는 금춘(今春) 재계의 변조(變調)를 예상치 못하였을 시에 경성 내의 각 포목 무역업자가 다수의 선물 매입계약을 체결하였는데, 그 총액이 대략 800만 엔에 달하였다. 그 후 현품이 도착할 시기에 전황(錢慌)이 일어나고 마포 시세 또한 폭락하여 조선 상인은 그 결제 자금에 곤궁할 뿐만 아니라, 설혹 자금이 풍족하여 현품의 인도를 받을지라도 계약 당시에 비하여 거의 4할이 폭락하여 손해가 거대하므로 경성 조선인 직물상은 동맹회를 조직하여 그 선후책을 강구…….[24]

위의 신문 기사를 보면 경성의 조선인 무역회사들과 포목상이 중국산 마포의 선물 투기에 참여했다가 거대한 손실을 보았음을 명확히 지적하고 있다. 마포 선물 투기로 인해 조선인 무역회사들 간에

---

23) 일제의 감시와 탄압에 대해 조기준(《한국기업가사》, 박영사, 1973, 제12장 참조)이 언급했으나 좀 더 구체적인 분석이 필요하다.

24) 〈대창(大昌)과 마포(麻布) 문제〉, 《동아일보》, 1920년 6월 18일자.

분쟁이 발생한 것도 확인된다. 분쟁은 대창무역을 통해 중국산 마포의 선물 거래계약을 했던 상회사들이 마포 가격이 폭락하자 계약을 일방적으로 취소하거나 마포 인수를 미루는 상황에서 발생했다. 이 분쟁은 대창무역과 당사자들 간의 내부 협의가 결렬되면서 언론을 통해 알려졌는데, 동양물산과 동일상회, 상신상회 등이 당사자들이었다. 특히 공익사를 제외하면 1920년 선물 투기로 가장 큰 손해를 본 대창무역과 동양물산의 분쟁은 법정 소송까지 번지면서 1925년에야 일단락되었다. 두 회사의 분쟁은 이들이 종로 상권을 사실상 양분하고 있는 경쟁자였다는 측면에서 경성 상계의 화젯거리이기도 했지만, 양측 모두 큰 타격을 입었다. 특히 동양물산은 패소함으로써 소송비를 비롯해 거액을 대창무역에 배상하게 되었다. 다행히 주거래은 행인 조선상업은행의 도움으로 위기를 넘기기는 했지만, 폐점이 거론되기도 했다.[25]

전쟁특수와 3·1운동

일제는 3·1운동이 일어나자 이를 천도교 손병희 일파 등 일부 사이비 종교가 조선인들을 선동해 일으킨 단순한 소요 또는 폭동이라고 규정했다. 그러나 4월 들어서도 운동의 기세가 꺾이기는커녕 오히려 확대되는 양상을 띠자, 일본 사회에서는 3·1운동이 일어나게 된 원인과 관련해 언론, 야당 정치세력, 지식인층으로부터 다른 목소리가 나오기 시작했다. 예를 들어, 3·1운동이 한창이던 4월 11일자《요

---

25) 배석만, 앞의 논문(2016), 128·129쪽.

미우리신문(読売新聞)》은 조간 2면에 '조선 폭동의 원인'이라는 주제로 꽤 긴 분석 기사를 실었다. 여기서는 3·1운동 발발과 관련해 일본이 제공한 원인을 ① 군인총독(무관총독)의 위압 통치, ② 헌병제도의 폐해, 특히 조선인 보조헌병 문제, ③ 관리 임용에서의 민족 차별, ④ 재조 일본인들의 조선인 멸시 등 4가지 정도로 정리했다.[26] 이에 대한 대책으로 '문관총독제'를 채용해 식민지 인심을 완화하고, 헌병제도는 근본적으로 개혁하며, 특히 조선인들의 분노의 표적이 되고 있는 보조헌병제의 폐지를 강조했다. 아울러 관리 임용에서 조선인에게 기회를 주고, 재조 일본인을 단속해야 한다는 점도 지적했다.《요미우리신문》은 이렇게 해야 하는 이유로 조선이 삼천 년의 문화를 가지고 있는 나라이기 때문이라고 했다. 따라서 그 역사를 충분히 존중하고 일본의 부속지 같은 관념을 갖지 않게 하는 것이 중요하다고 지적했다.[27]

이보다 앞선 3월 말에는 당시 입헌정우회(立憲政友会) 하라 다카시(原敬) 내각과 경쟁하는 유력 야당 헌정회(憲政会)가 소속 중의원 모리야 고노스케(守屋此助)를 '조선소요조사특파원' 자격으로 조선에 파견했다. 그는 부산으로 들어와 조선인 통역을 대동하고 철도를 이용해 전국 각지를 돌며 체포된 조선인을 취조하는 등 20일간 3·1운동 발발 원인을 조사하고 4월 중순 일본에 돌아가 헌정회에 보고했다. 모리야는 조선에서의 조사를 마치고 도쿄로 돌아오는 길에 오사카 등에서 몇몇 언론과 접촉해 조사 결과를 언급했다. 기사화된 내용은 신문마다 약간씩 차이가 있으나 대략 정리하면 ① 언론 억압, ② 번잡

---

26) 조선인들이 제공한 원인으로는 중국 상하이 등 재외 조선인들의 배일 선동 문제를 중요하게 다루면서 이들에 대한 단속이 필요하다고 지적했다.

27) 《요미우리신문(読売新聞)》, 1919년 4월 11일자.

한 정치, ③ 민족 차별, ④ 교육 방법의 오류, ⑤ 민족자결주의 전파, ⑥ 천도교와 기독교의 선동 등이었다.[28]

주목되는 것은 일본 군부와 정부의 공식 입장을 비교하면 상대적으로 객관적인 일본 내 일부 여론이라고 볼 수 있는 이들의 원인 분석조차도 억압과 차별을 가져온 식민통치의 방법론에 대한 문제 제기는 있지만 경제적 측면의 원인은 전혀 지적하고 있지 않다는 점이다. 이것은 경제적 원인을 애써 외면한 것이라기보다는 오히려 그런 문제가 없다고 인식했기 때문으로 보인다. 이런 사실은 1920년《동아일보》창간호부터 10회에 걸친 연재 기사 〈조선 소요에 대한 일본 여론을 비평함〉에 소개된 교토제국대학 교수 스에히로 시게오(末廣重雄)의 다음과 같은 언급에서도 확인된다.

일본의 조선 통치는 일면으로는 파(頗)히 양호한 성적을 거(擧)하였도다. 종래부터 부패하였던 사법과 행정은 대부분 쇄신되었으며 교육기관은 충실되고 교통기관은 개선되었으며 위생도 보급되고 농상공업도 점차 발달하는 터이로다. 환언하면 조선은 일본 통치에 의하여 자금(玆今) 10년간에 위대한 진보를 수(遂)하였도다.[29]

스에히로는 조선자치론을 적극적으로 주장한 인물이다. 이 연재 기사는《동아일보》창간을 주도한 장덕준(張德俊)[30]이 '일시동인론(一視同仁論)'을 주장한 오가와 고타로(小川鄉太郎)의 주장과 함께 소개하

---

28) 《오사카신보(大阪新報)》, 1919년 4월 17일자;《요미우리신문》, 1919년 4월 18일자;《마이니치 신문(每日新聞)》, 1919년 4월 18일자.
29) 《동아일보》, 1920년 4월 2일자.
30) 장덕준에 대해서는 최상원·한혜경, 〈일제강점기 한국·중국·일본 등 동북아 3개국에 걸친 기자 장덕준의 언론 활동에 관한 연구〉,《동북아 문화연구》30, 2012 참조.

고 비평한 것이었다. 스에히로는 조선인을 열등한 민족으로 보고 자유를 박탈한 식민통치의 폭력성과 무리한 동화정책의 추진이 3·1운동의 원인이라고 규정했다. 그는 대책으로 조선의 자치권을 허락해야 한다고 주장했다. 그리고 장래에는 조선인들이 독립을 원하고, 일본도 조선이 독립할 수준이 되었다고 판단될 경우에는 이 역시 인정하는 것이 일본의 안전을 확보하는 양책이자 국운의 발전, 극동아시아의 평화를 유지하는 길이라고 했다. 장덕준은 이러한 스에히로에 대해 "식량(識量)의 비범함에 경의를 표한다"고 했다.[31]

그러나 이러한 스에히로도 3·1운동의 경제적 배경으로 수탈에 대해서는 지적하지 않았다. 오히려 경제적으로는 발달과 진보, 근대화가 이루어졌으며, 이것을 식민통치의 유일한 성과로 규정하고, 이를 통한 식민지 조선의 발전상을 구체적으로 열거했다. 그는 이를 '지난 10년간의 위대한 진보'라고 했다. 장덕준도 스에히로가 조선의 경제와 관련해 '식민통치의 공헌'이라고 한 데 대해 별다른 비평을 하지 않았다.

정치적 억압과 사회적 차별은 3·1운동의 원인으로 인정하되 경제적으로는 '개발과 발전'을 통해 '근대화'가 이루어졌기 때문에 그 원인으로 주목하지 않는 경향은 당시 일본 재야, 지식인층을 막론하고 보편적인 인식이었던 것처럼 보인다. 물론 이것은 3·1운동 주도세력의 인식과는 정반대의 것이다. 이들에게 3·1운동의 경제적 원인은 두말할 필요 없이 일제에 의한 수탈이며 '차별'과 양대 축을 이루고 있다. 이 점은 각종 독립선언서에서도 명확히 드러난다. 선언서의 특성상 추상적일 수밖에 없지만, 전체적인 논리는 일제가 조선 경제를 농

---

31) 〈조선 소요에 대한 일본 여론을 비평함(3)〉, 《동아일보》, 1920년 4월 6일자.

락, 성장을 방해하고 압박했으며, 산업을 빼앗고 부를 착취해 일본으로 가져감으로써 조선은 궁핍·파산하게 되었다는 것이다. 좀 더 구체적인 내용을 기재하고 있는 경우도 있는데, 동양척식주식회사와 금융조합 같은 척식기관 설립과 일본인 농업이민을 통한 토지·가옥 수탈, 상공업자의 성장 억제, 과중한 세금 등이다.[32]

3·1운동 주도세력이 주장한 경제적 수탈은 식민통치의 경제적·정책적 측면에 주목한 것으로, 주지하듯이 이후 장기간에 걸쳐 관련 연구가 축적되면서 보다 구체화되고 정교해졌다. 그러면 식민지 경제 정책이라는 누적된 원인과 달리 돌발요인이기도 한 제1차 세계대전 전쟁특수는 3·1운동과 어떻게 연결될 수 있을까? 우선 확실한 것은 전쟁특수는 일본 경제를 변화시켰고, 연동된 조선 경제에도 큰 영향을 주었다는 점이다. 거대한 이윤을 축적한 일본 기업들이 잉여자본의 투자처로 조선에 주목해 진출하면서 회사령을 무력화했고, 조선 내에서도 회사 설립이 활발해졌다. 조선인들도 적극적으로 회사 설립에 나섰는데, 전쟁특수에 따른 쌀값 급등의 혜택을 입은 지주층과, 면제품·마포 등의 선물 거래를 통해 큰 이윤을 얻은 상인들이 주도했다.

전쟁특수는 조선인 지주와 상인 등 부르주아지의 성장을 가져왔다. 그리고 일부 일본의 정치·사회 세력이 3·1운동의 원인으로 인정한 이른바 '무단통치'에 의한 억압과 차별은 조선인 부르주아지의 민족주의도 성장시켰을 것이다. 1918년 '민족기업 설립'이라는 김성수의 뜻에 호응해 전국의 지주들이 자본을 투자하고, 이미 독립운동가였던 안희제가 설립한 백산상회의 급성장, 그리고 그렇게 성장한 자본금 100만 엔의 백산무역 사장이 영남을 대표하는 대지주이자 경성

---

32) 배석만, 〈3·1운동 경제 배경 서술의 변화 과정 분석〉,《역사와 현실》108, 2018, 146·147쪽.

방직에도 출자한 최준이었다는 점 등은 전쟁특수로 성장하고 민족주의로 무장하는 1910년대 조선인 부르주아지의 모습을 상징적으로 보여준다. 일제가 3·1운동의 주모자로 보았던 손병희가 최준, 김성수와 친밀한 인적 관계망을 구축하고 있었다는 것도 주지의 사실이다.

한편, 전쟁특수는 조선인 프롤레타리아의 저항도 성장시켰다. 일제가 전개한 '식민지 근대'로의 강제적 이행이 만들어낸 차별과 수탈, '구관미신(舊慣迷信)'으로 부르며 파괴한 전통적 사회·문화질서에 대한 불만에 이르기까지 다양한 측면에서 누적된 일상적 분노에 더해 전쟁특수에 따른 쌀과 면제품 등 생활과 관련된 물품의 가격 폭등은 현실적 불만을 고조시켰고, 이것은 3·1운동의 거대한 에너지가 되었다고 할 수 있다.

1919년 3·1운동이 일어난 시점에서 전쟁특수의 혜택은 최소한 조선인 지주와 상인에게는 주어졌지만, 노동자와 농민 등 기층민은 소외되었다. 이 시기 실질임금은 1910년대 초보다 하락했다. 연중 노동시간이 변하지 않았다고 가정하면 1910년대 노동자의 경제생활은 전혀 개선되지 않았다. 물론 명목임금은 올랐다. 그러나 전쟁특수와 함께 가파르게 상승한 물가는 명목임금의 상승을 상쇄한 것을 넘어서 실질임금을 줄였다. 농민의 경우 자작농의 호수와 그 비중을 볼 때 1917년까지 지속적으로 감소하다가 1918년 약간 상승하지만 농가 경제가 전쟁특수의 혜택을 입었다고 보기는 힘들다.[33] 결국 조선인 내부에서도 전쟁특수는 부의 격차를 키웠으며, 폭등하는 생활물가는 식민통치에 대한 기층민의 분노를 가중시켰을 것이다.[34]

---

33) 박섭, 앞의 논문, 78·80·81쪽.
34) 쌀값 폭등에 따른 조선 기층민의 불만과 저항에 대해서는 이정은, 〈매일신보에 나타난 3·1운동 직전의 사회 상황〉, 《한국독립운동사연구》 4, 1990 참조.

제1차 세계대전의 전쟁특수는 조선 경제를 크게 변화시켰고 동시에 조선인 부르주아지와 프롤레타리아의 성장과 저항도 촉진하는 촉매제였던 것이다.

2장
'1918년 독감'의 유행과
혼란에 빠진 조선 사회

백선례

21세기에 호출된 '1918년 독감'

'1918년 독감'은 어디서 왔는지도 모르게 갑자기 등장했다. 사실 독감은 흔한 질병이었고, 독감에 걸리는 사람은 언제나 있었지만 독감으로 죽는 사람은 거의 없었다. 콜레라나 페스트라면 몰라도 독감을 두려워하는 사람은 거의 없어서 1918년 독감은 더욱 위험할 수밖에 없었다. 1918년 독감은 순식간에 많은 사람에게 전염되었고 그들을 죽음으로 몰아넣었다. 독감은 갑작스럽게 등장한 것만큼이나 빠르게 사라졌는데, 불과 반년도 되지 않는 시간에 엄청나게 많은 사람을 감염시키고 죽음에 이르게 한 것에서 1918년 독감의 위력을 짐작할 수 있다. 독감은 법정전염병이 아니었기 때문에 신고의 의무가 없어서 얼마나 많은 사람이 1918년 독감에 걸렸는지 파악하기 어렵다. 독감으로 인한 사망자도 정확한 추산이 어려워 적게는 2,000만 명에서 많게는 1억 명으로 추정되고 있다. 1918년 독감으로 크게 곤혹을 치렀던 미국의 경우 1918년 한 해 평균수명이 12년이나 줄어들 정도 였다.[1] 사망자 추정치 중 가장 적은 수가 2,000만 명인데, 이 수치도 제1차 세계대전으로 인한 사망자 수보다 많았으며, 20세기에 그 어떤 전염병도 한꺼번에 이렇게 많은 사망자를 내지 못했다. 그러나 다행 스럽게도 1918년 독감은 다시 발생하지 않았고, 사람들의 기억 속에 서 서서히 사라졌다.

'스페인 독감'[2]이란 명칭으로 더 익숙한 1918년 독감이 다시 주목 받기 시작한 것은 세계적으로 이전까지 알려지지 않았던 변종 바이 러스로 인한 각종 질병이 등장해 많은 사람의 목숨을 앗아갔기 때문 이다. 21세기에 들어서도 사스(SARS, 중증급성호흡기증후군)를 비롯해, '신종플루'라고 불리는 신종 인플루엔자 A, 메르스(MERS, 중동호흡기 증후군)와 에볼라 바이러스(Ebola virus)까지 과거의 전염병을 대체하는 새로운 전염병들이 끊임없이 등장하고 있다. 1918년 독감 역시 19세 기 후반 탄저·결핵·콜레라 등을 일으키는 병원균이 밝혀지고, 점차 인류가 질병을 정복할 수 있다는 믿음이 강해지는 상황에서 이를 비 웃기라도 하듯 갑자기 찾아온 질병이었다.[3]

한국 역시 신종플루, 메르스 같은 새로운 질병들로 곤혹을 치르면 서 1918년 독감에 대한 관심이 높아졌다. 2000년 이후 1918년 독감과 관련된 해외 서적이 번역되기 시작했으며,[4] 한반도의 1918년 독감 유 행에 관한 연구가 등장하기 시작했다. 물론 2000년 이전에도 1918년

---

1) 지나 콜라타 지음, 안정희 옮김, 《독감》, 사이언스북스, 2003, 31쪽.
2) 스페인은 1918년 독감의 최초 발생지나 최대 유행지는 아니었으나, 제1차 세계대전 당시 중 립국이었던 스페인만 별다른 언론 통제 없이 자국 내 독감 유행 사실을 보도했기 때문에 '스 페인 독감'이라는 이름이 붙게 되었다. 이러한 이유 때문인지 알 수 없으나 최근의 연구들은 '스페인 독감' 대신 '1918년 독감' 또는 '1918년 인플루엔자'라는 말을 사용하고 있다. 이 글 에서도 '1918년 독감'으로 통칭했다.
3) 지나 콜라타, 앞의 책, 86쪽.

독감을 다룬 연구는 있었다.[5] 다만, 이 연구는 1918년 독감 자체가 아니라 3·1운동의 사회적 배경이 되는 한 사건으로 1918년 쌀값 폭등과 함께 독감의 유행을 살펴본 것이기 때문에《매일신보》기사를 이용해 발생 상황을 정리한 정도였다. 그러나 1918년 독감의 발생 상황 및 규모를 가장 먼저 정리했으며, 3·1운동 직전의 사회상으로 1918년 독감을 주목한 선구적 연구라 할 수 있다.

2000년 이후 1918년 독감 자체에 집중한 연구가 본격적으로 등장했다. 먼저, 1918년 조선 내 독감 발생 상황에 집중한 연구들이었다.[6] 1918년을 살펴볼 수 있는 자료가 많지 않기 때문에 이 연구들은 각각 당시 세브란스연합의학전문학교 세균학 교수로 재직 중이던 프랭크 스코필드(Frank W. Scofield)의 논문과《매일신보》기사를 활용해 1918년 독감의 발생 상황이 어느 정도였는지 논증했다. 1919년 미국 의학 회지에 게재된 스코필드의 연구 논문은 1918년 독감의 조선 내 유행에 관한 동시기 거의 유일한 논문이라는 점에서 의미가 있으나, 스코필드가 진료한 환자를 대상으로 한 연구여서 전반적인 사정을 살펴보기에는 한계가 있다.

1918년 독감 발생 상황이 어느 정도 밝혀진 이후에는 독감에 대한 총독부의 방역정책과 그 문제점을 지적한 연구들이 나왔다.[7] 특히 가

---

4) 대표적으로 지나 콜라타, 앨프리드 크로스비의 책이 각각 2003년과 2010년에 우리말로 번역되었다(지나 콜라타, 앞의 책; 앨프리드 W. 크로스비 지음, 김서형 옮김,《1918년 인플루엔자》, 서해문집, 2010).

5) 이정은, 〈매일신보에 나타난 3·1운동 직전의 사회 상황〉,《한국독립운동사연구》4, 독립기념관 한국독립운동사연구소, 1990.

6) 천명선·양일석, 〈1918년 한국 내 인플루엔자 유행의 양상과 연구 현황: 스코필드 박사의 논문을 중심으로〉,《의사학》16-2, 대한의사학회, 2007; 박상표, 〈21세기 조류독감 대재앙은 기우일까, 현실일까?-《매일신보》를 통해 본 1918년 식민지 조선의 '돌림고뿔' 유행〉,《인물과 사상》108, 인물과사상사, 2007.

장 최근의 연구에서는 1918년 당시 일상적 폭력의 주체였던 헌병경
찰의 무능한 대처와 방역 실패로 죽음의 일상화를 경험한 조선인들
의 분노가 3·1운동을 계기로 분출되었다고 지적했다. 마지막으로 역
사학적인 접근은 아니지만, 1918년 독감을 다룬 (거의 유일한) 소설가
김동인의 작품을 통해 1918년 독감에 접근한 연구도 있다.[8] 이 연구
에서는 1918년 독감 기억의 망각이라는 흥미 있는 주제를 분석하면
서, 1918년 독감 기억의 망각에 3·1운동이 영향을 끼쳤을 가능성을
언급했다.

이 글에서는 이러한 선행 연구들의 성과를 바탕으로 1918년 독감
발생에 따른 조선 사회의 혼란상을 살펴보고, 식민지 방역당국의 대
응 과정의 문제점을 지적하면서 3·1운동이 일어나기 직전 조선 사회
에 충격을 주었던 또 하나의 요소로서 1918년 독감을 살펴보고자 한다.

1. 1918년 독감의 특징과 발생 상황

1) 세계적인 독감 유행과 비교

1918년 전 세계에 퍼졌던 독감은 세 차례에 걸쳐 유행했다고 한다.
1919년 3월 20~30일까지 파리에서 열렸던 연합국위생회의에서는
1918년 초봄에 발생해 1919년 봄까지 지속되었던 독감에 대한 정보
와 의견을 교환했는데, 이 위생회의에서 결의한 내용을 참고로 세 차

---

7) Lim Chaisung, "The Pandemic of the Spanish Influenza in Colonial Korea", *Korean Journal 51-4*,
    2011; 김택중, 〈1918년 독감과 조선총독부 방역정책〉, 《인문논총》 74-1, 서울대학교 인문학연
    구원, 2017.

8) 서희원, 〈1918년 인플루엔자의 대재앙과 문학〉, 《한국문학연구》 47, 동국대학교 한국문학연구
    소, 2014.

례에 걸친 독감 유행을 살펴보면 다음과 같다.[9]

첫 번째 유행은 1918년 3월에 발생해 봄, 여름에 걸쳐 유럽, 아시아, 아프리카, 호주 등으로 전파되다가 8월이 되어서야 잦아들었다. 첫 번째 유행은 비교적 증상이 경미했고 사망자도 많지 않았기 때문에 이것을 곧이어 다가올 대재앙의 징조로 예측했던 사람은 거의 없었다.

두 번째 유행은 첫 번째 유행의 기세가 잦아들고 얼마 지나지 않은 8월 말부터 시작되었다.[10] 흔히 1918년 인플루엔자, 스페인 독감 하면 떠올리는 엄청난 환자와 사망자는 주로 이 두 번째 유행기에 발생했다. 9월에는 캐나다, 온두라스, 포르투갈, 조선 등지에서, 10월에는 페루, 중국, 남아프리카, 뉴질랜드에서 발생했고, 미국에서는 10월 중순에 독감 유행이 정점에 달했다. 두 번째 유행에서 가장 많은 피해를 입은 나라는 인도였다. 9월에 독감이 발생하기 시작해 3개월간 2억 3,800만 명의 주민 중 400만~500만 명이 사망해 전체 주민의 2% 이상이 독감으로 사망했다고 한다.[11] 두 번째 유행은 12월 말에 이르러 거의 종식되었다.

---

9) 내무성 위생국(內務省衛生局) 편, 《流行性感冒-〈スペイン風邪〉大流行の記録》, 平凡社, 2008, 42~49쪽. 이 책은 1922년 일본 내무성 위생국에서 편찬한 것을 헤이본샤(平凡社)에서 2008년 동양문고 시리즈로 발간한 것이다. 이 책에서는 '제1회 유행', '제2회 유행'이라는 단어가 사용되고 있다. 한편, 세 차례의 유행(three waves)에 대해 크로스비의 책을 번역한 김서형은 '국면'이란 단어로, 김택중은 '만연'이라는 말로 번역했다. 김택중은 이에 대해 'wave'는 보통 '유행'으로 번역하는 'epidemic'보다 하위 개념이기 때문에 '유행'과는 구별되는 다른 번역어가 필요하다고 보았다(김택중, 앞의 논문, 172쪽, 각주 25번). 이 글에서는 우선 자료상으로 확인되는 '유행'이란 단어를 그대로 사용했다.

10) 각 유행의 진원지에 대해서는 여전히 명확하지 않다. 미국, 프랑스, 중국 등이 지목되며, 독감 바이러스의 지리적 기원을 확인하는 것 자체가 부적절하다는 연구도 있다고 한다. 첫 번째 유행은 미국 중서부에서, 두 번째 유행은 서부 유럽, 프랑스에서 시작되었을 가능성이 높다고 김택중은 서술했다. 《유행성 감모》에서는 1918년 8월 그리스 테살로니카 부근의 인플루엔자가 1918년 가을 유행의 발단이라고 언급했다(내무성 위생국 편, 위의 책, 49쪽).

11) 위의 책, 47·68쪽.

발생 시기	환자 수	사망자 수
1918년 9월~1919년 2월(1918년 독감)	7,556,693	140,527
1919년 11월~1920년 4월	431,429	43,988
1920년 11월~1921년 3월	33,720	1,208

(단위: 명)

※ 출전: 내무성 위생국(內務省衛生局) 편,《유행성 감모(流行性感冒)》, 헤이본샤(平凡社), 2008, 116~122쪽.

표 1. 1918, 1919, 1920년 독감 환자 및 사망자 수

마지막으로 세 번째 유행은 1919년 초에 발생한 것으로 두 번째 유행보다는 덜 치명적이었고 전파 규모도 이전과 비교해 불분명했다.

조선에서도 전 세계적인 독감 유행 양상과 비슷하게 1918년 3월에 처음 독감이 발생해 1918년 9~11월까지 두 번째 유행이 이어졌으며, 마지막 세 번째 유행은 1919년 1월부터 봄까지 발생한 것으로 보고 있다.[12] 다만 첫 번째 유행 당시 독감 발생이 기사화되지 않아서 어느 정도로 어떻게 발생했는지 알 수 없다. 또한 당시의 식민당국은 1918년 발생했던 독감을 첫 번째 유행으로, 1919년 겨울에 발생했던 독감을 두 번째 유행으로, 1920년 독감 발생을 세 번째 유행으로 파악하고 있었다.[13]

〈표 1〉과 같이 실제로 1918년 독감이 유행한 다음 해인 1919년 겨울(1919년 11월~1920년 4월) 조선에는 독감이 또 발생해 환자 43만

---

12)　김택중, 앞의 논문, 173~178쪽.

13)　내무성 위생국 편, 앞의 책, 116~120쪽; 大日本衛生警察協會,《衛生警察全書》, 1921, 32쪽. 일본 내무성 위생국에서는 조선뿐 아니라, 일본 본국이나 타이완에서 발생한 독감에 대해서도 3년에 걸쳐 세 차례 유행했다고 파악하고 있었다.

1,429명, 사망자 4만 3,988명을 기록했으며, 무엇보다 독감 사망률이 10% 안팎(1918년 독감 유행 시 사망률은 약 2%)의 높은 수치를 기록했다. 이때의 높은 독감 사망률은 1919년 8~12월까지 동아시아에서 유행 했던 콜레라의 유행 시기와 겹친 것도 어느 정도 영향이 있었을 것으로 짐작된다. 1920년에도 11월부터 1921년 3월까지 독감 환자가 발생했는데, 파악된 전체 환자 수가 3만 3,720명, 사망자가 1,208명으로 평상시의 계절성 독감으로 보아도 무방할 듯하다.

지금까지 연구된 1918년 독감의 역학적 특징으로 보아 1919년과 1920년 겨울에 발생했던 독감을 1918년 독감 유행의 범주에 포함시키는 것은 어렵다고 보이나,[14] 당시 방역당국은 1918년 독감 유행의 충격 이후 1919, 1920년까지 독감 발생을 주시했다고 볼 수 있을 것이다.

1918년 독감으로 인한 증상은 다양했으나, 공통적으로 나타나는 증상은 열과 두통, 피로 등의 증상 외에 기침, 콧물, 인후염 등이었다. 환자들은 등과 다리의 통증을 호소하기도 했다. 그러나 무엇보다 1918년 독감은 폐렴 합병증을 수반했다는 점이 가장 특징적이었으며, 그 때문에 폐렴으로 인한 사망자가 많았다.[15] 또한 1918년 독감으로 인한 사망에서 설명하기 어려운 사실 중 하나는 청년층의 사망률이 높게 나타났다는 점이다. 일반적으로 독감이나 폐렴에 취약한 계층은 유아나 노인이었고, 독감이나 폐렴으로 인한 연령별 사망률 곡선은 유아와 노년층을 의미하는 양쪽 집단이 높고 청년층이 낮은 U자 곡선 형태로 나타났다. 그러나 1918년 독감으로 인한 사망률 곡선은 청년층 사망률이 상대적으로 높은 W자 형태로 나타났던 것이다.[16]

---

14) 김택중, 앞의 논문, 168쪽.
15) 앨프리드 W. 크로스비, 앞의 책, 18·19쪽.
16) 위의 책, 36·37쪽.

	기관지염	폐렴	늑막염	뇌막염	천식	심장병	기타
사망자 수(명)	14,146	29,136	1,291	2,622	2,026	1,340	88,964
비율(%)	10.1	20.7	0.9	1.9	1.4	1.0	63.3

※ 출전: 〈유행성 감모〉, 《조선휘보》, 1919. 3, 89쪽.
※ 비중이 작은 신장염(442명), 폐결핵(183명), 산후병(187명), 뇌출혈(15명) 항목 제외.

표 2. 1918년 독감 합병증으로 인한 사망자

    식민지 조선에서 발생한 1918년 독감도 거의 동일한 특징을 나타냈다. 당시 독감에 걸리면 처음에는 오한이 나다가 어깨에서 허리까지 몹시 아프며, 두통이 온 뒤 39~40도까지 열이 오르면서 기침을 심하게 한다는 것이었다. 이후 인후염을 앓는 이도 있으며, 더욱 중증으로 발전되면 기관지나 폐를 침범해 폐렴을 일으킨다고 했다.[17] 〈표 2〉에서 확인되는 바와 같이 기타 항목을 제외하면 독감 합병증인 폐렴으로 사망하는 사람이 가장 많았다. 기타 항목의 비중이 높은 것은 독감으로 인한 합병증이 워낙 다양했다는 점과 이미 사망한 사람의 경우 사망 원인을 명확히 밝혀내기 어려웠으리라고 짐작할 수 있다.

    또한 조선에서도 20~30세에 해당하는 젊은 사람들이 독감에 많이 걸리고 있다는 사실이 보고되었는데, 이는 학교나 관청, 회사 등 여러 사람이 모이는 장소에서 많은 환자가 발생한 것과 연관이 있다고 지적되었다.[18]

    그러나 〈그림 1〉의 그래프처럼 사망자 수는 20~29세가 많긴 하지

---

17) 〈여사(如斯)히 치료(治療)하라, 독감이 들거든 이렇게 조섭하라〉, 《매일신보》, 1918년 11월 11일자.

18) 〈流行性感冒の歷史, 症候及豫防〉, 《조선휘보》, 1919. 1, 98쪽; 〈금번 감기는 관공리 사무원 같은 이가 제일 많이 앓은 모양이라 한다〉, 《매일신보》, 1918년 11월 22일자.

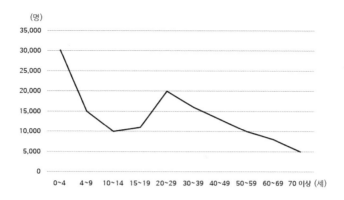

※ 출전: 〈유행성 감모〉, 《조선휘보》, 1919. 3, 89쪽.

그림 1. 독감으로 인한 연령별 사망자 분포도

만, 식민지 조선에서는 여전히 영유아 사망자가 압도적으로 많았으며, 노인층으로 갈수록 사망자가 줄어들고 있었다. 이는 당시 영유아 사망률이 높았던 것과 아울러 평균수명상 50세 이상의 인구가 현저히 적었던 점을 고려해야 할 것이다. 즉, 독감으로 인한 사망이 젊은 사람들에게 많이 나타났다는 점에서는 세계적인 1918년 독감 유행의 추세를 따르고 있지만, 높은 유아 사망률과 낮은 평균수명 같은 당시 식민지 조선의 상황이 연령별 사망자 수에 반영되어 나타났다고 할 수 있다.

2) 조선의 1918년 독감 발생 경로와 발생 규모

1918년 봄에 발생했다고 추측되는 독감에 대해서는 신문 기사가 남아 있지 않기 때문에 1918년 조선에서 발생한 독감 중 가장 이른 시기로 확인되는 것은 평북 강계에서 9월 23일 독감이 발생해 1918년 10월 초에 이미 300여 명이 독감에 걸렸다는 10월 11일의 신문 기사이다.[19] 이에 따르면 최초 발생 시기인 9월 중순부터 보도까지 보름 이상 지체되었으며, 평상시의 계절성 감기와는 다른 1918년 독감의 심각성을 알아차리는 데 그 정도의 시간이 걸렸음을 알 수 있다. 평양에서도 9월 중순경부터 '만주 감모'라고 칭하는 독감이 발생해 10월 중순에는 유행이 절정에 달했다는 기사가 확인되는데,[20] 이를 통해 독감은 만주에서 조선으로 건너와 평안도 지역에서 먼저 발생했다는 것을 알 수 있다. 당시 스코필드는 시베리아 횡단철도를 통해 유럽에서 러시아로 1918년 독감이 전파되었다고 보았는데, 러시아에서 다시 만주로, 만주에서 한반도 북부로 전파된 것이었다.[21]

한편, '만주 감모'라는 명칭은 《경성일보》에서 10월 말 평양의 독감 유행에 대해 언급할 때 딱 두 번 등장하는데, 유행 초기에 평양에서는 1918년 독감이 '만주 감모'라는 이름으로 알려져 있었던 것으로 보인다. 또한 1918년 독감이 다른 나라에서는 스페인 독감으로 지칭되었던 것과는 달리 조선에서는 '서반아 감모'라는 명칭을 거의 사용하지 않았으며, '유행(성)감모', '악(성)감모' 등을 흔하게 사용했다.[22] 대다수 조선인이나 일본인에게 생소한 '서반아'라는 명칭보다는 '유행성', '악성'과 같이 독감의 특징을 드러내는 명칭을 선호했던 것으로 보인다.

만주의 감기는 다른 경로로도 조선에 들어왔는데, 바로 남만주 방

---

19) 〈평북(平北) 강계군(江界郡)에 악성(惡性)의 유행병(流行病)〉, 《매일신보》, 1918년 10월 11일자.

20) 〈流行性感冒, 平壤丈で聽て五千人に達せんとす〉, 《경성일보》, 1918년 10월 25일자.

21) 천명선·양일석, 앞의 논문, 182쪽.

22) 그 밖에 《매일신보》에서는 1918년 독감을 감기, 돌림감기, 서반아 감기, 악감기, 악성감기, 유행감기, 유행성 감기, 독감, 유행독감, 유행성 독감, 감모, 악감, 악감모, 악성감모, 악성유행감모, 유행감모, 유행성 감모, 유감(流感), 악성유감, 윤감(輪感), 악성윤감 등으로 지칭했다(김택중, 앞의 논문, 173쪽, 각주 28번).

면으로 여행을 갔던 경성중학교 5학년 학생들이 10월 초에 독감에 걸렸던 것이다.[23] 학생 70여 명 중 28명이 독감에 걸렸으며 그중 4명은 중증으로 병원에 입원했고, 건강한 학생들은 먼저 경성으로 출발했다.[24] 이후 경성중학생들이 걸렸던 독감이 경성 시중에 퍼져서 강습생 39명이 독감에 걸려 결국 판임관 견습강습회가 휴강되었으며, 독감은 점점 경성 인근 지역으로 전파되었다.[25]

만주에서 들어온 독감이 지역별로 평안도 지역과 경성을 시작으로 점차 남쪽 지방으로 전파되었으며, 10월 말에는 부산 지역까지 퍼져 나갔다.[26] 이렇게 한반도 전체로 퍼진 독감이 지역별로 어느 정도 발생했는지 그 수치를 살펴보면 〈표 3〉과 같다.

가장 많은 환자와 사망자가 발생한 곳은 경북 지역으로 유일하게 100만 명이 넘는 환자가 발생했다. 그다음으로 전남에서 76만, 충남·평남·함남 모두 60만 명 이상의 환자를 기록했다. 사망자 역시 경북에서 가장 많고, 그다음으로 경남, 충남, 황해도, 경기도의 순이다. 이렇게 경북에서 많은 환자와 사망자가 발생했던 이유로 대구부에서 개최된 물산공진회로 도내를 비롯해 각지에서 사람들이 모여들었던 상황이 지적되기도 했다.[27] 일본인의 경우 경기도와 경남이 환자 수나 사망자 수가 다른 도에 비해 많은데, 이는 실제로 경기도와 경남에 거주하는 일본인이 많았기 때문이다.

---

23) 〈京中生多數, 旅行先て病む〉, 《경성일보》, 1918년 10월 14일자; 〈경중생 다수가 여행 중에 병 들어〉, 《매일신보》, 1918년 10월 15일자.

24) 〈罹病者は二十八名〉, 《경성일보》, 1918년 10월 15일자; 〈京中旅行團の一部帰る〉, 《경성일보》, 1918년 10월 16일자.

25) 〈流行性感冒蔓延す〉, 《경성일보》, 1918년 10월 17일자; 〈유행감모로 견습강습 휴강〉, 《매일신보》, 1918년 10월 17일자.

26) 〈釜山各學校も惡感冒猖獗〉, 《경성일보》, 1918년 10월 31일자.

27) 〈유행성 감모〉, 《조선휘보》, 1919. 3, 83쪽.

	조선인		일본인		합계		사망률 (%)	환자 (1,000명당)	사망자 (1,000명당)
	환자	사망자	환자	사망자	환자	사망자			
경기	542,779	12,351	39,612	239	582,725	12,617	2.16	325	7.0
충북	282,905	4,678	4,226	26	287,303	4,704	1.64	379	6.2
충남	712,718	14,248	9,302	61	723,011	14,314	1.98	647	12.8
전북	408,646	7,640	6,842	85	415,632	7,730	1.86	365	6.8
전남	755,054	13,510	11,477	108	766,708	13,619	1.78	406	7.2
경북	1,030,403	19,769	13,447	120	1,044,027	19,892	1.91	501	9.5
경남	600,603	14,669	28,185	295	618,871	14,965	2.42	352	8.5
황해	585,155	13,776	6,673	51	593,552	13,841	2.33	455	10.6
평남	660,229	7,888	14,186	83	674,897	7,973	1.18	594	7.0
평북	532,210	8,633	5,187	57	538,881	8,702	1.61	433	7.0
강원	448,347	7,880	3,809	21	452,285	7,905	1.75	389	6.8
함남	618,814	11,571	10,099	72	629,283	11,653	1.85	508	9.4
함북	212,524	2,533	6,877	79	219,598	2,612	1.19	414	4.9
합계	7,390,414	139,137	159,916	1,297	7,556,693	140,527	1.86	441	8.2

(단위: 명)

※ 출전: 내무성 위생국(內務省衛生局) 편,《유행성 감모》, 헤이본샤, 2008, 116~118쪽;《조선총
독부 통계연보》, 1919.

표 3. 조선의 1918년 독감 환자 및 사망자 수(1918년 말~1919년 초)

　　1919년 당시 도별 인구수를 통해 1,000명당 환자 수와 사망자 수를
살펴보면, 식민지 조선 전체에서도 1,000명당 441명의 환자와 8.2명
의 사망자가 나와 1918년 독감의 위력을 실감할 수 있다. 충남이 가
장 높은 수치를 기록해 1,000명당 647명의 환자와 12.8명의 사망자가

발생했으며, 거의 도 인구의 3분의 2가 1918년 독감에 걸렸다는 것을 알 수 있다. 충남은 도내 특정 지역에서 집중적으로 피해가 발생했다기보다는 도내 전반적으로 심각한 피해가 발생했으며, 유행이 정점에 달했을 때에는 홍성군에서 6일간 600명 사망, 즉 매일 100명씩 사망자가 발생하기도 했다.[28] 그 밖에 평남, 함남, 경북에서 모두 도내 인구의 50% 이상이 독감에 걸렸는데, 평양 인구의 절반 이상이 감기로 고생한다는 신문 기사 제목이 결코 과장이 아니었던 것이다.[29] 반면, 식민지 조선의 수도인 경성을 포함해 가장 인구가 많은 경기도에서 독감 환자 발생률이 가장 낮았다.

당시 신문에서도 경성의 경우 11월 초에 독감 종식의 기미가 보인데 반해, 지방은 점점 더 창궐하는 기세로, 독감이 도회지보다 시골로 갈수록 그 피해가 크다고 보도했다.[30] 이렇게 시골에서 더 피해가 컸던 중요한 요인은 의료기관 및 의료인의 부족이었다. 개업의는커녕 공의의 수도 부족했고, 해열제 같은 기본적인 약품도 구할 수 없어 약초나 미신에 의존하면서 천명을 기다리는 수밖에 없었다.[31] 독감은 콜레라나 페스트처럼 치사율이 높지 않기 때문에 의료 혜택의 접근성에 따라 병의 경중이 달라질 가능성이 있으며, 또한 독감에 대한 정보 접근성도 중요했다. 콜레라나 페스트에 대해서는 기존의 경험

---

28) 〈1군의 사망자 매일 100명, 충남 홍성군에서〉, 《매일신보》, 1918년 11월 22일자.

29) 〈평양 인구의 반수 이상이 감기로 고생이다〉, 《매일신보》, 1918년 11월 13일자.

30) 〈地方は猶益益猖獗, 田舍へ行けば行く程酷い〉, 《경성일보》, 1918년 11월 7일자; 〈독감(毒感)이 점차종식(漸次終熄), 그러나 지방은 지금이 한창이다〉, 《매일신보》, 1918년 11월 8일자; 〈地方はまだまだ終熄せず, 流行性感冒と各地〉, 《경성일보》, 1918년 11월 12일자; 〈지방에는 여전하다〉, 《매일신보》, 1918년 11월 13일자; 〈感冒は未だ未だ, 地方では中々衰へず〉, 《경성일보》, 1918년 11월 18일자.

31) 〈奧地へ行く程慘めなもの〉, 《경성일보》, 1918월 11월 25일자; 〈感冒の神の暴威歇まず〉, 《경성일보》, 1918월 11월 27일자.

을 통해 어느 정도 위험성을 알고 있었다면, 1918년 독감의 경우 평소의 계절성 독감으로만 생각해 가볍게 여기기 쉬우므로 독감의 위험성에 대해 어떤 경로를 통해서든 정보를 얻는 것이 중요했다.

무시무시한 기세로 조선을 휩쓴 독감은 12월 상순에 한풀 꺾였으나, 1919년 1월 초순 다시 유행의 조짐을 보이자 "전부 종식됐다고 생각한 세계 감모의 미균이 어딘가 잠복해 있다가 재발"했으니 유의하라고 당부했다.[32] 그러나 1월의 유행은 대체로 조선에서는 그리 강하지 않았으며 날이 풀리면서 독감 유행도 사그라졌다.

1918년 독감은 전 세계 유행과 발맞춰 발생한 것으로, 조선에서만 독감 환자 756만, 사망자 14만 명이 발생했다. 일본 역시 그 피해가 적지 않아 환자 2,137만 명과 26만 명의 사망자가 발생했으며, 타이완에서는 환자 78만 명, 사망자 3만여 명을 기록했다.[33] 이러한 수치는 일본의 경우 인구 1,000명당 환자 297명, 사망자 3.58명에 해당했으며, 타이완은 인구 1,000명당 환자 213명, 사망자 6.95명이었다. 〈표 3〉에서 확인했듯이 조선은 인구 1,000명당 환자 441명, 사망자 8.2명이 발생했다. 따라서 1918년 독감 유행으로 조선은 일본제국 내에서 환자와 사망자 발생에서 가장 큰 피해를 보았다고 할 수 있다. 이러한 차이를 가져온 요인을 한 가지로만 단정 지을 수는 없으며, 1918년 독감 유행 당시에도 나라와 지역에 따라 환자의 발생 정도는 차이가 있었다. 그럼에도 독감에 대한 대처는 이러한 재난을 축소하는 데 중요한 역할을 했고,[34] 따라서 총독부의 방역정책을 살펴볼 필요가 있다. 다음 장에서는 독감 발생으로 인한 조선 사회의 혼란상과 그러한

---

32) 〈惡性菌はまだ有る〉,《경성일보》, 1919년 1월 9일자; 〈목하(目下)의 감기도 업시여기지 마라, 악성의 병균이 아직도 남았다〉,《매일신보》, 1919년 1월 10일자.

33) 내무성 위생국 편, 앞의 책, 104·121쪽.

상황에서 총독부의 방역정책이 지닌 문제점을 살펴보고자 한다.

2. 조선 사회의 혼란과 소극적인 방역당국

1) 동요하는 조선 사회

1918년 9월부터 발생하기 시작한 독감에 대해 10월 중순부터 본격적으로 보도되기 시작했으며, 당시 북쪽 지역과 경성에서는 독감 환자가 속출하고 있었다. 아직은 유행 초기 단계라 할 수 있는 10월 중순 무렵에는 발생한 독감의 성질에 대해 제대로 파악하지 못한 시기여서 신문 기사에서도 "한방약을 쓰든지 양약을 쓰든지 조섭만 잘하면 전치"되며, "생명에 관계되는 일은 결코 없"고, "아플 때에는 매우 지독히 고통하나 그 병으로 죽는 일은 없"다고 보도했다.[35] 경무총감부 위생과의 세가와(瀨川) 기사도 "다행히 이번 감모는 일반적으로 경증으로 대저 2, 3일 길어도 1주일 정도 이내에 낫고 이 때문에 죽는 자는 여병(餘病)이라도 병발하지 않는 이상은 거의 없다고 하니 기쁜 일"이라고 말할 정도였다.[36]

그러나 이러한 예상들과 달리 사망자가 속출했고, 이에 따라 원래의 독감은 죽는 일은 거의 없으나 이번 독감은 독성이 강해 3, 4일을 시름시름 앓다가 갑자기 병세가 악화되어 죽는 일도 많다고 보도하

---

34) "그러나 모든 것을 고려해본다면, 낮은 사망률과 훌륭한 행정 사이에는 분명히 상관관계가 있다"(앨프리드 W. 크로스비, 앞의 책, 288쪽).

35) 〈목하 유행하는 독감은 조심하여야 한다〉,《매일신보》, 1918년 10월 17일자; 〈恐しい餘病を倂發する, 傳染力は速い〉,《경성일보》, 1918년 10월 21일자; 〈전 조선을 석권한 독감은 세계적 대유행인가〉,《매일신보》, 1918년 10월 22일자; 〈熱は高いか質が好い〉,《경성일보》, 1918년 10월 23일자.

36) 〈咽喉の保護が大切〉,《경성일보》, 1918년 10월 28일자.

기도 했다.[37]

10월과 11월을 거치며 유행이 극에 달했던 1918년 독감은 조선 사회 전체에 적지 않은 혼란을 초래했다. 각 군청, 면사무소, 우편국, 경찰서 등에서는 독감으로 결근하는 사람이 증가하면서 사무를 거의 폐지하다시피 했고, 각종 공장에서도 직공들의 결근으로 공장이 제대로 돌아가지 못했다.[38] 독감으로 결석하는 학생들이 늘어나면서 휴교를 하는 학교도 늘어났다.[39] 그러나 다른 어느 곳보다도 큰 타격을 입은 곳은 농촌 지역이었다. 벼와 기타 작물의 수확기였으나 독감으로 드러누운 사람이 많아 수확하지 못한 채 방치된 경우가 허다했는데, 그럴 경우 상품의 질이 떨어지거나 짐승의 피해를 입기 쉬웠다. 또한 보리 같은 작물은 파종기를 놓쳐 발아 상황이 좋지 않았다. 이렇게 농작물 수확이 지연되면서 시장으로 나오는 곡물 양이 줄어 곡가의 등귀에도 어느 정도 영향을 미쳤다. 농가에서 부업으로 만들어 팔던 노끈, 가마니 등의 생산량도 줄어 농가 수입은 또 한 번 타격을 입었다.[40]

이에 반해 약방이나 약종상 들은 호황을 누렸다. 해열제를 비롯해 시중에서 팔리는 감기약은 평소보다 세 배 이상 가격이 오른 데다 품

---

37) 〈독감은 악성으로 변한다〉, 《매일신보》, 1918년 10월 24일자.

38) 〈관청역소(官廳役所)에 결근자반수(欠勤者半數)〉, 《매일신보》, 1918년 10월 16일자; 〈함흥에도 유행〉, 《매일신보》, 1918년 10월 25일자; 〈장질부사 뒤에 독감이 유행〉, 《매일신보》, 1918년 10월 27일자; 〈유행독감, 모조리 멍석말이〉, 《매일신보》, 1918년 11월 2일자; 〈全鮮で十四萬, 惡感冒で死んだもの〉, 《경성일보》, 1919년 1월 31일자.

39) 〈독감 각 학교를 침(侵)함〉, 《매일신보》, 1918년 10월 19일자; 〈流行性感冒で休校, 平壤は生徒の罹病一千人に及ぶ〉, 《경성일보》, 1918년 10월 27일자; 〈釜山各學校も惡感冒猖獗〉, 《경성일보》, 1918년 10월 31일자.

40) 〈독감으로 인하여 수확이 극난(極難), 손해가 비상하다〉, 《매일신보》, 1918년 11월 16일자; 〈米を刈ても稻扱ができぬ〉, 《경성일보》, 1918년 11월 22일자; 〈又復 擡頭한 米價〉, 《매일신보》, 1918년 11월 25일자; 〈유행성 감모〉, 《조선휘보》, 1919. 3, 82쪽.

절되기 일쑤였다.[41] 심지어 약국 주인마저 독감으로 드러눕는 상황이 발생하기도 했는데,[42] 이는 독감 환자들의 치료나 간호를 담당하는 의사와 간호사도 마찬가지였다. 급격하게 늘어나는 독감 환자 수에 비해 의사나 간호사 등 의료 인력이 턱없이 부족했으며, 한편으론 환자들과의 접촉을 통해 독감에 걸리는 의사와 간호사도 많았다.[43]

그러나 약이나 치료에도 불구하고 10월 중순 이후 독감으로 인한 사망자는 더욱 증가해 일가족이 모조리 사망하는 사례는 셀 수 없었고, 사망신고는커녕 시체를 처리해줄 사람도 없어 경찰에 의해 발견되는 경우가 많았다.[44] 장의사와 화장터도 덩달아 분주해졌으며, 이에 따라 관이나 삼베 등의 가격이 평상시보다 올라 이를 감당하지 못하는 사람들은 시체를 거적으로 싸서 매장할 수밖에 없었다.[45]

이러한 상황에서 독감에 대한 각종 정보가 쏟아져 나왔다. 독감의 병원체가 무엇이며, 1918년 독감의 성질과 면역성에 관한 신문 보도가 줄을 이었다. 독감이 유행할 때 독감의 정체를 알기 위한 실험이 다양하게 행해지면서 이에 대한 정보를 전달하는 보도였지만 여러

41) 〈流行性感冒, 各地に於て至る所猖獗を極む〉, 《경성일보》, 1918년 11월 4일자; 〈感冒藥の暴騰〉, 《경성일보》, 1918년 11월 13일자.
42) 〈전 조선을 석권한 독감은 세계적 대유행인가〉, 《매일신보》, 1918년 10월 22일자.
43) 〈평양에는 5천 인, 자혜의원 간호부 중에 병들어 누운 자가 많다〉, 《매일신보》, 1918년 10월 29일자; 〈看護婦が無い〉, 《경성일보》, 1918년 11월 3일자; 〈慈惠醫院長病む〉, 《경성일보》, 1918년 11월 4일자; 〈극귀한 간호부〉, 《매일신보》, 1918년 11월 6일자.
44) 〈매장청원격증(埋葬請願激增)〉, 《매일신보》, 1918년 10월 30일자; 〈地方はまだまだ終熄せず, 流行性感冒と各地〉, 《경성일보》, 1918년 11월 12일자; 〈평양 인구의 반수 이상이 감기로 고생이다〉, 《매일신보》, 1918년 11월 13일자; 〈서산 일군에만 팔만 명의 독감 환자가 있어〉, 《매일신보》, 1918년 12월 3일자; 〈1가3구(一家3口) 몰사, 독감에 걸려서〉, 《매일신보》, 1918년 12월 6일자; 〈독감의 산출(産出)한 비극(悲劇)〉, 《매일신보》, 1918년 12월 12일자; 〈전남 강진에는 독감 환자 사만 칠천〉, 《매일신보》, 1918년 12월 18일자.
45) 〈유행성 감모〉, 《조선휘보》, 1919. 3, 82쪽; 〈독감여열(毒感餘熱), 감기 돌림에 슬프고도 우스운 일〉, 《매일신보》, 1918년 11월 5일자.

설이 난무하는 상황에서 혼란을 가중시키는 측면이 있었다.

1918년 독감의 병원균에 대해서는 당시 전 세계적으로도 그렇고 일본에서도 파이퍼균설과 미정설(파이퍼균을 부정하고 눈에 보이지 않는 다른 병원체를 가정)의 두 가지가 우세했다.[46] 병원균을 발견해 이를 배양하는 데 성공하면 병을 치료할 수 있는 백신의 개발도 가능해져서 병원균을 밝히는 것은 중요한 일이었다. 그러나 1918년 11월 한 달 사이에만 독감 병원균에 대해 파이퍼균이 "확실히 인정"된다고 했다가,[47] 독감의 원인이 쌍구균인 것이 "명백"하다고도 보도되었다.[48] 독감의 전염에 대해서도 공기로 전염된다는 의견도 있었으나[49] 공기 전염이 아닌 환자의 가래나 침 속에 있는 병원균에 의해서라는 의견[50]이 등장했고, 이에 가래나 분변으로 전염된다는 것은 틀리고 환자와 접촉만 해도 전염될 수 있다는 의견[51] 등이 공존했다. 독감의 면역력에 대해서도 학자마다 의견이 분분했다. 한 번 걸리면 다시 걸리는 일이 거의 없다고 하는 학자도 있고,[52] 독감에 걸렸던 사람도 두 번, 세 번 걸릴 수 있다는 의견을 내놓거나[53] 혹은 면역성이 생기더라도

---

46) 내무성 위생국 편, 앞의 책, 255쪽.

47) 〈독감의 병원균, 북리(北里)연구소에서 발견〉, 《매일신보》, 1918년 11월 9일자; 〈병균을 배양, 다나카마루(田中丸) 병원에서〉, 《매일신보》, 1918년 11월 10일자; 〈惡性感冒の病源, パイフエル氏菌について〉, 《경성일보》, 1918년 11월 10일자; 〈惡性感冒空氣傳染はしない〉, 《경성일보》, 1918년 11월 20일자.

48) 〈惡感冒の主因双球菌〉, 《경성일보》, 1918년 11월 23일자; 〈최다한 쌍구균, 돌림감기의 병 근본〉, 《매일신보》, 1918년 11월 26일자.

49) 〈恐しい餘病を併發する〉, 《경성일보》, 1918년 10월 21일자; 〈붓방아〉, 《매일신보》, 1918년 10월 27일자.

50) 〈전 조선을 석권한 독감은 세계적 대유행인가〉, 《매일신보》, 1918년 10월 22일자; 〈今度の流行性感冒は世界中で初めての事〉, 《경성일보》, 1918년 11월 4일자; 〈독감의 유행균이라는 인플루엔자균에 대하여〉, 《매일신보》, 1918년 11월 10일자; 〈惡性感冒空氣傳染はしない〉, 《경성일보》, 1918년 11월 20일자; 〈유행독감의 역사, 유행감기의 징후와 예방법(4)〉, 《매일신보》, 1919년 2월 25일자.

51) 〈流行性感冒は朝鮮も支那も到る處各地に猖獗を極む〉, 《경성일보》, 1918년 10월 26일자.

아주 단기간에 한정된다고 주장하는 학자도 있었다.[54]

　여전히 풀리지 않는 의문이 많은 1918년 독감에 대해 당시에 구구한 의견이 제시된 것은 어쩌면 당연한 일이었다. 그러나 이러한 많은 정보가 짧은 기간에 신문 기사로 쏟아져 나오자 오히려 독감의 병원균이 무엇인지, 독감의 전염 방식이 무엇인지, 면역성이 있는지 없는지 혼란이 가중되면서 확인되지 않은 풍설 및 각종 독감 예방법과 치료법도 난무했다.

　제1차 세계대전이 막 끝난 당시 상황과 맞물려 독일이 독감 병균을 잠수함에 싣고 가 스페인에 퍼뜨렸다는 이야기를 제국대학 위생과 교수가 전하거나 독일이 독가스 같은 것을 사람에게 살포해서 독감에 걸리게 되었다는 풍설이 나돌기도 했다.[55] 또한 독감에 대한 예방이나 치료 방법이 딱히 명확하지 않다 보니 치료에 효험이 있다는 약방문이 게재되거나[56] 당장 약 1포만 먹으면 독감도 예방하고 이미 걸린 사람도 낫는다는 식의 감기약 광고도 자주 등장했다. 이러한 광고들 중에는 품명과 효험, 이미지를 내세운 상품 광고가 대부분이었지만 얼핏 보면 신문 기사와 혼동하기 쉬운 기사형 광고가 등장하기도 했다.

　다음의 두 광고를 보면 신문 기사처럼 편집해 "악성감모 익익 창궐", "감모의 신, 맹위를 떨치는" 같은 제목을 달고서 현재 독감의 심

---

52)　〈현미경하의 병원균, 제국대학 교수가 지금 연구 중이다〉, 《매일신보》, 1918년 11월 8일자; 〈독감의 유행균이라는 인플루엔자균에 대하여〉, 《매일신보》, 1918년 11월 10일자.

53)　〈재통(再痛)은 극히 위험하다〉, 《매일신보》, 1918년 10월 25일자; 〈유행독감의 역사, 유행감기의 징후와 예방법(3)〉, 《매일신보》, 1919년 2월 24일자.

54)　〈流行性感冒の再襲豫防に就て〉, 《경무휘보》 178호, 1920년 3월 15일자, 11쪽.

55)　〈현미경하의 병원균, 제국대학 교수가 지금 연구 중이다〉, 《매일신보》, 1918년 11월 8일자; 〈惡性感冒の元は毒瓦斯だといふ飛抜けたる流言〉, 《경성일보》, 1918년 11월 11일자; 〈독감과 진남포(鎭南浦)의 풍설(風說)〉, 《매일신보》, 1918년 11월 13일자.

56)　〈유행독감에 효험본 방문(方文)〉, 《매일신보》, 1918년 10월 27일자.

그림 2. 독감약 광고. 《경성일보》, 1918년 11월 9일자.

그림 3. 독감약 광고. 《매일신보》, 1918년 11월 25일자.

각한 상황과 독감 증상에 관한 정보를 제공하고 있다. 그런 뒤에 "즉시 복용하면 1포로 놀랍게 그 이재를 면할 수 있고, 이미 걸렸더라도 종종의 약품을 사용하기보다 헤매지 말고 가기야피린을 복약하는 것이 가장 좋다"라거나 "즉시 이 약을 복용하면 1포에 감염을 면함은 물론이오, 이미 감염된 자라도 다수한 약품을 용하는 데 미혹치 말고 즉히 이 '가제삐링'을 복용함이 가장 적의함"이라고 감기약의 효험을 설명했다. 이처럼 독감에 대한 정보를 전달하면서 감기약의 효험을 함께 광고해 약의 신뢰성을 높이는 광고가 적지 않았다.

이렇듯 독감을 둘러싼 전문가의 의견과 풍설, 광고 등이 혼재하던 당시 신문 기사를 통해 1918년 독감을 맞이한 조선 사회의 혼란스러운 모습을 짐작할 수 있다. 그렇다면 이런 혼란한 상황에서 식민지 방역당국은 어떻게 대처했는지 다음 절에서 살펴보겠다.

2) 소극적인 방역 활동과 책임 전가

독감 유행 초기 상황에서 방역당국의 활동은 뚜렷하게 확인되는 것이 없다. 당시 경무총감부는 일선 경찰서와 헌병분대 등을 동원해 호구조사에 집중하면서 독감 환자와 사망자의 수를 집계하는 정도였다.[57] 정확히 어느 시기에 발표한 것인지는 알 수 없지만 경무총감부에서 발표한 독감 예방 방법은 다음과 같다.

1. 가능한 한 환자에게 접근하지 말 것.
2. 환자에게 접근하는 경우에는 환자의 타액 포말을 흡입하지 않도록 주의할 것.
3. 관혼상제 및 시장 개최 등 다수 집합하는 상황은 가능한 한 피할 것.
4. 공업, 제조장 기타 다중 집합 장소에서는 사역인부 등의 건강상태에 주의하고 또 위생상 적당한 조치를 할 것.
5. 학교 위생에 주의하고 만약 학교 내에 환자가 발생하는 경우는 적당한 기간 휴교하는 등 예방상 적당한 조치를 취할 것.
6. 각자의 자위를 중시하고 만약 신체에 이화(異和)가 생겼을 때는 속

---

57)　김택중, 앞의 논문, 199·200쪽.

허 의사의 진단을 받을 것.

7. 미신적 치료를 행하지 말 것.[58]

대체로 법정전염병 환자 발생 시의 조치와 크게 다르지 않다는 것을 알 수 있다.[59] 물론 1918년 독감에 대해 초기부터 효과적으로 대응하는 데 어려움이 있었으며, 전무후무한 피해를 낳은 이 질병에 대한 파악도 제대로 이루어지지 않은 상황에서 방역당국이 취할 수 있는 조치는 한계가 있었다. 더욱이 그들 스스로도 밝히고 있듯이 독감 자체는 법정전염병이 아니었기 때문에 독감 환자의 신고나 예방 조치가 법적 효력이 없어서 대응하기 어려운 측면도 있었다. 그러나 1918년 독감에 대한 경무총감부의 대응은 같은 해 1, 2월 중국에서 유행했던 폐 페스트 같은 법정전염병에 대한 신속한 방역 조치와 비교하면 이해하기 어려울 정도로 안일했다.[60]

일본이나 타이완의 독감 방역 활동과 비교해도 식민지 조선에서 시행된 방역 활동은 소극적이었다. 특히 일본과 타이완에서 시행되었던 예방접종이나 마스크 보급 같은 활동이 거의 이루어지지 않았다. 물론 예방접종의 경우 당시에 제조한 독감 백신의 효과가 확실하지 않아 미국에서 접종된 백신도 "독감 환자들의 혈액과 점액에서 큰 세포와 파편 들을 걸러내고 남은 액체에 불과"하며, 백신 효과가 확

58) 〈유행성 감모〉, 《조선휘보》, 1919. 3, 84쪽.

59) 1918년 11월 9일 《경성일보》 기사에서도 경무총감부에서 작성해 발표한 예방법을 소개하고 있다. 이 독감 예방법은 10월 말 또는 11월 초에 발표되었을 것으로 짐작된다. 내용은 거의 비슷하지만 완치 후 출근하더라도 일정 기간 타인과 3척 이상의 거리에서 대화, 완치 후 10일 이상은 다른 집 방문 금지, 외출 시 마스크 착용 등 좀 더 구체적인 사항이 추가되었다(〈惡性 感冒の話(三)〉, 《경성일보》, 1918년 11월 9일자).

60) 김택중, 앞의 논문, 197쪽.

실하지 않았다고 알려졌다.[61] 일본에서도 예방접종은 1919년 초봄에야 시행되었고, 주로 사용되었던 백신도 파이퍼균을 기반으로 한 것이라 그 효과를 신뢰하기 어려웠다.[62] 그러나 백신의 효과와는 별개로 당시에는 어느 정도 효과가 있다고 보고 일본과 타이완에서는 독감 예방접종이 시행되었는데, 조선에서는 1920년 1월이 되어서야 독감 예방접종이 처음 언급되었다. 그나마도 "병 근원의 균도 적확히 판명을 못하여 오늘날 충분한 책임을 가지고 이를 권유하여 강제로 할 까닭은 없고 자진하여 요구하러 오는 사람만 시료"했으며, "내지의 각 부·현 등에서도 너무 듣지 않은 예가 있어서 총독이 이 점에 유의"했다고 보도했다.[63] 그러나 콜레라 예방접종의 경우 예방상 효과가 확실하지 않은데도 조선에서 대대적으로 시행했던 것과 비교하면 이러한 주장은 다소 설득력이 떨어진다.[64] 똑같은 상황이었지만 일본에서는 몇 번의 실험 결과 독감 예방접종이 효과가 있다고 보아 1919년 겨울 독감 유행부터 대대적으로 시행했던 것에 비추어보면[65] 조선에서는 독감 예방접종이 소홀히 시행되었다고 할 수 있다. 1921년 1월 경성에서 실제로 독감 예방접종이 시행되었을 때에도 하루 평균 15명, 사흘간 총 45명이 병원을 찾아올 정도였다. 이를 통해 예방접종에 대한 홍보도 제대로 이루어지지 않았음을 짐작할 수 있다.[66]

또한 마스크 착용은 실제로 당시 독감 예방에 가장 효율적이었던

61) 지나 콜라타, 앞의 책, 50쪽.
62) 내무성 위생국 편, 앞의 책, 215·216쪽.
63) 〈2만 6천 명의 환자를 낸 작년 말 이래의 악감(惡感)〉, 《매일신보》, 1920년 1월 20일자.
64) 1919년과 1920년의 콜레라 예방접종은 콜레라 방역 조치 중 어선 검역과 함께 가장 중요한 2대 항목으로 꼽힌다. 1919년과 1920년 콜레라 예방접종 실시 사항은 백선례, 〈1919·20년 식민지 조선의 콜레라 방역 활동〉, 《사학연구》 101, 한국사학회, 2011, 211쪽 참고.
65) 내무성 위생국 편, 앞의 책, 216쪽.
66) 〈유감(流感) 예방접종, 겨우 매일 15명밖에 안 되는 소수〉, 《매일신보》, 1921년 1월 31일자.

방법으로 미국에서는 큰 효과를 보았으며, 독감 예방 대책을 강구하기 위해 방역관을 구미에 파견했던 일본 당국 역시 이러한 정보를 접할 수 있었다. 일본에서는 마스크 보급을 위해 부·현의 재정으로 재료를 구입해 여자사범학교나 고등여학교의 학생들에게 학업에 지장이 없는 선에서 마스크를 제작하게 하고 이를 일반에게 실비로 제공하거나 경찰 관리나 빈곤자에게 무상으로 나눠주었다. 그 밖에 애국부인회, 적십자사 지부, 불교부인청년회 등에서도 간이 마스크를 제작해 싼값이나 무상으로 배부하기도 했다.[67] 그러나 식민지 조선에서는 1921년 초까지도 관공서에서 마스크 제작과 보급에 나서는 모습을 찾아보기 힘들었다.[68] 이렇듯 조선에서 발생한 독감 유행에 대한 총독부 및 경무총감부의 대응은 일본이나 타이완에 비해서도, 또한 다른 법정전염병에 비해서도 소극적이었다.

또한 조선에서 독감으로 인한 환자와 사망자가 많은 것을 조선인들의 관습과 미신 탓으로 돌리기도 했다. 즉, 조선인들은 열이 났을 때 "온돌을 고온으로 하고 창을 밀폐하는 풍조"가 있기 때문에 방안 공기가 건조하게 되어 폐렴을 일으키기 쉽고, 좁은 실내에 다수가 거주해서 공기가 건조하고 불결해 증상이 악화된다는 것이었다.[69] 지방에 의료기관이 부족한 상황을 지적하기도 했으나 조선인들이 위생 관념이 희박하고, 미신적 치료에 여전히 의존하고 있다고 보았다.[70]

67) 내무성 위생국 편, 위의 책, 198, 199쪽.
68) 경성에서 "코와 입을 막는 것을 각 학교에 부탁하여 생도들로 하여금 만들게 하여 실비로 시민에게 주라 하여 지금 연구 중인즉 불일간 구체적으로 될 듯"(〈악성감기의 습래(襲來)로 580명이 사망〉, 《매일신보》, 1919년 12월 16일자)하다는 정도만 언급하고 있다.
69) 〈治療法を誤るな〉, 《경성일보》, 1918년 11월 3일자; 〈조선인에 사망자가 많은 이유는 치료를 잘 못하는 까닭이다〉, 《매일신보》, 1918년 11월 3일자.
70) 〈治療法を誤るな〉, 《경성일보》, 1918년 11월 3일자.

실상 전문가들, 즉 일본이나 조선의 의사들이 말하는 독감 예방법은 대체로 독감은 특별한 예방법이 없기 때문에 개인적으로 위생 상태에 주의해야 한다는 것이 기본 방침이었다. 의사들은 양치질로 목과 입안을 깨끗이 하고 몸을 깨끗이 씻는 것을 공통적으로 강조했다. 또한 면역력을 강화하기 위해 냉수마찰을 장려하는 한편,[71] 냉한 공기를 쐬는 것, 야간에 외출을 피할 것을 강조하기도 했다.[72] 즉, 전문가들이 말하는 독감 예방 방법도 신체 청결과 면역력을 키우는 것 외에는 특별한 것이 없었다.

그런데도 앞서 경무총감부가 발표한 예방 사항에서도 "미신적 치료"를 언급하고 있듯이, 조선인들이 자신들만의 방식으로 보양음식을 먹는 것에 대해 미신요법이라 일컬었다. 감기에 걸리면 소화력을 우려해 채식 위주로 먹는 것에 대해서도 "육식은 죽음의 원인이 된다고 칭하여 전부 이를 폐하고 채식만을 섭취하기 때문에 영양 불량에 빠져 병세를 증장"시킨다고 비판했던 것이다.[73]

또한 조선인들의 방식을 지적하면서도 목도리를 하고 다닐 때 입과 코까지 가리지 말고 목만 두르는 것이 좋다는 의견을 제시하는 등 전문가들조차 독감 예방에 그다지 효과적이지 않은 방법을 제안하기

---

71)〈流行性感冒の豫防法, 湯氣を吸へ〉,《경성일보》, 1918년 10월 25일자.

72)〈재통은 극히 위험하다〉,《매일신보》, 1918년 10월 25일자;〈咽喉の保護が大切〉,《경성일보》, 1918년 10월 28일자.

73)〈유행성 감모〉,《조선휘보》, 1919. 3, 83쪽. 참고로 같은 기사에서 미신요법으로 언급된 사례를 보면 다음과 같다.
1. 명태어 3마리, 파 10개를 끓여서 (달여서) 복용하면 본 병에 걸리지 않는다.
2. 마른 콩잎, 생강 7개(얇게 저민 것), 죽엽 7매, 파 7개, 목통에 달여 복용하면 본 병은 치유된다.
3. 꿩의 오장육부를 꺼낸 후에 검은 콩 및 소토(燒土)를 채워 통째로 삶아 그 즙을 복용하면 이 병은 치유된다.
언급된 음식을 먹으면 독감이 나을 수 있다고 믿는 것은 비과학적이라고 할 수도 있지만, 음식 자체는 몸의 보양을 위한 것임을 짐작할 수 있다.

도 했다.[74] 냉수욕이나 냉수마찰 등이 계속 이야기되었고,[75] 심지어 7, 8세 아이들에게도 냉수마찰을 시키고 더 큰 아이들은 옷을 얇게 입히는 습관을 들여 저항력을 기르고 체력을 단련해두는 것이 좋다는 주장도 있었다.[76] 또한 1921년에는 독감을 예방하기 위한 여섯 가지 방법 중 하나로 "독감의 병균과 알코올은 어떠한 관계가 있는지는 아직 모르는 바이나 경험상으로 보면 과음은 도리어 해가 되지만 조금씩 마시는 것은 예방에 아주 필요"하다고 언급했으며,[77] 이에 대해 총독부의원장 시가 박사도 "술을 많이 먹는 사람들은 별로 걸리지 아니하는 모양인데 이것은 추운 때에 술을 먹으면 열이 발하여 체온을 보존하는 다소간 효과를 얻는 것"이라고 언급했다.[78]

이는 결국 당시까지의 의료 지식이 지닌 한계이지 조선인들의 생활방식이나 위생 관념의 문제는 아니었다. 당시의 의료 지식과 이른바 조선인들의 관습이나 미신의 거리는 생각만큼 멀지 않았던 것이다. 그럼에도 방역당국에서는 조선인들의 환자 발생이나 사망률에 대해 조선인들의 문제로 책임을 전가했으며, 이러한 책임 전가는 독감에 대한 방역당국의 소극적 대응과 더불어 방역당국에 대한 불신 및 불만을 부추기는 요소로 작용했다.

---

74) 〈동절의 위생은 여사히 실행하라〉, 《매일신보》, 1918년 11월 8일자.

75) 〈千里眼療法と流行性惡感冒〉, 《경성일보》, 1918년 11월 14일자: 〈治療の方法如何〉, 《경성일보》, 1919년 2월 22일자.

76) 〈악성감기 복발(復發)〉, 《매일신보》, 1919년 11월 14일자.

77) 〈유행독감 방어책, 공제의원장(共濟醫院長) 유홍종 씨 담(劉洪鍾氏談)〉, 《매일신보》, 1921년 1월 13일자.

78) 〈유행성 감모는 음주자(飮酒者)에는 불가침, 총독부의원장(總督府醫院長) 시가 박사 담(志賀博士談)〉, 《매일신보》, 1921년 1월 21일자.

1918년 독감과 3·1운동

전 세계를 휩쓴 1918년 독감은 식민지 조선에서도 많은 환자와 사망자를 발생시켰다. 1918년 독감의 예고편 같았던 1918년 봄의 독감 유행은 확실히 확인할 수 없지만, 가을에 발생해 1918년 말까지 전 세계를 휩쓸었던 독감은 조선에서도 9월 중순경부터 나타났다. 시베리아와 만주를 통해 전파된 독감은 10월 중순부터 11월 초까지를 정점으로 빠르게 한반도 전역으로 퍼져나갔다. 가장 큰 타격을 입은 곳은 경북으로, 대구에서 열렸던 물산공진회의 영향이 적지 않았다. 그 외 충북, 평남 등지에서도 전체 인구의 절반이 독감에 걸렸으며 1,000명당 10명 안팎의 사망자가 발생했다. 독감은 최소한의 의료 혜택조차 받기 어려웠던 시골 지역에서 오래도록 무섭게 창궐함으로써 더 많은 환자와 사망자를 낳았다. 관청과 공장에서는 결근자가 늘어 사실상 업무가 마비되었고, 학교는 휴교했으며, 수확기의 농촌은 일할 사람이 없어 벼를 비롯한 곡식이 그대로 방치되었다. 사실상 조선 사회 전체가 정지 상태였던 것이다. 12월 초부터 종식되기 시작한 독감은 얼마 지나지 않은 1919년 1월에 다시 유행해 적지 않은 환자가 발생했으나 1918년 가을처럼 극심하지는 않았다. 결국 1918년 독감으로 조선에서는 750만 명의 환자와 14만 명의 사망자가 발생했다. 이는 전체 인구의 40% 이상이 독감에 걸렸으며 1,000명 중 8명이 독감으로 사망하는 수치였다.

이렇게 예측 불가능하고 그 실체조차 파악하기 어려웠던 국가 재난에 경무총감부로 대표되는 식민지 방역당국은 유행 초기에 거의 속수무책이었다. 그러는 동안 1918년 독감에 대한 온갖 정보가 쏟아졌고, 정보가 쏟아질수록 독감의 실체를 알 수 없는 와중에 허위 정보와 과장 광고가 넘쳐났다. 그러나 방역당국은 여전히 아무런 대책도 강구하지 않았다. 이미 페스트와 콜레라 같은 전염병에 대해 비교적 체계적인 대응을 보여왔던 방역당국의 이러한 소극적인 대응은 이해할 수 없는 것이었다. 또한 1918년 독감을 제대로 이해할 수 없었던 것은 당시 의료 지식 역시 마찬가지였음에도 방역당국은 조선인의 관습이나 미신에 의존한 예방 방법과 치료로 인해 환자나 사망자가 더욱 많이 발생했다고 책임을 전가하는 태도를 보였다. 이처럼 1918년 독감 유행과 같은 예측 불가 상황에 대한 방역당국의 미숙한 대응은 헌병경찰 위주로 이루어진 1910년대 방역체계의 한계이자 실패를 보여주는 것이었다.

마지막으로, 1918년 독감과 3·1운동의 관계를 살펴보자. 1918년 독감이 유행하는 동안 조선인들은 자신들의 가족 혹은 친지들이 독감에 걸려 죽을 뻔하거나 죽는 상황을 직접 겪거나 전해 들었다. 이러한 가운데 경무총감부가 검병적 호구조사를 통해 환자나 사망자를 파악하는 것 외에는 거의 아무것도 하지 못하는 상황 역시 직접 보고 들었다. 이후 1919년 1월 독감의 기세가 수그러들었고, 독감 관련 신문 기사도 사라져갔다. 그러나 여전히 독감의 기억이 생생한 가운데 1919년 3월 1일 독립선언과 함께 3·1운동이 시작되었다. 전국으로 확산된 만세시위는 독감으로 누군가를 잃은 경험을 공유하고 있던 대다수 조선인이 식민당국에 대한 울분을 토해내기에 좋은 공간을 제공했다.

그러나 3·1운동이라는 거대한 사건은 또한 사람들에게서 어느 정도 독감의 기억을 밀어내기도 했다. 전국 각지에서 잇따라 일어나던 3·1운동은 독감으로 인한 죽음이란 암울한 경험으로부터 잠시나마 눈을 돌릴 수 있게 해주었다. 전 세계를 휩쓴 1918년 독감은 그 파급력에 비해 쉽게 잊혔는데, 여러 가지 요인이 있겠지만 망각의 큰 요인으로 지목되는 것 중 하나가 바로 제1차 세계대전이었다. 제1차 세계대전이야말로 "독감에 대한 상대적 무관심을 불러온 가장 중요한 원인"이라는 것이다.[79] 식민지 조선에서는 제1차 세계대전의 이러한 역할을 국내의 3·1운동이 어느 정도 대체했다고 볼 수 있다. 조선인들에게 1918년 독감의 기억이 희미해지는 데에는 먼 나라의 전쟁 못지않게 자신들이 직접 겪은 3·1운동의 경험이 중요했을 것이다.

이처럼 1918년 독감은 수많은 죽음을 목격한 조선인들이 방역당국에 대한 불만과 불신을 3·1운동을 통해 분출하는 하나의 배경을 제공했으며, 또한 3·1운동은 끔찍했던 1918년 독감의 기억을 망각하는 중요한 공간이 되었다. 더 나아가 3·1운동의 기억은 조선인들이 1919년 가을부터 있었던 콜레라 방역 활동에 대해 좀 더 직접적으로 불만을 표출할 수 있게 해주었다. 3·1운동을 계기로 형식적이나마 방역의 주체는 헌병에서 경찰로 바뀌었으며, 방역당국도 방역 시행 과정에서 조선인들의 반발을 고려하지 않을 수 없었다. 1918년의 독감 유행은 1910년대 방역체계의 한계를 드러냈으며, 이러한 한계의 끝에서 나타난 3·1운동은 결국 조선총독부로 하여금 이전과는 다른 식민통치를 모색하게 했던 것이다.

---

79) 앨프리드. W. 크로스비, 앞의 책, 368쪽.

3·1운동 경험자가 바라본
아일랜드 독립전쟁

한승훈

신생 일간지 《동아일보》가 주목한 아일랜드 독립전쟁

1919년 3·1운동은 일제의 식민통치에 저항한 전국 단위의 만세시위였다. 일찍이 경험하지도 예상하지도 못했던 대규모 시위였기에, 3·1운동은 식민지 조선인들에게 커다란 숙제를 안겨주었다. 3·1운동으로 조성된 환경에 맞게 새로운 운동을 해야만 했기 때문이다. 그런데 문제는 만세시위의 후속 운동을 진행할 정도로 경험이 풍부한 조선인이 없다는 점이었다.

아일랜드의 독립전쟁(1919. 1~1921. 7)은 3·1운동을 경험한 조선인들에게 관심의 대상이 되었다. 지구 반대편에 있는 아일랜드의 지리적 위치는 중요하지 않았다. 약소민족의 울분을 독립전쟁으로 승화시킨 사례라는 면에서 아일랜드에 대한 조선인들의 관심은 물리적 거리를 뛰어넘었다. 《동아일보》는 1920년 4월 1일 창간호부터 제1차 정간(176호. 1920년 9월 25일자)까지 하루 평균 1편 내외의 아일랜드 관련 기사를 보도했다.[1] 《동아일보》가 창간 초기부터 아일랜드에 관심이 있었음을 단적으로 보여준다.

이 글은 창간 초기 《동아일보》의 아일랜드 기사에 주목하고자 한다. 1920년 9월 25일 《동아일보》가 정간을 당한 이유 중 하나가 아일랜드 독립전쟁의 보도 태도에 있었기 때문이다.[2] 조선총독부는 《동아일보》가 "아일랜드 문제를 말하여 조선의 인심을 풍자(諷刺)"하고, 영국의 "반역자를 찬양하여 반역심(反逆心)을 자극"함으로써 총독정치를 비판·부정했다고 지적했다. 총독부는 《동아일보》가 창간 초기부터 아일랜드 독립전쟁을 보도함으로써 조선의 독립의식을 고취했다고 판단한 것이다.

과연 총독부의 판단은 정확했을까? 이를 확인하기란 쉽지 않다. 지금까지 연구들은 대부분 《동아일보》의 아일랜드 독립전쟁 보도에 관심을 두지 않았다. 그 이유는 선행 연구들이 1923년부터 《동아일보》 주도세력들이 정치권력의 획득을 목적으로 추진한 자치운동의 단서를 찾기 위해 아일랜드 관련 기사를 주목했기 때문이다.[3] 하지만 김홍철, 윤덕영, 조성을의 연구는 《동아일보》가 아일랜드 독립전쟁을

---

1) 해방 직후까지 한국에서는 아일랜드를 '애란(愛蘭)'으로 불렀다. 이 글에서 필자는 애란을 '아일랜드'로 표기하되, 각주의 기사제목에서만 애란으로 표기했음을 밝혀둔다. 1920년 4월 1일부터 9월 25일까지 아일랜드 독립전쟁을 직접적으로 다룬 기사는 150여 건, 부분적으로 언급한 기사, 사설 등은 30여 건에 이른다. 현재 《동아일보》 기사는 국사편찬위원회 한국사데이터베이스와 네이버 뉴스라이브러리에서 검색 및 원문 확인이 가능하다.

2) 〈본보(本報) 발행 정지와 총독부의 주장〉, 《동아일보》, 1921년 2월 21일자. 《동아일보》 제1차 정간의 중요한 이유는 1920년 9월 25일자 사설 〈제사(祭祀) 문제를 재론하노라〉에서 일본 황실의 상징인 경(鏡), 주옥(珠玉), 검(劍), 즉 이른바 '3종의 신기(神器)'를 모독했다는 것이었다. 하지만 총독부는 《동아일보》가 아일랜드 독립전쟁을 비롯해서 로마의 흥망을 통해 "은근히 조선의 부흥"을 이야기하며, 이집트의 현 상황을 언급함으로써 "일파만파 결국은 조선의 독립"을 알기 쉽게 설명했다는 점을 지적했다. 즉, 총독부는 《동아일보》가 창간 초기부터 약소민족인 아일랜드와 이집트의 민족운동을 보도함으로써 조선의 독립의식을 고양했다고 본 것이다.

긍정적으로 평가했으며, 조선의 운동 방략과 연계해서 아일랜드 독립전쟁을 보도했을 것이라는 추정을 가능하게 한다.[4]

이 글은 1920년 《동아일보》가 아일랜드 독립전쟁 기사를 통해 궁극적으로 지향한 바를 추적하고자 한다. 무장투쟁에 입각한 급진적 독립운동을 염두에 두었는가의 여부와 그 정치적 지향을 밝히는 것이 논문의 목적이다. 총독부가 정간의 근거로 제시한 아일랜드 기사의 분석이 답보 상태인 만큼, 제1절에서는 주로 정치면(2면)에 실린 아일랜드 독립전쟁 보도를 중점적으로 소개한다. 제2절에서는 주로 1면에 실린 논설, 기획 기사 등을 통해 《동아일보》가 아일랜드 독립전쟁을 어떻게 인식했으며, 기사 속에 담긴 함의와 지향점을 추적한다.

본문에 들어가기 전에 확인해야 할 사항이 있다. 아일랜드 독립전쟁 관련 기사의 방향 및 편집을 결정한 인물에 관한 것이다. 창간 초기 《동아일보》에는 민족해방운동을 통해 일본제국주의 구축(驅逐)을 선결 과제로 삼았던 사회혁명당 인사들이 있었다. 주필 장덕수와 논설위원 김명식이었다.[5] 이들 존재만으로 《동아일보》가 아일랜드 독립전쟁 기사를 통해서 조선의 독립의식을 고취시켰을 거라는 추정을 가능하게 한다.

그런데 실제로 《동아일보》 편집을 주도한 편집국장 이상협을 비롯

3) 강동진, 《일제의 한국침략정책사》, 한길사, 1980; 박찬승, 《한국근대정치사상사연구》, 역사비평사, 1992(박찬승, 〈일제하 자치운동과 그 성격〉, 《역사와 현실》 2, 1989); 신주백, 〈총론: '자치'에 대한 관점과 접근 방법〉, 〈일제의 새로운 식민지 지배 방식과 재조 일본인 및 '자치'세력의 대응(1919~22)〉, 《역사와 현실》 39, 2001; 강명숙, 〈1920년대 초반 동아일보에 나타난 자치에 관한 인식〉, 《역사와 현실》 41, 2001; 박지향, 〈아일랜드·인도의 민족운동과 한국의 자치운동 비교〉, 《역사학보》 182, 2004.

4) 김홍철, 〈1919년 전후 애란(愛蘭)·비(比)·인(印)의 민족운동〉, 동아일보사 편, 《3·1운동 50주년 기념논집》, 동아일보사, 1969, 991·992쪽; 윤덕영, 〈1920년대 전반 민족주의 세력의 민족운동 방향 모색과 그 성격: 동아일보 주도세력을 중심으로〉, 《사학연구》 98, 2010(a); 조성을, 〈1920년대 초 한국인과 아일랜드인의 상호인식〉, 《한국근현대사연구》 81, 2017.

한 진학문, 장덕준은 민족의식이 뚜렷한 인물들이었다. 《동아일보》가 민족운동을 강조하면서 내세운 논리는 '신문화건설론'이었다.[6] '신문화건설론'은 자유와 평등을 추구하는 세계 개조에 발맞추어 사회 각 분야의 실력을 양성하는 문화운동이었다. 이는 정치적 권력을 보장하지 않는 식민지 현실에서 나온 대안이었다. 의회 진출로 합법적 정치권력을 확보한 상황에서 무장투쟁으로 완전한 독립을 추구한 신페인당(Sinn Féin)과는 지향점이 달랐다. 이에 이 글에서는 《동아일보》 창간 초기 주도세력의 성향에 유의하면서 논지를 전개했다.

1. 창간 초기 아일랜드 독립전쟁 집중 보도

1920년 4월 1일 《동아일보》가 창간되었다. 창간을 주도한 이들은 일본에서 유학한 '신지식인'이었다. 그들은 제1차 세계대전 이후 민족자결주의가 대두되는 세계 사조에서 약소민족의 독립운동에 관심

---

5) 박종린, 〈꺼지지 않은 불꽃, 송산 김명식〉, 《진보평론》 2, 1999; 이현주, 〈사회혁명당(社會革命黨)과 '상해파(上海派) 내지부(內地部)'에 관한 연구(1920~1922)〉, 《한국학연구》 11, 2000; 심재욱, 〈설산(雪山) 장덕수(張德秀)의 문화운동과 사회 인식, 1912~1923〉, 《한국민족운동사연구》 28, 2001; 최선웅, 〈1910년대 재일 유학생단체 신아동맹당의 반일운동과 근대적 구상〉, 《역사와 현실》 60, 2006; 최선웅, 〈1920년대 초 한국공산주의운동의 탈자유주의화 과정〉, 《한국사학보》 26, 2007; 심재욱, 〈설산 장덕수(1894~1947)의 정치활동과 국가 인식〉, 동국대 사학과 박사학위논문, 2007; 김동윤, 〈송산 김명식의 생애와 문학〉, 《한국문학논총》 63, 2013; 최선웅, 〈장덕수의 사회적 자유주의 사상과 정치활동〉, 고려대 한국사학과 박사학위논문, 2014; 윤덕영, 〈1920년대 초반 협동조합운동론의 형성과 특징〉, 《역사문제연구》 39, 2018.

6) 박찬승, 앞의 책, 168~304쪽; 김명구, 〈1920년대 국내 부르주아 민족운동 우파 계열의 민족운동론-동아일보 주도층을 중심으로〉, 《한국근현대사연구》 20, 2002; 이태훈, 〈1920년대 전반기 일제의 '문화정치'와 부르조아 정치세력의 대응〉, 《역사와 현실》 47, 2003; 이태훈, 〈1920년대 초 신지식인층의 민주주의론과 그 성격〉, 《역사와현실》 67, 2008; 윤덕영, 앞의 논문, 2010(a); 윤덕영, 〈1920년대 전반 동아일보 계열의 정치운동 구상과 '민족적 중심세력'론〉, 《역사문제연구》 24, 2010(b).

을 가졌다. 아일랜드, 이집트, 인도가 관심 대상이었는데, 그중에서도 아일랜드에 대한 관심이 압도적으로 높았다.

《동아일보》는 창간 초기에 아일랜드 신페인당이 주도한 독립전쟁 기사를 주로 다루었다. 그 시작은 창간호의 〈독립당(獨立黨, 신페인당-인용자) 시장(市長)의 장의(葬儀)〉 기사였다.[7] 이 기사는 1920년 3월 3일(20일의 오기-인용자) 복면을 쓴 영국군에 의해 피살된 코크 카운티의 신페인당 지도자 토마스 맥 커테인의 장례식을 다루었다. 구체적으로는 "팔천 명의 신페인당원은 아일랜드공화국의 제복"을 입고 장례식에 참여했으며, 이에 호응한 시민들이 파업으로 조의를 표했다고 보도했다. 《동아일보》는 아일랜드 독립전쟁을 이끄는 신페인당의 기세가 대단하며, 아일랜드인들 역시 신페인당을 지지하고 있다고 보도했던 것이다.

4월 9일자 신문 기사 〈독립 수령(首領)의 탈옥〉은 "아일랜드를 독립시키려는 수령들, 영국 감옥에 갇혀 있는 동안에 교묘한 미인계, 노래로 군호를 하여 방떡으로 만든 열쇠 형상, 도망에 성공하여 미국에서 활동"이라는 부제로 시작했다. 이 기사는 신페인당이 더블린의 "아름다운 여학생" 두 명을 보내서 "자주 추파를 보내고 '키스'를 준" 결과로 간수를 꾀어내자, "죄수들은 만들어두었던 열쇠"로 감옥을 나와서 "두 대의 자동차를 나누어 타고 도주"했다는 내용을 소개했다. 탈옥을 흥미로운 이야기로 풀어낸 기사였다.

그런데 투옥된 아일랜드인들은 제1차 세계대전 당시 독일과 제휴하려다가 영국 당국에 적발된 이들이었다. 영국 입장에서 보면 이들은 '반역자'였다. 제1차 세계대전의 연합국이자 영일동맹의 동맹국

---

7) 〈독립당(獨立黨) 시장(市長)의 장의(葬儀)〉, 《동아일보》, 1920년 4월 1일자.

일본에도 이들은 적대적 행위자였다. 하지만《동아일보》는 투옥된 이들이 "감옥에 갇히어 끓는 피, 아픈 가슴으로 철장 아래에 신음"했다고 묘사했다. 반역 또는 적대적 행위자가 아니라는 것이었다. 그리고 이 기사는 신페인당이 걸어온 길을 다음과 같이 소개했다.

아일랜드 독립당원은 또다시 머리를 들고 일어나서 드디어 1918년 영국 의회 총선거에는 74명의 독립당 대의사(하원의원-인용자)가 당선이 되어 그해 10월에는 또다시 번개같이 아일랜드 독립의 봉화를 들었다. …… 여러 사람들은 천신만고를 하여 프랑스를 지나 미국에 건너와 미국 안에 있는 동지들과 독립운동에 열광 분주한 결과 자본금으로 독립 공채 삼천만 원을 모집하여 태반이나 목적을 달성하고 지금도 격렬히 운동을 계속하는 중이라더라.[8]

《동아일보》는 1918년 영국 의회 선거에서 당선된 아일랜드 신페인 당원 73명이 의회 등원을 거부하고 더블린에 독자 의회를 구성한 사실을 설명했다. 그리고 신페인당의 IRA, 즉 아일랜드공화국 군대가 게릴라전을 통해 영국과 전면전에 돌입했고, 미국 내 아일랜드 이민 자들로부터 받은 공채가 아일랜드공화국군의 무장투쟁 및 독립전쟁 자금으로 쓰이는 사실을 소개했다. 즉,《동아일보》는 신페인당이 의회 구성에 따른 정치력 확보에 머무르지 않고 완전한 독립을 이루고자 격렬한 독립전쟁을 전개하고 있다고 보도했다.

4월 18일, 19일자 신문에는 아일랜드 총파업 소식을 전했다.[9] 총

---

8) 〈독립 수령(首領)의 탈옥〉,《동아일보》, 1920년 4월 9일자.
9) 〈애란 대파업 결의〉,《동아일보》, 1920년 4월 18일자; 〈애란 파업 형세 대중(大重)〉,《동아일보》, 1920년 4월 19일자.

파업의 목적은 정치범 학대 반대 및 석방을 관철하기 위함이었다. 영국 식민당국을 겨냥한 파업이었다. 《동아일보》는 파업의 여파로 철도 수송이 중단되었으며, 여관과 상점이 문을 닫는 등 예상 외의 심각한 사태에 이르렀음을 전했다. 이와 동시에 정치범 일부가 석방되었으며, 정치범 24명이 추가 석방될 것이라고 보도했다. 그리고 20일자 신문에서는 아일랜드 파업의 종료를 알리는 기사가 게재되었다.[10]

하지만 4월 24일자 〈아일랜드 또다시 험악 상태〉[11] 기사에서는 파업 종료 이후에도 더블린 등지에서 아일랜드 군중과 영국 군대 간의 충돌이 끊이지 않으며, 그 와중에 150여 명이 체포된 소식을 전했다. 아울러 지방에서는 50여 명의 무장한 군중이 우편 열차를 탈취해 경찰 서류를 압수한 사실도 전했다. 이 기사는 4월 7일, 9일자 기사와 함께 아일랜드 독립전쟁이 영국 통치기관을 겨냥하고 있음을 강조하기에 충분했다.[12]

5월 1일자 신문에는 〈아일랜드에 신정책〉 기사가 실렸다.[13] 이 기사는 아일랜드 신임 총감 그린우드가 "아일랜드 수령의 대대적 포착(捕捉)과 검거"를 철폐하겠다는 개혁안을 보도했다. 신페인당의 독립전쟁을 중단시키기 위한 유화책이었다. 하지만 그 유화책은 효과가 없었다. 아일랜드의 5월은 독립전쟁과 영국의 강경진압으로 점철되었다.[14] 5월 17일자 〈아일랜드 형세 날로 더욱 험악〉[15]이라는 기사는 신

---

10) 〈애란 동맹파업 중지〉, 《동아일보》, 1920년 4월 20일자.

11) 〈애란 우부(又復) 험악 상태〉, 《동아일보》, 1920년 4월 24일자.

12) 4월 7일자 기사에서는 신페인당 소속 의용병에게 내린 훈령으로, 영국과 맞서 싸우기 위해 "암살, 복병 돌입, 저격, 교통 차단"의 수단을 사용할 것이라는 점을 소개했다. 〈애란 의용병의 전법(戰法)〉, 《동아일보》, 1920년 4월 7일자. 그리고 4월 9일자 기사에서는 아일랜드 신페인 당원들이 정부관청, 경찰서, 세무서, 은행 등을 습격한 사실을 보도했다. 〈애란의 대소요〉, 《동아일보》, 1920년 4월 9일자.

13) 〈애이란(愛耳蘭)에 신정책〉, 《동아일보》, 1920년 5월 1일자.

임 총감의 신정책이 무색한 상황에 이르렀음을 여실히 보여주었다.

　　암살과 폭행이 날마다 확대하여 경관에 대한 복수적 수단이 점차 엄
혹하게 되어, 총독과 기타 행정관 등은 사실상 감금됨과 같은 모양이라.
겨우 무장한 자동차로 피난하기가 가능하게 되고 또 아사동맹단원을 석
방함은 암살단원의 기세를 더하게 되어 아일랜드의 눈앞의 상태는 1개
월 전보다 일층 더 험악하게 되었더라.

　　《동아일보》는 아일랜드의 식민행정이 사실상 마비되었음을 부각
했다. 또한 정치범 석방 이후 무장투쟁이 강화되고 있음을 전했다. 이
뿐만 아니라 이 기사는 신페인당이 영국에 우호적인 아일랜드인들을
처단하고 있으며, 그 여파로 친영적 성향의 아일랜드인들이 빈손으
로 아일랜드에서 도망치고 있다고 보도했다.

　　5월 31일자 신문 기사 〈아일랜드와 독립운동〉은 아일랜드 독립전
쟁의 원인과 현재의 상황을 전했다.[16] "위험하게 변한 아일랜드 독립
운동", "근래에 기세가 더욱 맹렬하다"라는 부제 아래 기사의 첫 문
장은 "독립운동이라 하면 먼저 아일랜드를 생각한다. 아일랜드 민족

---

14)　〈애란 소요 계속〉,《동아일보》, 1920년 5월 9일자;〈애란 형세 일익(日益) 험악〉,《동아일보》,
　　1920년 5월 17일자;〈애란 최근 상황〉,《동아일보》, 1920년 5월 18일자;〈애란 계엄령 장포(將
　　布)〉,〈영병(英兵) 애란 상륙〉,《동아일보》, 1920년 5월 20일자;〈애란 '론돈데리'에서 '신핀'
　　당과 주둔군 간에 우부 소요〉,《동아일보》, 1920년 5월 21일자;〈영국 교혹(巧酷)한 대애란정
　　책〉,《동아일보》, 1920년 5월 22일자;〈애란 소요 의연(依然), 살인폭행이 상금(尙今) 빈빈(頻
　　頻)〉,《동아일보》, 1920년 5월 25일자;〈애란 철도 대파업〉,《동아일보》, 1920년 5월 28일자;〈영
　　국 육군 기관총대(機關銃隊) 향(向) 애란〉,《동아일보》, 1920년 5월 29일자;〈영국병(英國兵)
　　애란 증파〉,《동아일보》, 1920년 5월 30일자;〈애란과 영수상(英首相) '로이드 조지'〉,〈애란의
　　독립운동〉,《동아일보》, 1920년 5월 31일자.
15)　〈애란 형세 일익 험악〉,《동아일보》, 1920년 5월 17일자.
16)　〈애란과 독립운동〉,《동아일보》, 1920년 5월 31일자.

은 금일 세계에서 제일 맹렬하게 독립운동을 행하는 까닭이라"라고 시작했다. 아일랜드가 약소민족 중에서 가장 강력하고 치열하게 독립운동을 전개하고 있으며, 그 결과 사태가 점차 악화되고 있음을 부각했던 것이다.

관련 기사에서는 "독립당의 기세가 점점 왕성하여지고 자치당은 도리어 쇠약"해졌으며, 영국이 자치로 회유해도 소용이 없다고 지적했다. 그리고 최근 아일랜드 독립전쟁 경향을 다음과 같이 소개했다.

독립운동의 소요는 거의 끊일 날이 없어 비참한 사상은 도처에 생기는 중에 아일랜드**총독**[17]은 두 번이나 폭발탄의 공격을 당하고 영국 관리로 살해된 사람도 적지 아니하다. 독립운동하는 자를 잡아다가 감옥에 가두면 서로 맹서를 하고 굶어 죽기로 작정을 하여 음식을 도무지 아니 먹는 고로 옥 속에서 사람을 굶어 죽게 할 수는 없는 까닭에 나중에는 할 일 없이 방송하는 일이 많으며 영국 관리나 영국 인종에 대하여 살상을 하는 일은 여간하여 막기 어려운 고로 **영국총독**부에서도 비상히 고통으로 지내는 중이다. …… 아일랜드에는 지금 암살과 폭행이 날로 늘어서 경관에 대한 보복행동 등이 점차로 혹독하며 총독 이하의 관리는 사실상 감옥에 갇혀 있는 이와 같이 꼼짝을 할 수가 없이 되어 탄환을 막는 장갑자동차를 타고 도망하는 이외에 다른 도리가 없이 되고 굶어 죽기로 동맹한 **독립당원**을 방면한 결과는 암살단의 기세를 도도해서 바로 지금의 아일랜드 형세는 한 달 전보다 더욱 험악하게 되었다.

이 기사에 따르면 아일랜드총독은 생명의 위협에 노출되어 있으며,

17) 인용문의 강조 표시 부분은 《동아일보》 기사 원문의 강조 표시를 그대로 옮긴 것이다. 기사 원문에는 문단이 나뉘어 있으나 여기서는 가독성을 고려해 문단을 나누지 않았다. 이하 같음.

총독부의 행정력도 사실상 마비되었다. 아일랜드인들은 경찰을 위협했다. 《동아일보》는 아일랜드 신페인당이 독립전쟁을 통해 영국 식민 당국을 몰아내고 완전한 독립을 지향하고 있음을 강조했던 것이다.

《동아일보》는 6월 12일자와 14일자 1면에 〈소란 중의 아일랜드 수부(首府)〉라는 제목 아래 사진 두 장을 게재했다.[18] 이 사진들은 영국 군대가 대대적으로 신페인당 세력을 색출하는 광경이었다. 하지만 6월 12일자 〈혼돈 상태의 아일랜드〉 기사는 군대의 경계가 엄중함에도 불구하고 아일랜드 전역에 "병영"과 "공공건축물"의 방화가 아직 끝나지 않았다는 소식을 전했다.[19] 영국군의 힘으로는 아일랜드공화국 군대의 독립전쟁을 효과적으로 진압할 수 없음을 지적한 것이다.

6월 하순부터는 북아일랜드 런던데리시에서 발생한 아일랜드 통일당과 신페인당의 전투 및 파업 소식을 집중적으로 전했다.[20] 특히 6월 29일자 〈아일랜드 최근 형세〉 기사는 모든 상업 활동이 중단되고 남자들은 소총을 휴대하고 끊임없이 사격을 가함으로써 사상자가 발생하는 "공포시대의 광경"이 나타났다고 보도했다. 7월 1일자 〈아일랜드 형세 혼란 계속〉 기사는 런던데리시가 비교적 안정을 찾아가고 있으나, "저격 암살"이 빈번하며 "무장한 습격단의 침략"이 전국에서 발생하고 있음을 전했다.[21] 같은 날 〈아일랜드 철도 파업 확대〉 기사는 철도 파업이 각지에서 만연함을 보도했다. 《동아일보》는 아일랜드

---

18) 〈소란 중의 애란 수부(首府)(1)〉, 《동아일보》, 1920년 6월 12일자; 〈소란 중의 애란 수부(2)〉, 《동아일보》, 1920년 6월 14일자.

19) 〈혼돈 상태의 애란〉, 《동아일보》, 1920년 6월 12일자.

20) 〈애란의 대규모 소요〉, 《동아일보》, 1920년 6월 23일자; 〈애란 신구파(新舊派) 전투〉, 《동아일보》, 1920년 6월 24일자; 〈운수업자의 파업〉, 《동아일보》, 1920년 6월 26일자; 〈애란의 형세 중대〉, 《동아일보》, 1920년 6월 27일자; 〈애란의 최근 형세〉, 〈애(愛) 형세 상불완화(尙不緩和)〉, 《동아일보》, 1920년 6월 29일자.

21) 〈애 형세 혼란 계속〉, 《동아일보》, 1920년 7월 1일자.

전역이 진정 국면에 접어들지 못하고 있음을 지적한 것이다.

7월 이후 아일랜드 관련 기사들은 폭동, 폭탄 투척, 시가전, 우편국 탈취 등 게릴라 성격의 무장투쟁을 주로 다루었다.[22] 8월에는 아일랜드 사태가 일시적으로 진정되었지만,[23] 8월 하순 이후로는 더블린시의 폭동과 아일랜드 시민군과 영국군 사이의 총격전을 보도했다.[24] 감옥에서 절식(絶食) 투쟁을 하는 독립운동가의 소식도 전했다. 특히 《동아일보》는 코크 시장 테런스 맥스위니[25]가 위중해 아일랜드인 3,000여 명이 그의 석방을 요구하며 시위를 벌였다고 보도했다.[26] 그리고 8월 31자 신문에는 신페인당원들이 영국 총리 로이드 조지의 암살을 계획했다는 소문도 게재했다.[27]

그런데 9월 1일자 〈아일랜드 소요와 동온화파(同穩和派)〉 기사는 주목을 요한다. 이 기사에 따르면 아일랜드 전역의 온화파(穩和派)가 더블린시에서 협의회를 개최했다. 이 협의회에서는 영국 정부의 차후 아일랜드 정책을 토의했는데, 참가자들은 모두 "대표적 인물"이며, 그중에는 아일랜드 명사도 다수 포함되었다. 그리고 이 기사는 협의회가 아일랜드 평화 회복의 유일한 방법으로 "행정 이외에 재정상 완전한 독립을 갖는 전체 아일랜드 자치정부" 수립과 "가혹한 압박정책"을 속히 폐지할 것을 요구했다고 보도했다. 아일랜드 내 온건세력

---

22) 〈애이란 폭동 재연〉, 《동아일보》, 1920년 7월 24일자; 〈애란 소요의 기후(其後)〉, 《동아일보》, 1920년 7월 25일자; 〈민족운동 애란에 우부 소요〉, 《동아일보》, 1920년 8월 22일자.

23) 〈애란 폭동 재치(再熾)〉, 《동아일보》, 1920년 8월 29일자.

24) 〈민족운동 애란에 우부 소요〉, 《동아일보》, 1920년 8월 22일자.

25) 위의 신문 기사에서는 맥스위니의 직책을 '콜크 시장'이라고 했지만, 실제 직책은 코크 시의회 의장이었다. 그리고 당시 《동아일보》 기사에서는 맥스위니를 '맥쿠위니', '매크위니'로 표기했는데, 여기에서는 외래어 표기법에 따라 '맥스위니'로 표기했다.

26) 〈'맥' 씨(氏) 절식(絶食)과 애(愛) 형세〉, 《동아일보》, 1920년 8월 29일자.

27) 〈'신' 당(黨) 영수상(英首相) 암살 계획〉, 《동아일보》, 1920년 8월 31일자.

을 중심으로 대화에 기반을 둔 타협안이 나왔던 것이다.

하지만 아일랜드 무장투쟁은 가라앉을 줄 몰랐다. 9월 4일자 〈아일랜드 소요 더욱더 만연〉 기사는 빈번하게 일어나는 폭동과 계엄령 선포 소식을 전했다.[28] 일주일 동안 90명의 사망자와 200여 명의 부상자가 발생했으며, 아일랜드 전역에 소요가 만연했음을 보도했다. 9월 10일자 〈조건부 석방은 거절〉 기사는 경관 살해를 중단한다면 절식 중인 맥스위니의 석방을 보장한다는 로이드 조지 영국 총리의 제안과 이를 거절하는 시장 측 인사의 발언이 소개되었다.[29] 결국 영국 정부는 맥스위니의 석방을 불허했으며,[30] 《동아일보》는 그 결과로 1만여 명의 시민들이 시위를 했다고 보도했다.[31]

9월 21일자 〈아일랜드 문제〉 기사는 그칠 줄 모르는 독립전쟁과 그에 따른 사상자 속출을 보도했다.[32] 영국 정부의 진압으로 "표면상 요란의 확대를 방지"할 수 있었지만, 탄광부의 파업으로 또 다른 사태에 직면했음을 전했다. 그러면서 《동아일보》는 로이드 조지 영국 총리가 얼스터 6개 주를 제외한 전역에 "식민지적인 자치"를 허용하는 안을 신페인당에 제출했지만, 신페인당은 영국 측 자치안을 거부했음을 보도했다.

이상과 같이 《동아일보》는 창간 직후부터 아일랜드 독립전쟁 소식을 전했다. 특히 신페인당 주도의 비타협 무장투쟁을 집중적으로 보도함으로써 《동아일보》는 아일랜드 독립전쟁이 완전한 독립을 목적

---

28) 〈애 소요 익익(益益) 만연〉, 《동아일보》, 1920년 9월 4일자.

29) 〈조건부 석방은 거절〉, 《동아일보》, 1920년 9월 10일자.

30) 〈'맥' 시장(市長) 불석방(不釋放) 결정〉, 《동아일보》, 1920년 9월 11일자.

31) 〈애란의 시위운동〉, 《동아일보》, 1920년 9월 15일자.

32) 〈애란 문제〉, 《동아일보》, 1920년 9월 21일자.

으로 추진되고 있음을 전했다. 그렇다면 《동아일보》는 아일랜드 독립전쟁을 어떻게 인식했을까? 해외 단신의 하나로 여겼을까? 아니면 동맹국인 영국에 대항한 아일랜드의 '반역'을 긍정적으로 묘사함으로써 모종의 정치적 목적을 추구했을까?

2. 아일랜드 독립전쟁에 대한 《동아일보》의 두 가지 관점

1) 약소민족 해방운동으로 아일랜드 독립전쟁의 정당성 부여

《동아일보》 주도세력은 아일랜드 독립전쟁을 어떻게 이해했을까? 이와 관련해 《동아일보》가 1920년 4월 한 달 동안 1면에 13회에 걸쳐 연재한 〈아일랜드 문제의 유래〉를 주목해야 한다. 이 연재 기사는 아일랜드의 독립전쟁을 영국과의 역사적·민족적·종교적·경제적 관계로 구분해 소개했다.[33]

《동아일보》는 아일랜드와 영국의 관계가 악화된 역사적 근원으로 크롬웰의 아일랜드 대학살을 꼽았다.[34] 영국이 아일랜드 귀족, 부호, 성직자 등으로부터 몰수한 재산과 토지를 영국 장졸들에게 포상으로 지급한 사실도 지적했다. 이를 두고 《동아일보》는 "골수에 관철된 아일랜드인의 원한"이자 "영국인과 아일랜드인 사이에 불화하게 된 최초의 원인"으로 규정했다.

다음으로 《동아일보》가 주목한 부분은 영국이 아일랜드 문화와 역사를 말살하기 위한 시도였다.[35] 《동아일보》는 이를 아일랜드의 국민

---

33) 〈애란 문제의 유래(1)〉,《동아일보》, 1920년 4월 9일자.
34) 〈애란 문제의 유래(2)〉,《동아일보》, 1920년 4월 10일자.

성을 파괴하려는 목적으로 설명했다. 하지만 영국의 국민성 파괴 시
도가 아일랜드의 민족적 자각을 더욱 굳건하게 만들었다고 평가했
다. 한편, 종교 문제와 관련해서는 영국 정부가 아일랜드 가톨릭을 탄
압하고 차별했지만, 그 과정에서 가톨릭의 저항에 직면한 사실을 부
각했다.《동아일보》는 영국의 아일랜드 가톨릭 탄압 역시 아일랜드
독립투쟁의 원인이 되었다고 지적했다.

한편,《동아일보》가 경제적 관계로 언급한 내용은 아일랜드 산업
의 억제 및 기업 침체, 영국인 지주에 의한 아일랜드 소작인의 비참
한 삶이었다.[36] 특히《동아일보》는 소작인들에게 부과된 과도한 소작
료와 대기근으로 대량의 아사자가 발생한 사실을 언급했다. 그러면
서 아일랜드 독립운동의 선결 과제로 영국인이 절대다수를 차지하
는 지주들을 축출해야 한다는 주장을 소개했다.[37] 결론적으로《동아
일보》는 아일랜드 독립전쟁의 원인으로 영국의 강압적인 식민통치를
강조했던 것이다.

《동아일보》가 아일랜드 독립전쟁에 정당성을 부여한 사례는 또 발
견된다. 1920년 6월 14일자 신문에는 〈정신과 생명〉이란 제목의 사설
이 실렸다.[38] 이 사설은 불평등한 사회를 불합리하다고 규정했다. 그
러면서 프랑스대혁명과 더불어 아일랜드의 충돌, 즉 독립전쟁을 합

---

35) 〈애란 문제의 유래(4)〉,《동아일보》, 1920년 4월 11일자; 〈애란 문제의 유래(5)〉,《동아일보》,
1920년 4월 13일자.

36) 〈애란 문제의 유래(6)〉,《동아일보》, 1920년 4월 14일자; 〈애란 문제의 유래(7)〉,《동아일보》,
1920년 4월 14일자.

37) 〈애란 문제의 유래(8)〉,《동아일보》, 1920년 4월 16일자. "아일랜드에 있는 영국의 권력을 구
축(驅逐)하고 아일랜드의 독립을 도모하고자 할진대 제일 먼저 아일랜드의 지주(지주는 영국
인이 최다수)를 구축치 아니치 못할지니 이것이 아일랜드인의 최후의 목적이라 아일랜드인
은 하처(何處)에 존재함을 물론하고 서로 힘을 모아서 이 최후 목적을 달성치 아니치 못할지
라 운운하여 영인의 횡포와 아일랜드인의 독립을 통론(痛論) 통정하게 논하였더라."

38) 〈정신과 생명〉,《동아일보》, 1920년 6월 14일자.

리적 사회로 가는 과정으로 이해했다. 나아가 그 충돌이 결코 실패하지 않을 거라고 단언했다. 《동아일보》는 아일랜드 독립전쟁을 식민통치를 극복하고 독립을 향해 나아가는 일환으로 평가했던 것이다.

《동아일보》는 아일랜드 독립전쟁을 어떻게 전망했을까? 6월 7일자 〈십만 명의 독립군〉 기사는 영국이 무력으로 아일랜드의 독립전쟁을 진압하기는 어렵다고 예견했다. 그 이유로는 첫째, 정규 훈련을 받은 10만 명의 병력, 둘째, 아일랜드인의 거의 전부가 독립을 열망, 셋째, 아일랜드 군대에 의한 관리 암살, 경찰관서·수비대·병기창 습격 등에 속수무책인 영국, 넷째, 세계에서 가장 맹렬한 독립운동, 다섯째, 미국 거주 아일랜드인 100만여 명의 독립운동 원조 등을 지적했다. 그러면서 《동아일보》는 영국이 추가 파병 및 행정력 마비를 취한들 이 같은 요인으로 "아일랜드 독립운동은 쉽게 진정"되지 않을 것이라고 전망했다.

7월 27일자 〈아일랜드 독립 문제 상보(詳報)〉 기사는 영국 정부가 아일랜드 독립을 승인하지 않는다고 정식으로 선언했지만, "사실상 독립을 조만간 실제 사실로 출현"하게 될 것으로 전망했다.[39]

혹자의 단언을 들은즉, 영국 정부의 의향은 아일랜드에 대하여 외부에 하등 원조를 받지 않고 아일랜드 자체가 쇠퇴하는지 또 흥기하든지 전혀 아일랜드 자신에게 위임한다 하고, 또 여러 관찰자의 일치한 견해에 의하면 영국은 여차히 하여 아일랜드에 대하여 사실상 독립을 허가하고 신페인당으로써 스스로 아일랜드를 방어하게 함이라고 하더라.

---

39) 〈민족운동 애(愛) 독립 문제 상보(詳報)〉, 《동아일보》, 1920년 7월 27일자.

《동아일보》는 영국이 대외적으로 아일랜드 독립을 승인하지 않겠다는 점을 공포했지만, 실상은 독립을 인정할 것이라는 전망을 보도했다. 이 기사는 그 이유를 분명히 밝히고 있지 않다. 하지만 아일랜드 소요사태가 진정 국면으로 접어들지 않는 상황에서 독립의 가능성을 예견한 사실은 주목할 만하다. 영국이 아일랜드 문제를 독립전쟁을 주도한 신페인당에 떠넘김으로써 독립을 인정하는 모양새를 취할 수 있다는 가능성을 보여주었기 때문이다. 즉, 《동아일보》는 독자들에게 신페인당의 독립전쟁이 독립 쟁취로 이어질 여지를 마련해주었던 것이다.

그렇다면 아일랜드 독립전쟁 기사를 긍정적으로 부각함으로써 《동아일보》가 지향한 바는 무엇이었는가? 《동아일보》는 아일랜드 문제를 아일랜드만의 문제로 생각하지 않았다. 4월 9일자 〈아일랜드 문제의 유래(1)〉 기사는 세계 약소민족의 관점에서 아일랜드 독립전쟁의 의의를 다음과 같이 밝혔다.

아일랜드 문제는 실로 오늘날 세계의 일대 문제로다. 아일랜드 자체가 중대하여 그런 것은 아니나 영국이라는 세계 패왕의 융체에 관한 문제를 배경한 문제인 고로 세계는 지금 동 문제의 진보에 대하여 괄목환시하는도다. 취중 아일랜드와 동일한 운명에 있는 소약(小弱)민족에 대하여는 그 영향과 관계가 더욱 중대하도다.[40]

《동아일보》는 아일랜드가 세계 약소민족의 운명과 동일하다는 점을 지적했다. 특히 아일랜드가 세계 정세를 주도하는 영국의 식민지

---

40) 〈애란 문제의 유래(1)〉, 《동아일보》, 1920년 4월 9일자.

라는 사실을 언급하면서, 아일랜드 독립전쟁이 세계에 미치는 영향이 클 것으로 진단했다. 직접적으로 언급하지는 않았지만, 일본의 식민지배를 받고 있는 '소약민족' 중에는 조선도 포함되어 있었다.

이와 관련해 7월 18일자 〈민족 부활의 서광(3)〉 기사를 살펴보자. 《동아일보》는 지금의 세계 사조를 "약자의 부활시대"로 규정했다. 무력과 압박으로 약소민족을 식민통치한 제국주의 열강과 이들의 통치시대를 "부패한 구세대"이자 "인습의 구시대"로서 사라져야 할 대상으로 규정했다. 그리고 아일랜드를 비롯해 인도, 이집트, 폴란드, 체코슬로바키아 같은 약소민족의 장래를 다음과 같이 설명했다.

> 그들의 국가와 민족은 파괴와 사멸을 당하였었고 고난과 압박을 수(受)하였더니라. 그러나 그들의 민족에게는 끌어오르는 산 정신이 조국을 회복하게 하라 하며, 뛰노는 새 생명이 동족을 부활시키려 하니 그들의 희망과 마음의 실천(원문에는 '사위事爲'라 표기-인용자)은 진(眞)과 정(正)에 말미암을 따름이오. 결코 남을 간사하게 속이는 꾀(원문에는 '궤계詭計'라 표기-인용자)와 착각으로 말미암은 그릇된 생각(원문에는 '오상誤想'이라 표기-인용자)을 품지 않으니 반드시 성공하는 날이 있으리로다.

이 기사에 따르면, "정의와 인도"에 입각해서 자유와 평등을 보장하는 민주주의가 약소민족의 독립을 가능하게 할 것이라고 전망했다.[41] 민족자결주의에 입각한 세계 개조의 현상이 약소민족의 해방으로 귀결될 것으로 낙관했다. 나아가 《동아일보》는 우리 민족이 "열심으로 노력"하여 앞으로 나아가면 "성공의 칭찬이 풍족"할 것으로 보

---

41) 《동아일보》가 지향한 민주주의에 관해서는 이태훈, 앞의 논문(2008) 참조.

았다. 즉, 독립을 달성할 수 있을 것으로 내다본 것이다.

이어서 《동아일보》는 약소민족의 범위를 아일랜드를 비롯한 서구 식민지로 한정하지 않았다. "오등(五等)"을 언급함으로써 그 범위를 조선으로 넓혔다. 그러면서 "약자의 민족이여 근면하고 노력할지어다 부활하도록" 하며 글을 마무리했다. 《동아일보》는 약소민족의 동질감 속에서 아일랜드와 조선의 미래를 전망했던 것이다.

《동아일보》는 아일랜드 독립전쟁을 적극적으로 지지하기도 했다. "권리의 신장은 쟁투(爭鬪)로서"라는 부제가 붙은 7월 7일자 사설 〈아일랜드인에게 기(寄)하노라〉는 이를 잘 보여준다. 이 사설은 아일랜드의 독립 요구를 다음과 같이 규정했다.

> 오인(아일랜드-인용자. 이하 같음)의 요구는 정당하다. 합리하다. 인도의 기초요, 평화의 근본이라. …… 개인에게 인격을 부여하며 문화를 유전하며 광채 있는 역사를 배경한 일대 민족을 노예로 만듦이 정당한가. 합리한가. 오인의 요구는 민족의 해방이라 자유라. …… 그러나 영국은 오인의 희망과 요구를 승인하지 아니하는도다. …… 영국은 오인의 희망을 억거(抑拒)할 권리가 없도다. …… 군력(軍力)으로 타민족의 자유를 박탈함은 또한 제국주의적 국민의 강도로다. 강도는 인간 사회의 일대 죄악이라. 그러므로 강도를 배척하고 자유에 기초한 국가 사회를 요구하는, 즉 민족의 해방을 절규하는 오인의 요구가 어찌 부정당(不正當)하며 불합리하다 하리오. …… 민족의 해방과 자유를 요구함은 결국 그 민족의 고유한 권리의 승인이니…….

《동아일보》는 영국이 무력으로 아일랜드를 식민지화하고 통치하는 현실을 강하게 비판했다. 또한 아일랜드가 민족의 해방과 자유를 요구하는 행위에 대해 정당하고 합당하다고 규정했다. 그러면서 아일랜드의 독립전쟁을 "철저히 동정"하며, "백절불굴(百折不屈)하는 웅장한 노력"에 경의를 표하면서 사설을 마무리했다.

《동아일보》가 경의를 표한 "백절불굴"의 노력은 무엇인가? 바로 창간 초기부터 집중적으로 보도했던 아일랜드 독립전쟁이었다. 총독부가 정간의 이유로 지적했던 "반역자를 찬양하여 반역심을 자극"하는 내용과 다름없었다.[42] 더군다나 아일랜드 독립전쟁을 정당하고 합당한 조치라고 주장함으로써, "표면적으로 (조선의-인용자) 독립을 선동하는 일은 피하나, 항상 전례를 타국에 취하여 교묘하게 반어음어(反語陰語)를 사용하여 독립사상의 훤전(喧傳)에 노력하는 형적(形跡)이 현저"하다는 총독부의 지적에 부합하기도 했다.

그렇다면 《동아일보》는 아일랜드 독립전쟁 기사를 보도함으로써 조선의 독립운동, 구체적으로 3·1운동을 통해 보여준 민족적 역량을 무장투쟁으로 승화시키고자 했을까? 앞에서 언급했듯이 《동아일보》는 약소민족으로서 동질감과 지지 이상을 표현하지는 않았다. 총독부의 지적처럼 《동아일보》는 아일랜드 사례를 통해 "표면적으로" 조선의 독립운동을 선동한 사례가 거의 없다. 사회혁명당의 장덕수와 김명식이 《동아일보》 발행에 참여한 사실 등을 통해 그 개연성을 추론할 뿐이다.

하지만 그 개연성을 단정하기에는 어려운 측면이 있다. 《동아일보》 주도세력의 관심은 무장투쟁의 활성화에 있지 않았다. 그들의 관심사는 문화운동을 주도하면서 일제 식민당국의 통치 방식 속에서 정치력을 확보하는 것이었다. 그 방안 중에서 특히 주목한 것은 다음

---

42) 〈본보 발행 정지와 총독부의 주장〉, 《동아일보》, 1921년 2월 21일자.

아닌 자치였다.

2) 조선 자치 시행의 반면교사로 등장한 아일랜드 독립전쟁

《동아일보》는 1920년 4월 2일부터 〈조선 소요에 대한 일본 여론을 비평함〉이란 제목의 연재 기사를 실었다. 기사의 작성자는 추송(秋松) 장덕준이었다.[43] 장덕준은 1910년대 일본 유학을 다녀온 인물로, 장 덕수의 친형이었다. 장덕준은 1920년 《동아일보》 발기인으로 참여했 으며, 논설반원을 비롯해 통신부장, 조사부장을 겸하면서 신문 제작 에 참여했다. 1920년 7월에는 베이징으로 건너가서 안창호와 함께 미 국 하원의 외교위원장을 면담하기도 했으며, 1920년 말 간도 현지에 서 간도참변을 취재하던 중 실종되었다.

장덕준은 첫 번째 기사에서 지난 10년 동안 일본에서 조선의 식민 통치에 대해 어떠한 논의도 없었다고 비판했다.[44] 그러면서 "다행인 지 불행인지는" 알 수 없지만 3·1운동 이후 일본 내부에서 조선 통치 에 대한 다양한 의견이 개진되었음을 밝혔다. 구체적으로는 "자치를 줌이 가능하다 하며 혹은 동화가 아니다"라면서 무단통치의 전폐에 입각한 통치 방침의 혁신을 주장하고 있음을 소개했다.

그러면서 장덕준은 자치와 동화를 각각 주장한 일본인 학자의 글 을 소개했다. 하나는 교토제국대학 스에히로 시게오(末廣重雄) 교수가 1919년 7월에 월간지 《태양(太陽)》에 게재한 〈조선자치론(朝鮮自治論)〉 이었다. 다른 하나는 같은 학과의 오가와 고타로(小川鄕太郎) 교수가 1919년 10월에 《오사카아사히신문(大阪朝日新聞)》에 쓴 〈조선통치론

---

43) 장덕준의 생애 및 활동에 대해서는 최상원·한혜경, 〈일제강점기 한국·중국·일본 등 동북아 3 개국에 걸친 기자 장덕준의 언론 활동에 관한 연구〉, 《동북아 문화연구》 30, 2012 참조.

44) 〈조선 소요에 대한 일본 여론을 비평함(1)〉, 《동아일보》, 1920년 4월 2일자.

(朝鮮統治論)〉이었다. 스에히로가 자치를 주장했다면, 오가와는 동화를 추구했다.

오가와는 일시동인론(一視同仁論)에 입각해 동화주의를 주장했다. 이에 대해 장덕준은 "강자(일본인)와 약자(조선인)를 평등"한 입장에서 자유로이 경쟁하게 하는 환경은 조선인에게 불공평하며, 나아가 인내하기 어려운 고통을 수반한다고 주장했다.[45] 일시동인주의가 조선인의 행복 증진을 보증하지 못한다고 단언했다. 장덕준은 오가와의 일시동인론이 "자치를 주장하면 관료와 군벌의 반대"가 있을 것이며, "동화정책을 주장하면 민간 여론과 조선인의 반대"에 직면하게 될 상황에서 부득이 나온 방책이라고 주장했다. 즉, 장덕준은 오가와의 일시동인론을 동화주의의 한 방편으로 이해하고 비판했던 것이다.

동화주의에 대한 비판적 입장은 같은 날 사설 〈조선인의 교육 용어를 일본어로 강제함을 폐지하라〉에서도 찾아볼 수 있다.[46] 이 사설은 일본의 동화정책을 "졸렬"하다고 지적했으며, 세계적으로도 "역사가 있고 문화가 있는 민족을 동화한 예가 전무"하다고 비판했다. 특히 이 사설에서는 선진국 "영국도 아일랜드 동화정책을 시행하다가 대실패"를 면치 못했으며, 오히려 아일랜드 독립 열기를 고조시켰다고 지적했다. 즉, 《동아일보》는 아일랜드를 근거로 일본의 동화정책이 조선의 독립 열기를 고조시키는 역효과를 초래할 것이라고 경고했다.

오가와의 글에 대한 장덕준의 비판은 스에히로의 글에 대한 우호적 평가와 대비된다. 장덕준은 "특수한 문화가 있고 반만년의 장구한

---

45) 〈조선 소요에 대한 일본 여론을 비평함(10)〉,《동아일보》, 1920년 4월 13일자.
46) 〈조선인의 교육 용어를 일본어로 강제함을 폐지하라(하)〉,《동아일보》, 1920년 4월 13일자.

역사"를 가진 조선인에게 동화정책을 시행하는 조치가 "조선의 발전을 방해"하고, 조선인에게 "무한한 고통"을 준다는 스에히로의 관점에 대해 "대안목(大眼目)"이라고 극찬했다.[47] 장덕준의 극찬은 하라 내각의 동화정책을 간접적으로 비판하는 발언과도 같은 것이었다.

그렇다면 스에히로는 일본이 취해야 할 조선정책을 무엇으로 보았을까? 그는 "조선인 본위의 정치, 환언하면 조선독립, 적어도 그의 자치"를 거론했다.[48] 조선의 독립 혹은 자치의 필요성을 언급한 것이다. 그중에서 그는 현 단계에서 조선에는 자치가 현실적이라고 보았다. 조선인들에게는 "독립할 능력"이 없으며, 현 단계에서 조선을 독립시킬 경우 일본의 안위에 위협이 된다고 판단했기 때문이다.[49]

스에히로는 자치의 궁극적 지향점이 독립임을 부인하지 않았다.[50] 자치를 통해 조선인들이 통치 능력을 키운다면, 독립을 획득할 수도 있다고 보았기 때문이다. 그러면서 그는 양 민족의 발전과 극동의 평화, 그리고 일본의 안전을 보장할 수 있다면 조선이 자치를 통해 궁극적으로 독립을 획득해도 무관하다고 주장했다. 결국 스에히로는 당장의 현실적 대안으로 조선 자치를 주장했던 것이다.

장덕준은 스에히로의 조선 자치 주장을 "갑작스럽게 수긍"할 수 없다고 평가했다.[51] 조선자치론에 선뜻 동의하지 않은 이유는 분명하지 않다. 친일세력의 자치[52]를 타협으로 인식한 조선 내부의 여론을

---

47) 〈조선 소요에 대한 일본 여론을 비평함(4)〉,《동아일보》, 1920년 4월 7일자.

48) 〈조선 소요에 대한 일본 여론을 비평함(2)〉,《동아일보》, 1920년 4월 3일자.

49) 〈조선 소요에 대한 일본 여론을 비평함(3)〉,《동아일보》, 1920년 4월 6일자; 〈조선 소요에 대한 일본 여론을 비평함(4)〉,《동아일보》, 1920년 4월 7일자.

50) 〈조선 소요에 대한 일본 여론을 비평함(4)〉,《동아일보》, 1920년 4월 7일자.

51) 〈조선 소요에 대한 일본 여론을 비평함(4)〉,《동아일보》, 1920년 4월 7일자.

52) 이형식, 〈'제국의 브로커' 아베 미쓰이에(阿部充家)와 문화통치〉,《역사문제연구》21-1, 2017, 462·463쪽.

의식했을 수도 있다. 정덕준이 1917년 11월 학우회 주최 웅변대회에서 주장한 바와 같이 조선 자치를 현실성이 없다고 판단했을 수도 있다.[53] 실제로 일본 정부와 총독부 내 인사들, 그리고 사이토 마코토(齋藤實) 총독의 자문역을 맡았던 전 경성일보 사장 아베 미쓰이에(阿部充家) 등은 자치를 반대했다.[54] 그들은 자치를 독립의 전 단계로 인식했으며, 조선인들이 자치 혹은 독립국가를 운영할 능력이 없다고 매도했다.

장덕준은 "자치를 허락하면 조선이 독립하리라 하여 자치를 반대"하는 발언이 도리에 맞지 않다고 주장했다.[55] "조선인의 발전과 향상을 방해"한다고 생각했기 때문이다. 결국 장덕준은 조선인의 발전 기회로서 조선 자치를 인식했지만, 현실적인 가능성이 희박한 상황에서 선뜻 스에히로의 조선자치론을 긍정적으로 평가할 수 없었던 것이다.

그런데 장덕준이 《동아일보》에 소개한 스에히로의 글에서 주목할 만한 내용이 있다. 바로 3·1운동과 아일랜드 독립운동의 유사성을 다룬 내용이다.

본 논문 첫머리에 (스에히로-인용자) 씨가 일한병합이 성립되는 당시,

53) 1917년 11월 17일에 학우회가 조선기독교청년회관에서 주최한 웅변대회에서 장덕준은 "주색" 혹은 "방랑생활"에 빠진 유학생들을 비판했다. 이어서 그는 당대 조선 청년의 과제 세 가지를 언급했다. ① 실력양성, ② 일본의 정치가, 실업가, 또는 학생 등의 동정에 기대어 조선 자치를 확보, ③ 다시 나아가 조국 국권의 회복을 얻을 것. 그러면서 장덕준은 둘째와 셋째는 현 시점에서 용이하게 실현될 수 없는 일이라고 지적하면서, 조선 학생들에게 실력양성에 노력해야 한다고 주장했다. 日本內務省警保局, 〈朝鮮人現況(弟二)〉(朴慶植 編, 《在日朝鮮人關係資料集成》第1卷, 三一書房, 73쪽).

54) 강동진, 앞의 책, 302~305쪽.

55) 〈조선 소요에 대한 일본 여론을 비평함(4)〉, 《동아일보》, 1920년 4월 7일자.

일본이 조선 통치의 도를 오건(誤愆)할진재, 머지않아 제2의 아일랜드 문제가 극동에서 발생되리라고 예언하였든 일이 있었으니, 불행히 차 예언이 적중하였다고…….[56]

금차(今次) 전쟁은 민주주의의 전쟁이라 주장하며 소약민족을 위하여 행하는 전쟁이라고 주창하며 민족자결주의가 고창되었도다. …… 조선 인도 인류인 이상 차 세계적 대사조에 대하여 무감각으로 안거(安居)할 수 없으며 무관심할 수가 없도다. …… 금일 구주의 제 민족은 자기 민 족에 의하여 자기 민족의 통치를 요구하는 본위로다. 예컨대 아일랜드 인은 아일랜드인에 의하여 아일랜드인 본위의 정치를 요구하고 …… 조 선인도 차 세계적 사상의 조류에 도(棹)하여 조선인에 의한 조선인 본위 의 정치, 환언하면 조선독립 적어도 자치를 요구하게 되었도다.[57]

일본 장래의 안전을 위하여 순 일본 본위주의도 아니고 또 그러하고 순 조선 본위도 아니고 그 중간에 있는 조선 자치를 허함이 최선의 책이 라고 심신(審愼)하노라고 논하고, 영국이 아일랜드에 대하여 자치를 불 허하다가 아일랜드 독립당의 반항에 의하여 금차 전쟁 시에 위험을 감 (感)하든 예를 거(擧)하여 조선에 자치를 허함이 일본 장래의 안전을 확 보하는 양책(良策)이라 설명하고…….[58]

스에히로는 3·1운동의 원인으로 세 가지를 들었다. 첫째, 조선총독 부의 무단정치였다. 둘째, 일본인이 조선인을 열등민족으로 대우한

---

56) 〈조선 소요에 대한 일본 여론을 비평함(1)〉,《동아일보》, 1920년 4월 2일자.
57) 〈조선 소요에 대한 일본 여론을 비평함(2)〉,《동아일보》, 1920년 4월 3일자.
58) 〈조선 소요에 대한 일본 여론을 비평함(4)〉,《동아일보》, 1920년 4월 7일자.

과정에서 발생한 조선인들의 불만이었다. 셋째, 민족자결주의의 세계적 조류였다.[59] 그중에서도 아일랜드와 조선의 독립 혹은 자치 요구를 세계적 조류로 지적했다. 약소민족의 해방이라는 관점에서 조선과 아일랜드의 동질성을 밝힌 것이다.

이어서 스에히로는 일본의 향후 안정을 위한 현실적 대안으로 조선의 자치제 시행을 주장했다. 일본이 조선에 자치를 허가하지 않을 경우, 정국의 불안을 초래할 것으로 예견했다. 예견의 근거는 영국과 아일랜드의 현 상황에 기인했다. 그는 영국이 아일랜드 자치를 허용하지 않았기 때문에 신페인당의 무력투쟁에 직면했다고 보았다. 그런 관점에서 일본 당국이 조선 자치를 허용하지 않는다면, 아일랜드 독립전쟁과 유사한 사례가 재현될 것으로 예상했다. 즉, 스에히로는 아일랜드 독립전쟁이 조선에서 재현되지 않기 위해서는 조선에 자치를 허용해야 한다는 입장을 취했던 것이다.

이상의 내용은 정덕준이 스에히로의 글을 정리한 것이다. 인용 내지 소개만으로는 《동아일보》 주도세력의 온전한 주장으로 보기는 어렵다. 그런데 스에히로의 발언과 동일한 내용이 《동아일보》 사설에 실렸다. 8월 16일자 사설 〈1년간 사이토 총독의 정치(속)〉이 그것이다.[60] 이 사설은 《동아일보》가 8월 13일에 게재한 〈1년간 사이토 총독의 정치〉의 속편에 해당하는 것으로, 8월 14일부터 16일까지 연이어 세 차례나 실렸다.

《동아일보》는 〈1년간 사이토 총독의 정치〉 사설에서 1919년 9월에 취임한 사이토 총독의 1년간 통치를 평가했다. 평가 기준은 구제도를

---

59) 〈조선 소요에 대한 일본 여론을 비평함(2)〉, 《동아일보》, 1920년 4월 3일자.
60) 〈1년간 사이토 총독의 정치(속)〉, 《동아일보》, 1920년 8월 16일자.

개선하고 시대에 부합하는 신방침의 실행 여부였다.[61] 구체적으로는 침략사상과 제국주의적인 구속과 전제(專制)를 극복하고, 평등에 입각해서 권리 신장과 자유를 옹호하는 신사조를 조선 통치에 적용시켰는가에 있었다. 이 기준에 의거해《동아일보》는 사이토 총독의 실정(失政) 네 가지를 지적했다. 공동묘지규칙 폐지, 경찰기관 확장, 자문기관 설치, 그리고 여러 방면의 정치가 이에 해당했다.[62]

《동아일보》는 이 같은 분류에 의거해 사이토 총독의 실정을 비판했다. 그리고 16일자 사설에서는 조선인이 물질적으로나 정신적으로나 발전했으며, 세계적 사조를 적극적으로 받아들일 준비가 되어 있음을 강조했다.[63] 총독부의 잘못된 정책으로 인한 위험도 경고했다. 《동아일보》는 총독부가 "시대착오"적 제도를 시행하는 것은 '기름을 부은 땔나무〔油薪〕에 불을 던지는 것'과 같다고 지적했다.[64] 은유적 표현이었지만, 3·1운동과 유사한 대규모 독립운동에 직면할 것이라고 경고했다. 그러면서《동아일보》는 조선인에게 필요한 정책에 대해 다음과 같이 설명했다.

---

61) 〈1년간 사이토 총독의 정치〉,《동아일보》, 1920년 8월 13일자.

62) 1. 공동묘지규칙 폐지(〈1년간 사이토 총독의 정치〉,《동아일보》, 1920년 8월 13일자), 2. 경찰기관 확장(〈1년간 사이토 총독의 정치(속)〉,《동아일보》, 1920년 8월 14일자), 3. 자문기관 설치(〈1년간 사이토 총독의 정치(속)〉,《동아일보》, 1920년 8월 15일자), 4. 서정(庶政)(〈1년간 사이토 총독의 정치(속)〉,《동아일보》, 1920년 8월 16일자).

63) 〈1년간 사이토 총독의 정치(속)〉,《동아일보》, 1920년 8월 16일자. "조선인의 정도(程度)는 향상되어 일본에 비하면 명치 30년 이상의 정도에 달하였으니 그때 일본의 시설과 같은 시설을 부여하지 아니하면 조선인은 결코 만족하지 아니할 것이오, 사상에 이르러서는 일본과 같이 군국주의에 침륜(沈淪)된 바가 없으며 중국과 같이 물질 욕망에 중독되지 아니하여 …… 시대사조에 순응하여 신사상을 감수할 가능성은 혹은 소질로서 혹은 반동으로 심히 풍부한지라. 불원에 일본의 사상계보다 여러 방면으로 선진할 것은 가히 믿을 수 있으니……."

64) 〈1년간 사이토 총독의 정치(속)〉,《동아일보》, 1920년 8월 16일자. "유신(油薪)에 화(火)를 투함과 여(如)하며."

조선인의 요구는 조선인이라 하는 민족적 요구이라. 아일랜드인의 그것에 조금도 뒤지지 아니할지니 지방자순기관(地方諮詢機關)과 같은 전세(前世)의 물건으로는 도저히 그 요구에 부(副)치 못할지라. …… 일본인 본위의 정치를 행하지 말고 조선인 본위의 정치를 행하여 일본 본위적 방침을 근본적으로 소청(掃淸)하고 조선의 정치를 조선인에게 임하라 함이로다.[65]

이 사설은 조선인의 민족적 요구가 아일랜드에 뒤지지 않음을 강조했다. 맹렬한 무장투쟁으로 독립을 쟁취하려는 아일랜드 독립전쟁과 어깨를 나란히 한 것이다. 이어서 《동아일보》는 총독부의 실정으로 지적한 자문기관 설치, 즉 "지방자순기관"이 조선인의 요구에 부응하지 못할 것이라고 지적했다.

지방자순기관은 1914년에 처음 실시한 부제(府制)를 의미했다. 3·1운동을 경험한 총독부는 지방에서 협력하는 조선인을 양성하기 위해 1920년 지방자치제도를 개정했다. 그 개정안은 중앙참정권 대신 지방참정권을 부여했다.[66] 그 개정안에 의거해 도평의회, 부협의회, 면협의회가 설치되었다. 하지만 선거권과 피선거권은 제한되었다. 이상의 기관들은 자문기관 이상의 기능을 수행할 수 없었다. 총독부는 지방자치제도를 통해 조선인의 권력을 제한하는 대신 지방의 안정적인 지배를 확보하고자 했던 것이다.

《동아일보》는 지방의 자문기관을 "성질상 현대 정치로는 아무 의미도 없는 무용의 장물"로 규정했다. "국가 정무"에 대한 의결권이

65) 〈1년간 사이토 총독의 정치(속)〉, 《동아일보》, 1920년 8월 16일자.
66) 김동명, 《지배와 저항, 그리고 협력–식민지 조선에서의 일본제국주의와 조선인의 정치운동》, 경인문화사, 2006.

없이 "위정자의 자문"에만 응하는 기구로 파악했다. 나아가 "조선 민중에게 막대한 해독"을 부여하는 정책이라고 비판하면서, 《동아일보》는 조선의 정치를 조선인에게 맡겨야 한다고 주장한 것이다.[67]

그렇다면 《동아일보》는 어떤 수준의 '정치'를 지향했을까? 8월 16일자 사설은 1886년 글래드스턴 영국 총리가 추진했던 "아일랜드의 정치를 아일랜드인에게 임함", 즉 아일랜드 자치안을 언급했다.[68] 이 자치안은 영국 보수당의 반대로 부결되었다. 《동아일보》는 이 사실을 언급하면서, 글래드스턴을 원대한 뜻과 앞날을 헤아릴 줄 아는 현명한 정치가로 부각시켰다. 그 이유는 다음과 같았다.

'클라트쓰톤'(글래드스턴-인용자) 재상은 실로 원지(遠志)와 원려(遠慮)가 있는 현명한 정치가라. 영국과 아일랜드 간에 금일과 같은 참상이 있을 것을 예상하고 그 참상을 미연에 방치하여 인도(人道)의 대원(大原)으로 귀(歸)하려 하였으니 과연 당시 클라트쓰톤 재상의 계획이 성공하였으면 오늘날과 같은 참화(慘禍)는 있지 아니하였을지로데, 그러므로 현명을 자처하는 총독부 제(諸) 공(公)은 저와 같은 전감(前鑑)이 무할지라도 그 현명으로 능히 조선의 미래를 촌탁(忖度)할지어날. 더구나 전감(前鑑)이 소소(昭昭)하고 또 현명하시니 어찌 조선의 장래를 유루(遺漏)가 없이 통찰(洞察)치 못하리오. 혹 공누실(恐漏失)하는 소심(小心)을 버리고 대세를 달관(達觀)하여 고정한 정책을 개혁하고 인도(人道)로 돌아가는 준비에 노력할지어다.

---

67) 〈1년간 사이토 총독의 정치(속)〉, 《동아일보》, 1920년 8월 15일자. "무용의 자문기관을 설치하여 조선인으로 하여금 결정적 실질 정치에 참여함을 허락하지 아니하고 허위와 가식으로 조선인을 농락하랴 함으로써이라. 정치로 조직된 인류사회에 생활하는 인민이 그 실질 정치에 참여하지 못하고 어찌 그 인민에게 행복을 부여하노라 하리오."

68) 〈1년간 사이토 총독의 정치(속)〉, 《동아일보》, 1920년 8월 16일자.

이 사설은 글래드스턴의 아일랜드 자치안이 시행되었다면, 오늘날 같은 참화, 즉 아일랜드 독립전쟁이 발생하지 않았을 것이라고 단언했다. 그러면서《동아일보》는 총독부가 아일랜드 독립전쟁과 유사한 3·1운동을 거울삼고 재발을 방지하기 위한 일환으로 "인도(人道)"를 실현할 것을 주장했다.

"인도"를 지향하는 정책은 무엇일까? 조선인이 정치를 담당하는 조선 본위의 정치를 구현할 수 있는 정책을 의미했다. 스에히로가 언급한 바와 같이, 조선인에 의한 조선인 본위의 정치는 "조선독립" 혹은 "적어도 자치"였다. 그중에서도《동아일보》가 생각한 정치 참여의 형태는 자치제였다.[69]

그러나 8월 24일자 사설 〈조선인의 부족함(短處)를 논하여 반성을 촉하노라〉는 정치력 획득을 위한 선결 과제로 문화운동을 제시했다.[70] 이는 애국계몽기에 실력이 뒷받침되지 않은 채 관직 혹은 정치 진출을 추구했던 한말 유학생에 대한 비판과 국가권력을 통한 실력양성이 어렵다는 식민지적 현실 인식에서 나온 것이었다.[71] 즉, 이 사설은 당장의 자치보다 문화운동에 기반한 조선 부르주아 세력의 경제적 실력배양을 선결 과제로 주장했던 것이다.

1920년 8월《동아일보》는 '자치'와 그 선결 과제로 '실력양성'을 주장했다. 무엇이《동아일보》의 본심이었을까? 이와 관련해서는 1920년 6, 7월에 작성한 것으로 추정되는 아베 미쓰이에의 〈조선 통치에 대한 의견서(阿部充家意見)〉를 주목할 필요가 있다.[72] 이 의견서는 아베

---

69)   이태훈, 앞의 논문(2003), 22쪽.
70)   위의 논문, 22~24쪽.
71)   위의 논문, 15~17쪽.
72)   이형식, 앞의 논문, 442~447쪽.

가 총독부에 제출한 문건이다. 그는 다양한 조선인과 교류하면서 이 글을 작성했다. 교류의 대상에는 김성수, 장덕수, 김명식 같은 《동아일보》 주도세력도 있었다.[73] 아베는 향후 총독부의 조선 통치에 대한 그들의 생각을 의견서 작성에 참고한 것으로 보인다.

아베는 의견서에서 총독부가 조선인의 실력양성론을 선도할 것을 건의했다. 조선독립론이 실력양성론으로 전화하고 있다고 판단했기 때문이다. 이는 실력양성론을 주장한 8월 24일자 사설과 맥을 같이한다. 이 사설이 실력양성을 배양하기 위한 조선인 부르주아의 노력을 당부했다면, 아베의 의견서는 조선인들의 실력양성을 유도하기 위한 총독부의 지원을 당부하고 있다.

하지만 실력양성의 유도라는 아베의 건의 이면에는 조선독립론이 여전히 유효하다는 사실도 내포하고 있었다. "조선인 본위의 정치"를 주장한 8월 16일자 사설은 이를 잘 보여준다. 《동아일보》 입장에서 자치는 독립의 전 단계로서 의미가 있었다.[74] 3·1운동 직전 민족주의 우파 계열, 특히 3·1운동 주도세력 일부도 독립 대신 현실적 대안으로 자치를 염두에 두고 있었다.[75] 자치를 통해 조선인의 실력양성 및 정치력 획득을 기대할 수 있었기 때문이다.

문제는 1920년 일본 본국과 총독부는 독립뿐만 아니라 자치도 용납하지 않았다는 데 있다. 독립의 길목에 자치가 있다고 생각했기 때문이다. 식민지 조선에 대한 통치정책으로는 내지연장주의에 입각한 동화정책이 우선이었다. 그렇기에 《동아일보》는 독립은 물론이거니

---

73) 이들의 만남에 대해 이형식은 《동아일보》 경영 및 언론 통제 완화와 관련된 내용이 논의되었을 것으로 추정한다. 이형식, 위의 논문, 444~447쪽.

74) 《동아일보》 주도세력이 추진한 자치를 타협보다는 독립의 전 단계로서 파악하려는 시도는 윤덕영, 앞의 논문, 2010(a) 참조.

75) 박찬승, 앞의 책, 307·308쪽.

와 자치를 주장하기가 쉽지 않았다. 그때《동아일보》가 자치를 주장하면서 내세운 논거는 아일랜드 독립전쟁과 3·1운동이었다.《동아일보》는 약소민족의 해방운동인 아일랜드 독립전쟁과 3·1운동을 반면교사로 삼아서 자치를 관철하고자 했던 것이다.

독립운동의 정당성과 자치의 반면교사를 보여준 아일랜드 독립전쟁

1920년 4월 '신지식인층'은《동아일보》를 창간했다.《동아일보》는 창간 초기부터 아일랜드 독립전쟁을 집중적으로 보도했다. 1920년 4월부터 13회에 걸쳐서 〈아일랜드의 유래〉를 연재했다. 이를 통해 해외 단신으로 취급할 수 있는 아일랜드 독립전쟁에 역사성을 담보했다. 세계 개조의 흐름 속에서 신페인당 무장투쟁에 독립의 정당성을 부여했다.《동아일보》는 세계 약소민족의 해방운동의 일환으로 아일랜드 독립전쟁을 평가했다.

《동아일보》가 아일랜드 독립전쟁을 집중적으로 보도한 이유는 무엇일까?《동아일보》는 조선을 약소민족으로 규정했다. 영국의 식민통치를 받는 아일랜드도 마찬가지였다. 약소민족이라는 동질감 또는 동지의식은 아일랜드 독립전쟁에 정당성을 부여하기에 충분했다. 《동아일보》는 해외 단신으로 다룰 수 있는 멀고도 먼 아일랜드의 독립운동이 식민지 조선과 밀접한 관련이 있음을 보여주었던 것이다.

그러나《동아일보》는 아일랜드 독립전쟁을 계승하자는 발언을 하지 않았다. 심정적으로 지지했을 뿐이었다. 이는 식민지라는 시대적 상황이 빚어낸 소산이었다. 일제 식민통치 아래에서 독립전쟁을 정당화하는 발언은 위험했다. 정간 또는 폐간을 각오해야 했다. 한편으로는《동아일보》주도세력의 지향점과도 맞지 않았다. 당시 상해과 국내부의 장덕수가《동아일보》논지를 주도하긴 했지만,《동아일보》주도세력이 지향한 바는 문화운동이었다. 문화운동에 입각해서 경제·사회 분야의 개조를 토대로 한 실력양성을 추구했다. 아일랜드 신페인당이 전개한 독립전쟁은《동아일보》주도세력이 지향한 바가 아니었다.

그 대신《동아일보》는 일본 당국을 압박하는 카드로 아일랜드 독립전쟁과 3·1운동을 활용했다. 아일랜드 독립전쟁에 따른 정국의 혼란과 아일랜드 통치에 어려움을 겪는 영국의 현실, 그리고 3·1운동의 경험은 일제를 압박하기에 충분했다. 이를 통해 조선 자치의 정당성을 마련하고자 했다. 즉,《동아일보》주도세력은 가슴으로는 아일랜드 독립전쟁을 지지했지만, 머리로는 조선 자치제 시행을 위한 '반면교사'로서 아일랜드 독립전쟁을 활용하는 '정치적 협상가'로서의 면모를 보여주었던 것이다.

4장

1920년대 초반 조선총독부의 산업정책과 조선인 자본가

김제정

3·1운동 이후 조선총독부의 식민통치정책

1919년 조선에서는 일제의 식민통치에 반대하는 거족적인 3·1운동이 일어났다. 조선인들의 식민통치에 대한 전면적이고 적극적인 반발은 일제로서는 당혹스러운 것이었다. 따라서 먼저 3·1운동을 폭력적으로 탄압한 이후에는 기존의 조선 통치 방침에 변화가 필요했다.

일제는 1910년대 조선총독부의 정책을 '무단통치'라고 비판적으로 평가하고, 그에 대한 책임을 물어 조선총독 하세가와 요시미치(長谷川 好道)를 경질했다. 그리고 식민지 조선에 대한 일본 육군의 영향력을 약화시키고 일본 국내 정당정치의 영향력을 강화해나갔으며, 이를 위해 해군대장 출신의 사이토 마코토(齋藤實)를 조선총독으로 임명하고 이른바 '문화정치'를 표방했다. 또 정무총감으로 내무대신을 역임한 미즈노 렌타로(水野錬太郎)를 임명해 '내지연장주의(內地延長主義)'에 입각한 정책 방향을 내세웠다.[1]

이에 1920년 이후 식민지 조선에서는 적지 않은 변화가 일어났고, 이는 산업정책에서도 그러했다. 1920년대 초반 조선에서 가장 중요한 현안이었던 산업정책의 변동은 회사령 폐지와 관세제도 개정이었다. 그중에서도 관세제도 개정이 더 중요하면서 논란이 되었던 사안이다. 관세 문제는 경제 부문에 커다란 영향을 주었을 뿐만 아니라 운동사의 측면에서도 파장을 일으켰는데, 1920년대 민족주의 계열 실력양성운동의 한 축인 물산장려운동을 추동한 계기가 되었다.

이 글에서는 1920년대 초반 관세제도 개정을 중심으로 한 조선총독부 산업정책의 변화와 그 성격을 살펴보고, 이에 대한 조선인과 재조 일본인 자본가들의 대응을 살펴볼 것이다. 이를 통해 1910년대와 1920년대 일본 정부와 조선총독부의 식민통치정책의 차이, 1920년대 전반 조선총독부와 자본가층의 관계, 조선인 자본가층의 총독부 권력에 대한 인식, 식민권력인 조선총독부의 성격 등을 파악하는 데 도움이 될 것이라 기대한다.

1. 1910~1920년대 초반 조선총독부의 산업정책과 지역성

1) 1910~1920년대 초반 조선총독부의 산업정책

1910년대 일제는 식민지 조선을 식량 및 원료 공급지와 상품시장으로 만들고자 했다. 이에 조선총독부는 철도 및 기타 사회기반시설을 정비하고, 육지면·소·쌀·누에고치의 개량에 착수하는 등 조선을

---

1) 정태헌은 1910년대 '무단통치'는 식민정책의 운용이나 수탈의 '효율성' 면에서 떨어지는 방식이었고, 1920년대 '문화정치'는 그에 대한 하나의 해결책이었다고 평가했다. 정태헌, 〈1910년대 일제의 식민지 자본주의 체제 구축 과정〉, 《아시아문화》 15, 2000, 24쪽.

식량 및 원료 공급지로 만들기 위한 사업을 추진했다.[2] 또한 1920년 에는 산미증식계획을 실시해, 제1차 세계대전 시기 급속도로 진행된 일본의 공업화에 따라 급증한 도시 노동자계급에게 저렴한 식량을 공급하고자 했다.

회사령체제와 특별관세제도로 대표되는 1910년대와 1920년대 초 반의 조선총독부 산업정책은 조선 지역의 공업화를 경시·억제하는 방향으로 추진되었다. 먼저 1911년부터 시행되어 1920년에 폐지된 조선회사령의 경우 초기에는 주로 조선인 자본의 성장을 억압했다는 민족 차별적인 측면에서 평가되었지만, 이후의 연구에서 밝히고 있 듯이, 회사령의 근본 목적은 조선인 자본이든 조선 내 일본인 자본이 든 간에 모든 민간자본의 투자 방향을 총독부가 장악하고 이를 토대 로 조선 산업의 식민지적 재편을 마무리하기 위함이었다.[3] 회사령은 특별관세제도와 상호 밀접한 관련을 갖고 있었으며, 조선총독부를 이끌어갔던 정치세력이 조선 경제의 식민지적 재편 과정에서 주도권 을 잡으려 했던 것으로 평가되고 있다.[4] 이는 민족적 차별이라기보다 는 조선에서 공업자본의 성장을 억제함으로써 농업 중심의 산업구조 를 확립하려는 것이었다.

그러나 1910년대 후반에 회사령체제가 무의미해질 정도로 조선에

---

2)   일반적으로 제국주의가 식민지를 경영하는 목적은 경제적으로 원료 공급지와 상품시장을 확 보하고, 사회적으로는 자국의 과잉인구를 배출하기 위해서이다. 조선 경제가 일본 경제에서 차지하는 의미와 역할도 이와 다르지 않았다. 물론 일본이 조선을 식민지화한 데에는 이외에 군사적 목적도 있지만, 앞의 두 가지 목적도 중요한 것이었음은 두말할 필요가 없다. 권태억, 〈1910년대 일제 식민통치의 기조〉, 《한국 근대사회와 문화 Ⅱ-1910년대 식민통치정책과 한국 사회의 변화》, 서울대학교출판부, 2005, 116~125쪽.

3)   전우용, 〈19세기 말~20세기 초 한인(韓人) 회사 연구〉, 서울대학교 국사학과 박사학위논문, 1997, 290쪽.

4)   송규진, 《일제하의 조선 무역 연구》, 고려대학교 민족문화연구원, 2001, 29쪽.

공장이 급증했다. 제1차 세계대전으로 구미로부터 수입품이 단절되고 이를 일본으로부터의 이입으로 완전히 대체하는 것이 불가능해지자, 조선에서 수입 대체상품의 생산이 필요해졌던 것이다. 조선인 공장 수는 1916년부터 급증했는데, 이 시기 설립된 공장은 주로 국내산 원료를 이용한 정미업, 식품공업, 요업, 제지업, 직물업 등 소비재 공업이었다. 공장 설립의 주체는 수공업자와 상인·지주층으로, 초기에는 수공업자층이 많이 참여했으나 점차 상인·지주층이 주도했다.[5] 이미 조선에서 회사령체제가 유명무실해진 데다가, 전후공황(戰後恐慌)을 식민지에 대한 잉여자본 투자로 극복하고자 했던 일본 자본가층의 강력한 요구가 더해져, 1920년 4월 조선총독부는 회사령을 폐지했다.

다음으로 관세제도에 대해 살펴보겠다. 1910년 조선을 식민지화한 일본은 향후 10년간 대한제국의 관세를 그대로 유지하고, 조선과 일본의 무역에서도 종전의 대한제국 관세를 유지하는 '특별관세제도'의 실시를 선언했다. 서양 열강이 이미 조선에서 갖고 있던 경제적 기득권을 보장해주어야 했던 외교 상황에서 곧바로 일본의 관세법을 적용할 경우 조선의 대외무역에 큰 영향을 줄 뿐만 아니라, 조선 쌀이 일본 쌀보다 싼 가격으로 일본 시장에 공급되어 일본 농업도 상당한 타격을 받게 될 것을 우려한 경제적 이유가 있었다. 또한 조선총독부의 조세 수입에서 관세 수입이 차지하는 비중이 상당히 높았던

---

5) 오미일, 〈1910년대 중·후반 조선인 산업자본의 형성〉, 《한국근현대사연구》 20, 2002. 경제적 영향력이 미약했던 소규모 공장까지 회사령으로 통제하려고 하지는 않았던 것으로 보인다. 배성준의 연구에 따르면 회사령의 시행으로 회사 설립이 통제되었으나 대다수가 법인화되지 않았던 공장의 설립·변동에는 큰 영향을 미치지 못했다고 한다. 경성 지역의 사례를 보면, 1912년 82개 공장 중 회사에 속하는 것은 6개였으며, 회사의 설립이 활발해지는 1919년에 가서도 547개 공장 중 회사는 4.9%인 27개에 불과했다. 배성준, 〈일제하 경성 지역 공업 연구〉, 서울대학교 국사학과 박사학위논문, 1998, 25쪽.

점과 육군을 중심으로 한 정치세력이 조선을 세력 근거지로 만들고자 독자적인 관세권을 유지하려 한 일본 내부의 정치 상황도 한 요인으로 작용했다. 더불어 조선에서 경제활동을 하는 일본인·외국인을 조선인과 동일하게 통제함으로써 조선을 안정된 상품시장으로 만들고자 한 총독부의 입장도 그 배경으로 꼽을 수 있다. 여기서 주목해야 할 점은 독자적인 관세제도가 유지되었기 때문에 다른 외국 상품이 1920년까지 조선에서 일본 상품과 대등한 조건에서 경쟁할 수 있었다는 것이다.[6]

1910년대 관세 유예 조치의 배경에 대해《동아일보》사설에서는 1910년 한일강제병합 당시 관세를 10년간 유예한 것은 다른 나라들이 가진 조선에 대한 무역상 기득권을 침해할 우려가 있기 때문이며, "일본이 그만한 세력이 무(無)함이 아니오, 당시 조선 산업은 유치하고 일본 산업은 진보하얏슴으로 만일 조선 관세를 철폐하면 일본 상품이 조선 시장을 독점하야 조선 산업이 진흥치 못할 것이니 이는 세계 이목에 극히 난난(難難)한 사(事)"라 하여, 조선 산업의 진흥을 주요 배경으로 이야기한 것이 주목된다.[7] 이는 뒤에서 살펴볼 조선 산업에 대한 보호장려책의 요구와 관련된 것으로 보인다.

10년의 관세 유예 기간이 지나 1920년이 되자 조선총독부는 관세제도의 정비에 착수했다. 총독부는 조선인의 반대에도 불구하고,[8] 1920년 8월 칙령 제306호로 '관세법 등을 조선에 시행하는 건'을 공

---

6)   송규진, 앞의 책, 24~29쪽.

7)   〈관세 철폐와 조선 산업(1), 조선인의 사활 문제〉(사설),《동아일보》, 1920년 7월 10일자.

8)   "설상(雪上)에 가상적(加霜的)으로 조선과 외국 간에는 엄중가혹한 관세의 장벽으로 태(殆)히 교통을 차단함과 여(如)한 관(觀)이 유(有)한 것은 무역 방면에 일대(一大) 저해(沮害)가 아닌가. 이와 가치 내공외박(內攻外迫)의 망내(網內)에 재(在)한 조선인의 장래는 영(寧)히 오인(吾人)의 단언(斷言)이 무(無)함이 가(可)할가 하노라."〈보호정책의 정신이 하(何)에 재(在)한가, 김윤수(金潤秀) 씨의 진술에 감(感)하야〉(사설),《동아일보》, 1922년 11월 21일자.

포해, 조선을 일본과 동일한 관세 영역에 두는 통일관세제도를 시행했다. 이에 따라 수출입세는 기본적으로 일본과 동일하게 되어 외국 수입품에 대해서는 기존 수입세보다 높은 관세율이 적용되었다. 그리고 일본에서는 조선 상품에 대한 이입세(移入稅)를 완전히 폐지했으나, 총독부는 1920년 8월 조선에서의 일본 상품에 대한 이입세를 '관세특례'의 하나로 계속 유지했다. 1921년 3월 말까지 한시적인 조치였으나, 총독부는 관세 가운데 가장 비중이 높던 이입세를 철폐할 경우 그 재원을 보충할 방법이 없다는 재정상의 이유로 이를 계속 유지했다. 이입세 문제는 결국 1923년 3월 '주정(酒精), 주정을 함유하는 음료 및 직물'을 제외한 모든 물품의 이입세를 폐지하는 것으로 귀결되었다.

2) 관세제도의 지역적 성격

1920년대 초반의 관세제도 개정에 대해 기존 연구에서는 조선인과 일본인 자본가 들의 입장이 상반되었다고 보았다. 일본에서 관세를 폐지하는 방안을 검토하고 총독부에서도 관세 철폐를 표방하자, 조선인 상공업자들은 강력하게 항의한 반면, 일본인 상공업자를 대변하는 경성상업회의소에서는 관세 철폐를 적극적으로 지지했다는 것이다.[9]

산업정책은 기본적으로 지역적 성격을 띠었다. 일정 지역을 대상으로 시행되는 속지적인 것으로, 지역 내 모든 경제 주체에 적용되었다. 따라서 총독부의 산업정책을 설명하는 데에는 민족적 관점뿐만 아니라 지역적 관점도 필요했다. 특히 산업정책 가운데 대표적으로

---

9) 송규진, 앞의 책, 75~83쪽; 배성준, 앞의 논문, 31·32쪽.

지역적 성격이 강한 것이 관세였다. 관세는 한 지역에서 다른 지역으로 물품이 이동하는 과정에서 부과되는 것이었기 때문에 기본적으로 지역적인 문제였다.

1923년 일본 이입품에 대한 관세 철폐와 관련해 기존 연구에서 조선인 자본가들은 반대하고 일본인 자본가들은 지지했다고 평가한 부분에 대해 좀 더 자세히 살펴보도록 하겠다.[10]

기존 연구에서는 조선과 일본 간의 관세 철폐를 반대한 조선인의 입장을 여섯 가지로 나누어 설명했다. ① 관세를 철폐할 경우 조선에서 생산되는 값싼 원료가 생산시설이 더 잘 갖추어진 일본으로 무제한 방출될 것이며, ② 일본 상품 대부분은 재조 일본인이 수요하고, 수입하는 외국 상품 특히 중국 상품의 대부분은 조선인이 소비하므로 재조 일본인의 생활비는 경감될지 몰라도 조선인의 생활비는 오히려 증가할 것이다. ③ 일본과 조선 간 무역업자는 거의 일본인인 데 비해 대외무역의 대부분은 조선인이므로 일본인 무역업자에게 이익을 주는 동시에 조선인 무역업자에게 많은 타격을 입히게 될 것이고, ④ 일본 상품이 조선 시장을 독점하게 되면 자본과 기술 면에서 열세한 조선의 공업은 흔적도 없이 사라지게 될 것이다. ⑤ 조선총독부의 수입원이 감축됨에 따라 조선인들의 조세 부담이 증가하게 될 것이고, ⑥ 관세 철폐는 산업 파괴, 문호 폐쇄, 풍속 괴란 등 직간접적 피해를 불러올 것이라고 주장하며 관세 철폐에 반대했다. 즉, 이입세 철폐로 가장 심각한 피해를 입는 것은 조선인 산업자본가이므로 자

---

10) 식민지 시기 관세 문제에 대해서는 송규진이 가장 대표적인 연구자이고 다른 연구자들 대부분도 그 의견에 동의하고 있으므로 여기에서는 송규진의 논지를 중심으로 살펴보겠다. 또한 1920년 통일관세제도 실시에 대한 비판과 1923년 이입세 폐지에 대한 비판이 있는데, 여기에서는 후자에 대해서만 다루도록 하겠다.

본가나 민족주의 계열은 조선 내에서 원료가 풍부하고 기후가 적당해 제조 가능성이 있는 일상 필수품에 한해서는 외래품과 경쟁할 정도에 이르기까지 보호관세로 철저한 보호가 필요하다고 주장했다는 것이다.[11]

조선인의 반대 논리라고는 하나 실제로 인용하고 있는 자료는 김규호가 잡지에 기고한 두 편의 글이다.[12] 김규호에 대해 자세히 알려진 바는 없으나, 와세다대학 상대를 다니던 중 1919년 조선유학생학우회 회장으로 선출되었고, 1920년 대학을 졸업한 후 연희전문학교 교수를 지낸 인물이다.[13] 게다가 그는 보호관세주의자가 아니라 세입관세주의(歲入關稅主義)라고 표현하기도 하는 자유무역주의자였다.[14] 그는 자유무역보다 보호관세의 단점이 많다고 했는데, 그 이유는 "(1) 일부 생산자의 이익을 위해 전 소비자의 이익을 희생시키고, (2) 외래 경쟁을 두절한 고로 시장을 독점하는 폐해가 생길 우려가 있으며,

11) 송규진, 앞의 책, 77~79쪽; 오미일, 《경제운동》, 독립기념관 한국독립운동사연구소, 2008, 32~36쪽.

12) 김규호, 〈조선 관세제도를 논함〉, 《학지광》 20, 1920년 7월; 김규호, 〈관세 개정이 조선인 산업계에 급(及)하는 영향〉, 《개벽》 제29호, 1922년 11월 1일.

13) 《早稻田大学百年史》 제8편 제14장(https://chronicle100.waseda.jp); 《학지광》 20, 1920년 7월; 〈1926년도 김창제 일지〉, 안동교회 역사보존위원회(http://andong-ch.org/kim-diary/diary1926.pdf).

14) "세입관세주의(歲入關稅主義)난 현재 반도(半島) 산업계에 가장 적당한 자(者)라 운(云)치 아니치 못할지니라. …… 원료인 식료품이나 우(又) 완성품이나 총(總)히 국제 간에 자유로 융통하며 자유로 교환하라면 아(我) 조선이 솔선하야 국경의 장벽인 보호제도를 철폐치 아니치 못할지니라. …… 장래 조선 경제 발전상 자유주의로서 가장 적절한 자라 운하난 배올시다." 김규호, 〈조선 관세제도를 논함〉, 《학지광》 20, 1920년 7월, 58쪽; "연즉(然則) 조선 관세를 여하(如何)히 개정함이 가(可)할가? 우견(愚見)에는 조선본위주의(자유무역인 고로 세계본위주의와 저촉되지 아니함)하에서 세입관세제도로 개정함이 금일(今日) 조선 경제 사정에 최적(最適)할가 하노라. 하자(何者)오 하면 개(盖) 조선은 괴지편소(壞地偏小)함으로 통상자유(通商自由)로 인하야 경쟁의 범위를 확대한 연후에야 경제의 발달을 가기(可期)할지오. 우(又) 조선은 아즉도 미개함으로 문호개방으로 유(由)하야 선진국의 문명품을 충분히 수입한 후에야 문화 개척을 가망(可望)하겟는 소이(所以)니라." 김규호, 앞의 글(1922), 14쪽.

(3) 정계를 부패시키거나 정치를 문란케 하는 데 용이하다"[15]는 것이었다. 따라서 김규호의 글을 보호관세를 주장한 조선인 자본가를 대변하는 논리로 사용할 수는 없다. 그의 글은 위의 정리한 부분에서 알 수 있듯이 산업자본가뿐만 아니라 소비자, 무역업자 등의 입장도 고려한 것이었다. "생산자의 이익을 위하여 소비자의 이익을 희생"할 수 없다고 함으로써 오히려 자본가의 이익에 반하는 논리도 포함하고 있었다. 즉, 수입세율이 높아짐에 따른 소비자 부담의 증가나 무역업자의 피해는 기본적으로 보호관세를 주장하는 공업자본가와 이해를 같이할 수 없는 것이다. 따라서 자본가의 논리와 학자·평론가의 논리를 구분해서 살펴보아야 하며, 앞서 여섯 가지 입장 가운데 ①, ④, ⑤만이 조선인 자본가와 직접적인 연관성이 있는 반대 논리라고 볼 수 있다.

그렇다면 재조 일본인 자본가의 관세 문제에 대한 입장은 어떠했는가? 기존 연구에서 조선인과 일본인 자본가들의 입장은 상반되었다. 그러나 논리상 양자의 이해관계는 일치했다.

조선인 자본가들이 이입세 폐지를 반대한 이유, 즉 조선에서 생산되는 값싼 원료를 보다 생산시설이 잘 갖추어진 일본으로 무제한 방출되거나, 일본산 상품이 조선에 물밀듯 밀려와 조선 시장을 독점해 자본과 기술이 열세한 조선의 공업은 흔적도 없이 사라지게 되거나, 총독부의 수입원이 감축되어 조세 부담이 증가하게 된다는 논리는 반대로 조선 내 일본인 자본가에게도 똑같이 적용될 수 있었다. 또한 재조 일본인 자본가가 관세 철폐에 찬성한다는 근거로 제시된 경성상업회의소의 건의안 내용, 즉 "조선에서 일본으로 이입되는 물품

---

15) 김규호, 앞의 글(1920), 53쪽.

에 대한 '내지이입관세'의 철폐와 일본에서 조선으로 이입되는 공업 원료에 대한 이입세의 면제"는, 조선인 자본가들이 반대할 이유가 전혀 없는 것이었다. 그리고 경성상업회의소에서는 이입세를 철폐하더라도 일정한 산업보호관세를 두어야 한다고 강조했다.[16] 결국 조선인 자본가와 재조 일본인 자본가는 관세 문제의 다른 측면을 이야기하고 있을 뿐, 관세 문제 특히 이입세에 대해 다른 입장을 갖고 있다고 보기는 힘들다.

또한 조선인과 재조 일본인 자본이 그 규모로 인해 입장 차이가 나타났다고 보기도 어렵다. 경성 지역의 사례이기는 하지만, 1920년대 재조 일본인이 운영하는 공업 또한 중소공업이 98%였을 만큼 조선인 공업과 마찬가지로 중소공업 중심이었다.[17]

이와 관련해 상업회의소의 이입세에 대한 입장이 변화를 보인다는 전성현의 연구가 주목된다. 전성현은 상업회의소에 관한 연구에서 이입세 문제를 다루었다. 통일관세제도를 주장하는 측은 일본 및 일본 자본을 대변하는 것으로, 경성상업회의소의 경우 1910년대 후반에는 '독립관세제도'의 유지를 주장했다고 밝혔다. 즉, 경성상업회의소를 비롯한 지역 상업회의소는 자신들이 거주하는 조선의 입장에서 관세정책에 대한 견해, 즉 관세의 존속과 보호관세를 주장했다는 것이다. 그러나 일본 내에서 의견이 '통일관세제도'로 모아지면서 이입세 철폐로 결정되자, 조선상업회의소연합회도 이를 받아들이게 되었다. 이 경우에도 일본 측의 전면적인 이입세 철폐 주장과는 달리, 연합회가 주장한 관세 철폐는 조선에 거주하는 공업자본가의 입장에

---

16) 배성준, 앞의 논문, 31·32쪽.
17) 위의 논문, 219쪽.

서 이루어졌다. 즉, 경성상업회의소는 이입세의 전면 폐지는 일본의 입장에서는 옳은 일이지만, 조선의 사회·재정적 측면뿐만 아니라 조선의 산업 개발을 고려하면 간단하지 않은 문제라고 강조하면서 공업 원료에 대한 이입세 철폐와 조선 공업의 보호·장려를 위한 감세 안배를 동시에 주장했다. 그리고 특정 산업을 선정해 보호하고 나머지는 일반 소비자의 이익을 위해 철폐할 것을 요구했다. 전성현은 상업회의소의 관세에 대한 입장 전환 요인으로, 일본의 식민정책이 '내지연장주의'로 변화한 것, 조선 산업 개발을 위한 예산 부족으로 일본 정부 예산 및 일본 자본의 진출이 절실히 필요했던 상황, 재정 독립이라는 총독부의 계획이 실현되지 못하면서 일본 정부 예산 및 일본 재계로부터의 자금 유입이 필요해진 상황, 기존에 주목했던 만주와의 경제적 통일이 어려워지면서 일본과의 경제적 통일이 절실했던 상황, 물가 하락으로 소비자 특히 일본인 소비자에게 이익이 되었던 점 등을 들었다. 즉, 관세 개정에 대해서는 조선인뿐만 아니라 재조 일본인 자본가도 지역적 이해관계에 기반해 일본 제품의 이입세 폐지에 반대했고, 이입세 폐지가 대세로 된 이후에는 이로 인해 타격을 입을 조선 내 산업에 대한 보호정책을 요구했다.[18]

조선 산업 개발을 위한 일본으로부터의 자금 유입과 관세 철폐의 연관성이나 총독부 재정과의 관계에 대한 서술에서는 의문이 있지만,[19] 그동안 관세 철폐를 주장하며 조선인과 대립하는 것으로 보았던 상업회의소의 입장이 지역적 이해관계에 기반하고 있었고 조선인과 완전히 대립되는 것으로만 볼 수 없다는 것을 보여주고 있어 주목된다.[20] 시기가 다르긴 하지만, 관세 문제가 재조 일본인 자본가와 조

---

18) 전성현, 《일제하 조선상업회의소연합회의 산업 개발 전략과 정치활동》, 동아대학교 사학과 박사학위논문, 2006, 140~150쪽.

선인 자본가 간의 지역적 문제였다는 점은 조선 언론에서도 지적한 바 있다.[21]

기유정 역시 재조 일본인들이 병합 초기까지 관세 철폐를 모국과 모국민의 이해라는 차원에서 접근했던 것과 달리, 조선 경제의 내지 통합을 주장하면서도 조선 자체의 독자적인 경제 발전에 대한 고려 위에서 관세 철폐의 시기와 방식을 조정하는 논의를 보여주고 있다며, 경제적인 부분에서 "지역 이해=재조선 일본인 이해"라는 등치 방식은 관세 철폐 문제에 대응하는 과정에서 분명하게 드러났다고 보았다.[22]

이와 같이 관세 문제를 살펴볼 때에는 산업정책이 가진 지역적 성

---

19) 전성현은, 조선상업회의소연합회가 이입세의 부분적 철폐로 입장을 전환한 이유 가운데 두 번째로 "조선 산업 개발과 관련된 사업이 일본의 예산 편성에서 번번이 제외됨으로써 실시될 수 없게 되었다. …… 일본 정부 예산 및 일본 자본의 진출이 절실히 필요하게 되었다. 그렇기 위해서는 자금의 자유로운 유입을 막는 관세장벽은 철폐되어야 했다"라고 했다. 또 세 번째 이유로는 "재정 독립을 추구하던 조선총독부의 계획이 실현되지 못했다. 따라서 관세만으로 재정 독립은 요원하게 되었고 일본의 정부 예산 편성이나 일본 재계로부터의 자금 유입이 더욱 필수불가결하게 되었다"고 했다(전성현, 위의 논문, 148·149쪽). 그런데 먼저 일본 정부의 예산 편성과 관세 철폐가 어떤 상관관계에 있는지 이해할 수 없다. 또 일본 자본의 조선 진출 문제는 일본 자본의 상황에 따라 차이가 있을 것이다. 즉, 생산된 상품을 다시 일본으로 이출 하는 경우에는 관세장벽이 문제가 되어 자본투자를 망설일 수 있지만, 조선에서 소비되는 상 품을 생산하는 자본의 경우 오히려 관세가 있을 때 관세를 피하기 위해 조선으로의 자본투자 에 적극적으로 되는 것이 논리적인 설명이 아닐까 생각한다.

20) 상업회의소는 이입세 폐지가 대세로 된 이후, 조선인 자본가들과 마찬가지로, 이입세 폐지로 인해 타격을 입을 조선 내 산업의 보호를 위해 보호업종을 선정해 이에 대한 장려 대책을 요 구했다. 경성상업회의소는 피혁업 및 양조업을 보호업종으로 정했고, 경성부에서는 면사포 (綿絲布) 및 직물업을 선정했다. 〈관세 철폐와 조선 공업〉, 《조선일보》, 1923년 3월 8일자; 〈이 입세 철폐와 보호할 조선 공업; 피혁·양조·직물〉, 《동아일보》, 1923년 4월 19일자.

21) "조선미(朝鮮米) 문제의 분규는 일본 재주(在住)의 지주 자본가 대(對) 조선 재주의 지주 자 본가 간에 대립을 촉진시킨다. 이 현상은 이제 시작한 것이 아니오, 면사포 관세 문제, 주세 문제, 기타의 문제로 늘 그 대립의 예각(銳角)이 현설(現設)하든 것이어니와……." 〈조선미의 차별, 농가의 곤궁은 격화호(激化乎)〉, 《동아일보》, 1932년 8월 27일자.

22) 기유정, 〈식민지 조선의 일본인과 '조선 의식'의 형성-3·1운동 직후 '내지연장주의' 논의를 중심으로〉, 《대동문화연구》 76, 2011, 401쪽.

격에 대해 인식함과 더불어, 일본인이라는 범주를 일본 정부, 조선총독부, 일본 자본, 재조 일본인 자본으로 구분하고 이들의 시기별 변화양상도 염두에 두어야 한다.

3) 1920년대 전반 조선총독부의 성격

　기본적으로 지역적 성격을 가진 산업정책, 특히 그러한 특징이 좀더 강하게 나타나는 관세 문제에서 조선인 자본가들과 재조 일본인 자본가들은 상당 부분 이해관계가 일치했다. 그런데 1923년 관세 철폐에서 나타나듯이 조선총독부는 재조 일본인을 포함한 조선 내 자본가들의 요구를 수용하지 않았다.[23] 1920년에 즉각적으로 이입세를 폐지하지 않았고 1923년에도 세 품목에 대한 이입세를 존치시킨 총독부의 정책에 대해, 총독부 재정상의 이유뿐만 아니라 조선인 중소자본가들이 대거 진출한 섬유산업·주조업에 일정한 혜택을 주어 조선인 자본가 상층을 끌어들이기 위한 정치적인 의도가 깔려 있었다고 지적했지만,[24] 와다 이치로(和田一郞) 재무국장이 "이입세를 존치한 물품의 선정은 오로지 수입(收入)의 목적으로 선정한 것이지, 일본 산업에 대한 조선 산업 보호라는 의미로써 이를 선정한 것이 아니다"라고 말하고 있듯이,[25] 조선 내 산업에 대한 고려가 없었다.

　그렇다면 왜 1920년대 전반 총독부가 조선 내 자본가들의 이해를 중시하지 않았을까? 3·1운동 이후 조선총독부의 변화와 성격을 살펴

---

23)　오승용은, 관세정책이 일본제국주의의 식민지 지배에 부합하는 전형적인 제국주의적 정책으로서 일본 독점자본의 이익에 부합하는 정책, 다시 말해 조선에 실시된 관세정책은 식민지 모국의 도구적 자율성이 관철된 정책이었다고 파악했다. 오승용, 〈식민지정책과 국가 자율성 문제-관세정책과 미곡정책을 중심으로〉,《사회와 역사》89, 2011.

24)　정태헌,《일제의 경제정책과 조선 사회-조세정책을 중심으로》, 역사비평사, 1996, 131·132쪽.

25)　〈관세 철폐와 시설〉,《조선일보》, 1923년 3월 30일자.

보도록 하겠다.

3·1운동 이후 기존의 식민통치 방침을 비판하면서 변화를 모색하던 가운데, 총독부 고위관리 구성에도 변화가 나타났다. 조선총독부의 정책 방향을 일본에서 들어온 이른바 '이입관리(移入官吏)'들이 주도하며 '내지연장주의'를 기조로 삼게 되었다. 이입관리란 1919년 사이토 마코토 총독과 미즈노 렌타로 정무총감이 부임한 이후 이들을 따라 일본에서 들어온 국·과장급 이상의 고위관리를 지칭하는 것으로, 일본에서 내무대신을 역임한 미즈노 계열의 내무관료와 지방관료 들이 중심이었다. 일본의 제도와 법률을 조선에 적용하려고 한 이들의 내지연장주의 정책에 대해, 기존 관리들은 조선의 특수성을 주장하며 반발했고 재정 부담과 민도(民度)를 이유로 현실적인 제도와 정책 수립을 주장했다.[26]

산업정책 담당 부서인 식산국의 주요 인사를 보면, 식산국장 역시 내무관료 출신의 니시무라 야스키치(西村保吉)가 선임되었고, 그 아래에 다섯 자리인 과장도 4명을 교체했는데 이 중 이입관리가 3명이었다. 이후 정무총감이 교체되면서 이루어진 인사에서도 상당수 국·과장은 이입관리들로 채워졌다. 1922년 6월 22일 아리요시 주이치(有吉忠一)가 정무총감이 된 이후, 니시무라 식산국장은 유임되었으나 과장급은 인사이동이 있었는데, 대상자 5명 중 4명이 이입관리인 것에서 볼 수 있듯이 대부분 이입관리들로 채워졌다.[27]

---

26) 李炯植, 〈'文化統治'初期における朝鮮總督府官僚の統治構想〉, 《史學雜誌》 115편 4호, 東京大史學會, 2006; 岡本眞希子, 《植民地官僚の政治史-朝鮮·臺灣總督府と帝國日本》, 三元社, 2008.

27) 木村健二, 〈朝鮮總督府經濟官僚の人事と政策〉, 《近代日本の經濟官僚》(波形昭一·堀越芳昭 編著), 日本經濟評論社, 2000, 273~276쪽. 니시무라는 1924년까지 식산국장을 역임했는데, 1924년 12월 1일 후임 식산국장으로 임명된 사람도 아키타(秋田)현 지사를 지냈고 척식국 근무 경험이 있는 이입관리 이케다 히데오(池田秀雄)였다.

이처럼 일본에서 들어온 이입관리들이 주도하는 '내지연장주의'를 기조로 하고 있던 1920년대 초반의 총독부는 조선 산업에 대한 적극적인 보호 의사를 표명하는 등 조선 지역의 이해관계를 대변하는 모습을 보이지 않았다.

1920년대 초반 산업정책의 방향성과 관련해 주목할 만한 사건이 1921년 9월 조선산업조사위원회의 개최였다. 이 시기 조선총독부가 산미증식계획을 중심으로 하는 농업 중심의 산업정책을 추진하는 것에 대해 조선인뿐만 아니라 재조 일본인 자본가들도 불만을 갖고 있었다. 이에 1921년 9월 조선산업조사위원회를 개최하기로 하자, 조선 내 자본가들은 조선의 산업정책을 농업 중심에서 공업을 중시하는 방향으로 전환하라고 요구했다.

재조 일본인 자본가들은 1910년대 후반부터 상공업, 특히 공업의 촉진과 이를 통한 조선 경제의 발달을 주장해왔다. 이들은 자신들이 주도권을 쥐고 있던 조선상업회의소연합회를 중심으로 구체적인 정책 대안인 '4대 요항', 즉 철도 건설, 관세 철폐, 산미증식, 수산 장려를 제안했다.[28] 조선인들도 조선산업조사위원회의 개최에 즈음하여 '조선인 본위의 산업 개발', 구체적으로 조선인 공업에 대한 국가적 보호장려책의 실시를 요구했다.[29]

1921년 9월 정무총감을 위원장으로 하고 일본 정부와 조선총독부 관리, 일본의 대학 교수와 자본가, 조선인 자본가와 재조 일본인 자본가 등이 참석한 조선산업조사위원회가 개최되었다. 그러나 일본 정부는 조선 공업화에 소극적이었으며, 총독부도 산미증식계획 등 농

---

28) 전성현, 앞의 논문; 히라사와 아사코, 〈1920년대 전반 조선총독부의 산업정책 수립 과정과 재조 일본인 기업가〉, 연세대학교 사학과 석사학위논문, 2007, 16쪽.

29) 조선인 자본가들의 요구 사항에 대해서는 다음 장에서 자세히 살펴보겠다.

업을 제외한 다른 산업의 개발에 대해 소극적인 태도를 취했다. 조선인산업대회와 유민회의 건의안도 산업조사위원회 결의안에 전혀 반영되지 않았다. 결국 조선인 본위의 보호장려책은 물론 상공업에 대한 구체적인 진흥책도 마련되지 않았다. 이처럼 요구가 제대로 받아들여지지 않는 가운데 이입세 철폐로 위기감을 느낀 조선인 자본가들은 1923년부터 본격적으로 물산장려운동을 펼쳐나갔다.

2. 조선인 자본가들의 보호장려책 요구와 국가권력에 대한 인식

1) 조선인 자본가들의 보호장려책 요구

이 절에서는 1920년 관세제도의 개정 논의 때부터 1923년 물산장려운동 시기까지 조선인 자본가들이 조선총독부에 요구한 보호장려책의 내용을 살펴보겠다. 자료는 당시 조선인 자본가를 대변한다고 볼 수 있는 《동아일보》의 사설을 주로 이용했고, 기타 각종 건의안을 참고했다.

1920년대 초반 관세제도의 개정이 논의되고, 1921년 9월 조선산업조사위원회의 개최가 결정되면서 재조 일본인 자본가들은 물론 조선인 자본가들도 자신들의 요구를 산업정책에 반영하기 위해 노력했다.[30] 조선인들은 조선인 산업에 대해 보호관세를 포함한 국가적 보호장려책의 시행을 조선총독부에 요구했다. 물론 보호주의만이 반드시 옳다거나 자유주의가 틀리다는 것은 아니지만, 조선의 상황을 보

---

30) 조선인 부르주아 세력 내부에서는 점차 어떤 형태로든 조선인 유력자들이 지배정책에 관여할 수 있는 방법이 마련되어야 한다는 의견이 힘을 얻기 시작했다. 이태훈, 〈1920년대 전반기 일제의 '문화정치'와 부르주아 정치세력의 대응〉, 《역사와 현실》 47, 2003, 11쪽.

면, 조선의 산업은 여전히 농업경제의 경역을 벗어나지 못한 데다 그 내용 또한 유치하고 쇠퇴해 마치 숨을 헐떡이는 불수폐인(不隨廢人)처럼 경제적 위기에 처해 있어서 총독부에 정책적 보호를 요구할 수밖에 없다고 했다.[31]

먼저, 농업 중심의 산업정책을 상공업 육성의 방향으로 바꾸어 보호장려책을 시행할 것을 요구했다. 농업은 보호정책의 효과가 희박한 데 반해, 공업은 "분발 여하에 의하여 충분히 발달할 여지"가 있으므로 "공업에는 양육의 희망이 다대(多大)한 것"이라 했다. 따라서 "정부당국을 향하여 그 보호장려책을 요구할 것이 목하의 급무"라 했다. 또 한 나라 안에서도 자유 경쟁의 결과로 한 지역의 발달이 다른 지역의 쇠퇴를 가져오는 것을 보면, 산업 발달이 선천적인 것이 아니라 사람의 노력으로 변화할 수 있는 것을 알 수 있다며, 이를 국가적 보호장려책 필요성의 근거로 내세웠다.[32] 그러므로 적어도 조선에 원료가 풍부하고 기후가 적당해 제조 가능성이 있는 생활필수품에 대해서는 외래품과 경쟁할 만한 정도에 이르기까지 철저히 보호하는 것이 "근대 선진사회의 관용(慣用)하는 산업정책의 일단(一端)"이라고 하여, 자국의 미발달 산업에 대한 보호장려책이 자본주의 경제의 일반적 산업정책이라고 했다.[33]

구체적인 보호장려책으로 보호관세와 보조금 지급, 금융상의 편의 지원 등을 요구했다. 먼저 보조금 지급을 살펴보면, 아직 유치한

---

31) 〈보호정책의 정신이 하(何)에 재(在)한가, 김윤수 씨의 진술에 감(感)하야〉(사설), 《동아일보》, 1922년 11월 21일자.

32) 〈상공업 진흥에 대하야 일언(一言)하노라, 보호와 장려가 필요〉(사설), 《동아일보》, 1922년 4월 27일자.

33) 〈산업 발달의 근본책이 여하(如何), 당국자(當局者)의 반성을 촉(促)함〉(사설), 《동아일보》, 1923년 12월 10일자.

단계에 있는 조선 공업에 보조금을 지급할 것을 요구했다.[34] 공업 회사가 '자립자영(自立自營)'할 때까지 정부에서 상당한 보조금을 급여해야 한다고 했다.[35] 보조금은 경성방직주식회사와 특수관계에 있던 《동아일보》에서 주로 요구했는데, 결국 1924년 2월부터 경성방직은 총독부로부터 보조금을 교부받았다. 이외에도 대창직물, 조선견직 등 조선인 회사 몇 곳이 거의 매년 보조금을 지급받았다.[36]

조선인 자본가에게 금융상 편의를 제공하라는 요구는 구체적으로 산업자금 조달과 독자적 특수금융기관의 설립을 의미했다. 산업자금에 대해서는 "조선인에게는 자본이 부족하니 일본 자본을 수입할 필요가 있다 한다. 물론 우리도 산업의 개발에 외자(外資) 수입의 필요를 인정치 아니한 바는 아니다. 그 수입의 방법이 조선인을 본위로 하여, 환언하면 그 수입하려 하는 외자를 공채로나 사채로나 조선인에게 대부케 하여 산업자금에 제공"하는 것이 괜찮으나, "일본 자본가를 그대로 수입하여 모든 산업을 장악, 경영케 한다 하면 …… 조선인은 영구히 경제적 노예가 되고 말 것이 아닌가"[37]라고 했다. 즉, 조선에 자본이 부족한 상황에서 일본으로부터 자본을 도입하는 것에는 반대하지 않으나, 이는 일본 자본을 들여와 조선인 자본가에게 대출하는 간접투자의 형식이 되어야지 일본 자본가가 들어와 조선의 산업을 직접 경영하는 것에는 반대한다는 것이었다.[38]

조선인 산업에 대한 보호장려책 가운데 조선인 자본가들이 가장 중

34) 〈예산 편성에 대하야, 조선인 산업을 조장하라〉(사설), 《동아일보》, 1922년 7월 16일자.
35) 〈상공업 진흥에 대하야 일언하노라, 보호와 장려가 필요〉(사설), 《동아일보》, 1922년 4월 27일자.
36) 오미일, 《한국근대자본가연구》, 한울아카데미, 2002, 437~439쪽. 물론 총독부가 조선인 자본가에게만 보조금을 지급한 것은 아니었고, 재조 일본인 자본가에게도 역시 보조금을 주었다.
37) 〈산업 발달의 근본책이 여하, 당국자의 반성을 촉함〉(사설), 《동아일보》, 1923년 12월 10일자.

요하게 생각하고 빈번하게 요구한 것은 보호관세였다. 이 시기가 관세제도 개정기였다는 점도 보호관세가 빈번하게 논의된 배경이었다.

관세는 경제정책 중에서도 국가가 자국의 자본가를 보호하기 위해 수행하는 대표적인 정책이다. 자본주의 성립 초기에 국가권력이 자국의 유치한 자본을 보호하는 대표적 수단이었다. 보호관세는 19세기 후반에 등장했다. 19세기 중엽까지는 산업혁명에 먼저 성공한 영국이 세계 경제를 주도했으며 자유무역체제라는 정통 경제이론에 기반한 경제구조였다. 19세기 후반 들어서면서 독일, 프랑스, 이탈리아, 러시아 등 유럽 국가들과 미국의 산업이 급속히 성장함으로써 서서히 다극적인 세계 경제구조로 전환했고, 이 국가들이 자국의 산업을 보호하기 위해 보호관세를 채택하면서 다른 나라로 확산되었다.[39] 따라서 자국의 산업을 진흥시키고 보호하기 위해서는 관세장벽이 필요하다고 보았다.[40] 즉, 관세를 개정해 조선 내에서 경쟁할 만한 외부 물품의 지나친 수입을 방지하는 것이 "기업심이 위미(萎靡)하며 지식·경험이 부족하여 발전하지 못한 산업을 양육·보호하는 방책"이라 했으며,[41] 산업이 유치한 사회와 산업이 발달한 사회 사이에 관세라는 장벽을 철거하면, 유치한 사회의 산업은 갈수록 위축해 진흥의 길이 두

---

38) 이 문제에 대해 오미일은 조선 산업 개발자금을 일본 자본의 유입을 통해 조달하는 문제에 대해 총독부, 재조 일본인 자본가, 일부 예속자본가 들이 같은 입장이었다고 보았다. 오미일, 앞의 책(2002), 436쪽. 그러나 근거 자료로 이용한 전선실업가대회의 결의 사항 '일본 자본의 유입을 환영하며 편의의 방법을 강(講)할 사(事)를 요함'이, 일본 자본을 들여와 조선인 공업에 사용하기를 희망한 조선인 자본가들의 입장과 다른 것인지는 좀 더 면밀히 살펴볼 필요가 있다고 생각된다.

39) 박영구, 〈왜 19세기 후반기 독일 경제인가?: 국가경쟁력과 경제사 연구〉, 《국제경영논집》 Vol. 13, 1998.

40) "평화의 보장이 무(無)한 현금(現今) 세계에 처(處)하야는 자국의 존립을 위하야 또는 자위를 위하야는 관세라는 장벽을 축(築)치 아니하면 자국의 산업을 진흥치 못할 것이오, 산업이 진흥치 못하면 국가사회의 멸망은 도저히 면치 못할 것은 소소(昭昭)한 사실이라." 〈관세 철폐와 조선 산업(1), 조선인의 사활 문제〉(사설), 《동아일보》, 1920년 7월 10일자.

절되고 발달된 사회의 산업은 한층 발전해 결국 산업이 위축한 사회의 모든 부원(富源)을 농단하게 될 것이라고 주장했다.[42]

그렇다면 국가가 아닌 식민지 조선에서도 보호관세가 가능하다고 인식했을까? 이에 대해서는 조선을 하나의 '경제단위'[43]로 간주해 보호관세를 두어야 한다고 주장했다.[44]

보호관세의 효용성에 대해 '교육비 투자설'로 설명했는데, 한 나라의 산업을 보호하는 것을 자식에 대한 교육비 투자와 비교해 당장은 거액의 돈을 교육비로 사용하는 것이 낭비처럼 여겨지고 아깝게 생각될지 몰라도, 길게 보고 투자한다면 그 앞날이 밝을 것이라며, 보호관세 반대론을 단견이라고 비판했다.[45]

그리고 이입세 철폐의 문제점도 지적했다. 이입세를 철폐하면 일본 상품은 무관세로 조선에 들어오고 다른 나라 상품은 관세를 내게 되므로, 일본 상품이 조선 시장을 독점해 가격 담합이 이루어지는 등 독점의 폐해가 나타날 것이라고 비판했다. 또 현재 이입세가 총독부 재정에서 차지하는 비중이 적지 않은데, 이입세 폐지로 관세 500만 원의 수입이 감축된다면 총독부 독립재정하에서 이는 모두 조선인의 부담이 될 것이라고 했다. 또 관세를 철폐하면 조선에서 산출된 원료가 싼 가격으로 전부 일본으로 빠져나가게 되어 조선에서 공업이 발달하지 못하게 된다며, 이는 조선인의 사활 문제라고 보았다.[46]

---

41) 〈상공업 진흥에 대하야 일언하노라, 보호와 장려가 필요〉(사설),《동아일보》, 1922년 4월 27일 자; 〈보호정책의 정신이 하에 재한가, 김윤수 씨의 진술에 감하야〉(사설),《동아일보》, 1922년 11월 21일자.

42) 〈관세 철폐와 조선 산업(2), 조선인의 사활 문제〉(사설),《동아일보》, 1920년 7월 11일자.

43) 원문에는 '경제단체(經濟團體)'로 되어 있다.

44) 〈산업 발달의 근본책이 여하, 당국자의 반성을 촉함〉(사설),《동아일보》, 1923년 12월 10일자.

45) 〈보호정책의 정신이 하에 재한가, 김윤수 씨의 진술에 감하야〉(사설),《동아일보》, 1922년 11월 21일자.

보호관세에 관한 조선인 자본가의 구체적인 요구 사항은 1921년 9월의 조선인산업대회 건의안에 잘 정리되어 있는데, 그 내용은 다음과 같다.

가. 농업 및 공업에 관한 기계, 원료, 기타 보조품의 수입세는 전폐(全廢)할 것, 나. 외국의 생산품으로 조선의 생산품과 경쟁할 지위에 립(立)할 자에 대해서는 최고의 수입세를 부과할 것, 다. 조선 생산품으로 외국 시장에서 외국 생산품과 경쟁할 지위에 립(立)할 자에 대해서는 수출세를 전폐할 것, 라. 조선 생산품으로 외국 시장에서 외국 생산품과 경쟁할 지위에 립(立)치 못할 자에 대해서는 수출세를 부과할 것, 마. 조선과 일본 간의 관세라도 외국에 대하는 것과 같이 보호정책을 적용할 것.[47]

건의안의 내용을 살펴보면, 모두 조선인 자본가뿐만 아니라 재조일본인 자본가의 이익도 반영하는 것이었다. 즉, 기계나 원료 등에 대한 수입세를 폐지하는 것이나, 외국 생산품에 대해 고율의 수입세를 부과하는 것, 그리고 외국 시장에서 경쟁력을 가진 조선의 생산품에 대한 수출세를 폐지하는 것, 조선과 일본 사이에도 보호관세 장벽을 세우는 것 등은 조선인 자본가에게도 이익이 되는 것이었지만, 재조일본인 자본가에게도 보호장려책으로서 역할을 하는 것이었다. 보호장려책의 또 다른 요구, 즉 보조금 지급이나 일본 자본은 도입하되 일본인 자본가의 직접 경영은 반대하는 것 역시 양자가 동일한 이해

---

46) 〈관세 철폐와 조선 산업(2), 조선인의 사활 문제〉(사설),《동아일보》, 1920년 7월 11일자; 〈관세 철폐와 조선 산업(3), 조선인의 사활 문제〉(사설),《동아일보》, 1920년 7월 12일자.

47) 〈조선인산업대회 건의안〉,《동아일보》, 1921년 9월 16일자.

관계에 있는 것이었다. 이는 앞에서 살펴본 바와 같이 산업정책, 특히 관세제도가 지역적 성격을 갖고 있었기 때문이다.

그런데 조선인 자본가들은 단순히 조선 내 자본에 대한 보호장려책을 요구한 것이 아니라, '조선인 본위'의 보호정책을 요구했다. 예를 들면, "첫째 조선인 상업가에 대하야 금융상 특별한 보호를 여(與)하며, 둘째 조선인 공업가에 대하야 장려의 특별한 방책을 취하며"[48]라든가, "조선인을 본위로 하는 산업정책이 아니면 아니 될 것"[49] 또는 "총독부 당국의 주의를 촉(促)하고자 하는 것은 조선인의 산업을 조장할 목적의 의향으로 예산 편성의 방침을 정하기를 요구하는 것"[50]과 같은 주장이었다. 이는 거의 모든 자료에 공통적으로 나타나고 있다.[51]

이처럼 조선인 자본가들이 조선인 본위의 정책을 요구한 것은, 일본 자본과의 경쟁에서 이길 수 없을 뿐만 아니라 재조 일본인 자본과의 경쟁에서도 우위에 있지 못하다는 인식, 즉 사회진화론적 도태에 대한 두려움에서 나온 것으로 보인다.

조선인 본위의 보호장려책을 주장한 글에는 생존경쟁에 따른 우승열패라는 사회진화론적 원칙에 대한 비판이 여러 차례 등장했다. 물산장려운동이 진행 중이던 1923년 12월의 신문 사설에서, "자력(資力)

---

48) 〈경제적 특별보호의 의사가 무(無)한가, 조선인의 생존권〉(사설),《동아일보》, 1922년 1월 16일자.
49) 〈산업 발달의 근본책이 여하, 당국자의 반성을 촉함〉(사설),《동아일보》, 1923년 12월 10일자.
50) 〈예산 편성에 대하야, 조선인 산업을 조장하라〉(사설),《동아일보》, 1922년 7월 16일자.
51) 이 밖에도 다음과 같은 사례들이 있다. "조선인 경제에 대한 특별보호를 요구", 〈경제회의 사명, 산업조사와 특별보호 제창〉(사설),《동아일보》, 1921년 3월 21일자: "조선인 본위 보호정책의 채용을 제창", 〈정치와 경제의 관계, 조선인 본위의 보호정책을 제창하는 소이(所以)〉(사설),《동아일보》, 1921년 9월 13일자: "조선의 경제정책을 조선인 본위하야"〔〈경제적 특별보호의 의사가 무한가, 조선인의 생존권〉(사설),《동아일보》, 1922년 1월 16일자〕.

과 기술의 정도를 불고(不顧)하고 수평선상에 서게 하여 경쟁을 행한 다 하면 우승열패의 생존경쟁의 원칙에 의하여 조선인의 경제적 멸 망은 필지(必至)할 형세가 아닌가"라고 하며, 조건이 상이한 자본 사 이의 경쟁은 공정한 경쟁이 아니기 때문에, "조선인에게 기술 양성의 기회를 주며 또한 자금의 편리를 도(圖)하게 하여 적어도 그 능력과 자력이 일본 사회 및 일본 사람과 동일한 정도에 달하기까지 특별한 보호책을 시(施)하는 것이 공평한 정책"이라고 주장했다.[52]

2) 자본가로서의 성장 동력과 국가권력과의 관계 설정

앞 절에서 살펴보았듯이 조선인 자본가들은 조선총독부에 보호장 려책을 요구했다. 그런데 조선인 자본가들은 국가의 보호장려책이 산업 진흥의 여러 방법 중 하나가 아니라 필수불가결한 것이라 인식 하고 있었다. 즉, 산업자본가로의 성장이, 특히 자본주의 초기 단계에 서는 국가적 보호 없이는 불가능하다고 인식했던 것이다.

1921년 3월 7일의 신문 사설에서는 총독부의 '특별한 경제상 보호' 없이는 조선인의 경제 발전을 기하기 어렵다고 했다.[53] 여기에서 한 걸음 더 나아가 "정치적 권력을 파지(把持)하지 아니하고서는 도저히 경제적 발전을 도모하지 못할 것"이라 했다. 즉, 국가권력의 발동 없 이 경제 발전을 기하지 못하는 것은 "마치 기계의 동력을 대(待)하지 아니하고 기계의 운전을 기(期)하지 못하는 것과 동일한 자명한 사리 (事理)"라고 인식했다. 이는 "산업계의 심장이 되는 금융기관, 산업계 의 맥락관절이 되는 교통망, 산업계의 건강을 증진하며 활력을 첨가하

---

52) 〈산업 발달의 근본책이 여하, 당국자의 반성을 촉함〉(사설), 《동아일보》, 1923년 12월 10일자.
53) 〈조선 경제정책에 대하야, 경제는 생(生)의 기초조건〉(사설), 《동아일보》, 1921년 3월 7일자.

는 기술, 조사, 장려기관, 그리고 산업 발전의 장래 운명을 결정하는 산업정책의 결정권"이 모두 정부의 관할하에 속하는 것이기 때문이다. 따라서 국가라는 경제적 단체의 권력을 가지지 않고서는 도저히 경제 발전을 기대하지 못할 것이라고 단언했다.[54] 그리고 현재 조선인 산업이 부진한 이유가 '정치제도와 법률의 보호'라는 산업 발달의 요건이 갖추어지지 않았기 때문이라고 인식했다.[55]

그러나 아무리 조선인 자본가들이 보호장려책을 요구해도 조선총독부가 이를 수용하지 않으면 어찌할 도리가 없었다. 게다가 1920년대 초 조선인 자본가를 둘러싼 경제적 상황이 총독부에 정책 변화를 요구하고 반성을 촉구할 만큼 녹록지 않았다. 1910년대 중·후반 제1차 세계대전 시기의 호황과 수입 대체산업의 필요성을 바탕으로 생겨난 조선인 경영의 중소공장들과 몇몇 기업들이, 1920년대 초의 전후공황과 이입세 철폐로 커다란 위기를 맞았다.[56]

1921년 개최된 조선산업조사위원회, 1923년 이입세 철폐를 내용으로 하는 관세 개정 등의 사안에서 잇달아 보호장려책의 관철이 무산되자, 조선인 자본가들은 물산장려운동을 펼쳐나갔다. 민중의 자각에 의한 사회적 경제운동[57]을 통해 조선인 경제를 진흥시키려는 노선으로 전환한 것이다.[58]

---

54) 〈정치와 경제의 관계, 조선인 본위의 보호정책을 제창하는 소이〉(사설), 《동아일보》, 1921년 9월 13일자.

55) 〈산업 발달의 근본책이 여하, 당국자의 반성을 촉함〉(사설), 《동아일보》, 1923년 12월 10일자.

56) "대전(大戰) 이후에 조선 사회에서 발생한 기개(幾個)의 공업회사의 장래는 과연 그 운명이 비참할지로다." 〈관세 철폐와 조선 산업(2), 조선인의 사활 문제〉(사설), 《동아일보》, 1920년 7월 11일자.

57) 사회적 경제운동은, 1921년 6월 〈조선인 산업대회 취지서〉의 "원래 산업의 발달은 인민적 자각과 사회적 운동과 국가적 보호가 상사(相俟)하야 비로소 성취하는 것"이라고 한 부분에 등장하는 개념어이다. 《동아일보》, 1921년 6월 28일자.

58) 오미일, 앞의 책(2008), 312쪽.

이러한 분위기 속에서 물산장려운동을 전후한 시기의 사설에는 총독부의 보호장려책에 대한 기대보다는 우리 힘으로라도 방책을 마련해야 한다는 논의가 많이 등장했다. 1922년 8월 24일의 신문 사설에서는, 산업 장려의 방법이 한두 가지가 아니라 여러 방안이 있다고 하면서 다섯 가지를 제시했는데, 국가적 원조는 민중의 근면, 산업적 기술과 지식, 조직적 재능과 선견지명의 양성, 저축으로 자금 마련에 이어 마지막 다섯 번째로 거론되었다. 또 국가적 보호정책만을 기대하는 태도에 대해서도 비판했는데, 정치와 경제의 관계를 볼 때 정치가 경제에 간섭하는 정도는 그 한계가 있는 것으로, "국가만능주의에 의하여 그 보호만 요구"하는 것은 잘못이라고 주장했다. 따라서 일본인만 생각하는 조선총독부에 아무리 불평하고 이야기해도 소용이 없다며, 총독부가 조선인의 산업을 보호·장려하지 않더라도 포기하지 말고 "민중이 자력으로 개척"해 경제 발전을 도모해나갈 것을 주문했다.[59] 즉, 국가적 보호장려책이 정말 중요하지만, 현재의 총독부에 그것을 기대하는 것은 매우 어려우므로 우리가 스스로 깨달아 위기를 헤쳐나가는 수밖에 없다는 결론이었다. 물산장려운동이 한창이던 1923년 1월 8일의 신문 사설에서는 "조선에서는 국가의 정책으로 조선 사람의 산업을 위하여 심절(深切)한 태도를 표시함이 없도다. …… 정부기관에 대하여 그 일을 희망하지 못할 경우에 처한 조선 사람은 불가불 민중적으로 그 일에 처할 수밖에 없다"[60]고 해, 총독부에 대해 정부기관의 역할을 기대하지 않는 모습도 나타났다.

　이와 관련해 일본 내에 조선에 대한 경제적 '도태주의(淘汰主義)'를

---

59)　〈수입관세 철폐에 대하야 조선인 산업의 장래〉(사설), 《동아일보》, 1922년 8월 24일자.

60)　〈철저한 각오와 지구적(持久的) 실행, 물산장려에 대하야〉(사설), 《동아일보》, 1923년 1월 8일자.

주창하는 학자와 논객이 많다는 주장도 주목된다. 헌정회 야마지 조이치(山道襄一)[61] 중의원 의원이 대표적인 논자로 거론되었는데, 도태주의의 내용은 "경제적 세력으로써 우승열패의 인위적 도태수단에 의하여 조선 민족의 생활 따라 그 생맥(生脈)을 차차로 궁축(窮縮)하자는 것"이라 했다. 따라서 조선인은 "경제적 자위책"을 강구해야 한다고 주장했다.[62]

그러나 조선인 자본가들은 국가적 보호장려책이 자신들의 성장에 필수불가결하다는 인식을 버리지 않았다. 총독부의 보호를 기대하지 말고 조선인의 자력으로 해나가야 한다고 주장한 바로 그 사설에서조차, 개개인이 아무리 능력을 발휘하고 근면하게 노력해도 도저히 성취할 수 없는 것이 경제계에는 허다하다며, "어찌 국가의 원조와 후원을 얻지 아니하고 그 일의 성공을 기할 수 있겠느냐", "국가적 보호와 원조 없이 조선인이 어느 세월에 저축을 하여 자본가가 되고 수련을 열심히 하여 기술자, 기업가가 되겠는가"라고 토로했다.[63]

결국 1923년 12월의 신문 사설에서는 "우리는 과거 몇 해 동안 한 줄기 광명을 찾아 우리의 있는 힘을 다했다. 그러나 그 결과는 우리의 힘이 자진(自盡)하야 필경 아무 효과를 이루지 못했다"며, "조선총독부의 산업정책이 그 근본부터 잘못된 것을 또다시 통론(痛論)하지

---

61) 야마지 조이치(山道襄一)는 헌정회와 민정당 소속으로 중의원 의원을 10번이나 역임한 일본의 정치가이자 저널리스트였다. 1910년을 전후한 시기에 한국에서도 활동했는데, 《대한일보(大韓日報)》의 주필을 역임했고, 1910년 이후에는 잡지 《신반도(新半島)》를 발간했다. 1910년에 《조선반도(朝鮮半島)》를 저술했다. 조선총독부 촉탁으로 관습 조사를 행했다고도 알려져 있으나 확실하지는 않다. 《20세기 일본인명사전》, 2004; 《신정(新訂) 정치가인명사전 메이지(明治)~쇼와(昭和)》, 2003.

62) 〈경제적 도태, 철저한 생활의식의 필요〉(사설), 《동아일보》, 1922년 11월 12일자. 문장이 비문이나 원문 그대로이다.

63) 〈수입관세 철폐에 대하야 조선인 산업의 장래〉(사설), 《동아일보》, 1922년 8월 24일자.

않을 수 없다"고 하여, 물산장려운동의 퇴조와 함께 국가적 보호장려책의 요구로 회귀하는 모습을 보여주었다.[64]

1919년 3·1운동을 전후한 시기의 외교운동론을 대신해 1920년대에 접어들면서 민족주의 계열의 운동론으로 우리 민족이 실력을 갖추어야 한다는 실력양성운동이 주류를 형성해갔다. 부르주아 민족주의 세력의 "실력양성 방법은 자본주의 체제의 기초인 경제적 실력을 축적하고 그것을 단계적으로 상승시켜가는 것"[65]이었다. 경제적 실력을 양성해야 식민지 현실에서 벗어날 수 있다고 보았으나, 경제적 실력을 양성하기 위해서는 국가의 보호정책이 필수라고 인식했다. 이 양자의 모순적인 상황을 어떻게 바라보아야 할까?

결국 이는 식민지 시기 조선인 자본가들이 자신들의 자본가적 성장 동력을 어디에서 찾느냐의 문제였다. 이들은 식민통치하에서 추구했던 자본가적 성장을 포기할 수는 없었다. 그러나 1920년대 초반 조선인 자본가들이 조선인 본위의 정책이라고 부르며 요구한 총독부의 보호장려책은 실현되기 지극히 어려웠다. 이러한 상황에서 이들은 물산장려운동을 주도하며 일단 총독부와 거리를 두었다. 물산장려운동은 자본가들의 성장 동력을 민족적 추동력에서 찾는 것이었다고 할 수 있다. 그러나 물산장려운동은 자본가의 계급적 성장이라는 측면에서 곧 한계를 드러냈고, 조선인 자본가들은 국가적 보호장려책의 필수불가결성을 다시 이야기할 수밖에 없었다.

---

64) 〈경(更)히 조선의 산업정책에 대하야, 조선인의 생활 위기〉(사설), 《동아일보》, 1923년 12월 16일자.
65) 이태훈, 앞의 논문, 18쪽.

1920년대 경제적 실력양성론의 유동(流動)

1919년 3·1운동 이후 새로운 총독과 정무총감이 부임한 조선총독부는 내지연장주의라는 새로운 정책 방향에 입각해 산업정책을 수립했다. 1920년대 초 가장 중요한 산업정책은 관세 개정이었다. 1920년부터 1923년에 걸쳐 통일관세제도와 이입세 철폐를 내용으로 하는 관세 개정이 이루어졌다. 산업정책은 기본적으로 속지적 성격을 갖고 있고, 특히 관세는 한 지역에서 다른 지역으로 물품이 이동하는 과정에서 부과되는 것이기 때문에 기본적으로 지역적인 문제를 갖고 있었다. 따라서 조선인과 재조 일본인 자본가가 관세 문제, 특히 이입세에 대해 다른 입장을 갖고 있다고 보기는 힘들다. 양자는 이입세 폐지에 따른 여러 문제점에 대해 동일한 이해관계에 있었다. 그런데 1920년대 초반의 산업정책은 조선 지역의 이해관계, 즉 조선인과 재조 일본인을 포함한 조선 내 자본가의 이익을 적극적으로 대변하지 않았다. 이 시기의 총독부는 이입관리들이 고위관리군을 형성하며 내지연장주의를 기조로 정책 수립을 주도했다. 이러한 점은 1921년 9월에 열린 조선산업조사위원회의 결과에서도 나타났다.

1920년대 초반 관세 개정이 논의되고 조선산업조사위원회가 열리자, 조선인 자본가들도 총독부 산업정책에 자신들의 요구를 반영하기 위해 노력했다. 조선인 자본가들은 조선인 산업에 대해 보호관세, 보조금 지급, 금융상의 편의 제공 등을 포함한 국가적 보호장려책 시행을 요구했다. 보호장려책의 내용을 살펴보면, 재조 일본인 자본과 이해관계가 상당 부분 겹쳤다. 그런데 조선인 자본가들은 '조선인 본위'의 보호정책을 주장했다. 이는 일본 자본과의 경쟁뿐만 아니라 재조 일본인 자본과의 경쟁에서도 우위에 있지 못하다는 인식, 즉 사회

진화론적 도태에 대한 두려움에서 나온 것으로, 생존경쟁에 따른 우승열패라는 사회진화론적 원칙에 대한 비판이 동반되었다.

조선인 자본가들은 국가의 보호장려책이 필수불가결하다고, 즉 자본주의 초기 단계에서 산업자본가로 성장하는 것은 국가적 보호 없이는 불가능하다고 인식하고 있었다. 그러나 자신들의 요구가 받아들여지지 않는 가운데, 이입세 철폐로 위기감을 느낀 조선인 자본가들은 1923년부터 본격적으로 물산장려운동을 펼쳐나갔다. 그러나 조선인 자본가들은 국가적 보호장려책이 자신들의 성장에 필수불가결하다는 인식을 버리지 않았고, 물산장려운동의 퇴조와 함께 국가적 보호장려책의 요구로 회귀하는 모습을 보여주었다.

1920년대 민족주의 계열의 실력양성론은 경제적 실력을 양성해야만 식민지 현실에서 벗어날 수 있으며, 경제적 실력을 양성하기 위해서는 국가의 보호정책이 필수적이라고 인식하는 모순을 가지고 있었다. 조선인 자본가들이 조선인 본위의 정책이라고 부르며 요구한 총독부의 보호장려책은 실현되기 어려웠다. 이들은 물산장려운동을 통해 자신들의 자본가적 성장 동력을 민족적 추동력에서 찾았으나 실패하고, 결국 국가적 보호장려책을 또다시 요구했던 것이다.

따라서 조선인 자본가들이 자신들의 자본가적 성장 동력을 어디에서 찾느냐의 문제는 곧 이들이 자본가로서의 성장을 위해 총독부 권력과의 관계 설정을 어떻게 할 것인가의 문제였다. 이는 일방적이 아닌 상호적이어야 했다. 1920년대 초반의 조선총독부는 조선 지역의 이해관계를 적극적으로 대변하지 않았다. 따라서 이 시기 민족주의 세력의 일부를 구성하는 조선인 자본가층 역시 적극적인 협력의 자세를 취하지는 않았다.

그러나 근대 자본주의 초기에 자국 산업에 대한 보호자로서의 역할을 국가가 '수행해야' 하며 식민지 조선에서 식민권력인 총독부에 그것을 요구할 수 있다는 인식을 갖고 있다면, 총독부의 태도 변화에 따라 조선인 자본가들의 총독부에 대한 태도 또한 언제든지 변화할 수 있는 것이었다. 조선인 자본가들이 갖고 있던 지역적·계급적 이해관계와 국가에 대한 의존의식은 협력과 체제내화의 가능성을 항상 내포하고 있었던 것이다.

공간에 속박된 사람들
: 식민지 조선의 민사 법제와 공통법

이정선

"당사자가 속한 지역"

제1조 ① 본 법에서 지역이라 칭하는 것은 내지, 조선, 타이완 또는 관동주를 말한다.

② 전항의 내지에는 가라후토를 포함한다.

제2조 ① 민사에 관해 한 지역에서 다른 지역의 법령에 의할 것을 정한 경우에는 각 지역에서 그 지역의 법령을 적용한다. 둘 이상의 지역에서 동일한 다른 지역의 법령에 의할 것을 정한 경우 그 상호 간 역시 동일하다.

② 민사에 관해서는 전항의 경우를 제외하고는 법례(法例)를 준용한다. 이 경우에는 **각 당사자가 속한 지역의 법령**을 그 본국법(本國法)으로 한다. (강조-인용자)

위 인용문은 1918년 4월 제정된 일본 법률 제39호 '공통법(共通法)'

의 일부이다.[1] 1945년 8월 이전, 일본이라는 제국을 구성한 여러 '지역'에는 제각기 서로 다른 형식과 내용의 법령이 시행되었다. 공통법은 이러한 이법지역(異法地域) 사이에서 일어나는 일들을 어떠한 법령으로 처리할지를 결정하거나 법령의 효과를 서로 연결·통일하기 위해 제정되었다.[2] 또한 특정한 사안에 대해서는 사람에 따라 서로 다른 형식과 내용의 법령이 시행되기도 했다. 공통법 제2조 ②항은 이 경우 "각 당사자가 속한 지역의 법령"을 본국법으로 삼아 법례를 준용하게 했다. 그렇다면 당사자가 속한 지역이란 어디인가? 이 글은 이러한 물음에서 출발한다.

공통법에 대한 선행 연구로는 일본 법제사 연구자 아사노 도요미(淺野豊美)의 연구가 독보적이다.[3] 아사노는 공통법 초안, 제국의회 속기록 등을 폭넓게 활용해 법률의 제정 과정을 정리함으로써, 공통법의 원칙을 둘러싸고 사람을 기준으로 삼으려는 법계론(法系論)과 지역을 기준으로 삼으려는 법역론(法域論)이 각축을 벌이다가 법역론으로 귀결되었음을 밝혔다. 공통법이 이법지역을 전제로 제정되고, 일본인, 조선인, 타이완인 등도 각기 지역에 소속된 것은 그 결과였다. 이때 사람을 지역에 소속시키기 위해 활용된 기준은 호적의 소재지,

---

1) 〈법률 제39호 공통법〉, 1918년 4월 16일 제정(《조선총독부 관보》 1710호, 1918년 4월 22일자). 일본은 1890년 제국헌법 시행 당시의 영토인 혼슈(本州), 시코쿠(四國), 규슈(九州), 홋카이도(北海道), 오키나와(沖繩), 오가사와라(小笠原) 군도를 '내지(內地)'로 칭하고, 타이완, 가라후토(樺太, 사할린 남부), 조선 등을 '외지(外地)'로 불렀다(淸宮四郎, 《外地法序說》, 有斐閣, 1944, 3쪽). 본고에서는 차별적 어휘이기는 하지만 의미를 명확히 하기 위해서 '내지', '외지', '조선인', '타이완인', '가라후토인' 등의 표현을 그대로 사용하되, '내지인'은 직접 인용 외에는 '일본인'으로 바꾸었다. 이하 따옴표는 생략했다.

2) 實方正雄, 〈共通法〉, 《新法學全集》 27, 日本評論社, 1938, 3~7쪽.

3) 淺野豊美, 〈國際秩序と帝國秩序をめぐる日本帝國再編の構造〉, 《植民地帝國日本の法的展開》, 信山社, 2004; 아사노 도요미, 〈일본제국의 통치원리 '내지연장주의'와 제국법제의 구조적 전개〉, 《법사학연구》 33, 한국법사학회, 2006; 淺野豊美, 〈帝國法制の構造と展開〉, 《帝國日本の植民地法制》, 名古屋大學出版會, 2008.

즉 본적(本籍)이었다.

이법지역과 그에 각기 소속된 사람들을 전제한 공통법은 어떠한 국가 시스템을 지향했을까? 아사노는 하나의 법역으로 구성된 국민국가체제로 가는 과도기적 입법이었다고 설명했다. 법역론은 국제질서 속의 국민국가적 동화를 염두에 둔 것이며 속인법을 외지라는 법역 내부에 제한함으로써 사회적 동화의 진전과 함께 그를 소멸시킬 방침이었다는 것이다. 내지는 국제사법에서 인정되는 범위 이상으로는 속인법이 존재하지 않는 지역이고, 이러한 내지를 점차 확대해 외지에서도 이법인역을 소멸시켜가는 방식이 1920년대 식민통치 방침인 내지연장주의였다는 설명이다. 그에 반해 필자는 공통법의 적용대상 중 하나였던 일본인과 조선인의 결혼에 관한 법제와 사례를 분석하고, 공통법의 목적은 동화나 내지연장주의를 촉진하는 것이 아니라 법역을 구축·유지하는 것이었다고 설명했다. 1910년대 발생한 이법지역 간 법령 적용의 저촉 문제를 해결함으로써 지역과 사람의 구별을 바탕으로 하는 제국 법제를 보완·확정한 것이라고 보았다. 나아가 내지연장주의를 통해 외지가 내지로 변해도 지역 내부에 다른 형식의 속인법이 만들어질 뿐이라고 주장했다.[4]

같은 법률에 대해 이처럼 상반된 평가를 내린 이유는 첫째, 아사노가 식민지와 본국 법제의 형식적 차이보다 내용적 차이에 주목했기 때문이다. 식민지 타이완 및 조선민사령과 형사령의 특징은, 일본 법률에 '의한다(依る)'는 원칙을 정해 내용상 내지와 동일하면서도 총독의 위임 입법권에 의해 제정되어 형식을 달리한 것(법률/율령·제령),

---

4)   이정선, 〈1910~23년 내선결혼(內鮮結婚) 법제의 성립 과정과 그 의미〉, 《법사학연구》 44, 한국법사학회, 2011; 이정선, 〈1910~30년대 '내선결혼' 법제의 형성 및 운용〉, 《동화와 배제》, 역사비평사, 2017.

그리고 속지적 입법인 동시에 타이완인, 조선인에 대해서는 관습을 적용하는 속인적 예외 조항을 포함한 것이었다. 따라서 사네카타 마사오(實方正雄)가 지적했듯이, 각 지역 법령의 내용이 통일되어감에 따라 공통법 가운데 내용적 차이를 해결하기 위한 적용 규칙은 "소멸될 운명"이라 하더라도, 각 지역이 법령의 형식과 사법재판소의 구성 계통을 달리하는 한 연락 규칙은 계속 필요하다.[5] 형식적 차이를 해소하는 수단은 전면 통합이라는 정치적 대결단뿐이며, 공통법과는 무관하다.

둘째, 아사노가 공통법의 민형사 규정 일반을 다룬 데 비해, 필자는 내지와 조선 사이, 특히 결혼 등 친족·상속관계에 초점을 맞추어 그 법제와 적용 사례 전반을 다뤘기 때문이다. 그런데 공통법의 성격을 이해하기 위해서는 조선이 특히 중요하다. 일본 내 이법지역은 이전에도 존재했지만, 공통법을 제정해야 할 필요가 고려된 것은 한일강제병합 이후였다.[6] 또한 사람을 지역에 소속시키는 기준이 호적의 본적임을 확정한 공통법 제3조는 1921년부터 사실상 일본인과 조선인 사이에만 적용되었으므로, 조선은 공통법이 온전히 시행된 유일한 외지였다. 1920년대 일본 정부의 내지연장주의 방침하에 타이완 총독의 위임 입법권은 극히 제한된 것과 달리, 조선은 공통법이 제정된 1910년대 당시의 이법지역성을 그대로 유지했기 때문이다. 일본 정부의 입장에서는 1919년 3·1운동을 거친 조선에서 총독의 강대한 권한을 지속시킬 수밖에 없었는데, 결과적으로 사람을 지역에 속하게 만드는 공통법 시스템은 내지와 조선에서 가장 잘 작동했다.

---

5) 實方正雄, 앞의 글, 16쪽.
6) 위의 글, 12쪽.

이에 본고에서는 특히 조선을 중심에 놓고 공통법의 제정 과정을 분석함으로써, 이법지역과 본적이라는 공간을 매개로 사람을 구별하는 일본제국 법제의 의미를 재검토하고자 한다. 이를 통해 공통법의 토대인 이법지역들이 일본 내지를 정점으로 하는 위계질서를 구성했으며, 사람에 대한 구별이 지속되는 한 내지연장주의 법제는 일본인에게만 이법지역 해소로 작용했음이 분명해질 것이다. 이는 사람에 대한 통치라는 측면에서 식민지의 법제적 의미를 묻는 시도이기도 하다.

1. 조선·조선인의 법제적 성격

1) 병합과 이법지역 조선

먼저, 일본이 대한제국을 병합해서 식민지 조선이라는 이법지역으로 재편하는 과정부터 살펴보자. 일본 정부는 1909년 7월, 적당한 시기에 한국병합을 단행해 제국 판도의 일부로 한다는 결정을 내리고, 1910년 8월 22일 한국에 '한국병합에 관한 조약'의 체결을 강제했다.[7] 이어 8월 29일에는 대한제국을 조선으로 개칭하고, 긴급칙령 제324호 '조선에 시행할 법령에 관한 건'을 공포해,[8] 식민지 조선의 행정수반인 총독에게 다음과 같이 입법권을 위임했다.

---

7) 〈明治 42年 7月 6日 對韓政策確定ノ件〉, 〈明治 43年 8月 22日 韓國倂合ニ關スル條約〉, 金正明 編, 《日韓外交資料集成》 第6卷 下, 巖南堂書店, 1965, 1254~1256·1410~1417쪽.

8) 〈勅令 第318號 韓國ノ國號ヲ改メ朝鮮ト稱スルノ件〉, 〈勅令 第324號 朝鮮ニ施行スル法令ニ 關スル件〉, 1910년 8월 29일 제정(《조선총독부 관보》 1호, 1910년 8월 29일자).

제1조 조선에서는 법률을 요하는 사항은 조선총독의 명령으로 이를
규정할 수 있다.

제4조 법률의 전부 또는 일부를 조선에 시행할 필요가 있는 것은 칙
령으로 이를 정한다.

제5조 제1조의 명령은 제4조에 의해 조선에 시행한 법률 및 특히 조
선에 시행할 목적으로 제정한 법률 및 칙령에 위배할 수 없다.

이로써 조선은 일본의 영토이되, 제국헌법의 통상적 입법 절차에
따라 제정된 법률이 당연 시행되지 않고, 조선총독의 명령(=제령)으
로 그를 대신하는 것이 원칙인 지역이 되었다.[9] 이와 같은 방식은 타
이완에서 시작되었는데, "신부(新附) 영토에는 본토와 다른 수많은 특
수 사정"이 있어서 본토와는 똑같이 통치할 수 없다는 이유에서였다.
현지의 특수 사정에 적합한 법령을 시행할 수 있도록 총독에게 입법
권을 위임했다는 설명이다.[10] 이로써 법률을 요하는 사항에 대해 내
지는 법률, 조선은 제령, 타이완은 율령이라는 서로 다른 형식의 법령
이 시행되었다.

그런데 제국헌법에서 의회의 관할 사항으로 규정한 입법권을 총독
에게 위임하는 방식은 위헌 논쟁을 불러일으켰다. 청일전쟁에 승리
해 1895년 타이완을 영유했을 당시 일본 정부의 입장은 타이완에 헌
법이 시행되지 않는다는 것이었다. 1896년에는 법률 제63호로 타이

9)   이법지역에 대해서는 김창록, 〈일본제국주의의 헌법사상과 식민지 조선〉, 《법사학연구》 14,
한국법사학회, 1993; 김창록, 〈식민지 피지배기 법제의 기초〉, 《법제연구》 8, 한국법제연구원,
1995; 김창록, 〈제령(制令)에 관한 연구〉, 《법사학연구》 26, 한국법사학회, 2002; 정긍식, 〈일
제의 식민정책과 식민지 조선의 법제〉, 《법제연구》 14, 한국법제연구원, 1998; 아사노 도요미,
앞의 논문(2006) 등 참조.

10) 外務省 編, 《外地法制誌 2: 外地法令制度の槪要》, 文生書院, 1957, 3·4쪽.

완충독에게 입법권을 부여했다. 이후 천황의 대권은 주권의 할양과 동시에 행해지지만, 신민(臣民)의 권리, 징병 및 조세의 의무 등 일부 헌법 규정은 시행되지 않는다는 '부분 시행설'로 변경했다. 다시 긴급칙령 제324호의 모델인 1906년 법률 제31호를 제정할 무렵에는 의회의 법률로 입법권을 위임한 것 자체가 타이완에 헌법이 전부 시행되고 있다는 증거라는 설이 채택되었다.[11]

조선의 경우, 법률이 아닌 긴급칙령으로 입법권을 위임할 수 있는지가 새로운 쟁점이 되었다. 사실 병합 준비 과정에서 일본 정부와 통감부는 조선에는 타이완과 달리 헌법을 시행하지 않고 천황 대권만으로 통치하기를 바랐다. 그리하여 1910년 6월 각의 결정에서는 헌법 비시행론을 채택했지만, 타이완과의 정합성을 고려해 7월 각의 결정에서는 헌법은 이론상 당연히 시행되지만 실제 그 조항을 실행하지는 않고 헌법 범위 내에서 특별법을 제정하는 것으로 선회했다. 오가와라 히로유키(小川原宏幸)는 추밀원의 견제와 병합의 목적을 원인으로 꼽았다.[12] 1910년 8월 22일 추밀원 회의에서 일본 정부가 긴급칙령 제324호를 설명할 때, 조선에도 헌법은 당연 시행되고 법률로 입법권을 위임한 타이완과 같은 방식을 취할 방침이라고 말한 사실에 비추어보면,[13] 이러한 추정은 타당해 보인다. 그럼에도 제27의회에서 긴급칙령을 추인받아 칙령에 의거해 입법권을 위임받는 방식을 재차 시도한 것이다.

의회가 폐회된 동안 천황이 법률을 대신해서 발한 긴급칙령은 다

11) 外務省 條約局 法規課, 《外地法制誌: 日本統治下五十年の台湾》, 1964, 38·39쪽(向英洋, 《詳說 舊外地法》, 日本加除出版, 2007, 89·90쪽에서 재인용).

12) 오가와라 히로유키 지음, 최덕수·박한민 옮김, 《이토 히로부미의 한국병합 구상과 조선 사회》, 열린책들, 2012, 400~420쪽.

13) 《枢密院会議筆記》, 1910년 8월 22일(아시아역사자료센터, A03033574300).

음 의회의 승낙을 얻어야 한다는 제국헌법 제8조에 따라, 긴급칙령 제324호는 1910년 12월 제27의회가 개회되자 의회에 제출되었다. 논쟁 끝에 의회는 그를 승인하지 않는 대신 1911년 3월 완전히 동일한 내용의 법률 제30호를 제정했다. 조선을 독자적 세력권으로 삼으려던 육군의 구상은 제국의회의 견제로 좌절되었지만, 조선의 특수 사정을 고려해 입법권을 위임할 필요가 있다는 인식은 양자가 공유했다.[14]

당시 조선총독부는 조선을 타이완과 달리 헌법 비시행 지역으로 만들기 위한 논리 개발도 시도했다. 제3대 통감이자 초대 조선총독이 되는 데라우치 마사타케(寺內正毅)의 지시를 받아 아키야마 마사노스케(秋山雅之介)가 1910년 5~7월경 작성한 것으로 추정되는 보고서들에서는, 조선에서도 타이완처럼 법률에 의해 또는 천황 대권으로 총독에게 입법권을 위임할 것을 주장했다. 그중 일본에서 법률에 의거하지 않고도 천황이 입법권을 위임할 수 있다고 본 이유는 다음과 같았다.

제국의 주권은 천황과 일체를 이루어 천황은 주권을 친히 장악하시며, 제국의회는 단지 헌법에 규정된 권한 내에서 제국 입법상의 협력(協贊)기관인 데 지나지 않기 때문이다. …… 한국병합의 경우, 조선반도는 제국의 영토가 되고 제국의 일부가 되므로, 제국헌법 제1조에서 대일본제국은 만세일계의 천황이 그를 통치한다고 되어 있는 것처럼, 설령 이 헌법의 규정을 기다리지 않더라도 당연 천황의 대권에 의해 그를 통치하시어, 명령으로 조선총독부 관제를 발포하고, 조선반도의 법률 사항 및 회계 사항은 모두 명령으로 규정하셔도 우리 제국헌법상 군이 불가

---

14) 전영욱, 〈한국병합 직후 일본 육군 및 제국의회의 '제국통합' 인식과 그 충돌의 의미〉,《아세아연구》57-2, 고려대학교 아세아문제연구소, 2014.

능하지 않을 것이다.[15]

요컨대 국가 주권을 인민이 갖거나 군주와 인민이 나누어 가진 서구 제국과 달리 일본에서는 천황이 유일한 주권자이므로, 제국헌법 제정 당시 영토가 아니었던 내지 이외의 영토에 헌법을 적용해 그대로 통치할지 말지는 제국의 주권자인 천황의 의사 표명에 달렸다는 것이었다.

흥미로운 사실은 도쿄제국대학 법과대학 교수로서 공통법이 법역론에 입각해 제정되는 데 결정적인 역할을 했다고 평가되는 야마다 사부로(山田三良)가 조선총독부처럼 위임 입법권을 헌법이 시행되지 않는다는 뜻으로 해석했다는 점이다. 야마다 사부로는 이러한 "일국의 헌법 시행 구역 이외의 영토"를 법률적 의미에서의 '식민지'라고 정의했다. 군주가 대권으로 국제법상 신영지를 획득했을 때 그 신영지는 하등의 입법 절차를 필요로 하지 않고 즉시 헌법상의 영토가 된다. 따라서 헌법의 규정은 당연히 신영지에 즉시 시행되어야 하지만, 국가는 신영지의 상황에 따라 헌법 시행 구역 외의 영토로서 통치하겠다는 특별한 의사 표시를 할 수 있다. 법률 또는 긴급칙령이라는 형식 차이는 있지만 타이완총독과 조선총독에게 입법권을 부여한 것이야말로 그러한 의사 표시였다. 이러한 관점에서 식민지에 상대되는 '내지'는 "국가가 헌법 시행 구역이라고 인정한 영역 전부"를 가리켰다. 가라후토와 관동주는 경제적 식민지지만, 조차지인 관동주는 일본 영토가 아니었고 가라후토는 입법권의 위임 없이 헌법의 규정대로 칙령으로 법률의 전부 또는 일부를 시행했으므로 내지에 포함

---

15) 〈秋山雅之介報告書(三)〉, 海野福寿 編,《外交史料韓國併合》下, 不二出版, 2003, 705쪽.

되었다. 따라서 일본 헌법상 식민지로 칭할 수 있는 영토는 오직 타이완과 조선뿐이었다.[16]

그렇다면 일본이 제국헌법 제정(1889) 이후에 획득한 타이완(1895), 가라후토(1905), 조선(1910) 가운데 타이완과 조선에서만 위임 입법권을 인정한 이유는 무엇인가? 가라후토도 법제상 식민지라고 본 쓰시마 이쿠노스케(對馬郁之助)는 헌법 시행 구역 이외의 제국 영토만 식민지라고 간주한 협의의 식민지 개념은 본말을 전도한 것이라고 비판했다. "이들 지방은 정치·경제상 모국과는 특별한 사정이 있어서 그를 식민지로 간주하고 특종의 법제를 채용한 데 불과"하기 때문이었다. 헌법을 시행하지 않아서 식민지인 것이 아니라 특별 통치해야 할 사정이 있어서 법제를 달리한 지방이라는, 모국의 일반 부현(府縣)과는 근본적으로 다른 곳이라는 지적이었다.[17]

아키야마는 조선에 헌법을 시행하지 않은 사정을 이렇게 설명했다. "애초에 헌법을 완전히 이 땅에 시행하려면 먼저 조선인에게 참정권을 부여하지 않으면 안 된다. 그런데 조선인에게는 병역의 의무를 부과하지 않았고, 또 일본 본국에 세금을 납부하지 않는다. 그뿐만이 아니다. 민적도 아직 따로 되어 있다. 그러한 인민이기 때문에 참정권은 원래부터 없다."[18] 조선에는 일본인과는 다른 사람들이 살고 있기 때문이라는 뜻이다. 반대로 가라후토청에만 입법권을 위임하지 않은 이유는 원주민의 수가 적어서였다. 심지어 이들은 '보호'라는 미명 아래 1912~1914년 몇몇 특정 구역으로 집단이주를 당했

---

16) 山田三良, 〈植民地法ト内地法トノ関係ニ就テ〉, 《法学協会雑誌》 30-2, 法学協会, 1912, 104~109쪽.

17) 對馬郁之助, 〈朝鮮法制論〉, 《臺法月報》 7-10, 台法月報発行所, 1913, 236~239쪽.

18) 秋山雅之介, 〈朝鮮と憲法〉, 《朝鮮及満洲》 102, 朝鮮及満洲社, 1916, 33·34쪽.

다.[19] 나머지 공간은 일본인의 것이었다. 따라서 가라후토에는 칙령으로 일본 법률의 전부 또는 일부를 시행할 수 있었고, 필요한 경우에만 역시 칙령으로 예외를 두었다.

결국 일본 영토 내 이법지역 또는 법제적 식민지가 생긴 이유는 제국헌법 시행 이후 획득한 영토에서 기존 일본인과 똑같이 취급할 수 없는 사람들이 인구의 다수를 점하고 있었기 때문이다. 그 수가 많고 인구밀도가 높은 타이완과 조선은 더 특수하게 치부되어, 일본인들은 위헌 논쟁을 거듭하면서도 총독에게 입법권을 위임해야 하는 필요성을 인정했다. 식민통치는 곧 이민족에 대한 통치였다.

2) 조선인 개념의 비확정성

조선총독부와 야마다 사부로가 조선의 법제도적 식민지성에 대해 상통하는 판단을 내린 것은 야마다와 초대 총독 데라우치의 개인적 친분과 관련이 있는 듯하다. 두 사람은 야마다가 1906년 말 일본 최초의 대포 제작소인 니라야마 반사로(韮山反射爐) 수리운동에 나섰을 때, 데라우치가 육군성 경비를 대준 일을 계기로 친분을 쌓았다. 야마다는 통감이 된 데라우치의 부탁으로 1910년 3월 말 조선에 건너왔는데, 이때 조선인이 마음에서 감복하게 하려면 일시동인(一視同仁), 일본인과 조선인을 평등 대우하는 수밖에 없음을 깨달았다고 회고했다. 또한 내지와 타이완, 관동주 등지의 법령이 서로 다른 지역에 효력을 미치지 못했어도 당시 입법자의 주의를 끌지 못했는데, 자신이 "지역도 넓고 인구도 많은 조선의 경우는 그대로 방임해서는 안 됨을 통감"해서, 데라우치에게 입법 절차를 서두르도록 제안했다고 한

---

19) 外務省 編,《外地法制誌 2: 外地法令制度の槪要》, 文生書院, 1957, 21쪽.

다. 그리하여 데라우치 총독의 제안으로 일본 정부에서 공통법 입안을 시작했고, 1918년 1월 내각총리대신으로 있던 데라우치가 의회에 법안을 제출해서 같은 해 4월 법률로 공포되었다.[20] 실제로 야마다는 공식 직책이 있었던 것은 아니지만 병합 이후의 조선 통치 방침에 대해 데라우치 총독에게 수차례 조언했으며, 야마다의 회고대로라면, 법역에 입각한 공통법은 데라우치와 야마다의 합작품이었다고 할 만하다.

그렇다면 야마다는 정말 일본인과 조선인의 평등 대우를 주장했는가? 그에 앞서 야마다는 1910년 7월 〈병합 후 한국인의 국적 문제〉라는 문서를 데라우치에게 제출해, 일본의 국권에 복속할 조선인의 범위부터 명확히 하라고 조언했다.[21] 한국을 병합하면 한국 신민이었던 자들은 자기 의사와 무관하게 모두 일본 국적을 취득하게 되는데, 한국에는 국적법이 없으므로 누가 한국 인민인지 알기 어렵기 때문이었다. 야마다가 제시한 기준은 두 가지였다. 첫째, 혈통주의를 원칙으로 삼되, 외국인의 처가 된 여성은 국적을 상실한다. 둘째, 예외적으로 생지주의를 채택해, 한국에 영주하려는 외국인의 일본 국적 취득을 인정하는 한편, 외국에 영주하려는 한국인도 외국인으로 간주한다. 그런 다음에, 한국인이 일본 국적을 취득한다고 해서 일본인과 완전히 동일하게 되는 것은 아니라고 덧붙였다. "내국의 일본인과 한국의 일본인(한국인이었던 일본인과 일본인이었던 일본인)" 사이에 공법상 어떠한 차별을 둘 것인가는 국법상의 문제라는 것이었다.[22]

식민지민의 지위에 대한 야마다의 판단은 타이완인에 대해서도 마

---

20) 山田三良, 《回顧錄》, 圖書印刷株式會社, 1957, 66~69·71~75쪽.

21) 〈併合後ニ於ケル韓國人ノ國籍問題(山田三良, 1910. 7. 15)〉, 山本四郎 編, 《寺内正毅關係文書: 首相以前》, 京都女子大學, 1984.

찬가지였다. 시모노세키강화조약(1895)은 2년의 유예 기간을 두고, 그 이후에도 타이완을 떠나지 않은 주민은 일본의 형편에 따라 일본 신민으로 간주하겠다고 명시했다. 그런데 그 2년 동안 타이완 주민들이 청국인인지 일본인인지에 대한 논쟁이 생겼다. 이에 대해 야마다는 영토 할양의 결과로 모두 일본 신민이 되었지만, "은혜적 보장"으로 청국인일 수 있는 자유를 한시적으로 허락했을 뿐이라고 보았다. 또한 법률에 규정된 권리와 의무가 적용되지 않음을 근거로 타이완 주민은 일본 신민이 아니라는 주장이 있었는데, 그에 대해서는 신민의 의미를 오해한 것이라고 반박했다. "국가의 신민은 그 나라의 주권에 복종하는 인민"일 뿐이지, "신민이 통상 향유해야 할 특별한 권리·의무의 유무는 조금도 신민인 자격의 유무와 관계없다"는 이유에서였다.[23] 주권의 할양 또는 병합으로 그 영토와 신민은 일본에 절대적으로 복속되지만, 식민지에는 헌법이 시행되지 않을 수 있고 식민지민의 지위는 일본인과 다를 수 있다는 것이 야마다의 시종일관된 인식이었다.

문제는 '일본인', '타이완인', '조선인'을 어떻게 파악할 것인가였다. 일본 정부는 1899년 법률 제66호로 국적법이 제정된 직후 칙령 제289호로 타이완에 국적법 및 관계 법률을 시행했다.[24] 조선에서도 병합 직후 조선인의 범위를 명확히 하기 위한 입법을 시도했다. 1910년 12월 신문 기사에 등장한 '귀화법', '민적법', '민적준거법' 같은

22) "내국의 일본인과 한국의 일본인"이라는 구절은 괄호 안의 표현에 각각 대응하지 않는다. 일본인이라도 일본 내지에 있을 때와 식민지 조선에 있을 때 공법상 지위가 달라짐을 의식한 것으로 보인다.

23) 山田三良, 〈新領地ニ關スル法律關係ヲ論ス〉, 《国家学会雑誌》 9-102, 国家学会, 1895, 640·650~654쪽.

24) 〈칙령 제289호〉, 1899년 6월 20일 제정(《관보》 4790호, 1899년 6월 21일자).

법안들이 그것이다. 이 법안들은 칙령 혹은 법률로 발포될 것이라거나,[25] 법제국과 타협한 후에 발표한다고도 보도되었지만,[26] 내각을 통해 의회의 협력(協贊)을 거칠 것이라는 기사들로 보아,[27] 조선총독부는 법률의 형식으로 제정하려 했던 것으로 추정된다.[28] 당시 조선총독부 사법부 장관 구라토미 유자부로(倉富勇三郞)의 관계 문서에 실린 〈귀화법의 대체에 대한 의견〉을 보면,[29] 귀화법은 외국인의 조선 귀화나 귀화한 외국인의 공무담임권을 일본에서보다 축소하는 내용이었던 듯하다. 또한 야마다 사부로는 외국에 귀화한 조선인의 국적 상실을 인정하지 않을 수 없지만, 인정해버리면 선택권조차 없이 강제로 일본 국민이 된 조선인들이 대거 외국에 귀화해서 외국인이 되려 할 것이라고 우려했다.[30] 이것이 국적법을 시행한 타이완과 달리 조선에서는 별도의 귀화법을 제정하려 한 이유였을 것이다. 하지만 제27의회에서는 위임 입법권의 위헌 여부가 논란이 되는 통에 법안이 상정되지도 못했다. 이후에도 몇 차례 시도가 있었지만 결국 귀화 조선인의 국적 이탈을 방지하기 위해 조선에는 국적 법령을 시행하지

---

25) 〈제법령 발포기〉,《매일신보》, 1910년 12월 16일자.

26) 〈민형사령 발포〉,《매일신보》, 1910년 12월 20일자.

27) 〈제법령 발포기〉,《매일신보》, 1910년 12월 16일자; 〈법규조사회 현황〉,《매일신보》, 1910년 12월 21일자; 〈鮮人適用ノ法規〉,《東京朝日新聞》, 1910년 12월 23일자; 〈제법안의 발표〉,《매일신보》, 1910년 12월 24일자; 〈제출 의안 심의회〉,《매일신보》, 1910년 12월 25일자.

28) 귀화법은 외국인과도 관계되어서였겠지만, 이후 민적법 개정과 조선민사령 제정·개정은 제령이나 조선총독부령의 형식을 취했으므로 꼭 법률이어야 할 필요는 없었을 것이다. 다만 1910년 타이완에서도 타이완 호적법이 일본 호적법과 동등한 효력을 갖게 하려면 법률의 형식으로 제정해야 한다는 주장이 있는 것으로 보아(上內恒三郞, 〈台湾戶籍法の制定に就て〉,《法院月報》 4-10, 法院月報発行所, 1910, 42쪽), 조선총독부도 조선인과 일본인 간의 가족관계까지 염두에 두고서 일본 호적법과 동등하도록 조선 민적법을 법률의 형식으로 구상했을 가능성이 있다.

29) 〈帰化法ノ大体ニ就テノ意見〉(일본 국회도서관 헌정자료실,《倉富勇三郞関係文書》 No. 30-15).

30) 〈山田博士送付 國籍問題外三件〉(일본 국회도서관 헌정자료실,《大塚常三郞関係文書》 No. 108).

않았으므로,[31] 조선인이 일본 국적을 갖는 법적 근거는 미약했다.

귀화법과 함께 제정하려던 민적법과 민적준거법은 가족제도와 관련된 법령이므로 혈통주의에 따라 조선인의 범위를 결정하려는 시도와 관련되었을 가능성이 높은데, 1910년에 마련되었던 이 법령들의 초안은 폐기되었다. 민적법은 일본 호적법에 준하는 1909년 대한제국 법률 제8호 민적법의 개정안이었을 것으로 추정되나 확인할 수 없고, 그 준거법에 해당할 민사령의 초안은 남아 있다.[32] 〈표 1〉은 폐기된 1910년 9월의 민사령 초안과 1912년 제령 제7호로 제정·공포된 '조선민사령'[33]의 주요 조문을 비교한 것이다. 이를 통해 입법 원칙을 확인해보자.

이승일은 조선총독부의 1910년 민사령 초안은 타이완민사령(1908)의 조항을 모방하고 통감부 시기의 한국 법전 구상을 계승해 일본 법령의 조선 적용을 가급적 축소하려는 것이었지만, 동화주의 법제를 확립하려 한 일본 정부와의 협의 과정에서 폐기되었다고 보았다. 그 결과 1912년 조선민사령에서는 조선인 사이의 민사사건에도 일본 민법을 의용하는 등, 조선에 특수한 사정이 있을 때만 특별 규정을 두는 쪽으로 관습의 적용 범위가 크게 축소되었다는 것이다.[34]

이러한 설명은 기본적으로 타당하나, 두 가지 측면에서 수정·보완될 필요가 있다. 첫째, 조선민사령은 조선총독부의 입장에서도 지역

---

31) 呂秀一, 〈在満朝鮮人の国籍問題をめぐる日中外交政策の研究〉, 広島大学博士論文, 2007; 遠藤正敬, 〈植民地支配のなかの國籍と戸籍〉, 《早稻田政治公法研究》 68, 早稻田大学大学院政治学研究科, 2001; 水野直樹, 〈國籍をめぐる東アジア關係〉, 古屋哲夫·山室信一 編, 《近代日本における東アジア問題》, 吉川弘文館, 2001.

32) 《公文類聚》, 1910년 12월 7일(아시아역사자료센터, A01200064000).

33) 〈제령 제7호 조선민사령〉, 1912년 3월 18일 제정(《조선총독부 관보》, 1912년 3월 18일자(호외)).

34) 이승일, 《조선총독부 법제정책》, 역사비평사, 2008, 100~111쪽.

	민사령 초안(1910. 9)	조선민사령(1912. 3)
법령 형식	미표기	제령
조항 수	전 3조, 부칙 1조	전 76조, 부칙 6조
민법 의용	제1조 ① 민사에 관한 사항은 민법, 상법 …… 및 그 부속 법률에 의한다. ② 부속 법률은 조선총독이 지정한다.	제1조 민사에 관한 사항은 본령, 기타의 법령에 특별한 규정이 있는 경우를 제외하고 다음의 법률에 의한다. (민법, 상법 등 23개 법률 나열)
조선 관습	제2조 부동산에 관한 권리에 대해서는 민법 제2편 …… 의 규정에 의하지 않고 종래의 예에 의한다.	제12조 부동산에 관한 물권의 종류 및 효력에 대해서는 제1조의 법률에 정한 물권을 제외하고 관습에 의한다.
	제3조 조선인 간의 민사에 대해서는 제1조의 규정에 상관없이 종래의 예에 의한다.	제10조 조선인 상호 간의 법률행위에 대해서는 법령 중 공공질서와 무관한 규정에 다른 관습이 있는 경우에는 그 관습에 의한다. 제11조 ① 제1조의 법률 중 능력, 친족 및 상속에 관한 규정은 조선인에게 적용하지 않는다. ② 조선인에 관한 전항의 사항에 대해서는 관습에 의한다.

표 1. 민사령 초안과 조선민사령 비교

을 단위로 통일성을 높인 편리한 법령이었다는 점이다. 구라토미는 한일강제병합 이전 일본이 한국에서 치외법권을 가졌기 때문에 같은 재판소에서도 당사자에 따라 적용하는 법규가 달라져 불편했는데, 조선민사령은 일본인, 조선인, 외국인 구별 없이 누구에게나 동일한 법규를 적용하고, 또 일본 법령을 의용해 내지와 조선 사이의 통일도 도모한 것이라고 설명했다.[35] 1909년 사법권 위탁 이후 일본 칙령 제

---

35) 〈朝鮮民事令要旨〉(일본 국회도서관 헌정자료실,《倉富勇三郎関係文書》No. 30-11).

238호 '한국인에 관계된 사법에 관한 건'에 따라 통감부재판소에서 한국인에게는 한국법을 적용했는데,[36] 이러한 원칙도 함께 폐지되었다. 민사령이라는 하나의 법령으로 조선 내의 외국인, 일본인, 조선인을 모두 관장하려는 의도는 초안과 제정 법령에 공통되는 속성이었고, 일본 민법과 같은 내용으로 부동산 문제를 처리하기로 한 조선민사령 쪽이 외국인과 일본인의 치외법권 및 특권 의식을 불식시키는 데 더 적합했을 것이다.

둘째, 조선민사령에서 조선 관습의 적용 부분이 축소되기만 한 것은 아니다. 확대된 분야도 하나 있다. 제11조 조선인의 능력, 친족, 상속에 관한 규정이다. 1909년 일본 칙령 제238호 제2조는 한국인과 한국인이 아닌 자 사이의 민사사건에는 일본 법규를 적용한다고 했고, 초안 제3조는 그 취지를 계승했다. 본도인 및 청국인 사이의 민사에만 구관을 적용하게 한 타이완민사령(1908)과 마찬가지로,[37] 조선인과 일본인 또는 외국인 사이에는 일본 법규를 적용하는 것이다. 이는 일본 법률이 식민지 법령보다 우위의 문명화된 법이라는 인식의 산물이었다. 그런데 조선민사령은 조선인의 능력, 친족, 상속에 관습을 적용한다고 함으로써, 조선인이 일본인 또는 외국인과 관계를 맺을 경우에도 조선인에게는 일본 내지의 법규가 아니라 조선의 관습을 적용하는 것으로 원칙을 완전히 바꾸었다.

야마다 사부로는 조선민사령의 이러한 특징을 타이완민사령보다 높이 평가했다. 능력, 친족, 상속을 "민족적 속인법"으로 삼아 "조선인인 이상 모두 조선 관습에 의해 그 권리·의무 여하를 정"하게 한

---

36) 〈칙령 제238호 韓国人ニ係ル司法ニ関スル件〉, 1909년 10월 16일 제정(《관보》 7896호, 1909년 10월 18일자).

37) 〈율령 제11호 臺灣民事令〉, 1908년 8월 28일 제정(《관보》 7562호, 1908년 9월 8일자).

것은 "훨씬 합리적"이고, 토지에 관해서 채권은 물론 물권이라도 민법 규정을 적용하게 한 원칙 역시 "훨씬 적당한 규정"이라는 것이었다.[38] 즉, 당사자가 누구든 법을 속지적으로 공통 적용해야 할 분야와 당사자의 소속에 따라 속인적으로 나누어 적용해야 할 분야를 구분하고, 그를 철저히 하려는 것이 야마다의 입장이었다. 민족마다 다른 가족제도의 차이는 위임 입법권의 필요성을 뒷받침해주는 중요한 특수 사정 중 하나였다. 물론 야마다는 지리적·인종적·문화적 유사성을 운위하면서 민정 풍속을 개선하고 문화를 증진해 일본인에 동화됨에 따라 식민지민에게 일본인과 동일한 권리 보호를 부여하고, 식민지 정치도 조만간 철폐해 식민지를 헌법 시행 구역에 편입해야 한다고 주장했다.[39] 당국이 관습의 변천에 주목해 민사령 제11조의 범위를 점차 축소해서 완전히 단행법을 제정하기에 이르기를 바란다고도 했다.[40] 하지만 앞에서 본 것처럼 그렇게 되기 전까지는 민족의 구별을 적극 인정했다. 야마다 사부로는 식민지법과 내지법의 관계 설정이 필요함을 설명할 때 이법지역 간의 저촉 문제에 그치지 않고, "동일한 지방에서도 민족의 여하에 따라 그 소속하는 법률을 달리하는 경우에 민족을 달리하는 당사자 간의 법률관계는 어느 속인법에 의해 정해야 하는가"[41]라는 이법인역 사이의 저촉 문제까지 언급했다. 이는 민족적 속인법을 내포한 조선민사령의 특징을 의식했기 때문일 것이다.

---

38) 山田三良, 〈植民地法ト內地法トノ関係ニ就テ〉, 《法学協会雑誌》 30-8, 法学協会, 1912, 107~109쪽.

39) 山田三良, 〈植民地法ト內地法トノ関係ニ就テ〉, 《法学協会雑誌》 30-2, 法学協会, 1912, 110쪽.

40) 山田三良, 〈植民地法ト內地法トノ関係ニ就テ〉, 《法学協会雑誌》 30-8, 法学協会, 1912, 108쪽.

41) 山田三良, 〈植民地法ト內地法トノ関係ニ就テ〉, 《法学協会雑誌》 30-2, 法学協会, 1912, 97쪽.

이러한 인식 속에서 야마다는 데라우치에게 "사법상 및 행정상에서 말하자면 호적을 분명히 하는 것은 지적(地籍)을 분명히 하는 것보다도 한층 더 필요"하다고 조언했다. 호적은 개인의 가족관계를 보장하는 동시에 국가의 통치관계를 명확히 하는 제도인데, 조선의 현행 민적법은 매우 불완전하기 때문에 그를 폐지하고 제령으로 일본 호적법에 상당하는 규정을 새로 만들어서 "내지인과 조선인의 민적을 분명히 하는 것이 필요"하다고 한 것이다.[42] 일본인과 조선인을 호적으로 구별하는 방식을 기본 전제로 하면서 구체적인 원칙과 제도를 갖추라는 뜻이었다.

일본인과 조선인을 구별하는 원칙을 정하는 데 고려해야 할 주요 변수는 이주와 결혼이었다.[43] 야마다는 조선인을 일본인과 구별해야 할 정치적 필요가 있다면 하루빨리 조선에 호적법을 제정하라고 했다. 조선인도 제국 신민인 이상 이론적으로는 내지에 이주해 일본 본적을 가질 수 있으므로, 조선인이 일본인이 되기 위한 요건을 정해놓지 않으면 내지에 이주한 것만으로 순전한 일본인이 될 수 있음을 인정해야 하기 때문이었다. 또한 결혼을 하면 보통 아내가 남편의 호적에 편입되었는데, 일본인과 조선인 사이에서도 그러한지가 문제였다. 이주에 관해서는 문제될 만한 실례가 드물었지만 일본인과 조선인의 결혼 등은 이미 이루어지고 있었다. 이에 조선총독부는 1911년 5월 혼인, 입양으로 인한 일본인의 조선 민적 입적을 일단 정지시켰다.

이처럼 일본은 모든 대한제국 국민을 일본 국적 식민지민인 조선인 신분으로 재편하기로 했지만, 국적 법령의 미비로 누가 조선인에

---

42) 〈山田博士送付 國籍問題外三件〉(일본 국회도서관 헌정자료실, 《大塚常三郎関係文書》 No. 108).

43) 이정선, 《동화와 배제》, 역사비평사, 2017, 46~48·55~61쪽.

편입될 대한제국 국민인지 혹은 조선인이 외국인이 되거나 외국인이 조선인이 될 수 있는 방법이 있는지는 명확하지 않았다. 이뿐만 아니라 일본인과 조선인은 가족을 등록하는 호적으로 구분할 생각이었지만, 조선 호적은 없었고 또 일본인이 조선인이 되거나 조선인이 일본인이 될 수 있는 방법이 있는지 역시 불분명했다. 심지어 조선인과 일본인 사이의 결혼 등 친족, 상속에 관한 문제는 당사자 일방이 일본인이어도 조선인은 조선 관습에 따르도록 한 조선민사령 때문에 복잡한 법률 저촉 문제를 야기했다.[44] 이 문제의 해결은 다른 이법지역과도 관련되었으므로 공통법의 제정을 기다려야 했다.

2. 공통법, 공간에 속박된 조선인

1) 공간 기반 법제의 확립

사네카타 마사오는 공통법 제정 사업의 단초로, 1911년 척식국 부장 에기 다스쿠(江木翼)가 '내지, 조선, 타이완, 관동주 및 가라후토에서의 민사·형사에 관한 법률안'을 기초한 것을 꼽았다. 하지만 이 초안은 극히 불충분했으므로, 법제국 장관의 요청에 의해 1912년 4월 이래 내각에 공통법규조사위원회를 설치해 이 문제를 새로 심의하기 시작했다.[45] 1911년 단계의 척식국안을 보면,[46] 일본인, 조선인, 타이완인 등 사람의 신분에 대한 규정은 없고 주로 지역마다 다른 상법

---

44) 實方正雄, 앞의 글, 20쪽.

45) 위의 글, 12쪽.

46) 《共通法規調查委員長上申共通法案法制局ヘ回付ノ件》(일본 국립공문서관, 2A-014-00·纂 01346100). 이하 다른 언급이 없는 한 공통법 초안들과 그에 대한 각 관청의 의견은 이 자료에서 인용한 것이다.

및 형법 분야 법령들의 효과를 다른 지역에도 미치게 하는 규정들로 구성되어 있다. 타이완민사령과 조선민사령 초안에서는 물권에도 관습을 적용하는 한편, 타이완인과 조선인이 일본인과 관계를 맺을 때는 일본 민법을 적용했으므로 사람의 차이를 덜 의식한 정황이 엿보인다.

사람의 신분에 관한 규정은 1912년 4월, 즉 조선민사령이 제정되고 바로 다음 달에 설치된 공통법규조사위원회의 초안에서부터 등장한다. 오카노 게이지로(岡野敬次郎) 법제국 장관이 위원장을 맡고 위원은 법제국 고등관 2인, 척식국 고등관 1인, 사법성 고등관 2인, 대학 교수 1인으로 구성됐는데, 야마다 사부로가 도쿄제국대학 교수 자격으로 참여했다. 1913년 1월에는 위원장이 이치키 기토쿠로(一木喜德郎)로 바뀌었는데, 오카노 위원장 재임 시 제1～15조, 이치키 위원장 재임 시 제16～19조를 기초함으로써 첫 번째 초안이 완성되었다. 이 초안에서 사람의 신분에 관한 규정 및 그에 따른 법령 적용 방법에 관한 규정은 다음과 같다.

> 제1조 내지인, 조선인, 타이완도인, 가라후토토인 및 관동주인은 법률에 별단의 규정이 있는 경우를 제외하고 똑같이 사권(私權)을 향유한다.
> 제2조 ① 내지인, 조선인, 타이완도인, 가라후토토인 또는 관동주인의 신분에 관해서는 국적법 및 메이지 31년 법률 제21호의 규정을 준용한다.
> ② 호적법 제157조 내지 제163조의 규정은 전항의 규정에 따른 신분 득상의 경우에 준용한다.
> 제3조 ① 민사에 관한 사항에 대해 지역에 따라 법률을 달리하는 때

는 법례, 상법시행법 제125조 및 제126조의 규정을 준용한다.
② 동일한 지역 내에서 사람에 따라 법률의 규정을 달리할 때
는 법례의 규정을 준용한다.
제4조 전조의 경우 당사자의 본국법에 따라야 할 때는 내지인에게는
내지법, 조선인, 타이완도인, 가라후토토인 및 관동주인에 대
해서는 각 그 속한 법률을 그 본국법으로 간주한다.

위 초안의 특징은 첫째, 일본인, 조선인, 타이완인 등을 법적으로
명확히 구별한 것이다. 구별의 기준은 국적법이었고(제2조 ①), 그에
따라 혼인, 입양, 인지, 귀화 등으로 신분이 변경되었을 때는 국적 득
상에 관한 호적법 규정을 적용함으로써(제2조 ②) 호적으로 신분을 확
인할 수 있게 했다. 일본인과 외국인 사이를 가르는 국적과 완전히
동일한 방식이다. 둘째, 법령이 지역에 따라 다를 뿐 아니라(제3조 ①)
동일한 지역 내에서 사람에 따라 달라지기도 함을 의식하고 있다(제3
조 ②). 또 이러한 이법지역과 이법인역 사이의 관계에 적용할 법령을
결정하기 위해 법례를 준용할 때는 각자의 속인법을 본국법으로 간
주했다(제4조). 이것이 아사노 도요미가 말한 법계론의 방식이지만 법
역론을 추구한 야마다 사부로의 문제의식과도 크게 다르지 않다.

또 하나 주목되는 것은 제1조이다. 이는 "외국인은 법령 또는 조약
에 금지된 경우를 제외하고 사권을 향유한다"[47]고 한 1896년 제정 메
이지 민법 제2조의 국내 버전이다. 민법 제정 당시 학생이었던 야마
다 사부로는 제2조를 수정해 외국인의 사권을 제한하자는 주장을 반
박하면서 세상에 이름을 알렸다. 민법 제1조에 내국인을 뜻하는 '제

47) 〈법률 제89호 민법 제1편, 제2편, 제3편〉, 1896년 4월 23일 제정(《관보》, 1896년 4월 27일자(호
외)〉.

국 신민'이 아니라 내외국인을 통칭하는 '사람(人)'이라는 표현을 써서 사람은 태어날 때부터 사권을 향유한다고 규정한 이유는, 인간의 기본 권리를 보호함으로써 민법을 외국인에게도 적용할 수 있도록 만들어 외국인의 치외법권을 폐지하기 위해서였다. 그럼에도 다시 제2조에 외국인을 언급한 이유는 오해를 막기 위해서이고, 다른 한편으로는 조약, 법률뿐 아니라 명령에 의해서도 폭넓게 외국인의 사권을 제한할 수 있다고 설명했다.[48] 그렇다면 1912~1913년 단계의 공통법 초안은 '제국 신민'으로 통칭되던 일본 국적민을 일본인, 조선인, 타이완인 등으로 구별하고, 일본인 이외의 사권을 법률로 제한할 수 있음을 밝힌 것이다.

제국 신민을 호적으로 명확히 구별하려는 취지는 1914년 3월 개정된 일본 호적법에도 반영되었다. 1898년 호적법은 제170조에 "① 호적은 호적리의 관할지 내에 본적을 정한 자에 대해 편제한다. ② 일본 국적을 갖지 않는 자는 본적을 정할 수 없다"고 했다.[49] 그런데 ②항의 대우명제로서 본적을 정할 수 있는 자는 일본 국적을 갖는 자였으므로, 식민지민이라도 일본 국적을 갖는 이상 일본에 본적을 정할 수 있다고 해석되었다.[50] 야마다가 조선인이 일본에 이주하는 것만으로 일본인이 될 수 있다고 한 이유도 이 때문이었다. 그런데 1914년 개정 호적법은 이를 "호적은 시정촌(市町村)의 구역 내에 본적을 정한 자에 대해 호주를 본으로 해서 1호마다 편제한다"로 수정했다.[51] 기존 제170조의 ②항을 삭제하고 ①항에도 일본의 행정구역 명칭인 '시정촌'을 명기함으로써, 일본 국적민 중에서도 식민지민을 제외한

48)　山田三良,《民法第二条修正案反対私見》, 同志社活版所, 1897.

49)　〈법률 제12호 호적법〉, 1898년 6월 15일 제정(《관보》, 1898년 6월 21일자(호외)).

50)　坂本斐郎,《外地邦人在留外人戶籍寄留訓令通牒實例類纂》, 明倫館, 1938, 623쪽.

일본인만 일본 호적에 편제함을 암암리에 드러낸 것이다.

비슷한 시도가 같은 시기 타이완과 조선에서도 엿보인다. 타이완의 호구규칙(1905)과 조선의 민적법(1909)은 일본의 호적법에 비하면 경찰이 단속을 목적으로 사용하는 호구조사제도에 불과했으므로,[52] 타이완과 조선에서는 호적법에 비견할 만한 가족제도를 증빙할 수 있는 호적제도를 마련하고자 했다. 문제는 호적의 편제 단위인 호를 어떻게 편성할 것인가였다. 타이완에서 관습 조사를 주도한 오카마쓰 산타로(岡松參太郎)는 일본에서처럼 가(家)를 단위로 삼으려 해도 타이완에는 단위법이 여럿 있어서 무엇을 가로 삼아야 할지 결정하기 어렵고, 1인 1등기도 방법이지만 참고할 자료가 없다며 난색을 표했다.[53] 하지만 결국 1914년 임시타이완구관조사회는 타이완인의 가를 법제화하려 했다. 타이완민사령안 제2조에서 "본도인의 친족 및 상속에 관한 사항은 민법 친족 편 및 상속 편의 규정에 의하지 않는다"며 속인법임을 밝히고, 관습을 따로 성문화한 타이완친족상속령안에서 "호주의 친족이면서 그 가에 있는 자 및 그 처는 가족으로 한다"(제13조)라고 정한 것이다.[54]

조선의 경우, 1915년 3월 민적법을 개정해 민적의 소관 관청을 경찰에서 부(府)와 면(面)의 행정기구로 이관했다. 아울러 동년 8월 관통첩 제240호에서는 민적을 "부 또는 면의 구역 내에 본적을 정한 자에 대해 호주를 본으로 해서 1호마다 편제"한다고 했는데, 호적법의 '시정촌'을 '부 또는 면'으로 바꿨을 뿐이다. 또 "동일 생계 아래 있는

---

51) 〈법률 제26호 호적법〉, 1914년 3월 30일 제정(《관보》 499호, 1914년 3월 31일자).

52) 이정선, 〈한국 근대 '호적제도'의 변천〉, 《한국사론》 55, 서울대 국사학과, 2009.

53) 岡松參太郎, 〈台湾の立法〉, 《法院月報》 2-2, 法院月報発行所, 1908. 47쪽.

54) 臨時臺灣舊慣調査會, 《臺灣民事令他》, 1914. 8(도쿄대학교 동양문화연구소, F70:9).

자"를 1호로 삼는다고 했는데, 1915~1916년 사이에 부계·남계 혈통주의를 관철시켜서 조선의 가와 민적을 재편했다.[55] 1914년 호적법 개정을 전후로 일본, 타이완, 조선은 모두 친족, 상속 분야는 속인법으로 분류하고, 각기 일본인, 타이완인, 조선인을 가 단위로 편제할 호적제도를 마련하는 데 힘썼던 것이다. 이것이야말로 제국 신민을 법적으로 구별할 수 있는 토대였다.

다음 단계의 공통법 초안에서 법역론으로 원리를 변경하고, 사람을 구별하는 데도 국적법을 준용하는 대신 가(호적)와 본적을 직접 활용하게 된 배경에는 이러한 공통된 흐름이 있었다. 공통법규조사위원회는 1913년 2월 이치키 위원장이 물러난 후 모임이 중단되었다가, 1914년 6월 조직을 일신하면서 재개했다. 다카하시 사쿠에(高橋作衛) 법제국 장관이 위원장에 취임하고, 폐지된 척식국 대신 외무성 및 내무성의 고등관이 위원에 임명되었다. 이들은 기존 초안을 보완한 안을 같은 해 12월 내무성·외무성·사법성·육군성·해군성에 보냈고, 다시 내무성이 조선총독부·타이완총독부·가라후토청에, 외무성이 관동도독부에 보내 의견을 구했다. 조선총독부는 1915년 2월, 일본인과 조선인의 신분관계에 국적 법률을 준용하면 조선인에게 영구히 외국인 취급을 받는 듯한 오해를 불러일으켜 통치에 지장이 생길 수 있다고 회답했다. 다음은 공통법규조사위원회가 조선총독부를 비롯한 각 관청의 의견을 수렴해서 1916년 9월에 작성한 최종 초안이다.

제1조 ① 본 법에서 지역이라고 칭하는 것은 내지, 조선, 타이완 또는 관동주를 말한다.

---

55) 이정선, 〈식민지 조선·대만에서의 '가제도(家制度)'의 정착 과정〉, 《한국문화》 55, 서울대 규장각한국학연구원, 2011.

② 전항의 내지에는 가라후토를 포함한다.

제2조 ① 민사에 관한 사항에 대해 한 지역에서 다른 지역의 법령에 의할 것을 정한 경우에는 서로 법령을 같이하는 것으로 간주하고 각 지역에서 그곳의 법령을 적용한다.

② 민사에 관한 사항에 대해 지역에 따라 법령을 달리할 때는 법례를 준용한다. 이 경우에는 각 당사자가 속한 지역의 법령을 그 본국법으로 한다.

제3조 한 지역의 법령에 의해 그 지역의 가에 들어가는 자는 다른 지역의 가를 떠난다. 단, 다른 지역의 법령에 따로 정한 것이 있을 때는 이에 해당되지 않는다.

제4조 ① 한 지역에 본적을 갖는 자는 다른 지역에 전적(轉籍)할 수 있다.

② 전적에 필요한 조건은 각 지역의 법령이 정하는 바에 따른다.

위 초안의 특징은 첫째, 국적법을 준용해서 사람의 신분을 결정한다는 규정이 사라진 대신, 지역에 대한 정의가 전면에 등장했다(제1조). 그렇지만 둘째, 국적의 득상 원인을 제3조 가에 관한 것(국적법에는 혼인, 입양, 인지)과 제4조 전적(국적법에는 귀화)으로 나누어 규정함으로써, 각 "지역의 법령"에 따르게 했을 뿐 국적에 준해 호적으로 구별하겠다는 의도는 지속되었다. 흥미로운 것은 셋째, 동일한 지역 내에서 사람에 따라 법률 규정을 달리할 때에 대한 조항이 사라지고, 지역에 따라 법령을 달리할 때에 대한 조항만 남은 것이다(제2조). 야마다 사부로는 예컨대 내지에서 일본인과 조선인이 혼인하는 경우, 일본인은 민법에 따르고 조선인은 조선민사령에 따르므로 지역에 따라 법령을 달리하는 경우에 해당되지만, 조선에서 혼인하는 경우에는 둘 다 조선민사령을 따르므로 지역에 따라 법령을 달리하는 경우가 아니라고 보았다. 조선민사령에 의해 일본인은 민법, 조선인은 관습에 따르는 것은 사람에 따라 법령을 달리하는 경우이고, 따라서 1916년 공통법 최종 초안의 규정대로라면 법례를 적용할 수 없었다. 그럼에도 사람에 따라 법령이 달라지는 경우에 대한 조항을 없앤 이유는 그것이 "지역 내의 특수 저촉 문제에 불과해서 각 지역 상호 간의 공통 연락을 목적으로 하는 공통법안에 규정할 사항이 아니기 때문"이었다.[56] 사람에 따른 저촉이 생기는 지역, 즉 조선의 법령으로 내부에서 해결할 문제라는 것이다. 제4조 ②항도 마찬가지였는데 각 지역, 특히 식민지의 임의성을 허용한 것이 이 단계 초안의 특징이었다.

세 번째 특징은 도입부에 인용한 1918년 제정 공통법 제2조에 그대로 계승되었다. "각 당사자가 속한 지역의 법령"이라는 표현이 등장한 것도 1916년 9월 초안부터였다. 야마다는 법례의 본국법을 공통법에서 주소지법으로 할지 본적지법으로 할지 생각을 요하는 문제였지만, 결국 본적지법주의를 채용했다고 했다. 제4조의 전적 규정은 법제국을 거치며 1916년 12월안부터 삭제되었는데, "생각건대 전적의 자유를 인정하지 않은 현시에서는 내지인은 식민지에 영주해도 여전히 내지인이고 식민지인은 내지에 주소를 가져도 여전히 내지인일 수 없기 때문에, 당사자가 속한 지역이라는 것은 즉시 그 본적이 존재하는 지역을 말하는 것과 다름없기 때문"이었다.[57] 사네카타 역시 "전적 부자유의 제도하에서는 이 연결점의 채용은 일종의 종족법적 의의를 가져서, 말하자면 이법인역 간의 적용 규칙 기능을 발휘하

---

56) 山田三良, 〈共通法に就て〉, 《国際法外交雑誌》 16-8, 国際法学会, 1918, 633쪽.

57) 山田三良, 〈共通法に就て(承前完)〉, 《国際法外交雑誌》 16-9, 国際法学会, 1918, 703쪽.

는 것"이라고 설명했다.[58] 전적을 금지해서 당사자가 속한 지역이 본적으로 확정되었고, 그 결과 동일한 지역 내에서 사람에 따라 법령이 다른 경우에도 법례를 적용할 수 있었다는 말이다. 이러한 설명이 사실이려면, 전적을 허용했던 1916년 9월 시점에 등장하는 "당사자가 속한 지역"은 본적이 아닐 수도 있어야 한다. 하지만 제2조 ②항에서 다루게 되는 사항이 ①항에서 다룰 일본 민법 의용 부분을 제외한 나머지라면, 핵심은 관습에 따르게 한 친족, 상속 등의 민족적 속인법이다. 그렇다면 이때 이미 본적지법주의를 염두에 두었다고 해석해야 하지 않을까? 전적을 금지해서 본적으로 해석하게 된 것이 아니라, 본적으로 해석하기 위해서 전적을 금지한 것이다. 야마다 역시 전적의 자유는 "정치상, 군사상, 그리고 경제상에서 더욱 고구를 요하는 큰 문제일 뿐 아니라 관계하는 바가 자못 광범해서 수많은 행정 법규를 변경해야 할 필요가 있기 때문에 법안을 확정할 때 마침내 본안에 규정할 사항이 아니라"는 이유로 삭제했다고 밝혔다.[59]

결국 공통법은 내지와 입법 형식을 달리하는 식민지의 존재, 그리고 일본인과 혈연적·민족적으로 구별되는 식민지민의 존재를 전제하면서, 내지와 식민지, 일본인과 식민지민을 법제적으로 구별할 수 있는 원칙을 분명히 한 법률이었다. 이때 사람을 직접 구별하기보다는 호적의 소재지, 즉 본적이라는 공간을 매개로 구별하는 방식을 채택해서 일본인, 타이완인, 조선인은 각기 자기의 본적이 있는 일본, 타이완, 조선이라는 이법지역 공간에 배속되었다. 그로부터 벗어날 수 있는 길은 일본 국적 상실 또는 혼인, 입양 등을 통한 다른 지역으

---

58) 實方正雄, 앞의 글, 32·35·36쪽.
59) 山田三良, 〈共通法に就て〉,《国際法外交雑誌》16-8, 国際法学会, 1918, 632쪽.

로의 본적 이동뿐이었는데, 조선인에게는 국적 상실조차 허용되지 않았다. 또한 이처럼 공간을 기반으로 확립된 공통법 법제는 이법지역을 전제로 삼은 만큼, 총독의 자율성도 어느 정도 보장해주었다.

2) 공통법과 내지연장주의

공통법이 일본인과 식민지민을 호적으로 구별하는 한편, 최종적으로 법역론을 채택해 이법지역의 존재를 기정사실화하면서 현지 관청의 지역에 대한 영향력을 보장한 것은 역시 조선총독부의 지향과 상통한다. 조선총독부는 조선을 천황의 대권만으로 통치해 제국의회의 간섭을 배제하려 하거나, 천황의 '일시동인(一視同仁)'을 내세워 일본인과 조선인을 구별하지 않는다는 명목하에 총독 정치에 비판적인 재조 일본인들의 정치 참여 및 언론 활동을 통제했다.[60] 1914년 4월 재조 일본인의 반발에도 불구하고 일본인의 자치조직이었던 거류민단을 해체한 후 부제(府制)를 실시해 일본인을 조선인과 같은 행정구역에 속하게 한 것도 대표적 사건이었다.[61] 이는 물론 통치의 편의를 위해서였지만, 근본적으로는 일본의 지배를 탐탁지 않아 하는 조선인들의 감정을 자극하지 않기 위해서였다. 아키야마는 조선에 헌법을 시행하지 않으면서 집회·결사의 자유 및 신문·잡지 발행의 자유를 금지한 것은 "국가의 백년대계를 생각할 때 어쩔 수 없는 바"라고 평가했다. 기자가 조선인에게는 어쩔 수 없어도 일본인도 똑같이 대하는 것은 문제라고 지적하자, "그렇게 하면 바로 조선인에게서 이러저런 불만이 나온다. 그 경우에 '조선인은 위험하니까'라고 말할 수

---

60) 정연태, 〈조선총독 데라우치의 한국관과 식민통치〉, 권태억 외, 《한국 근대사회와 문화》 Ⅱ, 서울대학교출판부, 2005, 78~86쪽.

61) 천지명, 〈재한 일본인 거류민단(1906~1914) 연구〉, 숙명여대 사학과 박사학위논문, 2014.

는 없지 않은가"라며 웃었다. "일본인이 다수가 된 장래는 모를까 금일 일본인만 특별 취급하는 것은 지난한 문제"라는 것이었다.[62] 국적법을 준용하려던 공통법 초안에 반대한 것처럼, 조선총독부는 조선인의 반발을 의식해 노골적인 속인주의적 통치보다는 속지주의적 통치 혹은 속지주의를 경유한 속인주의를 선호했다.

오히려 속인주의적 통치를 선호한 것은 일본 본토 측이었다. 이는 헌법이 온전히 시행된다는 '내지'의 속성으로 인한 필연적인 결과이기도 했다. 법률에 규정된 신민의 권리·의무를 갖지 못해도 타이완인은 제국 신민이라고 주장했을 때 야마다 사부로가 근거로 든 것도, "홋카이도, 류큐(지금의 오키나와) 등의 신민은 아직 정치상의 공권을 향유하지 않고 또 병역·납세의 의무를 부담하지 않는 자가 있다고 하더라도, 제국 신민임을 저해하지 않는다"는 사실이었다.[63] 홋카이도와 류큐는 일본 헌법 시행 전에 획득한 영토로서 '내지'로 분류되었지만, 속인주의적 통치가 이루어진 것이다. 일본 본토로 건너간 조선인들 역시 마찬가지였다. 공통법 제정 과정에서 사람의 구별이 화두가 되자, 1918년 2월 내무성 지방국장은 "선거법에서 제국 신민은 내지인 신민을 지칭한다. 징병령에서 말하는 제국 신민은 내지인 신민을 말하며, 새로운 신민을 포함하지 않는 것과 마찬가지"라면서, 조선인은 선거법이 시행되는 내지에 거주해도 선거권이 없다고 공언했다. 조금 시간이 지난 뒤의 일이지만 징병령을 대신해서 제정된 병역법(1927)은 "제국 신민인 남자"는 병역에 복무한다면서도(제1조), "호적법의 적용을 받는 자"(제23조)만 징병검사 대상으로 삼음으로써,

---

62)　秋山雅之介, 〈朝鮮と憲法〉, 《朝鮮及滿洲》 102, 朝鮮及滿洲社, 1916, 34쪽.

63)　山田三良, 〈新領地ニ關スル法律關係ヲ論ス〉, 《国家学会雑誌》 9-102, 国家学会, 1895, 651쪽.

5장 공간에 속박된 사람들: 식민지 조선의 민사 법제와 공통법　**165**

병역의 의무는 일본인에게만 해당됨을 분명히 했다.[64]

물론 내지에서도 기본 원칙은 속지주의였다. 참정권에 대해서는 재일 조선인도 선거권을 행사하는 것으로 1920년에 해석이 바뀌었다. 하지만 1925년 보통선거법을 제정할 당시 동일한 시정촌에 1년 이상 거주하도록 요건을 개악해서 노동자층과 재일 조선인의 선거권을 제한했다.[65] 게다가 조선인들은 일본에 자유롭게 도항할 수 없었다. 1919년 3·1운동 이후에는 조선인의 조선 출입을 제약하기 위해 '조선인의 여행 단속에 관한 건'을 공포했고,[66] 여행증명제도를 폐지한 뒤에도 조선인 노동자나 학생이 일본에 도항할 때는 거주지 경찰의 증명이나 민적 등본을 지참하도록 했다.[67] 서구 백인들의 일본인 배척을 의식하며 이주의 자유를 주장했던 야마다 사부로도 외국인의 이입을 절대 금지할 수는 없지만 치안 단속을 위해서라면 외국인 노동자의 이입을 제한할 수는 있다고 주장했다.[68] 청국인 노동자가 일본 내지와 외지 조선 양쪽에서 거주와 활동을 제한당한 것과 똑같은 논리로,[69] 조선인 노동자도 내지 거주와 활동을 제한당한 것이다. 내지는 아사노 도요미의 주장과 같은 '국제사법에서 인정되는 범위 이상으로는 속인법이 존재하지 않는 지역'이 아니다. 그것은 일본

---

64) 〈법률 제47호 병역법〉, 1927년 3월 31일 제정(《관보》 74호, 1927년 4월 1일자).

65) 마츠다 도시히코, 《일제 시기 참정권 문제와 조선인》, 국학자료원, 2004, 19~39쪽.

66) 〈朝鮮總督府 警務總監部令 第3號 朝鮮人ノ旅行取締ニ關スル件〉, 1919년 4월 15일 제정(《조선총독부 관보》 2002호, 1919년 4월 15일자).

67) 〈조선총독부령 제153호〉, 1922년 12월 15일 제정(《조선총독부 관보》 3104호, 1922년 12월 15일자); 〈문제되는 여권증명(旅券證明), 래(來) 15일부터 수(遂)히 폐지〉, 《동아일보》, 1922년 12월 12일자.

68) 山田三良, 〈外國人の來住〉, 《進步黨黨報》 6, 進步党党報局, 1897; 寺田晋, 〈'共同生存'の国際移住論〉, 《年報政治學》 65-1, 日本政治学会, 2014.

69) 박준형, 〈청국 조계와 '한국병합'〉, 《도시연구》 6, 도시사학회, 2011.

인의 시각에서 특권을 보유할 만한 외국인과의 관계만 생각할 때 가능한 해석이다. 식민지민의 도항 제한을 전제로 형성된 일본인만의 공간에 속지주의를 관철하고, 여의치 않을 때는 법률로 속인주의 규정을 도입해 식민지민을 다르게 대우할 수 있는 이중의 장벽을 두른 공간이 바로 내지였다. 이와 같은 일방향적 이주 제한이 공간에 속박된 조선인의 또 다른 측면이다.

다음으로, 공통법과 이른바 '내지연장주의'의 관계를 확인해보자. 1918년 쌀 소동으로 데라우치는 공통법을 제정한 지 5개월 뒤인 9월에 내각총리대신 자리에서 물러났고, 이어서 하라 다카시(原敬)가 일본 최초의 정당 내각을 조직했다. 그는 타이완사무국에서 활동하면서 타이완에도 헌법이 시행된다는 설을 주장한 장본인이기도 했다. 군부를 견제하려던 하라가 내지연장주의의 방침 아래 총독 무관 전임제 폐지를 추진하던 무렵, 조선에서는 1919년 3·1운동이 일어났다. 그로 인해 총독 하세가와 요시미치(長谷川好道)가 사임하고 해군 대장 사이토 마코토(齋藤實)가 부임했으며, 조선총독부 관료도 내지연장주의 방침에 우호적인 사람들로 대폭 교체되었다.[70] 이법지역의 존재를 전제로 제정된 공통법이 내지연장주의 방침 아래 운영되기 시작한 것이다.

공통법 제3조는 이러한 충돌 속에서 시행되었다.[71] 공통법은 1918년 6월부터 시행되었지만, 가를 매개로 이법지역 사이에 본적을 옮길 수 있게 한 제3조는 시행이 유보되었다. 타이완과 조선에 호적제도가 없다는 이유에서였다. 이에 조선인과 일본인의 결혼을 제도로 뒷받침하지 못하는 상황이 조선인의 반감을 불러일으킬 것을 우려한 조선

---

70) 李炯植,《朝鮮總督府官僚の統治構想》, 吉川弘文館, 2013, 67~76·97~104·108~116쪽; 전상숙,《조선총독정치 연구》, 지식산업사, 2012, 117~126쪽.

총독부는 조선민사령을 개정해 관습을 성문화하고 민적법을 호적제
도로 전환해 내선결혼을 공인하기 위한 준비에 착수했다. 하라 다카
시 역시 신임 총독, 정무총감에게 전한 〈조선통치사견〉에서 "공공연
히 잡혼을 허락하지 않는 방침을 취한다면 도저히 저들을 동화시킬
수 없을 것"이라며, 사정이 허락하는 한 빨리 제도를 개선하라고 주
문했다. 그 결과물이 1921년 6월 조선총독부령 제99호 '조선인과 내
지인의 혼인의 민적 절차에 관한 건'(이하 '부령 제99호')이었고, 공통법
제3조는 같은 해 7월 이 법령과 함께 시행되었다.[72]

　부령 제99호의 제정과 시행 과정에서의 충돌은 두 단계로 나타났
다. 첫째는 입법의 주체와 내용을 둘러싼 갈등이다. 1914년 조선총독
부 사법부 장관 고쿠부 산가이(國分三亥)는 "한 통치권에 기초해 공포
된 법률은 전 영토 내 어느 지역에서도 법률로서 효력이 있는 것"이
라며, 조선총독의 제령도 내지에 효력을 미칠 수 있다고 주장했다.[73]
하지만 이 주장은 당시는 물론이고 내지연장주의 방침하에서는 더욱
더 용납될 수 없었다. 도리어 1919년 4월에는 사법성에서 조선 친족
법 및 상속법 기안에 착수했다는 소식이 들렸는데, 중추원 서기관 오
다 미키지로(小田幹治郎)는 "원래 조선의 법령은 총독부에서 입안하고
총독의 명령으로 공포하는 것이니 사법성이 관여할 바 아니라"고 반

---

71)　공통법 제3조는 최종적으로 다음과 같이 규정되었다.
　　제3조 ① 한 지역의 법령에 의하여 그 지역의 가에 들어가는 자는 다른 지역의 가를 떠난다.
　　　　　② 한 지역의 법령에 의하여 가를 떠날 수 없는 자는 다른 지역의 가에 들어갈 수 없다.
　　　　　③ 육해군의 병적에 없는 자 및 병역에 복무할 의무가 없어진 자가 아니면 다른 지역의
　　　　　가에 들어갈 수 없다. 다만, 징병 종결처분을 거쳐 제2국민병역에 있는 자는 그러하지
　　　　　아니하다.
72)　〈勅令 第144號 共通法ノ一部ヲ施行スルノ件〉, 1918년 5월 17일 제정(《조선총독부 관보》 1736
　　호, 1918년 5월 22일자); 이정선, 앞의 논문(2011).
73)　國分三亥, 〈母国と朝鮮との共通法規の必要を論す〉, 《朝鮮及満洲》 78, 朝鮮及満洲社, 1914, 28쪽.

박했다. 특히 관습에 일임한 친족, 상속 분야를 내지에서 성문화하는 것은 실제 불가능한 일이라고 강조했다.[74] 위임 입법권을 지키기 위해 조선의 특수성을 내세운 것이다. 이러한 상황에서 조선총독부의 구상은 조선민사령을 개정해 조선 관습을 성문화하는 한편, 일본 정부와 협의해 조선 관습을 반영한 내선결혼 특별 법률을 제정하게 하는 것이었던 듯하다. 조선총독부는 1921년 2월 "내지의 호적법 및 민법의 일부를 개정"해야 하지만 "호적법의 개정은 여하하든지 민법의 개정은 사(事)가 용이치 아니함으로써 내지 측에서는 조선의 민적법 및 민사령의 개정에 적응할 특별 법규를 신(新)히 제정·발포"할 것이라고 예상하며 협의에 나섰다.[75] "내지의 친족법을 개정해 그를 조선 내에도 적용"할 생각이었다.[76] 하지만 일본 정부는 조선민사령 개정과 내선결혼 특별법 제정을 모두 거부했다.

그 대신 나온 방안이 특별 법규를 '일선인의 혼인에 관한 민적의 수속 운운'하는 명목의 조선총독부령으로 제정하는 것이었다.[77] 초안은 척식국에서 기초한 듯하다.[78] 부령의 조문이 당사자 쌍방이 혼인을 결정하며 신고에 의해 혼인이 성립한다는 일본 민법의 정신에 입각한 것도 이로써 이해할 수 있다.[79] 그러자 두 번째로 부령 제99호의 해석을 둘러싸고 갈등이 생겼다. 조선총독부 민사과장 하라 마사카나에(原正鼎)가 부령 제99호는 "내선인 간 혼인의 민적 절차에만 관계하고 혼인의 실체법상의 관계에 대해서는 조금도 건드리는 바 없다"

---

74) 〈조선친족상속법 기안에 취(就)ᄒ야〉, 《매일신보》, 1919년 4월 25일자.
75) 〈민적법 민사령 개정〉, 《매일신보》, 1921년 2월 3일자.
76) 〈내선통혼부령(內鮮通婚府令)〉, 《조선사정(朝鮮事情)》 1921년 6월 상반, 조선은행조사부, 44쪽.
77) 〈민적법 개정 발포기〉, 《동아일보》, 1921년 5월 17일자.
78) 〈호적법 공포기〉, 《조선일보》, 1921년 6월 1일자.
79) 이정선, 앞의 논문(2011).

고 주장한 것이다. 공통법 제2조 ②항에 따라 법례를 준용할 때, 혼인 성립의 요건은 각 당사자가 속한 곳, 혼인의 방식은 혼인 거행지, 혼인의 효력은 남편이 속한 곳의 법령에 의해 각각 결정되었다. 혼인 방식에 대해 일본 민법은 신고주의, 조선 관습법은 사실혼주의를 취했는데, 하라 마사카나에는 부령 제99호는 혼인 거행지가 조선인 경우에 해당하며, 따라서 조선 관습에 따라 당사자들이 혼인 계약을 한 후 일정한 의식을 거행함으로써 혼인이 성립한다고 해석했다.[80] 공통법이 제정되었어도 각 지역 재판소의 법 해석을 통일할 최고재판소가 없어서 공통법 자체의 해석은 제각각일 수 있다는 우려가 있었는데,[81] 조선총독부는 사람에 따른 저촉은 지역 내부의 법령으로 결정해야 한다는 야마다 사부로의 견해를 받아 부령 제99호를 지역의 법령으로 간주해서 임의대로 해석한 것이다. 하지만 결국 조선총독부가 1922년 12월 제령 제13호 조선민사령 개정, 조선총독부령 제154호 조선호적령 제정에서 일본 민법의 의용 범위를 확대함으로써, 이 충돌은 자연히 해소되었다.

우여곡절 끝에 위임 입법권을 지키고 공통법 제3조의 적용을 이끌어낸 조선과 달리 타이완은 1921년 법률 제3호 '타이완에 시행할 법령에 관한 법률' 개정으로 1922년부터 위임 입법권이 예외적인 것으로 격하되었다.[82] 이어서 1922년 칙령 제406호로 1923년부터 민법, 상법 등 민사에 관한 법률을 타이완에 시행하되, 칙령 제407호로 본

---

80) 法務局 民事課長 原正鼎, 〈內鮮人通婚民籍手續に就いて〉, 《朝鮮》 79, 朝鮮總督府, 1921, 96~100쪽.

81) 松村眞一郎, 〈共通法案に付て〉, 《法學志林》 20-2, 法政大学法學志林協會, 1918, 13쪽.

82) 〈법률 제3호 台湾ニ施行スル法令ニ関スル法律〉, 1921년 3월 14일 제정(《관보》 2583호, 1921년 3월 15일자).

도인만의 친족 및 상속에 관해서는 관습에 따르게 했다.[83] 이로써 타이완은 공통법 제정 당시 내지에 포함된 가라후토와 마찬가지로 민사에 관해서는 내지와 법역을 같이하게 되었고, 내지연장주의가 관철됨에 따라 타이완 지역을 포괄하던 타이완민사령이 아니라 칙령 형식의 속인법이 제정되었다. 또한 그 결과 내지와 타이완 사이에는 공통법이 적용되지 않았다.[84] 타이완의 사례는 공통법과 내지연장주의의 충돌, 그리고 내지에서 오히려 속인주의적 입법이 확대되는 양상을 여실히 보여준다.

이처럼 공통법은 내지연장주의와 상충했고 공통법이 온전히 시행된 식민지는 조선뿐이었다. 그렇다고 내지연장주의가 강화된 타이완에서 타이완인에 대한 구별이나 차별 대우가 사라진 것도 아니었다. 내지연장주의란 일본인의 시각에서 볼 때만 성립할 수 있는 용어였던 것이다. 식민지민의 시각에서 보면, 내지든 외지든, 위임 입법권의 힘이 강하든 약하든, 호적을 통해 혈연적 민족을 내지, 조선, 타이완이라는 공간에 각각 묶어놓은 후 속지주의와 속인주의를 선택적으로 이용하는 시스템은 동일했다. 그 목적은 식민지민을 구별하려는 것이었고, 거주와 호적 이전의 제한이라는 이중적인 측면에서 조선인은 식민지 조선이라는 공간에 속박되었다.

83) 〈칙령 제406호 民事二関スル法律ヲ台湾二施行スルノ件〉, 〈台湾二施行スル法律ノ特例二関スル件〉, 1922년 9월 16일 제정(《관보》 3040호, 1922년 9월 18일자).

84) 實方正雄, 앞의 글, 48·49쪽. 타이완인과 일본인 사이에는 원래 민법을 적용했으므로 양자의 결혼을 위한 관건은 타이완의 호적제도였다. 1932~1933년에 걸쳐 타이완의 호적제도가 마련되자 일본 정부는 칙령 제360호를 공포해, 공통법 제3조 ③항의 내용 및 타이완의 가에 들어간 일본인이 이혼, 파양하는 경우의 절차를 정했다(〈칙령 제360호 台湾二施行スル法律ノ特例二関スル件〉, 1932년 11월 25일 제정(《관보》 1773호, 1932년 11월 26일자); 栗原純, 〈台灣と日本の植民地支配〉, 樺山紘一 編, 《世界歷史》 20, 岩波書店, 1999).

공통법과 식민통치의 속인주의

지금까지 살펴본 것처럼, 일본 정부가 공통법을 제정하고 시행하는 과정은 내지와 식민지, 일본인과 식민지민을 구별할 원칙을 명확히 하고 일본이라는 제국의 법적 시스템을 정비하는 과정이었다. 본론의 내용을 정리하면 다음과 같다.

첫째, 공통법에서 말하는 '당사자가 속한 지역'이란 호적의 소재지인 본적지를 말하며, 본적지가 내지, 조선, 타이완 중 어느 지역에 속하는지에 따라 일본인, 조선인, 타이완인으로 구별되었다. 호적으로 사람을 구별하려는 구상은 비교적 이른 시기부터 검토되었지만, 귀화에 준해 조건부나마 자신의 의사에 따른 전적을 허용하려 했던 단계의 호적은 국적에 가까웠다. 하지만 전적이 금지되고 가(家)를 매개로 한 본적 이동만 허용된 이후의 호적은 가족제도에 따라 부계 혈통주의를 원칙으로 재생산되는 혈연적 민족을 담는 지극히 폐쇄적인 장부가 되었다. 중요한 것은 이러한 귀결이 우연이 아니라, 일본인이 자신들과 식민지민을 구별하고 식민지민이 주로 거주하는 식민지와 일본 본토를 구별해 대우를 달리하려 한 의도에서 비롯되었다는 점이다. 다만 조선인의 반감을 덜 사기 위해 노골적인 속인주의 입법을 피하고 싶었던 조선총독부의 바람에 따라, 지역을 경유해 사람을 구별하는 체제가 고안되었을 따름이다. 그리고 국적법을 적용받지 않아서 외국에 귀화해도 일본 국적에서 벗어날 수 없었던 조선인은, 공통법을 통해 일본 호적에 들어가지 않는 이상 태어나서 죽을 때까지 조선 호적에 속박되었다.

둘째, 이러한 공통법은 현상을 유지하려는 법률로서, 내지와 식민지들이 이법지역을 이루는 국가 시스템을 뒷받침했다. 동시에 각 이법지역 입법, 행정 주체들의 독자성을 담보하려는 법률이기도 했다. '일시동인'이라는 미명하에 조선에서는 일본인의 권리도 조선인의 반발을 억제할 만한 수준에서 하향 평준화하려 한 조선총독부의 입장과, 식민지민에 대한 우월감을 바탕으로 섞이기를 거부하고 특권을 보장받고자 한 일본인을 대변해서 식민지민의 권한을 법률로 제한할 수 있다고 본 일본 정부의 입장을 절충한 결과였을 수도 있다. 지역 내부에서 알아서 처리할 수 있는 영역을 남겨둔 것이다. 하지만 일본 정부의 정권 교체로 내지연장주의가 표방되면서, 타이완은 공통법의 일부 조항을 적용받지 않게 되었고, 공통법은 총독의 위임 입법권을 유지한 조선과 내지 사이에서만 완전히 시행되었다. 하지만 이 경우에도 이후 공통법에 대한 해석 및 관련된 법령의 입법 주도권은 일본 정부가 장악했다.

셋째, 제국 본토인 내지와 식민지 조선 사이에는 명백한 위계가 존재했다. 헌법이 온전히 시행되는 내지라는 공간은 청국인과 식민지민의 이주를 억제함으로써 일본인 및 문명 외국인만을 대상으로 하는 속지적 통치를 표방할 수 있었고, 경우에 따라서는 이미 유입된 이들을 차등 대우하는 법령을 제정할 수 있는 권한까지 보유했다. 반면 사실상 헌법 중 일부만 시행되는 공간인 식민지는 기본적으로 지배 민족인 일본인의 유입을 환영했다. 그들이 기존 인구를 능가해 다수를 차지할 때 비로소 식민지도 헌법이 시행되는 내지로 전환될 것이었다. 바꾸어 말하면, 식민지가 내지로 전환되는 순간은 일본인이 주된 인구가 된 뒤에야 찾아올 것이었다. 식민지를 공간의 측면에서 이해하려 할 때도 사람에 대한 통치임을 의식해야 하는 이유이다.

6장

한국 동북부의 공간 변용과 3·1운동

가토 게이키

지역의 독자성과 식민지 지배

이 글은 19세기 후반부터 일제 시기까지 한국[1] 동북부(함경남도와 함경북도를 가리킨다. 이하에서는 '동북부'라고만 쓰기도 했다)의 공간 변용을 검토함으로써, 3·1운동을 비롯한 민족운동 문제를 이해하는 데 그 목적이 있다. 한국에서 동북부는 정치적으로 독자성이 강하고 러시아·중국과 맞닿아 있다는 점에서 특수한 위치에 있으며, 이러한 특수한 환경은 민족운동이 활발하게 전개되는 배경이 되기도 했다.

한편, 일본 입장에서 보았을 때 한국 동북부는 가상의 적국인 러시아와 대치하는 장소라는 점에서, 그리고 한국 독립운동의 거점인 간도나 연해주와 접해 있다는 점에서 군사적으로도 매우 중요한 지역이었다. 따라서 일본은 이 지역을 군사거점으로 삼고자 공간재편정

---

1)   본고에서 '한국'은 한반도 전체를, '한국인'은 한민족(조선 민족) 전체를 가리킨다.

책을 전개했다. 실제로 한국에 배치된 두 개 사단 중 하나(제19사단)가 동북부에 주둔했다. 일본의 한국 식민지 지배는 군사적 성격이 강했는데, 한국 동북부는 그야말로 일본의 군사 지배와 한국의 민족운동이 전면적으로 대치하는 장이었던 것이다.

이와 같이 한국의 지역적 특수성과 일본에 의한 군사 중심의 공간 재편정책이 충돌했던 한국 동북부에 주목함으로써, 식민지 지배와 민족운동의 역사를 다각적으로 이해하는 데 일조하고자 한다.

한국 동북부에 대해서는 가지무라 히데키(梶村秀樹)가 만년에 쓴 논문인 〈구한말 북관 지역 경제와 내외 교역〉에서 주로 그 지역의 경제적 특성에 주목해 독자적인 전개 과정을 논했다.[2] 필자 또한 가지무라의 문제의식을 이어받아 한국 동북부의 사회적 변모를 지역사회의 내재적 요인과 국제환경 등의 관계를 중심으로 논한 바 있다. 특히 나진항과 청진항 등의 항만 건설이 어떻게 사회를 변화시켰는지, 또 한국 동북부 사회의 독자적인 존재양식과 항구 건설이 어떤 갈등을 초래했는가를 중점적으로 다루었다. 다만 민족운동과의 관계는 충분히 논하지 못했다.[3]

한국 동북부 사회의 정치적 특성과 관련해서는 오수창의 연구를 들 수 있다. 오수창은 평안도를 주된 분석 대상으로 삼으면서 함경도 사회도 분석했다. 평안도·함경도에는 사족(士族)이 존재하지 않았으

---

2) 梶村秀樹, 〈舊韓末北關地域經濟と內外交易〉, 《商經論叢(神奈川大)》 26-1, 1990. 가지무라의 논문에서는 북관을 조금 넓게 정의해 함흥 부근까지를 포함한다. 가지무라는 "당시의 북관 지방은 단순히 한적한 변경=후진 지역이 아니라 오히려 활기로 가득 찬 신흥 지역이었다"라며 함경북도에 대한 차별적인 이미지를 비판했다. 또한 고승희, 《조선 후기 함경도 상업 연구》, 국학자료원, 2006이 조선왕조 후기 함경도의 상업을 논하고 있다.

3) 加藤圭木, 《植民地期朝鮮の地域變容: 日本の大陸進出と咸鏡北道》, 吉川弘文館, 2017. 민족운동에 대해서는 加藤圭木, 〈1920~30年代朝鮮における地域社會の變容と有力者·社會運動: 咸鏡北道雄基を對象として〉, 《商學論纂(中央大學)》 第58卷 第5·6号, 2017에서 분석을 시도했다.

며 중앙정부로부터 차별받았다는 점 등을 거론했다.[4]

한편, 일본사 연구에서 요시이 겐이치(芳井硏一)는 19세기 말부터 일본 패전까지 일본제국주의의 대외 진출과 '만몽(滿蒙, 만주와 몽골)', '간도', 그리고 '우라니혼(裏日本)'의 동향을 관련지어 논했는데, 그 과정에서 한국 동북부가 만주와의 접속 경로로 재편되는 문제를 언급하고 있으나 한국 내부의 동향까지 다루지는 않았다.[5]

이상과 같은 기존 논의를 바탕으로, 한국 동북부라는 공간이 식민지화 이전부터 지니고 있었던 독자성과 그 변용을 논함으로써 독립운동의 기반을 밝히는 동시에, 일본이 그것을 어떻게 억누르려 했는지를 검토하고자 한다. 한국 동북부는 국경을 초월한 존재양식을 가지고 있었기 때문에, 위의 과제는 한국에 대한 일국사적 파악을 극복하는 데에도 기여할 것이라고 생각한다.

1. 한국 동북부의 특성

먼저, 한국 동북부의 정치적 특성에 대해 논해보자.[6] 1898년 작성된 일본 측 사료에 따르면, "함경도는 관찰사와 군수의 권위가 통하지 않"고, "호족 선비의 세력이 강대"한 지역이었다. 타지에서 부임해온 지방관에게 마치 "멀리 떨어진 섬"처럼 느껴질 정도로, 다른 지역 사람이 이 지역을 다스리기는 어려웠던 것으로 보인다. 또한 함경도의

---

4) 오수창,《조선 후기 평안도 사회발전 연구》, 일조각, 2002.

5) 芳井硏一,《環日本海地域社會の變容: '滿蒙'・'間島'と'裏日本'》, 青木書店, 2000.

6) 여기의 서술은 加藤圭木,〈日露戰爭初期の朝鮮東北部: 日本の介入をめぐって〉,《アジア民衆史硏究》18호, 2013을 기반으로 작성했다.

군수 대부분이 "토착 세력가"였다고 한다.[7] 말하자면 중앙에서 파견된 관찰사의 힘은 약한 데 반해 현지 '세력가'는 막강한 힘을 행사하는, 그래서 상대적으로 독자적인 세력을 유지할 수 있는 지역이었다.

이처럼 상대적으로 독자성이 강한 함경도에서는 일본에 항거하는 움직임도 강하게 나타났다. 이토 슌스케(伊藤俊介)는 갑오개혁 때 일본의 주도로 도입된 지방경찰제도에 대한 각지의 저항을 연구한 논문에서, 함흥부나 경성부(갑오개혁 후 23부제 때의 행정단위)의 저항을 그 사례로 다루었다. 그에 따르면, 함흥부에서는 새로운 경찰제도 도입에 반대해 관료를 중심으로 폭동이 일어났다고 한다. 또한 단발령을 계기로 전기 의병운동이 확산되는 가운데, 일반 민중도 이를 반일 감정과 연결시켜 신경찰제도에 저항했다고 한다. 함흥부 등지에서는 관리들과 민중의 공동투쟁체제가 성립해 있었으며, 때로는 폭력적인 수단까지 동원해 신제도에 저항했다는 것이다.[8]

그 이후에도 함흥에서는 반일감정이 매우 강했던 것 같다. 1902년 어느 일본인의 관찰에 따르면, "함흥 …… 이 땅의 인심은 매우 험악하고 배타적인 정신을 가지고 있으며, 우리들에게 곧잘 불온적인 태도를 보이는 까닭에 행상자 중 오래도록 이곳에 머문 자가 아직 없다"고 할 정도였다.[9] 함흥은 '배외적 정신'이 강했기 때문에, 일본인 행상의 진입이 허용되지 않았다는 것이다. 또한 1904년에 주한 일본

7) 〈1. 北邊事情視察報告書進達ノ件 4〉, JACAR(アジア歴史資料センター), Ref.B03050318300, 小山光利韓國北邊事情視察報告書(B-1-6-1-235)(外務省外交史料館), 9~10번째 화상. 오수창에 따르면 평안도 및 함경도에서는 사족이 존재하지 않았다고 한다. 다만 사족과 다른 형태의 토착 지배세력이 약화되어가면서도 존재했다고 밝혔다. 근대에 이르기까지 함경도의 지배층에 대해서는 향후 보다 구체적인 검토가 필요하다(오수창, 앞의 책, 10~16쪽).

8) 伊藤俊介, 〈甲午改革期地方警察制度の實施と各地での抵抗〉, 久留島浩·趙景達 編, 《國民國家の比較史》, 有志舎, 2010.

9) 《통상휘찬》 제209호, 1902, 124쪽.

공사 하야시 곤스케(林権助)도 함경도는 "일본인의 인기가 좋지 못하다. 그중에서도 함흥은 가장 심하다. 지금까지도 본국의 행상인은 진입할 수 없을 뿐만 아니라, 통행할 때조차 뒷길로 다닐 수밖에 없는 실정"이라고 말했다.[10] 함경도 특히 함흥에서는 일본의 침략에 항거하는 모습이 명확했다. 이렇게 일본인 상인을 배척하는 움직임은 갑오개혁부터 전기 의병운동 시기에 걸쳐 형성된 저항의식의 흐름을 계승한 것이라고 할 수 있다. 이뿐만 아니라 함흥에 상업이 성행해[11] 유력한 한국인 상인이 많았던 것도 관계가 있을 것이다.

다음으로 함경도의 경제적 특성을 논해보자. 1920년대 후반 함경북도에서는 밭이 전체 경작지의 93%를 차지했다.[12] 이와 같은 조건으로 인해 함경도에서 쌀 생산은 극히 적었고, 농가의 주식은 생산량이 많은 좁쌀이나 피였다.[13] 함경도에서는 대두의 생산도 활발했다.[14]

한국 남부에서는 상품작물인 면화 재배가 발달했지만, 북부에서는 면화를 재배할 수 없었다. 다만 "삼베 생산은 본도(本道, 함경도-인용자)가 국내 최고라고 한다. 도내의 공급에 그치지 않고 다른 도로 수출도 한다"는 것처럼, 함경도에서는 삼베 생산이 크게 융성해 한반도 전역은 물론이고 간도 지역까지 수출이 이루어졌다.[15]

다음으로 함경도의 특산물 중 하나인 소에 대해 살펴보자. "대부분의 농가에는 집 안에 소를 키우는 축사가 없는 곳이 없다"고 하거나,

10) 市川正明 編,《日韓外交文書6 日露戦争》, 原書房, 1980, 122·123쪽.

11) 고승희, 앞의 책, 247~252쪽.

12) 飯沼二郎,《朝鮮總督府の米穀檢査制度》, 未來社, 1993, 55쪽.

13) 農商務省農務局 編,《韓國土地農産調査報告 咸鏡道》, 1907, 151쪽.

14) 위의 책, 152쪽.

15) 위의 책, 152쪽; 〈間島貿易並ニ會寧地方經濟狀況〉,《咸鏡北道地方産業並經濟ニ關スル講演集》, 1914, 30·31쪽.

"본도에서의 소 사육의 융성은 다른 도에 비할 바가 아니다. 특히 함경북도가 큰 부분을 차지한다. 함경북도의 경우 한 농가에서 세 마리를 사육하는 일이 드물지 않다"고 하는 것처럼, 소 사육은 전국 제일이었던 듯하다. 소는 수레를 끌거나 밭을 가는 데 사용되는 것 외에도, "함경도는 한우의 본고장으로 국내 각지에 수출되고 포염(浦鹽, 블라디보스토크-인용자)에 수출되는 수도 적지 않았다"고 한다.[16] 또한 함경도의 어업은 명태가 주요 어획물이었다. 함경도 명태는 건태 형태로 전국에 유통되었다.[17]

함경도의 경제활동은 소달구지나 돛단배 같은 전통적인 운송수단에 의해 유지되었다. 1895년 어느 일본인은 다음과 같이 관찰했다. 즉, "길주에서 경흥부를 거쳐 포조사덕(浦潮斯德, 블라디보스토크-인용자)까지는 100리 길인데, 도로가 평탄해 소달구지로 자유롭게 운송할 수 있으며, 혹은 조선 선박에 실어 오는 경우도 있다"면서 기존 운송수단의 역할을 평가했다.[18] 돛단배에 대해서도 "(함경도의 포구를 열거한 뒤-인용자) 여러 항구가 있어 수로로 화물을 운반하기에 편리하다. 어떤 포구는 증기선을 사용할 수 없지만, 조선 고유의 선박으로는 자유롭게 정박할 수 있기 때문에, 장래 각지에서 생산되는 곡물류를 포구에 적출하거나 원산에서 물건을 수송해 판로를 확대하고자 한다면, 실로 적지 않은 편익을 얻게 될 것임은 두말할 필요가 없다"고 기록했다.[19] 이는 한국 고유의 선박을 이용한 교역이 번성하고 있었음을 보여준다. 그리고 이러한 소달구지와 돛단배의 이용 상황을 통해

---

16) 위의 책, 104·166·169쪽.

17) 梶村秀樹, 앞의 논문, 299쪽.

18) 〈조선국함경도북부순회복명서(朝鮮國咸鏡道北部巡回復命書)〉(1895년 6월 11일, 원산영사관 보고),《통상휘찬(通商彙纂)》제22호, 1895년 8월, 15쪽.

함경도 사람들이 그 자연환경에 맞춰 경제활동을 하고 있었던 사실 또한 알 수 있다.

함경도 경제는 대러시아 무역을 통해 더욱 활발해졌다. 1860년에 체결된 베이징조약에 따라, 연해주는 청나라에서 러시아로 할양되었다. 이로써 한국과 러시아는 국경을 맞대게 되었으며, 연해주로 떠나는 한국 이민자 수도 증가했다.[20]

러시아는 연해주로의 농업이민정책에 실패했기 때문에, 국경에 배치한 군대에 공급할 식료품을 한국에서 수입해야 했다. 연해주 일대에 거주민이 증가하고 국경수비대가 증강됨에 따라, 한국과 러시아 사이의 밀무역 또한 확대되었다. 연해주에 정착하려는 한국인은 현지에서 소와 농기구 등을 구할 수 없었기 때문에 고향에서 조달해야 했다.[21]

정식 통상관계를 수립하기 이전에 한국에서 러시아로 수출되는 주요 품목은 소와 곡물이었다. 러시아에서 들여오는 수입품은 양목(洋木, 서양목 곧 금건金巾), 비단 등의 직물류와 광물이었다.[22] 이후 1884년 7월에 조러수호통상조약이 체결되면서 국교가 수립되었고, 해로무역에 관한 규정이 만들어졌다. 육로무역은 아직 규정되지 않았는데, 1888년에는 조러육로통상장정을 체결해 경흥부를 개시장(開市場)으로 설정했다. 이와 같이 정식 통상관계가 정비되고 있었지만, 밀무역이 여전히 성행했다. 예컨대 러시아 대장성이 간행한《한국지(韓國

---

19) 위의 사료, 17쪽.

20) 和田春樹,《日露戰爭: 起源と開戰》上, 岩波書店, 2009, 52쪽. 이 책에서 참고한 사료는 S. Anosov, Koreity v Ussuriiskom krae, Khaarovsk, 1928, p. 5·6.

21) 고승희, 〈19세기 후반 함경도 변경 지역과 연해주의 교역 활동〉,《조선시대사학보》28, 2004, 167~172쪽.

22) 위의 논문, 170~172쪽.

誌)》에서는 "러시아는 한국의 무역항과 통상관계를 맺고 있을 뿐만 아니라, 오래전부터 함경북도 해안의 금지항(禁止港)과도 동일한 관계를 유지하고 있다"고 기술했다.[23] 또한 일본 측 사료에 따르면, 블라디보스토크행 '한선(韓船)'이 600척 이상이었고, 상선뿐만 아니라 어선도 무역에 종사하고 있었다고 한다.[24]

다음으로, 연해주로의 노동이민은 함경남도보다 함경북도가 많았다고 한다. 그로 인해 "성진(城津, 함경북도 남부에 위치-인용자) 이북에는 러시아어를 할 줄 아는 사람이 거의 각 마을마다 있다"고 할 정도였다. 러시아에 귀화한 한국인도 많았다.[25]

한편, 조선시대 이래로 함경도 북부의 경원과 회령에는 청나라와의 무역을 위해 호시(互市)가 설치되었지만, 1882년 조청상민수륙무역장정에 의해 호시가 폐지되고 육로무역이 자유화되었다.[26] 간도와는 앞서 말한 바와 같이 소달구지 등을 이용한 국경무역이나 사람의 이동이 이루어지고 있었다. 아니 그보다는 회령 등을 중심으로 간도와 한국 동북부가 하나의 경제권을 형성하고 있었다는 게 타당할 것이다.[27] 간도에는 19세기 후반 봉금정책의 이완과 함께 한국인들이 이주해 정착해 있었다.[28]

이와 같이 한국 동북부는 현지 세력의 존재감이 유지되고 있었고,

23) 러시아 대장성(일본 농상무성 역),《한국지(韓國誌)》, 아세아문화사, 1985, 183쪽(원사료는 1905년에 간행되었다).

24) 〈北道狀況視察復命書〉, 元山領事館書記生 高雄雄三→元山領事館二等領事 二口美久, 1897. 8. 28(〈朝鮮國北關吉州臨湖ヘ露國船舶出入密貿易ノ事實取調一件〉, JACAR(アジア歴史資料センター), Ref.B10073668800, 朝鮮國北關吉州臨湖ヘ露國船舶出入密貿易ノ事実取調一件(B-3-1-5-16)(外務省外交史料館), 39~40번째 화상].

25) 농상무성 편,《한국토지농산조사보고(韓國土地農産調査報告) 함경도》, 발행연도 불명, 103쪽.

26) 酒井裕美,〈朝清陸路貿易の改編と中江貿易章程: 甲申煎餅以前朝清關係の一側面〉,《朝鮮史研究會論文集》46, 2008.

27) 〈間島貿易並ニ會寧地方経済状況〉,《咸鏡北道地方産業経済ニ關スル講演集》, 1914, 30・31쪽.

정치적으로 보더라도 비교적 독자성이 강했으며, 경제적인 면에서도 국경을 넘어 교역이 전개되는 등 다른 지방과는 다른 특성들을 가지고 있었다.

2. 러일전쟁과 한국 동북부

일본 입장에서 볼 때 20세기 초 한국 동북부는 한국 내에서 가장 진출하기 어려운 지역이었다. 그러나 러일전쟁은 이러한 상황을 일변시켰다.

러일전쟁이 발발하자 함흥에서는 일본의 침략에 반대하는 움직임이 활발해졌다. 먼저, 함흥 부근에서는 일본의 전신선을 절단하는 사건이 잇달았다.[29] 또한 일본군은 함흥의 민중으로부터 "맹약서, 연판장 등"을 압수했다.[30] 이 압수품들을 통해 일본의 침략에 반대하는 조직적인 활동의 존재를 확인할 수 있다.

여기에서 전쟁의 전개 과정을 확인해두자. 개전 초 일본군 제1군이 인천·평양에 상륙해 북상했는데, 러시아군의 큰 저항을 받지 않고 전진해 5월 초에 압록강 도하 작전에 들어갔다. 마찬가지로 5월 초에 일본군 제2군은 랴오둥반도 상륙작전을 펼쳤다.

한편, 함경도는 러일전쟁의 주전장이 아니었다. 일본은 전쟁 초기 원산으로 일본군을 증파해 해당 지역의 점령을 공고히 했다. 원산은

---

28) 李盛煥,《近代東アジアの政治力學》, 錦正社, 1991, 15쪽.

29) 《도쿄아사히신문(東京朝日新聞)》, 1904년 4월 8일자(조간).

30) 〈分割 1〉, JACAR(アジア歴史資料センター), Ref.B08090202000, 韓國各地暴動(東學黨)蜂起ニ關スル報告雜纂(B-5-3-2-60)(外務省外交史料館), 25번째 화상.

1880년 개항 이래 일본인 거류민이 늘어나면서 점차 중요해진 지역이었다. 이와 달리 원산 이북은 일본의 군사작전상 중요성이 떨어졌다. 어디까지나 주전장인 만주를 우선시했으며, 함경도에서는 원산만 확보하면 된다고 판단했던 것으로 보인다.

일본군은 함흥에 정찰대나 간첩을 파견해 민중의 동향을 살폈다. 주전장에 힘을 쏟고 있던 일본 측은 함경도 원산 이북에는 군사력을 전면적으로 투입하지 않은 채, 러시아군이 함경도로 남하해올 것을 예상하며 한국 민중의 동향만 경계하고 있었던 것이다. 한국 민중을 단속하기 위해 일본군은 본보기로 1904년 3월 20일 함흥의 한국인 5명을 총살하는 사건을 일으켰다. 한국인이 일본에 대한 저항 계획을 세우고 있다며 사람들이 모여 있는 집을 기습했던 것인데, 실제로는 한국인이 일본군에 대해 어떤 행동을 실행에 옮긴 사실이 없었다. 러일전쟁에서 일본의 상대는 한국이 아니었다. 그래서 민중 학살은 어떤 상황에서도 정당화될 수 없는데, 게다가 교전국도 아니고 군에 저항한 일조차 없는 한국 민중을 일방적으로 학살한 사건은 중대한 문제였다. 이 사건 뒤 함흥은 "어쨌든 이 지방의 인심은 현재 한층 더 의구심이 커져서 안도하기 어려운 상황"이었다. 함흥에서는 일본에 대한 반발이 더욱 거세졌다.[31]

일본군에게 함경도는 러시아군과 대치하는 최전선이었다. 그곳에서 한국 민중의 동향은 경계 대상이었다. 학살사건도 그러한 상황에서 일어난 것이었다. 다만 이 단계에서 일본군은 한국 동북부에 전면

31) 〈我軍隊ノ咸興府ニ於ケル東學黨ニ關スル情況顚末報告ノ件〉, 在元山副領事 大木安之助→林權助, 1904. 3. 28, 《駐韓日本公使館記錄》, 국사편찬위원회 한국사데이터베이스(http://www.history.go.kr/url.jsp?ID=NIKH.DB -jh_022_0110_0060)(access 2013/07/04). 이 민중운동 탄압 사건에 대해서는 加藤圭木, 〈日露戦争初期の朝鮮東北部〉, 《アジア民衆史研究》 18, 2013 참조.

적으로 전력을 투입하지 않았으며, 그로 인해 함흥은 남하한 러시아 군에 의해 점령되었다.

전황을 뒤집은 것은 1904년 8월 울산 앞바다에서 벌어진 해전이었다. 일본군은 이 해전에서 승리하면서 점차 러시아군을 몰아내고 함경도까지 북상했다. 같은 해 9월에는 함경남도 관찰부 소재지인 함흥을 점령했으며, 10월부터는 함경도 점령 지역에서 '군정'을 실시했다. 그리고 그 후에도 북상은 계속되었다.

여기에서 함경도의 '군정'에 대해 언급해두자.[32] '군정'하에서 일본군은 지방관의 부임을 저지하고, 인장을 빼앗고, 지방관을 감금했으며, 일본군에 협력하는 인물을 임의로 뽑아 행정을 맡기는 등 노골적으로 한국의 주권을 침해했다. '군정'하에서는 지방관 인사가 핵심이었다. 함경도에서 전쟁을 유리하게 이끌어가기 위해서는 무엇보다 지방관의 협력이 필요했다. 이뿐만 아니라 러시아군의 점령하에 있다가 단기간에 또 다른 군대의 점령을 받게 된 상황이라, 지방관이 반드시 일본군에 협력할 것이라고 보장할 수는 없었다. 더구나 지방관이 일본군에게 불리한 행동을 취하지 않을까 크게 경계하고 있었기 때문에, 지방관에 대한 불신과 적의도 컸다. 이러한 모든 사항이 일본군이 지방관 인사에 강력하게 개입하는 동기가 되었다.

현지 지방관이나 한국 정부는 이러한 일본군의 '군정'에 항의했다. 경성(鏡城) 등 함경북도 방면으로 일본군이 전진할 때, 이 지역 지방관들은 "우리(일본-인용자) 군정의 집행을 무시하고 지방 물자 및 운반 자재에 관한 징수를 곤란하게 만"드는 형태로 저항했다.[33] 1905년

---

32) '軍政'의 상세한 내용은 加藤圭木,〈日露戰爭下における朝鮮東北部の'軍政'〉,《一橋社會科學》 8, 2016 참조.

33) 《朝鮮駐箚軍歷史》(金正明 編,《日韓外交資料集成》別冊一, 巖南堂書店, 1967 所收), 153쪽.

7월 일본군이 경성을 점령한 뒤에도 저항은 계속되었다. 함경북도 관찰사 이윤재는 1904년 여름 일본의 요구로 관찰사직에서 파면된 상태였지만,[34] 일본군이 경성을 점령하자 "여전히 관인을 가지고 우리 군에 불리한 명령을 내렸으며, 또 예의 없는 태도를 취하는 일도 많았다"고 한다. 다시 말해서 이윤재는 관찰사로서 행동하고 계속해서 일본에 저항을 했던 것이다. 그런 까닭에 "사단장은 그로부터 관인을 빼앗아 퇴거시키고 경성군수로 하여금 일시적으로 그 직무를 집행하게 했다."[35] 이윤재는 함경도 명천(明川) 출신으로, 이용익의 조카였다.[36] 이용익은 황제 측근의 정치가로서 역시 명천 출신이었으며, 일본의 개입에 강력히 저항했던 것으로 알려진 인물이다.[37] 이처럼 저항이 계속된 배경에는 현지 세력의 힘이 강력하게 작용하고 있던 이 지역의 특성과 관계가 있을 것으로 생각된다.

국경을 넘어선 저항이 있었던 사실도 간과할 수 없다. 1905년 6월 초순 이범윤은 "무산, 회령, 종성, 경원의 각 지방 진위대(鎭衛隊, 지방의 군대-인용자)로부터 총기 약 300정(모젤 단발총-인용자)을 징집해 사포대(射砲隊)를 조직하고는 스스로 대장이 되어 우리 군대(한국주차군-인용자)의 행동을 방해했다."[38] 이범윤은 간도관리사로서 간도의 한국인을 보호하는 임무를 맡고 있었지만, 사포대를 조직해 국경을 넘어 일본군과 전투를 벌였던 것이다.

34) 加藤圭木, 앞의 논문(2013), 30·31쪽.

35) 《朝鮮駐箚軍歷史》, 153·154쪽.

36) 황현, 《한국사료총서(韓國史料叢書) 제1 매천야록(梅泉野錄) 전(全)》, 탐구당(번각 발행), 1971, 288쪽.

37) 廣瀬貞三, 〈李容翊の政治活動(一九○四～七年)について: その外交活動を中心に〉, 《朝鮮史研究會論文集》 25, 1988.

38) 《朝鮮駐箚軍歷史》, 153쪽.

이와 같이 함경북도가 전투의 최전선이 되고 있는 동안, 일본군의 후방기지가 된 원산 부근에서는 군사기지가 건설 중이었다. 원산을 감싸 안은 영흥만에서는 일본의 육해군이 일방적으로 토지를 수용해 군사거점을 구축했다. 또한 경성 근교의 어촌인 청진은 일본군의 상륙지점이 되었다.[39]

이상과 같이 함경도는 러일전쟁의 전장이 되었다가, 전쟁의 경과와 함께 일본에 의한 군사 지배가 강화되어갔다. 이에 대해 한국인은 본래부터 강력했던 현지 세력을 기반으로 끈질긴 저항을 계속하는 동시에, 간도의 한국인까지 국경을 넘어 저항을 전개했다. 다시 말해서 함경도는 일본 측의 지배와 한국 측의 저항이 충돌하고 있던 지역이었다. 이상과 같이 상대적으로 독자성이 강하고 국경을 넘나들고 있던 함경도의 존재양식을 일본이 군사적으로 재편하려 했음이 러일전쟁에서 드러났다.

3. 일본의 식민지적 재편: 군사거점화와 길회철도 부설 문제

1) 청진항 건설과 나남

러일전쟁 후 일본은 한국을 강제로 '보호국'으로 만들었다. 이후 조선의 식민지화를 진행한 일본은 청진항의 개항을 추진했다. 1907년 통감 이토 히로부미(伊藤博文)가 한국 정부에 청진 개항을 요구했다. 이에 따라 1908년 1월 7일부로 한국 정부는 청진 개항에 관한 칙령을

---

39) 加藤圭木, 〈日露戰爭以降の朝鮮における軍事基地建設と地域: 永興湾を對象として〉, 《一橋社會科學》 5, 2013; 加藤圭木, 〈朝鮮東北部の社會變容と植民地支配: 清津港の建設をめぐって〉, 《日韓相互認識》 6, 2015.

공포했다.[40] 이 과정에서 "한국 정부 부내에서 약간 반대의 분위기가 있던 것을 (일본이-인용자) 밀어붙였"다고 한다.[41]

청진 개항은 일본군에 의한 함경북도 내 군사기지 건설과 크게 관련되어 있었다. 1907년 5월 8일 이토가 일본 외무대신 하야시 다다스(林董)에게 보낸 다음 문서에서 그 내용을 확인할 수 있다.

한국 정부는 함경북도 경성군(부령군富寧郡을 잘못 표기-인용자)의 청진을 개방해 만국통상항으로 삼을 것을 희망한다는 뜻을 통첩해왔다. 이곳은 간도 및 길림(지린)에 대한 통상상의 요지로서 북한의 개발에 바탕이 될 것임은 물론이며, 주차군도 수성평원에 대한 설비상 개항의 필요성을 인정했다.[42]

한국 정부가 '만국통상항'으로 삼을 것을 희망했다는 것은 사실에 반하지만, 적어도 이토의 청진 개항 의도는 파악할 수 있다. 즉, 청진 개항은 길림이나 한국 북부로의 경제 진출이라는 목적에 더해, 한국 주차군이 '설비'하고 있는 수성평야로의 연락을 위해서도 필요하다는 것이었다.

일본은 러일전쟁 중 전쟁이 끝나더라도 계속해서 한국에 일본군을 주차시킨다는 방침을 결정했다. 구체적인 지점은 아직 정하지 못했지만 함경도에도 영구병영을 두고자 기도했다. 1909년 1월경 사료에

---

40) 무제 문서, 統監代理副統監 曾禰荒助→外務大臣 林董, 1908. 1. 9〔《4. 淸津》, JACAR:B1007339 9700,《韓国各地開港関係雑件》第三巻(木浦, 鎮南浦, 開城府, 薪島, 淸津)(B-3-1-1-15_003) (外務省外交史料館), 26번째 화상].

41) 淸津商工會議所,《淸津商工會議所史》, 1944, 5쪽.

42) 무제 문서, 統監 伊藤博文→外務大臣 林董, 1907. 5. 8〔《4. 淸津》, JACAR:B10073399700,《韓国各地開港関係雑件》第三巻(木浦, 鎮南浦, 開城府, 薪島, 淸津)(B-3-1-1-15_003)(外務省外交史料館), 2번째 화상].

따르면, 일본 측은 병영 건설지로 당초에는 "수성평야를 부지로 삼고자 했으나, 러일전쟁 후 부령천의 범람이 가공할 만한 것임을 실제로 체험해, 수해가 비교적 적고 사방이 산으로 둘러싸여 음만(陰滿)한" 지역, 곧 나남으로 변경하게 되었다.[43] 어느 단계에서 나남의 군사기지 건설이 결정되었는지는 분명하지 않지만, 이토의 문서는 함경북도에 설치한 일본군의 군사기지를 염두에 둔 것으로 보인다. 이후 나남에는 영구병영 건설이 시작되었으며, 후에 일본군 제19사단 사령부가 들어섰다. 또한 국경지대 마을인 회령에도 군사기지가 건설되었다. 이곳들은 일본이 장래 러시아와의 재(再)전쟁을 의식한 군사거점인 동시에, 간도 등지의 한국 독립운동 세력과 대항한다는 의미도 지니고 있었다.

2) 길회철도 부설 문제

러일전쟁 후 일본은 한국 동북부를 러시아와의 전쟁에 대비하기 위한 군사거점으로서, 또 만주로의 경제 진출 거점으로 인식하게 되었다. 이러한 방향에서 핵심적인 역할을 할 것으로 기대되었던 것이 길회철도(吉會鐵道, 중국 길림과 한국 회령 사이를 연결하는 철도)이다.[44] 이 철도는 만주와 한국 동북부를 잇는 횡단철도로 구상되었으며, 완성되면 청진항 등을 통해 만주와 일본 본국을 연결하게 될 것으로 기대되었다.

1909년 9월 4일 체결한 '간도에 관한 청일협약'(이하 '간도협약')에는 간도의 영유권을 포기하는 대가 중 하나로, 길장철도(吉長鐵道, 중국 길

---

43) 〈第2艦隊報告(8)〉, JACAR:C06092190400,《明治42年 公文備考》卷37 艦船22(防衛省防衛研究所), 31번째 화상.

44) 길회철도 부설 문제와 관련해서는 芳井研一, 앞의 논문에서 자세하게 다루고 있다.

림과 장춘 사이를 연결하는 철도) 연장선(길회철도를 가리킴)의 공사비 대출을 일본이 우선적으로 제공한다는 내용이 담겨 있었다. 이성환의 연구에 따르면, 야마가타 아리토모(山縣有朋)는 길회철도의 군사적 중요성을 지적하면서 "이 철도를 부설하는 것은 간도에 영토권을 확정하는 것보다 훨씬 중요한 것"이라고 주장했다.[45] "일본으로서는 이 철도(길회철도-인용자)를 확보함으로써 러시아에 대한 국방상의 문제만 해결된다면 군이 간도 영유권에 구애될 필요가 없었다"는 것이다.[46]

길회철도의 군사적 의미에 대해서는 다음과 같은 사료가 있다.

가까운 장래에 우리 야전군이 제일 먼저 점령해야 할 지점은 하얼빈 부근일 것이다.

북만주는 실로 만주의 보고(寶庫)이며, 북방의 적군에 대한 보급이 주로 이곳의 자원에 의거하지 않을 수 없음은 과거의 전쟁에 비추어봤을 때 대체로 분명하지 않은가. 실제로 북만주는 해마다 약 200만 명에게 공급할 수 있는 잉여농산물을 다른 지방으로 수출하고 있다고 한다. …… 북방의 적군이 이곳에 중점을 두는 것이 어찌 우연이겠는가. …… 북만주의 가치 …… 극동에서의 전첩(戰捷)의 월계관은 실로 평시 북만주에 대한 위력 부식(扶植)의 우승자에게 돌아갈 것이라고 말해도 과언은 아닐 것이다.[47]

그 뒤 1918년에 길회철도의 예비차관이 결정되었고(이른바 '니시하

---

45) 1909년 4월 29일부 山縣意見書,《山縣有朋意見書》(李盛煥, 앞의 책, 88쪽에서 재인용함).

46) 李盛煥, 앞의 책, 88쪽.

47) 〈極秘 吉林會寧間線路踏査報告〉(1907年 6~8月) 分割 2, JACAR(アジア歴史資料センター), Ref.B10074632300,《吉會鐵道關係一件》第一卷(B-F-1-9-2-7_001)(外務省外交史料館), 23번째 화상.

라 차관'), 이듬해부터 본 차관계약 체결협상이 시작되었지만 중국 내부의 정변 등으로 인해 결국 길회철도 부설 교섭은 중단되었다.

이와 같이 3·1독립운동 전에 길회철도의 완전 개통은 실현되지 못했다. 다만 이미 1917년에 청진-회령 간 철도가 건설되어, 군사적·경제적으로 청진항에서 국경지대까지 연결하는 루트는 확보되어 있었다.

4. 국경을 넘는 사람들과 3·1운동

앞서 언급한 것처럼 한국 동북부는 중국·러시아와 국경을 접하고 있어 19세기부터 국경을 넘는 사람 및 물자의 이동이 매우 활발한 지역이었다. 이러한 지역적 특성은 식민지 시기에도 형태를 바꾸면서 유지되었다.

예를 들어, 한국 동북부의 국경지대에는 조선총독부가 파악하지 못하는 '밀무역'이 광범하게 존재했다. 일본 측 보고서에 따르면 "국경에서의 밀수출입은 매우 번성했다. 통관 금액의 1할 내지 5할 정도라고 하는데, 여러 설이 있어 일치하지 않는다"고 했다.[48] '밀무역'은 사람들의 생활에 없어서는 안 되는 부분이었다. 식민지 지배권력의 통제 밖에 있는 사람들이 살아가기 위한 기반 중 하나였던 것이다.

'밀무역'이 광범하게 행해진 배경에는 쉽게 국경을 넘나들 수 있는 두만강이 있었다. 두만강은 한국 동북부와 러시아 및 중국 사이를 가로지르는 강이다. 1909년 '간도협약'에 따라 한국인은 국경을 자유롭게 왕래할 수 있었고,[49] 실제로 활발하게 왕래가 이루어졌다. 통감부

---

48)　南満洲鐵道株式會社庶務部調査課 編,《吉會鐵道關係地方調査報告書》第3輯, 1983, 407쪽.

자료에 따르면, "두만강은 겨울에 강이 얼면 양안의 왕래가 가장 편리하다. 여름이라 해도 물이 적을 때에는 곳곳에 도보로 건널 수 있는 곳들이 생겼지만, 대개는 배를 타고 양안을 왕래하는 까닭에 도선장이 매우 많았다"[50]고 한다. 두만강은 일본으로서는 관리하기 힘든 국경선이었다. 일본의 관헌 자료에서는 "엄중한 경비에도 불구하고 국경의 연장은 무려 330여 리에 달했으며, 겨울철에는 강물이 빨리 얼어붙어 사람과 말이 쉽게 건널 수 있었고, 또 감수기에는 도보로 건널 수 있는 지점이 많았다. 그리하여 불령(不逞)한 무리들이 이 시기를 이용해 침입하기에 용이"했다고 지적했다. 이처럼 월경하는 사람들을 쉽게 막을 수 없었다.[51]

사람들의 월경은 독립운동의 활성화로 연결되었다. 1919년 3·1운동 때 함경북도의 한국인은 간도 지역 한국인과 연락을 주고받으며 독립운동을 계획했다. 여기에서는 국경지대인 온성군과 종성군의 사례를 들어보자.

　　온성군 온성에 거주하는 온성군 참사 임도준은 훈춘(간도의 지역명-인용자)의 황병길, 안태국, 양하구 등과 연락을 취하여, 온성 및 종성에서 독립선언 시위운동을 수행할 계획으로 현재 종성 읍내에서 독립선언서를 인쇄 중이라고 한다. 임도준은 3월 중 훈춘에 가서 황병길과 회동한 후, 온성 및 종성군의 각 면장들과 함께 민심을 동요시키고 있다고 한다. 그리고 종성은 4월 9일, 온성은 4월 15일 독립선언 시위운동을 일으

49) 李盛煥, 앞의 책, 107쪽.

50) 統監府臨時間島派出所殘務整理所, 《統監府臨時間島派出所紀要》, 1910, 308쪽.

51) 〈一三 官制改正後一年間ニ於ケル治安情況〉, 1920, JACAR(アジア歴史資料センター), Ref. B03041598300, 朝鮮人ニ對スル施政關係雜件(1-5-3-15_001)(外務省外交史料館).

키려 하고 있으며, 이 운동에는 간도 거주 조선인들도 다수 참가한다는 상황이다.[52]

한국 내 면장들이 독립운동에 참가하고 있는 점이 흥미롭다. 본래부터 독자성이 강한 현지 세력의 흐름을 잇는 사람들일 가능성도 있다. 또한 위 글에 등장하는 황병길은 간도에서 독립운동을 하고 있었는데, 그 모습을 관헌 사료에서는 다음과 같이 전하고 있다.

훈춘에서는 19일 이래 러시아령과 기타 지방으로부터 학생과 기타 조선인 들이 속속 집합해 그 수는 약 3,000명에 달하고 있으며 불온한 징조가 있다. 특히 주동자 황병길과 양하구 등은 이 기회에 영사 분관을 습격하기 위해 몰래 무기를 수집했다고 한다. 20일 경원수비대장이 군사령부에 보낸 전보에 따르면, 오후 1시 폭민 약 700명이(그중 500명은 무장했고, 무장하지 않은 자도 권총 정도는 소지했다) 영사 분관에 이르렀는데, 만세를 외치면서 국기를 끌어내리고는 가져가버렸다. 다른 피해는 없었다고 한다.

이에 대해 군사령관은 곧바로 나남 및 회령으로부터 경원에 군대를 증파하는 조치를 취했다.[53]

간도에서 황병길 등에 의한 독립운동의 고조 상황을 엿볼 수 있다. 이에 대해 일본 측은 국경을 따라 군사력을 집결시켰다. 일본의 입장

---

52) 〈獨立運動に關する件(國外第二三報): 圖們江方面, 綠江方面〉(1919. 4. 7),《조선 소요사건 관계 서류(7)》, 공훈전자사료관(http://e-gonghun.mpva.go.kr/)에서 열람.

53) 〈獨立運動に關する件(國外第七報): 圖們江方面, 鴨綠江方面〉(1919. 3. 21),《조선 소요사건 관계 서류(7)》, 공훈전자사료관(http://e-gonghun.mpva.go.kr/)에서 열람.

에서 보자면, 한국의 동북부는 바로 강 저편에 독립운동의 거점이 있는 상황이기 때문에 경계를 강화하지 않을 수 없었다. 한국 동북부는 국경 안팎의 움직임이 쉽게 연동될 수 있는 곳이었다.

1919년 12월에는 다음과 같은 일본 관헌의 보고도 있었다.

두만강 건너편

금곡(金穀)의 징수 및 유언비어는 여전히 끊이질 않고 있지만, 근래에 불령자들의 왕래가 감소해 점점 평정을 되찾고 있으며, 무력에 의한 습격이나 소요를 야기할 일은 없어 보이는 형세이다. 결빙으로 강 위로 왕래가 자유로워지면, 강안을 습격해 마적행위를 하는 자들이 전혀 없을 것이라고는 보장하기 어려우므로, 대대적인 경계가 필요하다.[54]

여기에서도 국경을 넘는 사람들의 움직임이 독립운동을 지탱하고, 또 일본 측에는 강한 경계심을 심어주고 있었던 것을 알 수 있다.

그 후 1920년 한 해 동안 한국 국경지대에서의 진공(進攻) 횟수는 1,651회(함경북도 616건, 함경남도 127건, 평안북도 908건)로, 총 4,634명이 동원되었다.[55] 공격 대상은 주로 국경수비대와 일본 경찰이며, 면사무소에 근무하는 친일 한국인도 포함되었다.

이에 대해 일본 측은 1920년 간도 출병을 통해 한국인 학살을 자행했다. 간도의 독립운동 거점을 파괴하고, 한국과 중국의 국경을 넘나드는 저항세력을 차단하기 위해서였다. 그러나 일본의 탄압에도 불

54) 朝鮮軍参謀部, 〈自十一月一日 至十一月三十日 鮮内外一般ノ情況〉(1919. 12. 3), 《조선 소요사건 관계 서류(5)》, 244·245쪽. 공훈전자사료관(http://e-gonghun.mpva.go.kr/)에서 열람.

55) 〈自大正九年至昭和二年間国境三道匪賊状況調(昭和二年十月末日調)〉, 《朝鮮の治安状況(昭和二年)》, 不二出版, 1984; 李盛煥, 앞의 책, 183쪽.

구하고 이후에도 저항운동이 국경을 넘어 한국에 파고드는 사건이 빈번했다.

일본군 사료에서 "다이쇼 9년 10월 제19사단이 간도에 있는 불령 선인들을 소탕 및 토벌하자, 소탕된 불령선인들이 강을 건너 조선 땅으로 침입할 우려가 있어서 방어를 위해 국경 헌병대소의 배치 및 편제 인원을 증가"[56]한다고 기록하고 있듯이, 간도 출병 이후 다수의 한국인이 한국으로 월경할 것을 우려해 국경 경비를 한층 증강하기로 했던 것이다.

또한 한국 동북부에 사는 일본인들은 이러한 국경을 넘나드는 독립운동 세력을 크게 경계해 일본군의 간도 주둔을 강력하게 요구했다. 청진시민대회·나남시민대회·회령시민대회·웅기시민대회는 1920년 10월 20일 다나카 기이치 육군대신 앞으로 보낸 〈청원서〉에서 다음과 같이 말했다.

최근 저들 불령배(不逞輩)의 사상은 점점 더 악화해 선천적 사나움과 음험성은 주의(主義)를 위해서는 어떤 수단도 가리지 않는 과격사상에 영합하고 뇌동해 저들의 행위는 더욱 험악의 도를 더하고 있다. 그에 대한 단속 여하에 따라서는 간도에 거주하는 30만 조선인이 모두 적화됨을 보기에 이를지도 모를 뿐만 아니라, 금일의 형세로 보건대 간도 북선 일대의 주민들은 결국 하루도 안주할 수 없게 될 것이다. …… 불령선인의 근거지이자 책원지는 간도가 아니고 어디이겠는가. 우리 병력의 배치를 항구적이게 함으로써, 저들을 섬멸하고 주민의 안정을 되찾아주며 과격사상의 남하를 저지하고 조선 통치를 원만화평하게 하는 것은 국정

56) 朝鮮軍經理部, 《朝鮮師團營舍建築史》, 1923, 一橋大學經濟研究所統計情報センター 所藏, 37쪽.

의 근본으로 현금의 급무라고 믿는다. …… 이상과 같은 이유로 동·서 간도 일대에 우리 군대를 주둔시키는 일은 반드시 영구적으로 이루어져 야 한다고 믿는다.[57]

이처럼 한국 동북부의 군사적 공간 재편을 동북부에 거주하는 일 본인도 강하게 요구하고 있었다. 다시 말해서 1920년대에 일본은 한 국과 만주의 국경을 넘는 이동을 완전히 통제하지 못했고, 일본의 재 편정책도 관철되지 않았던 것이다.

저항의 거점으로서의 한국 동북부

일본의 조선 식민지 지배는 군사적인 지배를 특성으로 하는 것이 었다. 무엇보다 러시아·중국과 국경을 접하고 있고, 한국 독립운동의 거점인 간도 등과 대치하고 있던 한국 동북부는 일본의 군사적 요충 지였다. 이 글에서는 그러한 한국 동북부를 재조명함으로써, 3·1운동 과 일본 지배정책의 대항관계를 부각시키는 동시에, 한국 동북부의 독립운동이 지니고 있었던 가능성을 논하고자 했다.

한국 동북부는 조선시대 이래로 정치적 독자성이 상대적으로 강했 으며, 간도나 러시아 쪽 국경을 넘나드는 사람 및 물자의 이동이 활 발했다. 한국 동북부의 이러한 공간적 독자성은 일본 측에 항거하는 한국 민족운동의 기반이 되었다. 이와 같은 특성이 명확해진 것은 러 일전쟁 단계에서였다. 한국의 독립운동은 국경을 넘어선 형태로 전

---

57) 〈我ガ軍事行動ノ鮮内外二及ホセル影響二關スル件報告〉,《간도사건 관계 서류(2)》, 공훈전자 사료관(http://e-gonghun.mpva.go.kr/)에서 열람.

개되었다. 이에 대항해 일본 측은 한국 동북부의 지방관 인사에 전면적으로 개입하는 '군정'을 실시했다.

러일전쟁 이후 일본 측은 한국 동북부를 일본의 군사적 거점, 나아가 만주로의 진출 거점으로 재편하고자 했다. 청진항 건설을 비롯해 나남과 회령에 병영을 건설한 것은 이러한 의도에서 이루어진 일이었다. 또한 길회철도 부설을 통해 만주로의 루트를 창출하고, 독립운동의 거점인 간도까지 영향력을 확대하고자 했다.

이러한 일본 측의 공간재편정책에도 불구하고, 한국 동북부 공간의 독자적인 존재양식이 완전하게 소멸되지는 않았다. 국경선은 매우 길었고, 일본 측은 조선인의 왕래를 철저하게 통제할 수 없었다. 3·1운동에서는 한국 동북부의 조선인이 간도의 조선인과 연계해 운동을 전개했다. 한편, 한국 동북부에 거주하는 일본인들은 이처럼 국경을 넘나드는 움직임에 불안을 느끼고 일본군의 간도 상주를 요구했다.

이처럼 한국 동북부는 일본에 의한 군사화와 한국의 국경을 넘어선 독립운동이 갈등하는 현장이었다. 그곳은 국경지대의 특성을 살려 일본의 지배를 흔들 수 있었으며, 반대로 일본 입장에서 한국 지배의 아킬레스건이었다.

마지막으로, 1920년대 이후 한국 동북부에 대해 언급하는 것으로 글을 마무리하고자 한다. 3·1운동을 시작으로 전개된 국경을 넘어선 독립운동에 대처하기 위해 일본 측은 한국 동북부의 공간 재편을 시도했다. 1931년 '만주사변', 1932년 '만주국' 건설과 함께 공간 재편이 전면적으로 추진되었다.

1930년대에 함경북도는 만주국과 일본 본국을 연결하는 새로운 루트(이는 당시 '북선 루트' 등으로 일컬어졌다)의 경유지로서 주목을 받았다. 일본에게 군사적·경제적으로 중요한 지역이었던 것이다. 만주로의 기존 루트는 다롄을 경유하는 방법이 있었지만, 만주 전역을 군사적·경제적·정치적으로 지배해가면서 일본 측은 한국 동북부에 또 하나의 '현관'을 건설하려 했다. '북선 루트'는 일본 본국의 서해, 곧 한국의 동해 쪽 항만으로부터 함경북도로 건너가 그곳에서 다시 철도를 통해 만주에 닿는다는 구상이었다.

'북선 루트'는 무엇을 위해 건설되었는가? 이는 일본의 만주 지배를 군사적으로 뒷받침하기 위해서였다. 그리고 일본이 만주 지배를 계획한 또 하나의 이유는 만주가 한국 독립운동의 거점이었기 때문에 그를 진압하기 위함이었다. 이와 같이 생각한다면, '북선 루트'의 건설은 곧 국경을 넘는 저항을 차단하고 억압하기 위해 이루어진 것이라고 볼 수 있다.

그러나 '북선 루트'의 운영은 일본 측의 구상대로 진행되지 못했다. 예를 들어, '북선 루트'의 주요한 항구인 나진항의 경우 군사적인 목적을 충분하게 달성하지 못했다. 조선군참모 이하라 준지로(井原潤二郎)는 장고봉사건(張鼓峰事件)에 대해 다음과 같이 말했다.

장고봉사건이 일어났을 때 가장 곤란했던 것은 나진 및 웅기 부근에 숙영할 곳이 적었던 점이다. …… 나진에서 나와 보면 명료할 테지만, 본부 및 도의 비상한 열의와 노력으로 구획 정리가 이루어졌다. …… 그렇지만 길은 만들어졌지만 집은 세워지지 않았다. …… 집을 세우지 않으면 도시계획을 해도 어떤 공헌도 할 수 없는 것이다. …… 단순하게 국제도시로서의 나진항의 발달이라는 의미가 아니라 국방상으로도 곤란하다. 거기에는 군대를 상륙시켜도 야영을 시키지 않을 수 없다. 내지에서 모처럼 데리고 온 군대를 만주 방면으로 보내려 해도 머물 수 있는 집이 없다. 공급되는 물자도 부족하다.[58]

나진항은 일본 측이 강대한 권력을 행사해 건설했으나, 현지 한국 사회의 존재 형태를 무시하고 건설을 추진하는 바람에 항만의 발전이 정체되었다.[59] 이는 군사상으로도 커다란 지장을 초래했다.

실제로 국경을 초월한 독립운동은 그 후에도 계속되었다. 사례는 무수히 많다. 예컨대 국경도시인 회령의 탄광에 공산주의운동이 국경을 넘어 파고들거나, 국경을 넘어온 한국인들이 치안유지법으로 검거되는 등의 사건이 있었다.[60]

이처럼 한국 동북부에서는 국경을 넘나드는 지역의 존재 형태가 여전히 유지되고 있었으며, 그것은 일본의 지배를 근저에서부터 흔들고 있었다.

58) 《大京城座談會速記錄》, 京城都市計劃研究會, 1938, 10·11쪽.

59) 加藤圭木, 앞의 책(2017), 第二部 第一章.

60) 예를 들어, 《동아일보》 1935년 9월 17일자 기사나 〈조선사상사건판결(朝鮮思想事件判決)(1)〉, 《사상휘보(思想彙報)》 4권 4호, 1934년 7월 참조.

지역과 사회

7장

도시 시위의 계보와 3·1운동

박 현

3·1운동과 공간의 관계

이 글은 3·1운동을 '서울이라는 도시 공간에서 일어난 시위'라는 관점에서 살펴보고자 한다. 도시에서 일어난 시위라는 관점에서 보면 3·1운동이 서울에서 처음 일어난 시위는 아니다. 그 기원을 따지자면 독립협회(만민공동회)도 포함될 수 있으며, 시위라는 관점이라면 임오군란까지도 거슬러 올라갈 수 있을 것이다.

시위는 행동 그 자체가 가진 의미로도 중요하지만, 도시 공간에서 일어났다는 점에도 주목할 필요가 있다. 서울의 경우, 조선시대에는 수도이자 왕이 사는 궁성이었다. 다시 말해 도시 공간의 중심은 언제나 왕이었다. 그 때문에 도시의 기능이나 공간의 성격도 시간이 흐르면서 변화되기는 하나, 기본적으로는 왕에게 초점이 맞춰져 있었다.

그러나 개항 이후 신문물의 등장과 외국인의 유입 등 다양한 변수로 인해 도시 공간의 성격도 변화했다. 독립협회를 예로 들어보면, 협회의 활동은 독립관과 종로를 중심으로 이루어졌다. 협회 내부의 활동은 주로 독립관에서, 대중적인 활동을 하고자 할 때는 종로를 활용했다. 그 밖에 1897년 7월 조병식의 사직상소를 올릴 때는 경운궁(덕수궁) 근처 장악원(掌樂院)에서, 1898년 10월 심순택 등 대신 7명에 대한 사직을 요청할 때는 경운궁 인화문 앞에서 시위를 벌이기도 했다. 즉, 종로가 조선시대 상업 중심지였던 만큼 강연 등의 활동은 종로에서 진행했고, 강도 높은 운동일수록 정치의 중심지인 궁궐과 가까워지는 모습을 보였던 것이다. 종로는 조선시대부터 상업 중심지로서 역할을 해왔지만, 궁궐 앞에서 시위를 한다는 것은 기존에 보기 어려운 광경이었다. 3·1운동이 일어난 당일에도 시위 군중 일부가 경운궁 대한문 앞에서 연설회를 가지거나 경운궁에 들어가 고종의 영전에 조례를 표하기도 하는 등 경운궁 앞은 시위 장소라는 새로운 성격이 부여되었던 것이다.

이러한 점에서 '시위'라는 행동을 통해 서울이라는 공간에 기존과는 다른 성격이 부여되는 현상이 발생했다고 볼 수 있을 것이다. 물론 반대로 개항 이후 중첩되는 여러 변수를 통해 시위가 일어나는 특정 공간이 나타났다는 관점도 고려해볼 만하다.

이 글은 이상의 관점에서 3·1운동과 서울이라는 공간의 관계성을 살펴보고자 한다. 본문은 크게 두 개의 절로 구성되어 있다. 첫 번째 절에서는 3·1운동을 서울에서 발생한 도시 시위의 계보 속에서 자리매김하고자 한다. 따라서 3·1운동 이전에 발생한 도시 시위, 즉 임오군란과 만민공동회에 대해 살펴보고, 두 번의 도시 시위와 서울의 공간적 상관관계를 살펴보고자 한다. 다만 이 글은 3·1운동과 공간에 초점을 맞추고 있기 때문에 임오군란과 만민공동회에 대해 자세히 서술하기보다는 도시 시위와 공간의 관계를 짚어보는 시론적인 시도임을 미리 밝혀둔다.

두 번째 절에서는 3·1운동과 서울의 공간에 대해 살펴보고자 한다. 3·1운동 당시 시위 행렬이 지나간 경로나 3·1운동과 관계된 주요 거점 등에 대해서는 기존 연구를 통해 잘 알려져 있다.[1] 그러나 단순히 지나간 길이나 그 위치가 어디였는지를 살펴보는 것에 그치지 않고, 어떤 이유로 그곳을 지나갔는지, 지나간 곳의 의미는 무엇인지 등도 염두에 두고자 한다. 더불어 3·1운동으로 재판을 받은 사람 중 서울에 주소를 두고 있는 자들의 지번을 추적해, 3·1운동과 서울이라는 공간의 관계성을 좀 더 공간에 초점을 맞춰서 살펴보고자 한다.

1. 도시 시위의 흐름 속 3·1운동

1) 임오군란과 군사적 측면에서의 공간 활용

서울의 도시 시위 계보에서 첫 번째에 두고자 하는 사건은 임오군란이다. 임오군란은 개항 이후 신식 군대를 양성하는 과정에서 구식 군인들에게 현물 급여인 미곡이 몇 개월이나 지급되지 않았고, 지급된 미곡마저도 쌀겨나 모래 등이 섞여 있자 구식 군인들이 이에 불만을 품고 일으킨 군란이다.

이 글은 도시 시위라는 키워드에 초점을 맞추고 있는 만큼 임오군란이 일어난 당시의 정세 등에 대한 것보다는 서울이라는 공간에 집중해 임오군란을 살펴보고자 한다. 임오군란과 관계가 있는 집단은 두 집단으로, 시위를 시작한 구식 군인과 이들이 습격한 일본공사관

---

1) 대표적으로는 서울특별시사편찬위원회, 《서울 독립운동의 역사현장》, 2008; 서울특별시사편찬위원회, 《서울항일독립운동사》, 2009; 장규식, 《서울, 공간으로 본 역사》, 혜안, 2004 등이 있다.

등의 인물들이다. 이 두 집단과 관계되는 장소에 유념하면서 임오군란의 개요를 살펴보자.[2]

임오군란이 일어난 1882년 전후에는 가뭄이 심해 국고가 바닥나 13개월간 구식 군인들의 봉급이 지급되지 않았다. 1882년 6월에야 선혜청에서 몇 개월 치 봉급으로 미곡을 지급했는데, 그 속에 거친 잡곡과 모래, 썩은 쌀을 섞어 지급한 사실이 밝혀졌다. 이에 훈련도감 소속의 구식 군인들이 격앙해 선혜청을 찾아가 관리를 죽이고 항의했다. 당시 창고를 관리하던 선혜청 당상 민겸호는 주모자 몇 명을 잡아서 처벌했다.

하지만 군졸들은 이를 납득하지 못했고, 6월 9일 동별영에 모여 군 창고를 부수고 무기를 탈취했다. 시위대는 구식 군인과 개화파의 득세로 실세한 자, 개화파 개혁에 불만을 품은 자, 기타 무뢰한 무리 등 다양한 이유를 가진 사람들이 가세했다. 무리는 몇 갈래로 나뉘어 민겸호의 집과 경기감사 김보현의 집을 습격했고, 감옥·좌포청·우포청을 파괴해 투옥된 사람들을 석방하고 근교 서원을 습격했다. 또한 하도감을 습격해 별기군의 교관 호리모토 레이조(堀本禮造)를 참살하고 일본공사관을 습격했다.

같은 날 오후 4시경 일본공사관이 시위대에 포위당했다. 공사 하나부사 요시모토(花房義質)는 권총을 이용해 방어하며 경기감영의 구원을 기다렸다. 하지만 밤 12시가 넘어서도 구원이 없자, 직접 길을 뚫어 경기감영으로 가서 호위를 요청하고 왕궁에 도움을 요청했다. 일본인들은 공사관 정문으로 빠져나와 대오를 갖춰 의주통으로 나아갔

---

2)   이하 임오군란에 대해서는 국사편찬위원회 편,《한국사》38, 국사편찬위원회, 1999, 263~330
      쪽; 서울특별시사편찬위원회,《국역 경성부사》제1권, 2012, 511~532쪽; 조경달,《근대 조선
      과 일본》, 열린책들, 2015, 85~92쪽 등을 참고했다.

6월 9일	동별영	→하도감
		→민겸호 집, 김보현 집
		→뇌옥, 좌포청, 우포청
		→일본공사관
6월 10일	운현궁→창덕궁 침전→이최응 집→민창식 집	

표 1. 임오군란 당시 시위대의 이동 경로

다. 일행은 경기감영에 도착했으나 사람이 없자 다시 왕궁으로 가려
했는데, 남대문이 닫혀 있어 가지 못하고 양화진으로 향했다. 이들은
배를 타고 인천 제물포로 가서 일본으로 탈출했다. 당시 서울에 있던
일본인 40명 중 13명이 죽고, 27명이 귀국길에 올랐다.

6월 10일 시위대는 운현궁에 있던 대원군을 찾아가 지지를 호소한
뒤 창덕궁에 난입했다. 습격을 받고 피신해 있던 민겸호와 김보현을
침전에서 발견해 죽이고 명성황후를 찾아 나섰다. 하지만 명성황후
는 궁녀로 변장해 무감 홍재희의 호위를 받아 궁궐 후문으로 도망쳤
다. 이후 시위대는 궁궐을 떠나 영의정 흥인군 이최응의 집에 난입해
중상을 입히고, 이조판서 민창식(민겸호의 손자)의 집에 난입해 민창식
을 살해했다. 민씨 세력이 시위대의 습격을 받는 한편, 대원군은 고종
의 교서를 받아 정권을 장악했다. 이에 폐지되었던 오군영과 삼군부
가 부활하고, 통리기무아문·무위영·장어영이 폐지되었다.

당시 톈진에 있던 어윤중과 김윤식은 임오군란 소식을 듣고 리훙
장에게 도움을 요청했다. 리훙장은 조청관계가 악화될 것을 우려해
광둥(廣東)성 수사제독(水師提督) 우창칭에게 육병과 해병 총 5,000여
명을 이끌고 조선으로 향할 것을 명했다. 이때 마젠중, 딩루창, 위안

스카이 등 청나라 장수들이 조선으로 들어왔다. 이들은 7월 10일과 12일 서울로 들어왔으며, 13일 대원군을 납치하고 남대문 밖과 하도감, 마두산 세 지역 일대에 '청국책응소'라는 진을 쳤다.[3]

한편, 6월 15일 일본 나가사키에 도착한 하나부사 공사는 사건 개요를 외무경 이노우에 가오루(井上馨)에게 보고했고, 거류민 보호를 위해 군함 4척과 육군 1개 대대와 함께 다시 조선으로 떠났다. 6월 29일 하나부사 공사는 인천에 도착했고, 7월 2일 서울로 들어왔다.[4] 조선 조정은 관사 제공의 어려움을 이유로 대원군의 별장 석파정에 머물 것을 권유했으나, 하나부사 공사는 이를 거절하고 이종승의 집을 근거지로 삼고 부근의 민가 10채와 장악원에 병사 숙소를 정했다.

7월 7일 하나부사 공사는 창덕궁 중희당에서 고종을 만나 몇 가지 요구 항목을 제출했다. 하지만 대원군이 장악한 정권은 명확한 답을 하지 않고 시간을 끌었다. 이에 하나부사가 항의의 표시로 인천으로 돌아갔는데, 청이 대원군을 납치해 톈진으로 송치하면서 상황이 바뀌었다. 대원군이 다시 축출되자 조선 정부도 입장을 바꿔 17일 전권대신 이유원과 부대신 김홍집이 인천으로 일본 측을 찾아가 제물포조약을 맺었다. 일본은 조약에 의거해 서울의 수정 남쪽 고지, 영락정 1정목 전매국과 그 일대, 명치정 1정목 동양척식주식회사 경성지점 장악원터 세 곳에 일본 군대를 주둔시켰다.

이상의 내용 중 임오군란과 관련된 주요 장소를 나타내면 〈그림 1〉과 같다. 임오군란과 관련된 주요 장소의 경우 시위를 주도했던 대상이 군인 계층이었기 때문에 이들이 지나갔던 장소 또한 군대와 관련

3) 정교 지음, 조광 엮음, 변수중 옮김, 《대한계년사》 1, 소명출판, 2004, 85쪽.
4) 국사편찬위원회 편, 앞의 책, 292~295쪽.

※ 출전: 〈대경성정도〉, 1936, 서울역사박물관 소장.
※ 임오군란 관련 주요 장소 표시는 필자.

그림 1. 임오군란 관련 주요 장소

된 곳이 대부분이라는 점이 특징이다. 장소와 관련해서는 일본군과 청군이 군대를 주둔시켰던 위치에 좀 더 주목할 필요가 있다. 다음 〈표 2〉는 일본군과 청군이 부대를 주둔시켰던 장소를 정리한 것이다. 일본군이 주둔한 지역은 '남촌'이라 불리던 지역으로, 서울에 들어온 일본인이 많이 거주하던 곳이다. 물론 이 시기에 일본인의 거주가 본격적으로 이루어진 것은 아니지만, 서울의 일본인 거주지 형성의 원형이 이 시기라는 점에서 눈여겨볼 대목이다.

한편, 청군이 주둔한 지역은 밀집되어 있지 않고 분산되어 있었다

일본군(7월 3일)	청군(7월 11일)
수정 남산 기슭 일대	하도감
장악원 일대	마두산
영락정 1정목 전매국 일대(8월 이후)	남대문 밖

표 2. 임오군란 당시 일본군과 청군의 주둔지

는 점이 눈에 띈다. 더불어 청군의 주둔지는 기존 공간을 재활용했다는 점이 특징이다. 하도감은 조선에서 군사적 목적으로 사용하던 곳이었고, 남대문 밖 용산은 일본군이 임진왜란 당시 주둔한 적이 있던 곳이자 한일강제병합 이후 다시금 주요 주둔지로 삼은 곳이었다.[5]

이렇게 일본군과 청군이 주둔했던 지역을 비교해보면, 청군이 주둔했던 지역이 군사적 측면에서는 좀 더 유리한 지역이었다. 즉, 시기가 일치하지는 않지만 하도감과 용산 모두 군사적 목적으로 활용되었던 곳이라는 점에서 청군이 군대를 주둔시키기에 유리한 지역을 차지했던 것이다. 조선에 대한 일본의 영향력이 청일전쟁 이후부터 강화된다는 점을 고려한다면, 임오군란 당시까지는 청군이 일본군보다 영향력 면에서 우위에 있었을 것이다.

임오군란과 관련된 이동 경로를 나타내면 〈그림 2〉와 같다. 구식군인을 비롯한 시위대의 이동 경로를 보면, 목적지까지 대부분 종로를 거쳐 이동했음을 알 수 있다. 종로를 중심으로 이동한 이유를 생각해보면, 처음 시위를 시작한 동별영이 종로와 가까웠다는 점을 들수 있다. 더불어 종로가 조선시대부터 서울의 주요 간선도로였다는

---

5)　신주백, 〈용산과 일본군 용산기지의 변화(1884~1945)〉, 《서울학연구》 29, 2007, 192쪽.

청국책응소
(마두산)

창덕궁

운현궁
이최응의 집

민겸호의 집

동별영
(어영청, 장어영)

우포청

뇌옥

좌포청

하도감·
청국책응소

일본공사관

경기감영 산회당

김보현의 집

민창식의 집

일본군 숙소(장악원)

일본군 주둔지

임시 공간(이종승의 집)
일본군 숙소

청군 참호

남대문

청국책응소

청국책응소

양화진

한 강

- - - 시위대 이동 경로
─── 일본공사관 일행 이동 경로
▲ 시위대 관련 장소
◉ 일본 관련 장소
◎ 청 관련 장소

※ 출전: 〈대경성정도〉, 1936, 서울역사박물관 소장.
※ 임오군란 관련 경로 표시는 필자.

그림 2. 임오군란 당시 시위대와 일본공사관 일행의 이동 경로

점 또한 주요 원인이었을 것이다. 시위대가 향했던 목적지 대부분은
종로를 거쳐 이동할 수 있는 곳이었으며, 임오군란 당시 일본공사관
이 있던 곳으로 가기 위해서도 반드시 종로를 거쳐야 했다.

한편, 일본공사관 일행이 인천으로 향했던 길은 어떠했을까? 조선

시대 서울에서 인천으로 가는 길은 크게 두 가지였다. 서강나루 또는 양화진을 통하는 것이었다.[6] 임오군란 당시 일본공사관은 서대문 밖에 있었기 때문에, 서강나루 서쪽에 있는 양화진으로 향하는 것이 인천으로 가는 가장 빠른 길이라 판단했던 것으로 보인다.

이상 임오군란 당시 시위대가 이동한 경로와 관련된 주요 위치를 살펴보았다. 임오군란은 서울에서 일어난 첫 번째 도시 시위로, 임오군란과 관련된 주요 장소와 이동 경로가 후술할 만민공동회나 3·1운동 당시 시위대와 연관성이 깊다. 주요 장소의 경우 외국 군대가 주둔했던 곳이 그전부터 군대와 관련이 있는 장소이거나 한일강제병합 이후에도 군대와 관련된 곳이었다. 이동 경로의 경우 조선시대부터 주요 도로로서 기능했던 종로가 주로 활용되었다. 상업 중심지였던 종로는 임오군란을 계기로 도시 시위의 중심 거리로서도 활용되기 시작했다.

2) 만민공동회와 공간적 질서의 변화

서울의 도시 시위 계보에서 두 번째로 언급할 사건은 만민공동회이다. 만민공동회는 독립협회가 주최한 집회로, '만민'이라는 이름 그대로 여러 계층의 사람들이 모여 다양한 주제를 논의했다.

독립협회[7]는 1896년 7월 2일 독립문과 독립공원 조성 사업을 위한 관료 클럽으로 창립되었다. 관료를 대상으로 했던 단체였기 때문에

---

6) 고동환 외, 《경강 광나루에서 양화진까지》, 서울역사박물관, 2017, 60쪽.

7) 이하 독립협회에 대해서는 국사편찬위원회 편, 《한국사》 41, 국사편찬위원회, 1999, 387~444쪽; 신용하, 《신판 독립협회연구》 상·하, 일조각, 2006; 정교 지음, 조광 엮음, 이철성 외 옮김, 《대한계년사》 2~4, 소명출판, 2004; 月脚達彦, 〈独立協会の'国民'創出運動−新たな政治文化の誕生〉, 《朝鮮開化思想とナショナリズム−近代朝鮮の形成》, 東京大学出版会, 2009, 173~212쪽을 참고했다.

회원 운영이 자유로웠다. 회원 가입 또한 개방되어 있었고, 회원들의 요구를 반영할 통로가 있었다. 이러한 특징은 이후 독립협회가 민중 단체로 진화할 수 있는 요건이 되었다.

독립협회는 1896년 7월부터 1898년 12월까지 2년 6개월이라는 짧은 기간 동안 활동했는데, 주도세력에 따라 활동 방향에 변화가 있었다. 이에 기존 연구에서는 독립협회의 활동 시기를 몇 단계로 구분해왔다. 신용하의 경우 고위관료 주도기(1896년 7월 2일~1897년 8월 28일), 민중 진출기(1897년 8월 29일~1898년 2월 26일), 민중 주도기(1898년 2월 27일~8월 27일), 민중 투쟁기(1898년 8월 28일~12월 말) 등으로 구분했고, 쓰키아시 다쓰히코(月脚達彦)는 계몽운동기(1896년 7월 4일~1897년 말), 정치운동기(1898년 초~1899년 1월 18일) 등으로 구분했다. 여기서 다루고자 하는 만민공동회는 민중 투쟁기 또는 정치운동기에 해당한다.[8]

독립협회가 관민공동회를 개최하기 시작한 것은 1898년 10월부터이다. 개혁파 관료 일부가 내각에 진출하자 독립협회는 개혁자강운동을 위해 세 가지 작업을 진행했다. 중추원을 의회로 개편하고, 개혁파 관료 중심의 개혁내각을 구성해 개혁을 실시하고, 실력을 양성한다는 것이었다. 이를 위해 10월 28일 관민공동회가 종로에서 개최되었다. 첫날인 28일에는 대회 장소 문제로 정부 관료가 참석하지 않았지만,[9] 29일부터는 참석했다. 29일 회의에서 독립협회의 주장을 기본으로 한 〈헌의 6조〉가 공표되었다. 31일 〈헌의 6조〉를 황제가 재가하고, 시행을 위한 〈조칙 5조〉를 내렸다. 〈헌의 6조〉가 행정부 각처에

---

8) 月脚達彦, 위의 글, 178쪽.

9) 독립협회가 정부 대신들을 초청했지만, 정부 대신들은 독립협회는 독립관이라는 지정된 장소에서만 토론회를 열 수 있으므로 관민공동회 개최 장소를 종로가 아니라 독립관으로 변경할 것을 요구했다. 정교 지음, 조광 엮음, 김우철 옮김, 《대한계년사》 3, 소명출판, 2004, 242·243쪽.

시차를 두고 시행되려 하자 관민공동회는 11월 2일 해산했다.

한편, 수구파 관료들은 독립협회의 의견대로 정치구조를 바꾸면 자신들이 권력을 유지할 수 없다는 것을 깨닫고 이를 저지하고자 했다. 이에 수구파 관료들은 독립협회가 황제를 폐하고 공화정치를 추구하고 있다는 내용의 '익명서'를 시내 곳곳에 붙이고, 이를 고종에게 상주했다. 고종은 11월 4일 독립협회 간부들에 대해 체포령을 내리고, 5일 조칙으로 독립협회 해산을 명령했다.

이에 독립협회 간부 석방과 독립협회 복설을 요구하는 항의집회가 열리게 되었다. 11월 5일 해당 소식을 접한 독립협회 회원들과 시민 수천 명이 경무청 앞에 모여 독립협회 간부 체포에 대해 항의했다. 철야 농성이 며칠간 지속되었다. 체포된 간부들이 고등재판소로 이송되자, 시민들은 고등재판소 앞으로 장소를 옮겨 시위를 계속했다. 시위가 6일째 되던 날인 11월 10일 고종은 익명서를 조작한 관료들을 해임하고 독립협회 간부들에게 가벼운 형을 내려 사실상 이들을 석방했다. 하지만 만민공동회는 해산하지 않고 모함을 주도한 수구파 대신의 처벌과 〈헌의 6조〉 전면 실시, 독립협회 복설 등을 요구하며 11월 11일 종로로 장소를 옮겨 시위를 이어갔다.

만민공동회의 요구에 고종과 수구파 관료는 대응책을 마련하고자 부심했다. 만민공동회를 해산하라는 칙어를 내렸고, 군대 투입이 논의되었으며, 보부상 단체인 황국협회를 이용해 독립협회에 대응하려는 시도도 있었다. 그러나 만민공동회는 11월 15일 장소를 경운궁 인화문 앞으로 옮겨 더욱 압박을 가했다. 이에 수구파 관료들은 황국협회의 물리력을 동원해 만민공동회를 공격하게 했다. 시위 17일째인 11월 21일 황국협회 보부상들이 만민공동회를 습격했다. 이들은 정동병문(貞洞屛門, 지금의 을지로)을 지나 경운궁 인화문 앞으로 향했고,

아무런 준비가 되어 있지 않던 만민공동회는 급히 다른 곳으로 피신했다.

이 소식을 들은 시민들은 보부상을 몰아내기 위해 정동병문으로 모여들었고, 보부상들은 신문(新門) 밖으로 나가 경기감영으로 피신했다가 마포 일대까지 물러났다. 결국 고종은 11월 18일 독립협회 복설을 허가했다. 만민공동회는 11월 23일 오후 8시를 기해 해산했다.

그러나 정부가 보부상 혁파, 사건에 관련된 관리의 체포 등의 약속을 지키지 않자 11월 26일 오전 10시를 기해 종로에서 다시 만민공동회를 개최하는 등 정부의 개혁이 지지부진할 때마다 만민공동회가 수시로 소집되었다. 이에 고종은 중추원 관제를 독립협회의 요구대로 바꿈으로써 만민공동회를 해산시키고자 했다. 즉, 중추원 의원 50명 중 11명을 독립협회가 추천하도록 한 것이다. 독립협회는 투표를 통해 의원을 추천했는데, 여기에서 문제가 발생했다. 독립협회 추천 인사 중 박영효가 포함되어 있었던 것이다. 당시 박영효는 갑신정변의 실패로 일본에 망명 중이었다.

이를 계기로 고종은 만민공동회를 해산시키고자 12월 22일 군대를 동원하기 시작했다. 군대는 23일부터 만민공동회를 포위하고 물리력을 행사했다. 24일 서울 시내는 계엄 상태에 들어갔고, 25일 고종이 칙어를 반포해 만민공동회와 독립협회를 해산시켰다.

이상의 내용 중 만민공동회와 관련된 주요 장소를 정리하면 〈표 3〉과 같다. 관민공동회는 6일이라는 짧은 기간 동안 일어났고 종로(운종가 광장)에서만 모였기에 장소의 변화는 거의 없었다. 만민공동회도 주로 종로에서 시위를 하는 등 장소의 변화가 많지는 않았다. 다만 서론에서도 언급했듯이, 만민공동회가 시위를 하는 장소는 사안의 중요성이 커지면서 궁궐 앞이나 고등재판소 앞 등 권력에 점차 가

날짜	장소 (괄호 안은 보부상 집회 장소)	비고	날짜	장소 (괄호 안은 보부상 집회 장소)	비고
11월 5일	경무청 앞	만민공동회 시작	11월 26일	종로 사거리→ 인화문	고종 친유
11월 6일	경무청 앞		12월 6일	종로 사거리	만민공동회 재개 첫날
11월 7일	고등재판소 앞		12월 8일	종로 사거리	
11월 8일	고등재판소 앞		12월 9일	종로 사거리	
11월 9일	고등재판소 앞		12월 10일	종로 사거리	
11월 10일	고등재판소 앞		12월 11일	종로 사거리	
11월 11일	종로 사거리		12월 12일	종로→육조 각 부	
11월 12일	종로 사거리		12월 14일	종로→육조 각 부	
11월 13일	종로 사거리		12월 15일	군부 앞	
11월 14일	종로 사거리		12월 16일	경무청 앞	
11월 15일	인화문 앞		12월 17일	경무청 앞	
11월 16일	인화문 앞		12월 18일	종로 사거리	
11월 17일	인화문 앞(경무청)		12월 19일	종로 사거리	
11월 18일	인화문 앞		12월 20일	종로 사거리	
11월 19일	농상공부 앞		12월 21일	고등재판소 앞	
11월 20일	인화문 앞(종로)		12월 22일	종로 사거리 (고등재판소)	회민 일부 고등 재판소 앞 시위
11월 21일	인화문 앞→종로→ 돈의문(종로→인화 문→전 경기감영)	황국협회 보부상의 만민공동회 습격	12월 23일	고등재판소→종로	무력에 의한 시위대 해산
11월 22일	종로→(마포) (전 경기감영→마 포)		12월 24일	계엄 상태	
11월 23일	종로(마포)	만민공동회 일시 해산	12월 25일	만민공동회 정식 해산	고종 칙어

표 3. 만민공동회 및 보부상 주요 집회 장소(1898년 11~12월)

까워져갔음을 알 수 있다.

만민공동회와 관련된 이동 경로를 나타내면 〈그림 4〉와 같다. 앞서 만민공동회 관련 장소(〈그림 3〉)와 마찬가지로 참여자들이 이동하면서 시위를 진행하지는 않아서 경로에 대한 특징을 찾기가 쉽지 않다. 다만 두 가지 점을 짚어볼 수 있다. 첫째, 황국협회 보부상들이 습격을 피해 경기감영을 거쳐 마포로 가는 길은 임오군란 당시 일본공사관 일행이 지나갔던 길과 유사하다. 일본영사관 일행이 남대문을 들르지 않았다면 아마 그와 동일한 경로를 지나갔을 것이다. 경운궁과 가장 가까운 사대문이 서대문이었기에, 긴급히 도망가 사대문 밖으로 나가기 위해 이 경로를 선택했을 것이라 짐작된다.

둘째, 종로에서 정동병문을 거쳐 경운궁 인화문으로 향하는 경로이다. 황국협회 보부상들이 경운궁 인화문을 기준으로 양쪽에서 습격하고자 했기에 종로에서 돈의문을 지나는 경로와 정동을 지나는 경로를 선택한 것으로 보인다. 그런데 한 가지 의문점은, 인화문으로 가는 길 중 왜 정동병문을 지나는 길을 선택했을까 하는 점이다. 〈그림 4〉에서 볼 수 있듯이, 종로에서 인화문으로 가는 길은 두 갈래로, 정동병문을 지나는 길과 태평로를 지나는 길이 있다. 그런데 보부상들은 왜 태평로를 지나지 않았을까?

태평로는 조선시대까지는 없었던 길로, 명성황후의 장례를 치르기 위해 조성된 길로 알려져 있다. 태평로와 광화문통(지금의 세종대로)이 만나는 사거리에는 개천이 흘렀기에 길을 새로 조성하면서 이곳에 다리를 지었는데, 새로 만든 다리라고 해서 신교(新橋)라 불리기도 했다.[10] 그런데 명성황후의 장례는 1897년 11월에 거행되었으니 만민

---

10) 태평로 조성과 관련해서는 박희용, 〈권력과 도시 공간의 변화에 대한 연구−대한제국기~일제강점기 정동을 중심으로〉, 《도시인문학연구》 6(2), 2014, 267~271쪽을 참고할 것.

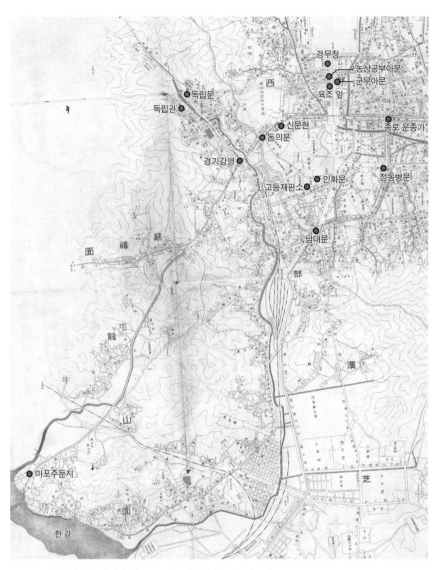

※ 출전: 〈경성용산시가도〉, 1913, 서울시립대학교박물관 소장.
※ 만민공동회 관련 주요 장소 표시는 필자.

그림 3. 만민공동회 관련 주요 장소

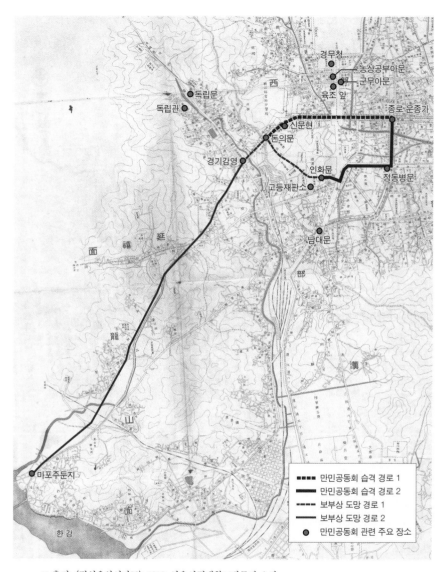

그림 4. 만민공동회 및 보부상 이동 경로

공동회가 시위를 할 당시에는 태평로가 이미 조성된 상황이었다. 관련 자료를 찾지 못해 보부상들이 태평로를 지나가지 않은 이유를 알 수는 없지만, 두 가지 가능성을 고려해볼 수 있다. 하나는 보부상들이 두 갈래로 나뉘어 인화문으로 가기 위해 남대문로를 지났을 가능성이다. 종로에서 태평로로 가는 길 일부가 서대문으로 가는 길과 겹치기 때문에 그 길을 선택하지 않았을 수 있다. 다른 하나는 보부상들이 각지에서 집결했기 때문에, 조성된 지 얼마 안 된 태평로보다는 예전부터 있었던 남대문로가 더 익숙해서 그쪽으로 향했을 수도 있을 것이다.

이상으로 만민공동회와 관련된 주요 장소와 이동 경로를 살펴보았다. 만민공동회는 임오군란과 달리 이동하면서 시위를 진행하기보다는 종로라는 한 자리에서 시위를 진행한 경우가 대부분이었다. 더불어 대부분의 시위를 종로에서 진행했다는 점에서 임오군란 이후 종로가 도시 시위의 중심 거리라는 위상이 계속 유지되었다는 점을 확인할 수 있었다.

또 하나 언급하고자 하는 것은 장소가 가지는 권위의 파괴에 대한 것이다. 한일강제병합 이후 궁궐이 유원지나 박람회장이 되면서 궁궐의 위상이 변화되는 과정은 기존 연구를 통해 잘 알려져 있다.[11] 하지만 만민공동회의 집회 장소나 보부상에 의해 만민공동회가 공격받는 것을 보면서 이미 고종 대부터 서울이라는 공간의 위상 변화가 일어나고 있었던 것은 아니었을까?

그 대표적인 곳이 경운궁 인화문과 고등재판소이다. 인화문은 만

---

11) 대표적으로 김대호, 〈일제강점 이후 경복궁의 훼철(毁撤)과 '활용'(1910~현재)〉, 《서울학연구》 29, 2007; 박희용, 〈대한제국기 이후 경희궁의 변화 과정 연구〉, 《서울학연구》 67, 2017; 은정태, 〈고종시대의 경희궁−훼철과 활용을 중심으로〉, 《서울학연구》 34, 2009 등의 연구가 있다.

민공동회가 황국협회 보부상에게 공격을 받았던 장소이다. 인화문은 경운궁의 정문으로, 경운궁은 당시 고종이 살던 정궁이었다. 그런데 보부상들은 인화문 앞에서 시위 중이던 만민공동회를 공격했다. 경운궁 주변의 외국 공사들이 만민공동회에 대해 통일된 의견을 가지고 있지 않았고, 또 만민공동회 회원들이 습격을 피해 도망가면서 일부가 공사관으로 도망가는 등 향후 외교적인 문제가 발생할 우려가 있음에도 불구하고, 오히려 보부상들에게 밥과 고깃국을 내려 노고를 치하한 것은 이해하기가 쉽지 않은 대목이다.[12] 게다가 황국협회를 부추겨 만민공동회를 습격하도록 주도했던 사람들 대부분은 관료들이었다. 다소 과장될 수도 있겠지만, 이들은 왕이 살고 있는 정궁이 가지는 권위 같은 기존 질서를 알고서도 소란을 의도했다는 것이다. 이는 고종이 만민공동회 문제를 해결하기 위해 만민공동회 회원들과 황국협회 보부상들을 서울로 불러들여 칙어를 반포했던 모습과 매우 대조적이다. 결국 임오군란을 비롯한 도시 시위가 일어났을 때부터 서울이 조선시대 수도가 된 이후 가지고 있었던 기존의 공간적 질서와 의미가 조금씩 변화되고 있었던 것은 아닐까?

2. 3·1운동과 서울의 도시 공간

1) 3·1운동 당시의 이동 경로와 그 특징

3·1운동과 도시 공간의 상관관계를 살펴보기 위해서는 당시 만세운동이 일어났던 장소와 사람들이 독립만세를 외치며 이동했던 경로

---

12) 정교 지음, 조광 엮음, 이상식 옮김, 《대한계년사》 4, 소명출판, 2004, 115쪽.

를 파악해야 한다. 당시 재판 기록에 따르면,[13] 3월 1일 정오가 지나자 학교 생도를 비롯한 많은 사람이 파고다공원에 집결했다. 민족 대표 33인은 인사동 요리점 명월관에서 선언서를 낭독했으며, 오후 2시에는 파고다공원에서 독립선언서가 낭독되었고, 공원에 있던 사람들은 독립만세를 제창한 뒤 공원을 나와서 가두시위를 벌였다.

만세시위 대열은 파고다 공원을 나와 두 갈래로 나뉘었다. 대열은 남쪽을 기준으로 크게 공원 동쪽과 서쪽으로 갈라져 동쪽 대열은 창덕궁→안국동→광화문→서대문정→프랑스영사관에 이르러 다시 두 갈래로 나뉘었다. 한 갈래는 서소문정으로 향했고, 다른 한 갈래는 미국영사관(또는 영성문)→대한문→장곡천정→본정→종로→동대문 등으로 향했다.

공원 서쪽으로 향한 대열은 종로 1정목 전차 교차점에서 다시 두 갈래로 나뉘었다. 한 갈래는 남대문역→의주통→미국영사관→이화학당→대한문→광화문→조선보병대 앞→서대문정→프랑스영사관→서소문정→장곡천정→본정 2정목으로 향했고, 다른 한 갈래는 무교정→대한문→미국영사관→대한문 앞에 이르러 다시 두 갈래로 나뉘었다. 한 갈래는 광화문→조선보병대→서대문정→프랑스영사관→서소문정→장곡천정→본정으로 향했고, 다른 한 갈래는 창덕궁→안국정→광화문→프랑스영사관→서소문정→서대문정→영성문→대한문→장곡천정→본정으로 향했다.

이상의 경로를 도식화하면 〈그림 5〉와 같다. 여기서 몇 가지 특징을 살펴볼 수 있다.[14] 첫 번째, 경로는 여러 갈래로 나뉘어 있지만 대

---

13) 3·1운동 당시 이동 경로에 대해서는 다음 자료를 참고했다. 독립운동사편찬위원회, 《독립운동사자료집: 제5집 3·1운동 재판 기록》, 고려서림, 1983, 68~74쪽; 서울특별시사편찬위원회, 《서울항일독립운동사》, 2009, 322~331쪽.

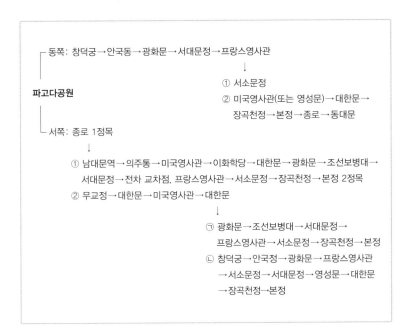

┌ 동쪽: 창덕궁→안국동→광화문→서대문정→프랑스영사관

　　　　　　　　　　　　　　　　　　　　↓

파고다공원　　　　　　　　　① 서소문정
　　　　　　　　　　　　② 미국영사관(또는 영성문)→대한문→
　　　　　　　　　　　　　장곡천정→본정→종로→동대문

└ 서쪽: 종로 1정목
　　　↓
　① 남대문역→의주통→미국영사관→이화학당→대한문→광화문→조선보병대→
　　서대문정→전차 교차점, 프랑스영사관→서소문정→장곡천정→본정 2정목
　② 무교정→대한문→미국영사관→대한문
　　　　　　　　↓
　　　ㄱ 광화문→조선보병대→서대문정→
　　　　프랑스영사관→서소문정→장곡천정→본정
　　　ㄴ 창덕궁→안국정→광화문→프랑스영사관
　　　　→서소문정→서대문정→영성문→대한문
　　　　→장곡천정→본정

※ 출전: 독립운동사편찬위원회,《독립운동사자료집: 제5집 3·1운동 재판 기록》, 고려서림, 1983, 72·73쪽을 참고해 필자가 작성.

그림 5. 3월 1일 서울의 시위대 이동 경로

열이 지나갔던 곳 중에서 겹치는 지점이 많았다. 주요 지점은 광화문 앞, 대한문 앞, 프랑스영사관, 미국영사관 등이 있다. 이 지점들을 자주 지나갔던 이유는 무엇일까?

　광화문과 대한문은 궁궐의 정문이라는 공통점이 있다. 물론 같은 궁궐이라도 1919년 당시의 경복궁과 경운궁은 차이가 있었다. 경복궁에는 궁궐의 주인인 왕이 부재했지만, 경운궁은 고종이 있는 정궁이었다. 그런데 3·1운동 당시에는 고종 또한 부재했다는 점을 고려한

---

14)　시위대의 이동 경로에 대한 분석은 주동빈, 〈3·1운동 초기 경성 시위에 대한 세대론적 분석〉, 《동방학지》184, 2018, 195~198쪽 참고.

다면, 궁궐 앞을 지나간 목적이 왕에게 무엇인가를 호소하기 위해서가 아니었음을 추측해볼 수 있다.

다만 대한문의 경우 궁궐, 왕의 권위와 관련되어 있다는 점을 상기할 필요가 있다. 3·1운동 시위 때 일부 대열이 경운궁을 지나면서 대한문 앞에서 만세를 외쳤고, 그중 또 일부가 대한문 안으로 들어가 조례(弔禮)를 행했다.[15] 특별한 행사나 사건이 있을 때 궁궐 앞에 사람들이 모여 만세를 하는 행위는 독립협회가 주최한 행사에서 비롯되었다. 이는 독립협회가 창출한 새로운 문화의 하나로, 국기나 애국가와 더불어 독립협회 때부터 3·1운동 시기까지 이어지는 민중 행동양식의 원형으로 자리 잡았다.[16] 이러한 점을 고려한다면, 시위대가 대한문 앞을 많이 지나간 것은 시위 참가자들에게 이 시기까지도 궁궐과 왕의 권위가 어느 정도 인지되고 있었다고 볼 수 있다.

두 궁궐 앞을 빈번하게 지나간 것은 지리적 영향이 컸을 것이다. 광화문 앞은 조선시대부터 핵심 도로였던 광화문통의 시작점이고, 대한문 앞은 광화문통과 남대문을 이어주는 태평통이 지나가는 곳이었다. 특히 대한문 앞은 정동이나 황금정(지금의 을지로), 장곡천정(지금의 소공동) 등으로 갈 수 있는 교차점이기 때문에 시위 참여자들이 빈번하게 오갔을 것이다.

프랑스영사관과 미국영사관은 어떤 이유에서 자주 지나갔을까? 각국 외교관들이 있던 영사관을 통해 조선의 독립을 국외로 알리고자 했던 것은 아니었을까? 하나의 사례로 재판 기록을 보면 김진호는 독립선언서를 봉투에 넣어 러시아·미국·프랑스영사관에 보내려 했

15) 김진봉, 《3·1운동사연구(三·一運動史硏究)》, 국학자료원, 2000, 110쪽.
16) 月脚達彦, 앞의 글, 206·207쪽.

고, 오흥순은 김진호의 의뢰로 독립선언서가 들어 있는 봉투를 받아 3월 1일 오후 2시 러시아영사관 관원에게 교부했다.[17]

두 번째 특징은 첫 번째 특징과 관련된 것으로, 시위대의 이동 범위가 넓지 않았다는 점이다. 〈그림 6〉은 3·1운동 관련 시위대의 이동 경로를 지도 위에 표시한 것으로, 주요 이동 범위는 사대문 안과 그 주변이었다. 시위대가 주로 이동했던 지역은 조선인의 주요 거주지였던 북촌보다는 청계천 이남 일대였는데, 후술하겠지만 3·1운동과 관련해 서울에서 만세운동을 하다 체포되어 재판을 받은 많은 사람이 북촌에 거주지를 두고 있었다는 점을 감안한다면 흥미로운 대목이다.

더불어 〈그림 6〉을 통해 확인하기 어렵지만, 시위대가 본정통에서 경찰과 충돌해 해산되었던 경우가 많았다. 청계천 이남, 특히 본정은 재경성 일본인의 주요 거주지이자 상업 중심지였으므로 시위대의 목적지가 남촌 일대였던 것은 아니었을까? 본정으로 진입하려던 시위대가 경찰에 의해 저지되었으나 일부는 저지선을 뚫고 명치정까지 들어갔다가 다시 저지 또는 체포되었다는 것을 당시 보고 문서를 통해서도 확인할 수 있다.[18]

물론 후술할 3월 5일의 시위에서는 시위대가 남촌을 지나 종로 보신각으로 향했고, 3월 1일 파고다공원에서 나와 동쪽으로 향한 대열 중 일부가 본정통을 지나 동대문으로 향했다는 점을 보면 목적지를 남촌이라고 단정 지을 수는 없다. 본정통에서 경찰에 의해 해산된 시위대의 목적지 또한 다시 종로통으로 돌아오거나 동대문 밖이었을

---

17)   독립운동사편찬위원회, 앞의 책, 109·116쪽.

18)   朝鮮總督府 內務局, 〈京城府內騷擾ニ關スル件〉, 《大正 八年 騷擾事件ニ關スル道長官報告綴》 七冊ノ內二, 1919. 3. 1.

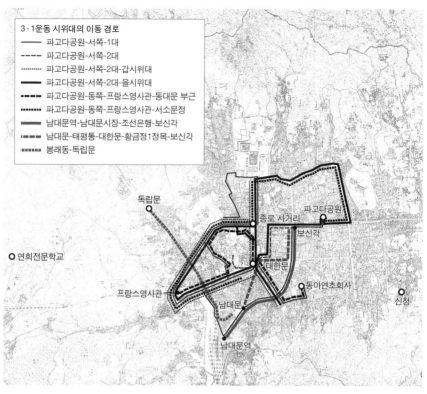

3·1운동 시위대의 이동 경로
─── 파고다공원-서쪽-1대
──── 파고다공원-서쪽-2대
·········· 파고다공원-서쪽-2대-갑시위대
━━━ 파고다공원-서쪽-2대-을시위대
▪▪▪▪ 파고다공원-동쪽-프랑스영사관-동대문 부근
▪▪▪▪▪ 파고다공원-동쪽-프랑스영사관-서소문정
▨▨▨ 남대문역-남대문시장-조선은행-보신각
▭▭▭ 남대문-태평통-대한문-황금정1정목-보신각
▨▨▨ 봉래동-독립문

독립문
종로 사거리
파고다공원
보신각
연희전문학교
프랑스영사관
대한문
동아연초회사
남대문
신청
남대문역

※ 출전: 〈근세한국오만분지일지형도〉, 1922, 서울역사박물관 소장.
※ 3·1운동 관련 이동 경로 표시는 필자.

그림 6. 3·1운동 관련 시위대의 이동 경로

수도 있기 때문이다. 이 같은 시위대의 이동 경로를 통해 시위 행렬의 목적이 특정 장소를 향해 움직이는 것이었다기보다 사대문 및 그 주변 도로를 돌아다니며 시위 목적을 많은 사람에게 알리고 시위 참여를 유도했음을 유추해볼 수 있다.

한편, 3월 1일 오후에 대규모 시위운동이 발생한 것을 시작으로 서울의 다른 곳에서도 시위운동이 일어났다. 3월 1일 저녁 대한문 앞에서 3,000여 명의 학생·시민 들이 만세를 불렀고, 저녁 8시경에는 연희전문학교 부근에서 200여 명의 학생이, 밤 11시경에는 마포 전차 종점 부근에서 1,000여 명의 시민 등이 독립만세를 외쳤다. 3월 2일에는 오후 12시경 400여 명의 노동자가 종로 사거리에서 만세를 불렀으며, 3월 3일은 고종의 국장일이었기에 시위를 자제했으나 저녁에는 신정(新町)에서 독립만세시위가 일어나기도 했다.

3월 5일에도 학생들의 주도로 3월 1일에 이어 대규모 만세시위가 일어났다. 수많은 학생이 미리 연락을 받고 남대문역 앞으로 모여들었고, 학생 대표 강기덕·김원벽이 독립만세를 선창한 후 남대문으로 향했다. 남대문에서 일본 경찰이 막아섰으나, 시위 행렬은 이를 뚫고 남대문으로 들어간 뒤 둘로 나뉘었다. 한 갈래는 남대문시장과 조선은행을 지나 종로 보신각으로 향했고, 다른 한 갈래는 대한문 앞과 무교정을 지나 종로 보신각으로 향했다. 두 대열은 종로 보신각에서 합세해 시위운동을 계속했다.

2) 3·1운동 참여자들의 주소와 공간의 관계성

3·1운동과 서울이라는 공간의 관계를 살펴보는 데 시위대의 이동 경로와 더불어 또 한 가지 고려하고자 하는 변수는 3·1운동에 참여한 사람들의 위치 정보이다. 위에서도 살펴보았듯이 3·1운동과 관련해 시위대가 주로 이동한 지역은 조선인의 주요 거주지였던 북촌보다는 그 남쪽이었다. 또한 이동 목적이 조선의 독립을 주장하는 것이었기 때문에 대로를 중심으로 움직였던 것으로 보인다. 대로는 북촌보다는 광화문통, 태평통, 남대문통 등 대부분 북촌 이남에 있었기에, 이동 경로만 보면 3·1운동과 북촌의 관계가 명확하게 드러나지 않는다. 이에 3·1운동에 참여해 재판을 받은 사람들의 위치 정보를 통해 서

울과 3·1운동의 공간적 연관성을 살펴보고자 한다.

〈그림 7〉은 3·1운동으로 재판을 받은 사람들의 판결문에 나온 주소를 GIS로 구현한 것이다. 바탕 자료는 국가기록원에서 제공하는 〈독립운동 관련 판결문〉 아카이브[19]에서 3·1운동과 관련된 인명을 추출한 것으로, 총 930개(중복 포함) 중 371개의 주소지 자료를 지도에 구현했다. 추출한 자료가 완벽하지 않고 추출한 자료 전부가 구현된 것도 아니라는 점에서 한계는 있지만, 상당량의 자료를 지도에 구현함으로써 대체적인 경향을 알아보는 데 초점을 맞추었다.

〈그림 7〉을 보면 대다수의 사람이 북촌 일대에 주소지를 두고 있다. 북촌 안에서도 특정 지역에 밀집되어 있기보다는 고르게 분포되어 있지만, '경복궁–창덕궁' 사이에 가장 많은 인원이 집중되어 있다. 경복궁과 창덕궁 사이는 조선시대부터 양반들이 주로 거주했고, 궁궐과 주요 관사가 위치해 행정 중심지 역할을 하던 지역이었다.[20] 개항 이후 이 지역에 중앙고보 등 여러 학교가 들어섰는데, 3·1운동을 이끌었던 주요 세력이 학생들이었다는 점을 고려한다면 경복궁–창덕궁 일대는 3·1운동의 요람지 같은 곳이었다고 봐도 무방할 것이다.[21]

해당 지역에 주소를 두고 있는 참여자들의 판결문을 봐도 3월 1일 파고다공원에서 독립선언서를 낭독한 후 만세시위에 참여해 서울 시내 각지로 이동했다는 내용이 대부분이다. 그 밖에 지하신문 《반도의 목탁》이나 독립선언서를 거리에 배포한 참여자도 있었고, 의친왕 이강을 상하이로 망명시켜 독립운동을 하고자 했던 대동단과 관련된

---

19) http://theme.archives.go.kr/next/indy/viewMain.do

20) 김현정, 〈19세기 말 20세기 초 김윤식의 교유망과 서울 북촌의 공간 변화〉, 《서울학연구》 59, 2015, 65·66쪽.

21) 장규식, 앞의 책, 49~52쪽.

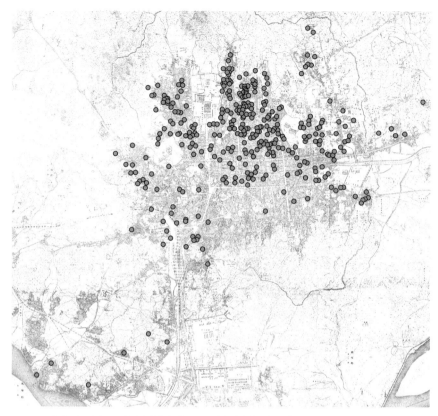

※ 출전: 〈근세한국오만분지일지형도〉, 1913, 서울역사박물관 소장.

※ 시위 참여자들의 주소지 표시는 필자.

그림 7. 3·1운동 관련 판결문에 나타난 시위 참여자들의 주소지

참여자도 있었다. 결국 경복궁–창덕궁 사이 지역에 주소를 두고 있던 사람들은 3월 1일 파고다공원에서 만세운동이 일어났을 때 이에 호응해 시위운동을 벌였던 참여자가 많았으며, 참여자들의 의식을 고취시키기 위해 독립과 관련된 신문과 독립선언서를 배포하거나 3·1운동 이후까지를 고민하는 등 참여자들의 3·1운동 참여 목적은 다양했다.

북촌 이외의 지역은 어떠했을까? 대체로 독립운동을 했다는 큰 틀을 벗어나지는 않지만, 남대문과 그 주변 지역의 경우 노동자를 모아 노동자대회에 참여한 뒤 만세운동에 합류한 사람들도 있었다. 이는 3월 1일 오후에 시위가 발생한 후 서울 곳곳에서 만세운동이 일어났다는 점과 연결되는 부분이다.

해당 건을 좀 더 구체적으로 살펴보자. 위 명목으로 처벌을 받은 사람들 사이의 관계는 어떠했을까? 판결문에 따르면 이들의 시위운동은 김공우와 배희두가 시위에 관해 논의하면서 시작되었는데, 김공우는 약학교(藥學校) 생도이고 배희두가 잡화점을 운영하고 있었다는 점에서 노동자계급과의 접점이 생겨났던 것으로 보인다. 두 사람이 노동자를 모아서 시위운동을 전개하자, 엄창근은 선두에서 태극기를 흔들었고, 신형균은 프랑스영사관 앞을 지나며 독립에 최선을 다하자고 외쳤으며, 염수완은 곡물상을 운영했는데 가게 앞을 지나던 시위 행렬에 합류했다. 그 외에 설규성, 신화순, 박효석 등도 시위에 합류한 것으로 보인다. 이들의 직업을 보면 설규성이 수레꾼, 박효석이 구두 수선 일을 했으며, 염수완과 신형균은 곡물상이었고, 엄창근은 노동일을 하는 등 사실상 김공우를 제외한 나머지는 노동자였다. 해당 건의 시위를 통해 학생층과 노동자층의 연결고리를 일부 엿볼 수 있으며, 노동자가 만세시위에 어떤 방식으로 참여했는지를 알 수 있다.

재경성 일본인들의 주요 활동지인 남촌에 주소를 두고 있는 참여자들은 어떤 이유에서 3·1운동에 참여했을까? 금융의 중심지라 불렸던 황금정통을 기준으로 그 이남에 주소를 둔 참여자들 대다수는 "손병희 등이 조선독립을 선언하자 정치변혁의 목적으로 경성부 각 곳에서 조선독립시위운동을 일으켜 안녕질서를 방해"했다는 명목으로 재판을 받았다. 그 외에 독립선언서, 지하신문《각성호회보》등을 배부하거나 전차에 돌을 던지며 독립만세를 외치는 참여자도 있었다. 남촌에 주소를 둔 사람들은 대체로 파고다공원에서 시작된 만세운동에 참여했다기보다 그에 영향을 받아 시위 행렬에 참여하게 되었다는 특징을 보인다.

3·1운동이 파고다공원에서 시작되었다는 점을 생각하면, 용산 일대에 주소를 둔 참여자들의 수가 적은 것이 전혀 이상하지 않다. 지도에 주소지가 표시된 이들은 총 6명으로, 이들이 재판을 받은 이유는 각자 달랐지만 대체적인 경향성은 있다. 그것은 남촌에 주소를 둔 참여자들과 유사하게 파고다공원에서 있었던 만세운동에 참여한 사람이라기보다 그로부터 영향을 받아 행동한 사람이 많았다는 것이다. 특히 이들 중 몇몇은 사람들을 인솔해 일정한 거리를 이동하며 독립만세를 외쳤다는 점이 특징적이다. 김교승은 독립선언서를 낭독한 후 사람들과 행진하면서 독립만세를 외쳤고 3월 5일 두 번째 대규모 시위에도 참여했다. 박성철은 생도 수십 명을 인솔해 동교에서 공덕리까지 행진하면서 독립만세를 외쳤다.

더불어 다음 인용문을 보면 파고다공원을 중심으로 시작된 만세운동의 영향력이 조금씩 주변으로 퍼져나가서 김교승, 박성철의 사례처럼 남대문 쪽으로 향하는 시위 행렬이 조직되었음을 알 수 있다.

내가 살 때만 해도 마포는 서울에서 보면 언덕에 있는 그저 그런 마을이었는데, 서울에서 마포까지 전차가 다녔어요. 내가 열 살 되는 해 어느 날, 전찻길 근처에서 놀고 있는데 전차에 탄 사람들이 보이더군요. 한복 차림에 서양식 모자를 쓰고 있었어요. 그들은 모자를 벗어들고 흔들면서 목청껏 "이제 독립이다!"라고 외쳤어요.

나는 어른들에게 무슨 일이냐고 물었지요. 그러자 그들은 나라를 되찾기를 원한다고 말하더군요. 전차에 탄 사람들은 시위에 참가하기 위해 서울로 가는 중이었어요.

동무 하나와 나는 따라가기로 했지요. 언덕에 오른 우리는 서울을 향해 내려갔어요. 조선시대 고관대작들의 집이 있는 곳 가까이에 이르렀을 때, 수백 명의 조선 사람들이 "이제 독립이다!"라고 외치면서 우리를 향해 다가오는 것을 보았어요.

남자들이 태극기를 흔들면서 앞장섰고 그 뒤로는 군중들이 밀치면서 "만세!"를 불렀어요. 동무와 나는 한참을 바라보다가 대열에 끼어들었지요.

우리는 경찰서까지 왔어요. 창문을 통해 들여다보니 한 경찰이 전화 수화기를 들고 있더군요. 아마도 밖에 모인 군중들에 대해 상관에게 말하고 있는 것이라 생각했어요. 내 옆에 있던 사람이 큰 몽둥이를 창문 안으로 던졌어요. 그러자 경찰이 수화기를 떨어뜨리고는 안쪽 방으로 뛰어가더니 담요 밑에 숨으려 했지요. 그 사람은 정말로 무서워서 벌벌 떨고 있었어요.

우리는 함성과 함께 뒤에서 밀며 서울역 쪽으로 나아갔어요. 철로 위에 육교가 있었는데 그곳에 도착했을 때 바로 앞에 무장한 일본 경찰이 말 위에 앉아서 우리에게 총검을 겨누고 있는 게 아닙니까! 50명이 넘었어요!

그들은 군중들을 두들겨 패면서 다가왔어요. 모두 당황해서 어쩔 줄 몰랐지요. 시위대 중 어떤 사람들은 난간을 넘어 아래 철길로 뛰어내렸어요. 어떤 사람들은 총검에 찔렸어요. 말에 탄 군인들이 사람들을 둘러싸더니 밧줄로 묶은 다음 다른 사람들 뒤를 쫓았어요. 그들은 말채찍 손잡이 끝으로 사람들을 후려쳤어요. 나는 숨으려고 했어요. 그런데 열 살

밖에 안 된 아이라 놓아준 모양입니다.[22]

    물론, 공간을 기준으로만 참여자들을 구분할 수는 없다. 앞서 살펴본 북촌 지역처럼 비슷한 곳에 주소를 두고 있어도 시위에 참여한 이유는 다를 수 있기 때문이다. 그렇기에 장소를 중심으로 살펴보는 것과 더불어, 같은 명목으로 재판을 받은 사람들의 주소지가 어떻게 분포되어 있는지도 살펴보아야 한다. 일례로 전차에 돌을 던져 유리창을 깨트리고 전차를 멈추게 하는 등 다소 폭력적인 측면이 드러난 시위를 살펴보자. 재판 기록에 따르면, 이 시위의 참여자 9명은 "다중과 함께 정치변혁을 도모할 목적으로 수백 명의 군중과 함께 독립만세를 부르고 통행하는 전차에 투석해 유리창을 파손하는 등 소요를 야기, 치안을 방해"했다는 명목으로 재판을 받았다. 친분이 있었던 이규민, 유성옥, 신명국, 이천봉 등이 먼저 해당 시위를 계획했다. 이들은 종로 주변에서 시위운동을 벌였는데, 이들의 주소지가 종로 일대에 모여 있다는 점을 감안하면 자연스러운 흐름이었을 것으로 보인다. 나머지 참여자인 김사철, 원병준 등은 대부분 경복궁 주변에 주소지를 두고 있었는데, 이들의 주소지만으로는 시위 참여의 이유가 잘 설명되지 않는다. 이들은 광화문 우편국 배달부로, 종로 5가 부근에서 시위대를 보고 이에 참여해 같이 전차에 돌을 던지면서 시위를 했던 것이다.

    이상으로 3·1운동에 참여해 재판을 받은 371명의 주소지를 분석했다. 주요 참여자가 조선인인 만큼, 당연하게도 북촌에 주소를 두고 있는 사람이 많았다. 특히 경복궁과 창덕궁 사이 지역은 최린 등 민족

---

22)   힐디 강 지음, 정선태·김진옥 옮김, 《검은 우산 아래에서》, 산처럼, 2002, 51~53쪽.

대표도 주소를 두고 있을 만큼 3·1운동의 요람지와도 같은 곳이다. 북촌 이외의 지역 또한 만세운동에 참여했다는 점에서는 동일하지만, 참여자들의 참여 경위나 활동 양상은 지역마다 차이를 보였다. 남대문과 그 주변에서는 노동자들과 더불어 만세운동에 참여한 사람들이 많았다. 황금정통 이남, 이른바 '남촌'이라 불리던 지역에 주소를 둔 사람들은 파고다공원에서 일어난 만세운동에 참여하기보다는 그에 영향을 받아 서울 일대에서 만세운동을 벌였다. 서울 사대문 안에서 조금 거리가 먼 용산 일대에 주소를 둔 참여자들은 대체로 사람들을 인솔해 일정 거리를 이동하면서 만세운동에 참여했다. 이 일대는 사대문 일대와 거리가 있는 만큼, 파고다공원 만세운동 후 그 여파가 널리 퍼져나가면서 시위운동에 참여한 것으로 보인다.

　이러한 분석을 통해 서울에 주소를 두고 있어도 지역마다 만세운동에 참여하는 시기나 활동 방법 등에 차이가 있음을 알 수 있다. 마지막으로 짚고 넘어가야 할 부분이 있는데, 그것은 시위 경로와의 연관성이다. 〈그림 8〉은 다소 복잡하지만 3·1운동과 관련해 이동한 경로와 주요 지점, 그리고 판결문에 나온 주소지를 한 지도에 표시한 것이다. 이동 경로와 판결문 주소를 함께 보면, 이동 경로 주변으로 주소지가 형성되어 있는 것을 볼 수 있다. 3월 1일 오후 시위 당시 시위대가 지나가지 않은 경복궁 서쪽에도 도로를 중심으로 주소지가 형성되어 있다는 것을 알 수 있다. 3·1운동은 파고다공원에서 독립만세를 외친 후 가두시위로 이어졌기 때문에 대로 위주로 시위가 진행되었고, 전술했듯이 이는 대로를 지나면서 자연스럽게 시위의 목적을 알리고 시위 참여율을 높이는 효과를 낳았다. 3월 1일 오후 시위대 중에서 창덕궁과 경복궁 앞을 지나 서대문 일대를 돌아 서소문정으로 향한 대열(〈그림 5〉의 동쪽 ①번)이 있었다. 만약 이 행렬의 목적지

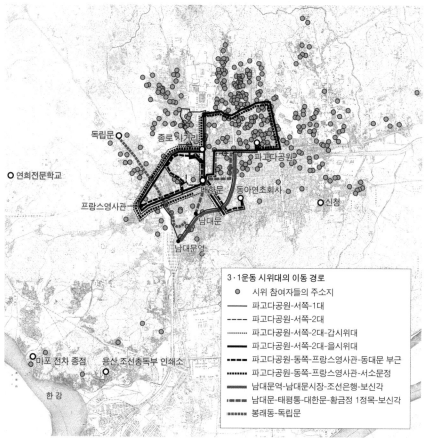

<table>
<tbody>
<tr><td colspan="2">3·1운동 시위대의 이동 경로</td></tr>
</tbody>
</table>

3·1운동 시위대의 이동 경로

●   시위 참여자들의 주소지
─────   파고다공원-서쪽-1대
-----   파고다공원-서쪽-2대
··········   파고다공원-서쪽-2대-갑시위대
━━━━   파고다공원-서쪽-2대-을시위대
▬▬▬   파고다공원-동쪽-프랑스영사관-동대문 부근
▪▪▪▪▪   파고다공원-동쪽-프랑스영사관-서소문정
─────   남대문역-남대문시장-조선은행-보신각
▬ ▬ ▬   남대문역-태평통-대한문-황금정 1정목-보신각
▪▪▪▪▪   봉래동-독립문

맵 레이블:
독립문 / 종로 거리 / 파고다공원 / 연희전문학교 / 프랑스영사관 / 동아연초회사 / 신청 / 대한문 / 남대문 / 남대문역 / 마포 전차 종점 / 용산, 조선총독부 인쇄소 / 한강

※ 출전: 〈근세한국오만분지일지형도〉, 1922, 서울역사박물관 소장.
※ 3·1운동 관련 이동 경로와 판결문에 나온 시위 참여자들의 주소지 표시는 필자.

그림 8. 3·1운동 관련 이동 경로와 판결문에 나온 시위 참여자들의 주소지

가 파고다공원에서 서소문정까지 가는 것이었다면, 이 대열은 목적
지까지 멀리 돌아간 것이 된다. 판결문 중에서도 북촌 일대의 조선인
민가에 독립선언서를 배부했던 참여자가 있다는 점을 고려해보면,
북촌 일대를 지나간 것은 다분히 의도적이었다고 짐작된다.

3·1운동 연구 관점의 확장을 위해

　지금까지 3·1운동을 서울이라는 도시 공간에 초점을 맞추어서 분석해보고자 했다. 제1절에서는 3·1운동이 임오군란, 만민공동회라는 도시 시위의 계보로 이어진 시위라는 점을 살펴보았다. 임오군란과 만민공동회를 거치면서 종로에 기존의 상업 중심지라는 성격에 더해 도시 시위의 중심지라는 또 하나의 성격이 부여되었다는 점을 확인했다. 더불어 왕이 사는 궁궐의 정문에서 시위를 하거나 시위대를 폭력으로 진압하는 등 서울이 조선의 수도가 된 이래 형성된 공간적 질서가 조금씩 변화되었다는 점을 알 수 있다.

　제2절에서는 3월 1일 파고다공원에서 독립만세운동이 일어난 것을 시작으로, 서울의 어떤 공간에서 만세운동이 진행되었는지를 공간에 초점을 맞추어서 분석해보고자 했다. 3월 1일 오후 시위대가 경유한 장소 중에 궁궐과 외국 영사관이 있었다는 점이 특징이다. 3·1운동 당시 궁궐은 왕의 권위보다는 주요 교통로의 교차점에 있었기 때문에 지나간 측면이 크고, 외국 영사관은 조선의 독립을 각국에 호소하고자 했기 때문이다. 또한 3월 1일 오후 시위에 참여한 이들의 행렬이 대부분 본정통에서 경찰에 의해 저지되었는데, 이들의 주요 목적 또는 최종 목적은 일본인 거리에서 만세시위를 하는 것이 아니었을까 생각된다.

　또한 3·1운동에 참여했다가 재판을 받은 사람들의 주소를 지도에 표시해 분석했다. 참여자들의 목적이 만세운동에 참여하는 것이라는 점에서 큰 차이를 보이지는 않는다. 다만 참가자 대부분이 경복궁과 창덕궁 사이 '북촌' 일대에 주소지를 두고 있었고, 참여자가 많았던 만큼 이들은 독립운동과 관련해 다양한 스펙트럼을 가지고 있었다.

북촌 이외의 지역 중에서 남대문 일대의 참여자들은 노동자들을 모아 만세운동에 참여하기도 했다. 남촌과 용산 일대에 주소지를 두고 있는 참여자들은 3월 1일 파고다공원에서 시위 행렬에 참여하지 않고 그 영향을 받아서 만세운동에 참여한 사람들이 많았다. 특히 용산 주변의 참여자들은 사람들을 인솔해 일정 거리까지 이동하면서 만세운동에 참여했다.

이상으로 3·1운동과 서울이라는 공간의 관계성을 살펴보았다. 이 글은 서두에서도 밝혔듯이 도시 시위와 서울이라는 공간이 어떤 관계가 있는지 살펴보는 시론적인 글이다. 따라서 사료적 뒷받침이 부족한 주장 또는 공간이라는 시각에 지나치게 집중한 분석도 있을 것이다. 다만 연구 방법론적으로 공간의 측면에 중점을 둔 역사 연구를 시도했다는 것과 3·1운동의 핵심 지역인 서울에서의 3·1운동 연구에 부족한 부분을 채워나간다는 의미로 이 글의 역할을 찾을 수 있지 않을까 한다.

8장

식민지 군중의 '길거리 정치'와 식민자의 공포(1920~1929)

기유정

3·1운동과 대중정치

이 글은 1920년대 식민당국에 의해 이른바 "조선인 군중 소요"라고 명명되었던 사건들 중 '길거리라는 공간에서 우발적인 일을 계기로 식민지배 세력과 대적'함으로써 사회적인 공론을 일으켰던 사건들을 3·1운동의 집단경험과 그 효과라는 문제의식에서 접근한 것이다.

한반도 최남단에서부터 최북단, 심지어 만주에 이르기까지 15개 이상의 주요 도시와 7개 도에서 사망자 7,509명, 체포자 4만 6,908명에 달했던 3·1운동은 일본 식민통치 기간 동안 여러 역사적 계기들 중에서도 가장 의미 있고 확고한 자기 위치를 갖는다. 그렇다면 이 3·1운동이 조선인 사회 일반에 미친 여진과 그 효과는 무엇일까? 이와 관련해 3·1운동이 몇몇 단체나 지식인에 한정되지 않는 한국 최초의 거국적인 대중운동이었다는 점을 고려했을 때, 문헌으로 자기 목소리를 남길 수 없는 일반 대중이 3·1운동의 집단경험을 어떻게 체화했는지를 밝히는 것은 운동사적 맥락과는 다른 차원에서 의미를 갖는다. 여기서 이 글이 살펴보고 있는 1920년대 '길거리 군중 소요'들은 1919년 3·1운동이 대중사회 일반의 일상적 심성을 변화시키는 중요한 역사적 계기로 존재하고 있었음을 추론케 한다. 이는 무엇보다도 당시 군중 소요를 "기미년 이후 조선 민심의 변화"라는 맥락에서 접근하고 있던 식민지배 세력의 인식에 근거한 것이기도 하다.

1920년대 전 기간을 통해 빈발했던 당시 소요들은 왜 하필 이 시기에 이와 같은 형태로 등장했을까? 수많은 군중이 하나의 공통된 정서를 매개로 순식간에 하나의 신체로 응축되는 이 무한자와 일자 사이의 엄격한 모순의 순간적이고도 초월적인 승화의 마법을 우리는 도대체 어떻게 설명할 수 있을까? 특정한 지도자의 선도나 통제에도 불구하고 그것으로 완전히 수렴되지 않고 오히려 그것을 넘어서서 하나의 자동기계처럼 움직이는 이 "떼들"의 일사불란한 구성과 이동, 그리고 이들이 식민권력에 안겨준 공포를 그 내재성의 맥락에서 개념화해낸다는 것은 분명히 쉬운 일이 아니다. 3·1운동의 여파 위에서 시작되고 있던 1920년대 조선인들의 길거리 군중 소요는 사안 자체를 실증하는 것만큼 그 운동의 동학을 적합한 '개념' 틀을 통해 설명해내는 것 또한 매우 중요하다.

이 글은 이와 같은 문제의식에서 기존에 사료적으로 충분히 검토되지 않았던 군중 소요사태를 발굴해내는 동시에, 하나의 정치 행태로서 당시 소요의 동학을—무작위적 대중에 의한 우발적 정치행위라는 '대중정치'의 맥락에서 설명하기 위한 개념 틀을 모색하고자 한다.

1. '기미년 이후'와 식민(지배)자의 인식

1) 재조 일본인 사회의 공포

1920년 10월 10일 오전 10시, 경성상업회의소 공회당에서는 당시 조선은행 총재였던 미노베 다쓰기치(美濃部俊吉)와 경성상업회의소 부회장 구기모토 도지로(釘本藤次郎)가 주도해 조선 전 지역에 살고 있던 일본인 유지(도평의원, 부협의원, 상업회의소 의원 등) 총 119명이 모여 '전선내지인실업가유지간화회(全鮮內地人實業家有志懇話會, 이하 '간화회')'라는 회의를 열었다. 10월 12일까지 총 3일에 걸쳐 개최되었던 이 회의에는 각 지역을 대표하는 재조 일본인 유지 119명을 포함해 총 160여 명이 참석했고, 둘째 날 회의에는 사이토 마코토(齋藤實) 총독과 총독부 경무국장이던 마루야마 쓰루키치(丸山鶴吉)가 참석해 재조 일본인 유지들의 의견을 청취하고 그에 대해 답변을 했으니, 재조 일본인 사회에서 이 회의가 차지하는 비중과 의미를 충분히 짐작하게 했다. 간화회는 이 모임이 "근래 전선 각지를 통해 조선인 사상이 현저히 변화하는 정태를 드러내고 있어", "각 지방의 실정을 청취함과 동시에 그 대책에 대해 친히 간화할 필요"에 따라 개최되었다고 밝히고 있다.[1] 이들은 공통적으로 "기미년 소요" 이후 조선인 사상이 나아지고 있다고 말하는 당국의 낙관을 한탄하며 자신들이 각지에서 실제로 느끼고 있는 실상을 전하고 그 대책을 논해야 한다고 역설했던 것이다. 그렇다면 실제로 이들이 생활 속에서 경험한 3·1운동 이후 조선인들의 모습은 무엇이고, 어떤 것이 이들에게 문제가 되었던 것일까?

---

[1] 전선내지인실업가유지간화회(全鮮內地人實業家有志懇話會) 편, 《전선내지인실업가유지간화회 속기록(速記錄)》, 경성상업회의소회화사무소(京城商業會議所懇話會事務所), 1920, 1·2쪽.

(1) 조선인들이 더 이상 고분고분하지 않다!

가장 먼저 재조 일본인들이 경험했던 변화된 조선 민심은 조선인들이 3·1운동 이전과 달리 "유유낙낙(唯唯諾諾)", 즉 "시키면 시키는 대로 고분고분"하지 않다는 점이었다.[2] 그들이 느끼기에 조선인들은 이전과 달리 왠지 모르게 거만하고 기세등등했는데, 이는 기존에 없었던 일본인들과의 충돌을 종종 불러일으켰다.

> 만세소요 한 사람들이 이전보다 훨씬 사회적인 힘이 생겨서 길을 걸을 때에도 활개 치고 다니고 일본인을 보면 어깨를 부딪쳐 소란을 만들려고 합니다. (황주) 호사카 슈이치(穗坂秀一)[3]

> ……며칠 전에도 황천강(淸川江) 부근에서 예전에 헌병 오장(伍長)을 했던 사람이 농업을 하며 살고 있는 것을 이들 불량선인(不良鮮人)이 잡아서 …… '너 뭐 하는 자냐'라며 피스톨로 위협하는 일이 있었습니다. 실로 일본인으로서 어찌 면목이 있다 하겠습니다. (안주) 요시다 유타카(吉田豊)[4]

> ……목욕탕을 가서는 선인(鮮人) 부녀자가 순사의 부인을 향해 '금일은 목욕하러 들어오지만 이삼 일이 지나면 반드시 살해될 것이니 깨끗이 씻어놓으라'고 말했습니다. (안주) 요시다 유타카[5]

---

2) 위의 책, 62쪽.

3) 위의 책, 5쪽.

4) 위의 책, 12쪽.

5) 위의 책, 13쪽.

이와 같은 상황에도 불구하고 일본인이 이에 쉽게 대적할 수 없었던 것은 조선인들에게서 느껴졌던 기존과는 분명히 다른 어떤 '기세' 때문이었다. 그렇다면 이들이 느끼고 있던 이 '기세'는 어디에서 연원하는 것이었을까? 일본인들은 이를 '수'의 문제와 관련지어 생각하고 있었다.

(2) 걸핏하면 수백 명이 집단을 이루어 대응해오다!

이 조선인이라는 자들은 일종의 군집성을 부대하고 있어서 내지인과 의견이 충돌하기라도 하면 곧바로 수백 명이 집단을 이루어서 압박하여 오는 경향이 근래 특히 현저해졌습니다. …… 언제 이들이 집단을 이루어 박해를 가할지 예측하기 어려운 상황에서 인심이 갈수록 두려워지고 있는 상태입니다. (마산) 마쓰바라(松原)[6]

이 주장처럼 기미년 이후 조선인들은 민간 일본인이나 순사들과 충돌이 생겼을 때 떼를 지어 대응하는 상황이 빈번했다. 다음에 인용한 광주 대표로 왔던 시카야 슈미(鹿野秀三)의 사례는 이런 상황에서 이들이 경험하고 있던 수의 논리와 그 효과를 잘 대변해준다.

제가 살고 있는 전라남도 장흥군에 사이토(齊藤) 모(某)라는 사람이 있었는데, 그 사람은 연령 약 육십 세를 넘어 십 년 이상 그 토지에 거주해왔던 사람으로, 우연히 방역위원의 한 사람이 되어 호열자 예방에 종사하고 있었습니다. 그때 어떤 한 조선인으로부터 소독약을 부탁받았는

---

6) 위의 책, 18쪽.

데, 즉시 물뿌리개로 소독약을 끼얹었던 것이 불행히도 그 조선인의 의류에 액체가 끼얹어졌습니다. 조선인은 매우 화가 나서, 사이토 모 씨의 손에서 물뿌리개를 빼앗아 구타하였는데 그곳에서 일대 격투가 일어났습니다. (광주) 시카야 슈미[7]

그런데 시카야는 당시 싸움에서 때렸던 "조선인 쪽은 한 사람이 아니"었다는 사실을 강조했다.

덩달아서 떠들어대었던 구경꾼인 다수의 조선인들 삼십 인 아니 오십 인이 군집해서 이 육십의 노인을 때렸던 것입니다. 사이토 모 씨는 이 때문에 삼 일 전에 그 토지를 처분하고 귀국하였습니다. 즉, 십 년 이상 세월을 들여서 경영했던 토지를 버리고 떠난 것입니다. …… 그런데 그 결과 어떠한고 하니 언쟁 양쪽이 모두 처벌[喧嘩兩成敗, 쌍방과실-인용자]이라니 과연 이것이 마땅한가 하는 것입니다. 게다가 때렸던 조선인 쪽은 한 사람이 아니라는 것입니다. …… 이와 같이 당국 쪽이 시비선악의 구별을 충분히 하지 않고, 언쟁 쌍방 처벌이라는 양자 간의 문제라는 것, 그 구경꾼으로 왔던 사람을 간과하는 것 같은 것은 조선 통치상에 있어 어떠하다고 해야 할 것인가라는 것입니다.[8]

기미년 이후 조선인들 사이에 생긴 "구경꾼"의 논리가 식민자와 피식민자의 엄격한 위계 논리를 허물어뜨리는 '수'라는 새로운 논리를 만들어내고 있었다는 것, 그리고 식민당국이 이와 같이 변화된 현

7)   위의 책, 34쪽.
8)   위의 책, 34·35쪽.

실에 대해 철저히 무지하다는 것을 위의 증언은 폭로하고 있었다.

> 매년 일선(日鮮) 합동운동회가 있는데, 나 역시 운동회 위원 중 한 명
> 입니다만, 본년은 왠지 운동회에 국기를 내걸지 못하였습니다. 이를 하
> 고 싶다고 생각하면서도 어떤지 소수 대 다수, 생각건대 모든 것이 감정
> 에 있어 그들이 소요를 일으키지 않을까라고 생각해서 유감스럽게도 국
> 기를 걸지 못하고 운동회를 열었던 상황입니다. 그처럼 예년 운동회는
> 일선 합동이었지만 금년 운동회는 조선인 측만으로 하게 되어서 일본
> 학교 생도는 참가하지 못했습니다. (안주) 요시다 유타카[9]

이처럼 수의 문제가 그들에게 특히 공포가 되었던 이유는 이 '수
의 밀집'이란 현상이 순간적이고 즉각적으로 이루어져 예측이나 통
제가 불가능했기 때문이다. 즉, 사건의 발생 자체가 즉자적이어서 미
리 통제하거나 예측할 수 있는 것이 아니었고, 이는 일본인들에게 이
와 같은 일이 언제 또 어떻게 벌어질지 모른다는 일상적 불안을 불러
일으키고 있었다. 이런 경험은 일본인들이 분명히 기미년 소요를 기
점으로 겪게 된 새로운 것이었다. 이와 같이 기미년 이후 조선인들에
대해 일본인들이 일상에서 느끼고 있던 '수'에 대한 공포에 비추었을
때, 식민당국의 태도는 3·1운동 이후 조선인 사회의 '변화'를 충분히
포착하지 못하거나 이해하지 못하는 것으로 이들에게 이해되었다.
이런 이유에서 일본인들은 다음과 같은 정책적 제언을 하게 된다.

---

9)   위의 책, 13쪽.

(3) 수에 대한 공포: 식민자 이식이라는 대안

당시 간화회에서 일본인 유지들은 공통적으로 다음 세 가지를 정
부당국에 요구했다. 치안 유지를 위한 경찰력 증대, 일본인 이민정책
에 철저를 기하는 것, 그리고 철도 부설 같은 경제 인프라 구축이 그
것이었다. 그런데 이 세 가지는 각기 서로 관련이 없어 보이는 듯해
도 사실상 한 가지 목적을 염두에 두고 있다는 측면에서 서로 연결되
어 있었다. 그것은 바로 '다수자'인 동시에 특정한 상황에서 '하나'가
되어 몰려오는 조선인 사회에 대한 대응이었다. 주둔하는 군대 수를
늘리거나[10] 헌병제도를 폐지하더라도 경비 확충을 위해 각지에 병력
을 분산 배치하지 않으면 안 된다는 주장 등은 모두 이와 같은 조선
인들의 행태 변화에 대해 즉각적으로 떠올릴 수 있는 대안이었다. 그
러나 이보다 더 근본적인 해결책은 다수자로서 몰려오는 조선인들과
대적하기 위해 자신들도 다수자가 되는 것이었다.

> 조선에 일본인이 삼백만, 오백만 혹은 일천만 정도로 많을수록 좋습
> 니다. 다수의 세력을 조선에 이식시켜서 일본인이 조선을 사실적으로
> 실력적으로 영유하는 것이 가장 필요한 대책이라고 생각합니다. 앞서
> 누군가 말했듯이 십 년간 근 오만 인이 뿌리내린 것에 불과하므로, 그
> 같은 미약한 세로서 어느 세월에 조선을 사실적으로 영유하고 일본인이
> 발전해갈 수 있을지 의문입니다. (수원) 유아사 요시헤(湯淺伊平)[11]

이런 의견은 당시 간화회에 참여했던 일본인들의 공통적인 주장이

---

10) 위의 책, 9·10쪽.

11) 위의 책, 38쪽.

었는데, 청주의 안도 다다시(安東正)는 〈충청북도 청주 건의서〉라는 이름으로 "이민정책에 철저를 기할 것"이라는 내용을 담은 건의서를 제출했다. '철도 부설'은 이와 같은 식민이주정책의 일환으로서 시급히 추진되어야 할 과제였다. 식민자 이식 증대라는 당시 재조 일본인들의 대안은 조선인 다수에 대한 불안과 공포를 일본인 다수로 해결한다는 것으로, 3·1운동을 기점으로 1920년대 조선 사회에 나타난 "군중"이라는 새로운 정치현상을 식민자의 체험을 통해 우회적으로 증명하고 있었다.

2) 식민당국의 인식(론)

그렇다면 이처럼 재조 일본인이 경험한 3·1운동 이후 조선인 사회 일반의 '행태 변화'와 관련해 식민당국이 견지하고 있던 인식 틀은 어떤 것이었을까? 당시 간화회에 참석했던 총독부 경무국장의 담화와 1925년 총독부 관방문서과에서 발간한 《조선의 군중(朝鮮の群衆)》은 3·1운동 이후 '일반인들의 일상에서의 우발적인 자생 정치'라는 문제를 조선총독부가 어떻게 포착했는지 그 인식 틀을 보여주는 대표적인 기록이다.[12]

간화회 둘째 날 오후 사이토 총독과 함께 재조 일본인들을 만난 총독부 경무국장 마루야마는 기미년 소요 이후 조선 민심에 대한 그들의 항변에 대해 그 우려와 불안이 틀린 것은 아니며, 자신들 역시 사태를 완전히 낙관하거나 방관하고 있는 것은 아니라고 강조하며 우선 양해를 구했다. 그리고 "조선인이 예사롭지 않게 건방져지고, 혹은 반항적으로 되었다"고 느끼는 원인은 우선 "작년의 에너지와 힘

---

12) 朝鮮總督府 官房文書課 編, 《朝鮮の群衆》, 朝鮮總督府, 1926.

이 흡수했던 사상이 때마침 현재 전도에 퍼져" 3·1운동의 사상적·경험적 여파가 전 조선에 잔존하고 있으며, 동시에 제1차 세계대전 이후 세계 사조의 변화가 조선에 유입되어 있는 현실이 중첩된 것이라고 주장했다. "경찰의 힘이 매우 약해진 것 같지만 경찰의 힘이 약해진 것은 아니고, 민중의 힘이라고 하는 것이 이전과 달리 강해져서 내지에서도 현저히 나타나고 있으며, 조선인만이 세계 사조로부터 벗어날 수는 없다"라고 설명했다.[13] "개인의 정당한 권리"를 주장하는 것을 당연시하면서 "개인"과 "민족"의 "자각"을 강조하는 "데모크라시" 사조의 영향을 고려했을 때, 마루야마는 조선인들에게 더이상 "기존과 같이 유유낙낙, 시키면 시키는 대로 조선인이 행하기를 바라는 것은 불가능한" 작금의 현실을 어느 정도 받아들여야 한다고 주장했다.[14]

결과적으로 유화정책이라는 1920년대 조선총독부의 통치 기조에 대한 재조 일본인 사회의 동조를 구하는 것으로 끝맺고 있던 당시 담화는 이들 식민자 세력 안에 3·1운동 이후 조선인 사회의 변화에 대한 공통된 인식이 존재했음을 보여준다. 그것은 바로 조선 지식인 사회의 독립을 향한 일정한 방향 전환에도 불구하고 조선인 대중사회 안에 '함께 모여서 실력을 행사'하려는 일종의 '떼의 정치' 행태의 흐름이 실제로 형성되고 있었다는 것을 분명하게 인식하고 있었다는 점이다.

이와 같은 집단정치의 흐름에 대해 1920년대 중반 조선총독부는 이를 크게 "특정한 규약하에 비교적 장기간에 걸쳐서 영속성을 가진

---

13) 전선내지인실업가유지간화회 편, 앞의 책, 61쪽.

14) 위의 책, 62쪽.

취단(聚團)"과 "이러한 종류와는 얼마간 나아가는 바가 다르고, 일정한 규약 혹은 영속적인 성질을 가지고 있지 않은 취단"의 두 가지 집단정치를 구분하고, 이 후자의 주체를 "군중"으로 규정해서 "조선 군중"의 특징을 분석하려 했다.

1926년 총독부 관방문서과 촉탁이었던 무라야마 지준(村山智順)이 쓴 《조선의 군중》은 이를 보여주는 대표적인 사료였다. 이 사료는 당시 조선총독부가 일정한 목적과 영속성을 갖는 단체적 운동이 아닌 비조직화된 자생적 정치의 흐름 역시 조선 사회 안에서 주목할 만한 정치현상이라고 포착하고 있었음을 보여주는 중요한 텍스트였다.[15] 이 책 서문에서 무라야마는 "군중에 대해서는 종래 그 취단관계가 무질서하고 일시적이어서 주의하지 않고 돌발적인 오합지졸의 무리로서 중요시되지 않았던 경향이 있었다"라며, 그것이 갖는 무조직성과 무질서가 바로 그런 속성 때문에 기성 정치조직이 발휘하지 못하는 정치적 파급력을 가져올 수 있다는 점에서 군중에 대한 기존 인식의 틀을 벗어나려 하고 있었던 것이다.[16] 이런 문제의식하에서 그는 "농장에서 나타난 소작쟁의적 군중", "공장에서 나타난 동맹파업적 군중", "학교에서 나타난 동맹휴교적 군중", "사회의 특수한 계급에서 나타난 계급쟁투적 군중" 등 상대적으로 조직화된 군중과 함께 "우발적 사건 해결을 위해 나타난 군중"("기타 군중")이라는 비조직적 군중으로 조선 군중을 크게 두 틀로 나누어 접근했다. 이 중에서 그

---

15) 무라야마 지준은 1919년 7월 도쿄제국대학(東京帝國大學) 사회학과 졸업과 동시에 조선총독부 촉탁으로 조선에 건너와 '조선사회사정' 조사 담당, 1919년 10월 중추원 조사 겸 편집과 근무를 거쳐 경성 사립불교중앙학교 강사에 촉탁되었다가 1922년 3월 촉탁이 해제된 뒤에는 공립상업학교(公立商業學校) 서양사 강사, 세브란스의학전문학교 강사(촉탁)를 역임하고 1931년 5월 경성법학전문학교 강사로 활동했다. 일반 관료라기보다는 정책 자문 혹은 연구원에 가까웠던 그의 성향이 저술 행태에 반영되었다고 할 수 있다.

16) 朝鮮總督府 官房文書課 編, 앞의 책, 103쪽.

가 특히 주목한 것은 음식점이나 파출소 앞, 그리고 줄다리기 경기와 같은 무작위적 다중 공간에서 "우발적 사건 해결을 위해 나타난 군중"이었다. 그리고 이 우발적 군중이야말로 군중 소요사태가 지닌 정치적 위험성을 가장 잘 드러내는 것으로 이해되고 있었다. 그러나 이같은 인식의 다른 한편에서 무라야마는 군중의 불합리성과 무지를 강조하는 등, 군중 혹은 대중정치에 대한 지배권력의 전형적 관점을 그대로 답습하고 있기도 했다. 피식민 조선인들에 의한 소요사건 대부분이 군중의 "호기심"과 사실에 대한 "침소봉대"로 인한 것이라는 분석이 바로 이 같은 인식을 대변하고 있었다.

> 그 끝에는 수백의 군중이 즉시 나타나지만, 그 원인은 사람들이 모두 호기심을 가진 자로, 무언가 일이라면 빨리 이를 보고 싶고 말하고 싶은 사람인 것으로, 조선인의 침소봉대하는 과장법인 것으로 …… 알고 싶은 것에만 전념하는 군중은 그 말하는 바의 진위 식별을 하지 않고 전부 사실로 믿어, 그 유언(流言)에 따라 군중이 일종의 위험집단으로 화하는 경향이 있는 것이 가장 경계해야 할 점이다.[17]

이처럼 비조직화된 다수자의 우발적 정치 행태를 두고서 민중의 시대라는 세계사적 흐름 속에서 그 정치적 힘을 인정해야 한다고 하면서도 한편으로는 그러한 정치 행태를 비이성과 무작위, 비정상성의 정치라고 타자화하는 총독부의 접근 방식은 1913년 이후 일본에 '군중론'이란 이름으로 들어왔던 유럽 대중심리학의 흐름과도 맥을 같이하는 것이었다.

---

17) 위의 책, 213쪽.

2. 군중 정치 분석을 위한 방법론적 문제

1880년대와 1890년대 유럽의 대중심리학은 귀스타브 르 봉(Gustave Le Bon)을 비롯해 장 마르탱 샤르코(Jean Martin Charcot), 마리 프랑수아 사비에르 비샤(Marie Francois Xavier Bichat) 등에 의해 발전했으며, 광기라는 진단에 의거해 인간 집단에 관한 이론을 확립했다. 암시감응성, 최면, 전염은 르 봉 군중심리학의 핵심 키워드로서 이성적 개인이라는 정상인이 군중이라는 다수자 속에 들어갔을 때, "익명성, 무책임, 감염성, 최면상태, 피암시성, 최면술, 파죽지세로 어떤 행동에 돌진해 들어"가는 일종의 병리적 상태로 변화된다고 접근했다.[18]

군중 속의 개인은 자기 상실 상태이며 자신의 의지와 단절되어버린 자동기계이다. 더구나 조직화된 군중에 참여했다는 사실 자체만으로 인간은 문명의 사다리 몇 계단을 내려와버린다.[19]

당시 대중심리학에는 합리적이고 이성적인 개인 대 비합리적이고 감성적인 군중(대중, 다수자)이라는 대당이 존재했는데, 여기서 개인의 '정상성'은 다수자의 비정상성과 대립된다. 대중심리학의 다수자에 대한 비정상적 접근에는 기본적으로 주체의 고유성을 관계에서가 아닌 그로부터 벗어나거나 초월한 '개체성'에서 접근하려는 근대주의적 주체론이 작동하고 있었다. 무수한 관계망 속에서 특정한 개인이 존재하는 한 받게 될 정서적 촉발의 무작위성은 근대주의적 주체

---

18) 스테판 욘손 지음, 〈대중의 발명: 프랑스 문화 속의 대중, 프랑스혁명에서 코뮌까지〉, 제프리 슈나프·매슈 투스 엮음, 양진비 옮김, 《대중들》, 그린비, 2015.

19) 귀스타브 르 봉 지음, 이상돈 옮김, 《군중심리》, 간디서원, 2005, 34쪽.

론에서 일종의 '공포'였다. 그리고 이는 이 시기 대중심리학자들에게 다수자(즉 군중) 자체를 개별자와 구별된 병리학적 타자로 규정짓게 하는 중요한 철학적 조건을 제공한다.

이런 식의 근대 유럽의 병리학적 군중론은 1912년 이후 일본에 들어와 본격적으로 번역·소개되었다. 이 병리학적 군중론은 메이지 천황의 죽음 이후 다이쇼 시기 일본의 수많은 정치적 혼란(제1차 호헌운동 이후 쌀 폭동과 관동대지진 등) 속에서 일어났던 '다수자의 정치'를 설명하기 위한 도구로서 사용되고 있었다.[20]

다이쇼 시기 일본에 유럽 대중심리학을 소개한 대표적인 저자 중한 명인 히구치 히데오(樋口秀雄)는 《군중론(群衆論)》에서 민중 혹은 공중(公衆)과 군중을 구분했다. 민중과 공중이 다수자의 '계급적' 성격을 표현하는 것에 한정되어 있다면, 군중은 "다수가 모여 있음에도 그 모인 다수의 심리상태에서 보통의 1인과는 다른 무언가의 특징이 있는 경우에 한하여 군중"이라고 부를 수 있다고 함으로써, 정신병리학의 맥락에서 군중에 접근하고 있던 유럽 대중심리학의 논리를 그대로 차용하고 있었다.[21]

이와 같은 군중에 대한 병리적 접근은 사실상 "외부 대상 세계에 대해 주체의 권력이 행사될 것과 그 세계로부터 주체가 자유로울 것"이라는 18~19세기 유럽의 코기토(Cogito) 중심주의적 근대주의 인식

---

20) 樋口秀雄, 〈序〉, 《群衆論》, 中央書院, 1913, 1~3쪽.

21) 일본의 군중론은 조선 지식인 사회가 이른바 "기미년 이후 조선 민심의 변화"를 설명하는 데도 차용되었다. 그 대표적인 것이 1927년 6월 12일 《중외일보》에 실렸던 최화숙의 〈웅변학상으로 본 군중론〉이다(최화숙, 〈웅변학상으로 본 군중〉, 《중외일보》, 1927년 6월 12일자). 또한 1922년 《개벽》에 실렸던 이광수의 〈민족개조론〉에서 3·1운동에 대한 설명 역시 야만 혹은 자연으로서의 다수자에 대한 접근이라는 군중론의 인식 틀이 엿보인다. "재작년 삼월 일일 이래로 우리의 정신의 변화는 …… 금후에도 한량없이 계속될 것이외다. 그러나 이것은 자연의 변화외다. 또는 우연의 변화외다"(이광수, 〈민족개조론〉, 《개벽》 제23호, 개벽사, 1922년 5월 1일).

론의 다른 표출 방식이었다. 군중이라는 다수자는 관계의 확장에 따라 수의 한정성 또한 언제나 가능하므로 확장의 규모를 가늠할 수 없다는 점에서 계획과 통제의 범위 밖에 있는 '자연'적 존재다. 이 다수자의 "야생적 풍부함"을 질서화하기 위해 주체, 즉 개인은 그 밖에서 주/객의 관계를 유지해야 하는데, 이 관계가 무너질 때 "문명의 사다리 몇 계단을 내려와버리는" 상황이 연출되는 것이다. 따라서 병리학적 대중심리학에서 군중, 즉 다수자는 "범죄자, 광인, 병자, 외국인, 동성애자, 이방인, 여성" 그리고 "자연"으로 지칭되었던 서구 근대주의의 타자성의 한 범주에 속하게 된다.[22]

이 같은 이 시기 일본 및 유럽의 군중 논리는 이 시기 조선 군중에 대한 접근에 실증적 고증만큼이나 중요한 것이 근대주의적 타자화의 프레임을 벗어난 새로운 개념의 확보라는 것을 우리에게 확인시켜준다.

이 글은 이런 문제의식에서 다음에서 다룰 소요 사례들을 **'사건의 정치'와 '수의 정치'**라는 두 개념 틀을 통해 근대(식민)주의적 틀을 벗어난 방식으로 구성해내고자 시도했다. 여기서 **'사건의 정치'**가 길거리라는 무작위의 공간에서 자발적으로 운집한 군중이 자신들의 정치 행위를 만들어내는 그 **'구성의 논리'**를 설명하기 위한 개념 틀이라면, **'수의 정치'**는 그렇게 해서 구성된 군중이 어떤 **'정치 효과'**를 만들어내는지 그 효과의 논리를 설명하기 위한 개념 틀이라 할 수 있다. '사건의 정치'에 따랐을 때, 당시 '소요'들은 **'길거리'**라는 공간적 조건에서 **'감성'**이라는 비개념(논리)적 언표를 자기 내용으로 하여 우발성의 법칙이라는 '조직화의 논리'와는 명백히 구별되는 '자기 구성의 법칙' 속에서 전개된다. 그리고 이렇게 구성된 다수자는 '수' 자체를 넘

---

22) 릴라 간디 지음, 이영욱 옮김, 《포스트식민주의란 무엇인가》, 현실문화연구, 2000, 52쪽.

어서는 '**수를 부정하는 수**'로 존재하면서 '**공포**'와 '**폭력**'이라는 두 개의 주요한 **정치 효과**를 만들어내고 있었다. 다음에서는 이와 같은 방법론적 개념 틀 위에서 3·1운동이 끝난 직후의 시점부터 1920년대 전반에 걸쳐 발생했던 길거리에서의 자생적 군중 '소요' 사례들을 실증해본다.

3. 길거리의 조선인 군중 소요

1) 사건의 정치

1920년대 길거리 군중 소요는 대개 조선인과 일본인 혹은 조선인과 경찰권력(순사) 간에 일어난 충돌이 그 계기가 되었다. 그중에서도 재조 일본인의 조선인에 대한 언행과 그로 인해 발생한 사회적 충돌은 식민당국마저도 조선 통치의 최대 난제로 고려할 만큼 심각한 사회문제였다. 1934년 조선총독부 헌병대사령부에서 발간한《(조선 동포에 대한朝鮮同胞に對する) 내지인(內地人) 반성자록(反省資錄)》에 실린 사례들은 이 시기 재조 일본인과 조선인 간 충돌의 실질적 계기들이 무엇이었는지를 생생하게 보여준다.[23] 그런데 중요한 것은 이와 같은 일본인의 조선인에 대한 지배적 행위들과 그것이 조선인 사회에 불러일으킨 모욕감이 "개인적 문제"나 "경험"을 넘어선 정치·사회적 "사건"이 된다는 것은 전혀 다른 문제였다는 점이다. 그렇다면 개별적 사안으로 끝날 수 있는 문제가 정치·사회적 사건으로 변화될 수 있었던 조건은 무엇이었을까?

(1) 길거리

1920년부터 1929년 사이에 조선인과 일본인 혹은 조선인과 일본인 순사 간의 충돌이 군중 소요로 사건화되었던 사안들은 공간적인 측면에서 대부분 주요한 지물들이 운집해 있으면서 많은 사람과 교통수단이 지나다니는 제법 규모가 큰 길거리(혹은 그 길거리를 방사로 두고 있던 광장이나 시장)에서 일어난 공통점을 가졌다. 이런 이유에서 당시 주요 군중 소요 대부분은 도시에서 발생했다. 도시의 길거리가 "사건"의 구성에 실제로 어떻게 기능했는지를 종로와 남대문통 등에서 발생했던 몇 가지 사례를 통해 살펴보자.

첫 번째 사례는 1920년 8월 16일과 17일 그리고 18일에 연이어 발생했던 이른바 콜레라 소요이다. 식민지 시기에 호열자로 불리던 콜레라는 1919년과 1920년에 그로 인한 환자와 사망자가 각기 1만 6,991명, 1만 1,084명(1920년 환자 2만 4,229명, 사망자 1만 3,568명)에 이를 만큼 창궐하면서 식민사회의 일상을 저변에서부터 흔드는 사회문제였다. 문제는 이에 대한 식민당국의 방역 조치가 매우 강압적이고 폭력적으로 취해져 조선인들은 식민권력에 대한 저항감을 전염병 자체보다 더 극심하게 느꼈다는 점이다. 위생경찰에 의한 전염병 관리는 환자 발생 지역의 격리(교통 차단) 및 환자와 보균자의 격리, 보균자의 순화원 강제수용이 원칙이었다. 그런데 이와 같은 조치는 환자나 보균자에게 해당 상황에 대한 사전 정보 제공이나 양해 없이, 마치 범

---

23) 이《(조선 동포에 대한) 내지인 반성자록》은 이른바 내선융화의 실(實)을 홍보하기 위한 용도로 총독부 헌병대사령부에서 각 지방에 하달해 조선인들의 이른바 "선행미표"를 모아 "조선인의 독행담집"이라는 것을 내지인(재조 일본인)의 그것과 함께 모아 그 편찬을 기획하다 내지인의 조선인에 대한 모욕적 언사 및 폭력이 각지에서 방대하게 접수되어 올라온 것이 계기가 되어 "반성록"이란 이름으로 발간하게 되었다(朝鮮憲兵隊司令部 編,《(朝鮮同胞に對する) 內地人反省資錄》, 朝鮮憲兵隊司令部, 1934, 3·4쪽).

법자를 다루듯이 일방적이고 폭력적으로 취해졌다. 식민정부 산하의 전문 전염병 치료기관인 순화원은 시설이 열악해 일단 들어가면 죽어 나온다는 공포를 확산시키고 있었다.[24] 이 콜레라 방역을 둘러싼 민심의 저항감은 3·1운동을 거치면서 더욱 격렬해졌는데, 그 대표적인 것이 1920년 8월 16일부터 3일간 발생했던 소요였다.

이 소요가 발발하게 된 계기는 1920년 8월 10, 11일경 경성의 인의동 2번지에 살고 있던 최영택이 처가 사망하자 인근 동대문경찰서에 사망신고를 한 것이었다. 검사를 통해 최영택이 콜레라 보균자로 판명되자 동대문경찰서에서는 그를 종로 4정목 파출소로 데려간 다음, '들것'에 실어 순화원까지 이송하려 했다. 그런데 이때 최영택이 "들것"에 타기를 거부하며 "내가 어데가 어때서 들것에 가서 누우라 하며 …… 가자 하면 순화원은커녕 지옥에까지라도 갈 터이니 제발 멀쩡한 놈을 저 몹쓸 들것에 담아 갈 생각을 말고 같이 걸어 나가자고" 경찰과 실랑이를 벌였다.[25]

문제는 이 같은 경찰과 최영택 간의 "들것"을 둘러싼 실랑이가 종로 4가라는 대표적인 조선인 거주지의 대로변에서 벌어졌다는 점이다. 이 실랑이는 행인들을 통해 입에서 입으로 전해지면서 종로 사거리 파출소 앞은 순식간에 약 700명에 달하는 사람들로 북적였다. 이들은 모두 "흥분된 낯빛과 분개한 음성"으로 "죽어도 들것에는 타지 말아라", "조선 사람은 아무렇게나 죽여도 관계치 않으냐"라고 공분하면서 하나의 군중을 형성해갔다.[26]

---

24) 백선례, 〈1919~20년 식민지 조선의 콜레라 방역 활동—방역당국과 조선인의 대응을 중심으로〉,《사학연구》제101호, 한국사학회, 2011; 유선영, 〈식민지 근대성과 일상 폭력〉,《대동문화연구》제96집, 대동문화연구원, 2016.

25) 〈십육일야(十六日夜) 종로 사정목의 소요〉,《동아일보》, 1920년 8월 18일자.

26) 〈십육일야 종로 사정목의 소요〉,《동아일보》, 1920년 8월 18일자.

여기에 놀란 경관들은 애초의 강제이송은 시도도 못해본 채 들것이 싫다면 "인력거"로 대신하겠다며 구차하게 물러서는 모습을 보였는데, 이는 계속되는 군중의 운집과 격앙된 분위기에 별 도움이 되지 못했다. 그사이에 군중은 1,000여 명으로 불어났다. "가면 죽는다", "무죄하고 무병한 양민을 죽음의 구렁텅이에 넣으려 하는 경관을 때려죽여라, 파출소를 부수어라"라는 외침이 들리자 격노한 군중에 겁을 먹은 경관은 최영택을 일단 집으로 돌려보내는 한편, 동대문경찰서에 지원병을 요청했다. 이 같은 경관들의 처사에 격분한 군중은 "놈들을 때려죽여라"라고 부르짖으며 돌을 던져 순사가 다치는가 하면, 파출소 유리창이 깨지는 상황에까지 이르렀다. 이미 소요의 충분한 조건을 갖추고 있던 이날 상황은 돌을 던진 몇몇 사람을 체포하고 증원된 경찰력으로 군중의 일부를 해산시킴으로써 일단락되었다.[27)]

그러나 다음 날인 17일, 오히려 상황이 확전되는 양상을 띠었다. 여기에는 특히 경찰들이 다시 최영택의 집을 방문해 그를 순화원(서대문)까지 포승줄로 묶어 강제압송하는 과정에서 '도보'라는 이송수단을 사용한 것이 결정적 계기가 되었다. 최영택은 종로 2가에서 광화문 사거리까지 걸어가는 내내 지나가는 조선인들에게 자신의 '억울한 사연'을 호소했는데, 그의 사연에 공명한 사람들이 하나둘씩 그를 뒤따르더니 급기야 광화문 사거리에 이르렀을 때에는 300~400명 정도가 되었다. 최영택이 죄 없이 끌려가는 자신의 억울한 사연을 구경 나온 사람들에게 고하며 "여러분이 좀 다시 아시요"라고 외치자 곧바로 "무병한 사람 억지로 죽는 구렁에 넣으려 든다", "먼저 경관부터 때려죽여라"라며 외치는 군중에 의해 광화문은 규탄대회로 비

---

27) 〈십육일야 종로 사정목의 소요〉, 《동아일보》, 1920년 8월 18일자.

화되었다. 이 같은 상황은 때마침 오후 여섯 시가 막 넘었을 무렵 저녁을 먹고 야시 구경이나[28] 공원 산책을 나왔던 인파와 마주치게 되면서 그 수가 곧바로 수천 명으로 늘어났다.[29]

이 같은 '변화'는 단순한 양적 변화에 그치지 않았다. 그것은 바로 이 수의 전환이 특정 사안을 본래 성격과 전혀 다른 차원으로 바꾸어 놓을 수 있는 규모에 해당했기 때문이다. 어떤 '수'가 특정 선을 넘어 상황의 변화를 주도하게 되었을 때 그 수는 임계점으로 기능한다.

광화문에서 순식간에 수천으로 불어난 군중 앞에서 지배권력이 일개 '소수자'에 불과한 위치로 전락했음을 인식하게 된 경관들은 최영택을 그 자리에 버리고 도망갔다. 군중들은 달아나는 경관들을 향해 돌을 던지며 "저놈 달아난다", "저놈을 잡아라" 하며 고함을 질렀는데, 이때 광화문 일대에 모인 조선인 군중은 5,000~6,000명에 달했다.[30]

이처럼 순사에 대한 공격으로 상황을 전환시킨 이 수적 임계점의 구성에는 종로와 태평통 같은 식민도시 경성의 주요한 대로들을 잇고 있던 광화문 앞 사거리와 광장이라는 공간이 크게 기여했다. 광화문 앞 사거리는 행인들 간에 수많은 접속이 이루어지면서 이제까지와 전혀 다른 사건을 만들어냈을 뿐만 아니라 무수한 또 다른 접속을 가능하게 했기에 또 다른 사건으로의 변태 가능성을 내포하고 있었다.

광화문 광장에서 마침 또 다른 들것에 강제로 묶여 실려오던 조선인 여성을 발견한 군중은 더욱 분노해 "경관에게 돌을 던지는 자도

28) 1916년 6월 21일부터 열리기 시작했으며, 종로 보신각 앞에서 파고다공원 앞까지 이르는 거리가 주요 무대였다. '시가의 은성(殷盛)'과 '내선인의 화충협동(和衷協同)'을 위해 열렸던 종로 야시는 밤마다 일대 장관을 이루었다(유인혁, 〈식민지 시기 근대소설과 도시 공간〉, 동국대 박사학위논문), 2015, 222쪽).

29) 〈황토현 사거리의 수천 군중의 대소요〉, 《매일신보》, 1920년 8월 19일자.

30) 〈군중 무려 삼천〉, 《동아일보》, 1920년 8월 19일자.

있고 혹은 만세를 부르는 자"도 있는 상황이 되었다. 3·1운동을 통해 단순한 언어 이상의 의미를 지니게 된 전복적인 정치구호였던 "만세"가 등장했다는 것은 길거리에서 이루어진 행위들 간의 접속을 통해 구성된 군중의 성격이 이미 한 차원 높은 수준으로까지 비약하고 있음을 의미했다.

광화문 광장에 모인 군중은 경찰력에 무력으로 대응하는 한편, 실제 병의 진위 여부를 파헤치고자 태평통을 따라 남쪽에 위치한 세브란스병원으로 향했다. 당시 세브란스병원은 광화문과 남대문을 이어주는 태평통과 남대문에서 종로까지 이어지던 남대문통이 만나는 지점에 위치하고 있었다. 소요 군중이 세브란스병원에 이르렀을 때는 이미 광화문 광장을 넘어서 남대문통까지 사람들로 빽빽이 들어차 거대한 폭동으로 이어질 기세였다. 이 같은 상황은 세브란스병원 근처 본정경찰서(지금의 중구경찰서)뿐만 아니라 종로경찰서와 동대문경찰서에서 기마순사대까지 동원해 군중을 해산시킨 끝에 겨우 일단락되었다.[31]

이처럼 '수의 증폭'과 이를 통한 '상황의 질적 변화', 그리고 '상이한 계열 간의 만남'이라는 과정을 가능하게 하는 길거리라는 공간의 정치적 효과는 콜레라 소요 외에도 식민도시 공간 곳곳에서 개인적 사고를 사회적 사건으로 만들어내고 있었다.

두 번째 사례는 1921년 4월 26일 황금정(지금의 을지로) 사거리에서 발생했던 군중 소요다. 처음에는 오후 8시경 황금정 4정목 공동수통에서 물을 긷던 조선인 여성을 겁탈하려던 일본인을 저지하다 그 아버지가 일본인에게 구타를 당하고 있었는데, 마침 장춘단에서 꽃놀

---

31) 〈군중 무려 삼천〉, 《동아일보》, 1920년 8월 19일자.

이를 하고 돌아오던 400~500명의 군중이 이를 목격하면서 군중 소
요로 확대되었다. 이 사건이 만약 황금정 4정목에서 발생하지 않았
다면 단순히 개인의 일탈과 폭력으로 끝났을 것이다. 그러나 황금정
은 북촌 조선인 생활권과 남대문통 아래로 이어지던 남촌 일본인 생
활권의 경계에 선 식민지 근대화의 한 산물로서, 그 자체로 조선인
과 일본인 간의 충돌과 사건화가 될 수 있는 중심 공간이었다. 이 길
거리를 통해 식민지 도시 문화 향유의 대표적 계열이라고 할 장춘단
꽃놀이[32]가 일본인에 의한 조선인 폭력이라는 정치적 계열의 흐름과
마주치게 된 것이다. 이 공간에서 이루어진 두 계열의 만남은 조선인
군중으로부터 도주하던 일본인을 순사가 잡아 그를 전차에 태워 경
찰서로 호송하던 중 군중들이 전차를 향해 돌을 던지며 "부수어라"
라고 외치면서 조선인 군중 소요라는 보다 분명한 정치사건으로 비
화되었던 것이다.[33]

   세 번째 사례인 1925년 4월 22일에 있었던 민중대회 해산 사태 역
시 길거리를 매개로 서로 전혀 상이한 성격의 행위 흐름(계열)들 간의
만남을 통해 사건화되었다. 당시 사태는 민중대회라는 전형적인 정
치시위 행렬이 종로 야시라는 1920년대 식민지 일상 문화를 향유하
는 인파의 흐름과 만나면서 경찰당국이 수천으로 불어난 인파를 해
산시키기 위해 진땀을 빼는 사건으로 비화된 경우였다. 종로 2정목
우미관 앞에서 시작해 4정목의 단성사 그리고 파고다공원 앞의 응원
대와 만난 시위대의 흐름은 그때까지만 해도 100여 명의 조직화된

---

32) 장춘단은 1919년에 벚꽃나무를 심어 공원으로 조성되었으며 1920년대 대표적인 경성의 꽃놀
     이 장소 중 하나였다.

33) 〈관화일요(觀花日曜)의 황혼(黃昏)에 황금정(黃金町)의 대소요〉,《동아일보》, 1921년 4월 26
     일자.

외침에 불과했지만, 이 정치적 흐름이 종로 야시를 구경하고 나오던 수천의 군중과 만나면서 경찰당국이 "물결같이 몰려다니는 군중을 해산시키느라 야단을 하였던" 상황을 연출하게 되었다. 종로라는 길거리가 이질적 계열의 마주침과 의도치 않은 사건으로의 질적 비약에 영향을 미치는 공간적 효과가 있음을 보여주는 사례였다.[34]

　이상에서 보았듯이 길거리라는 공간은 '사건의 정치'로서 군중 소요를 설명하는 데 중요한 역할을 한다. 그리고 우리는 길거리에서 만들어진 소요사건들을 통해 '사건의 정치'의 중요한 속성을 귀납할 수 있게 된다. 사건은 "사물이 아니라 사물들의 관계가 빚어내는 것"이며,[35] 이 사물들 간 관계는 의식적으로 조작되지 않는 사물들 그 자체 간의 "우연적인 마주침"에 의해 구성된다는 점이다. 그리고 길거리는 자칫 특정 개인의 고립적 사안으로 그칠 수도 있는 문제를 행위들 간의 무수한 우발적 관계 맺기를 통해 '사건'이 되는 것을 가능하게 했다.

(2) 감성

　길거리가 이처럼 관계의 정치가 가능한 '공간적 조건'이 된다면, 감성은 행위들 간의 촉발과 만남 그리고 폭발의 원인과 결과를 구성하면서 '사건의 내용'을 규정한다.[36] 사건의 정치에서 상호 무관해 보이는 행위들이 만나서 증폭되고 폭발하는 과정은 행위 주체가 해당 상황을 자기의식의 대상으로 객관화해 사고하는 개념화 혹은 숙고를 통해 이뤄지기보다는 그 상황에 대한 신체의 즉자적인 반응이 만들

---

34)　〈민중대회 참가자 적기대(赤旗隊)를 선두로〉,《매일신보》, 1925년 4월 22일자.

35)　이정우, 〈들뢰즈와 사건의 존재론〉,《시대와 철학》9권1호, 한국철학사상연구회, 1998, 145쪽.

36)　위의 글, 149~154쪽.

어내는 실천으로 이루어지기 때문이다. 1920년대 조선인 군중 소요에서 이와 같은 행위의 즉자성을 유발하는 중요한 감성은 바로 분노였다. 1927년 4월과 6월에 전라북도 이리와 강원도 철원에서 일본인이 조선인 어린아이를 폭행한 사건이 있었다. 이에 주민들이 공분해 발생했던 군중 소요는 사건의 정치에 분노라는 감성이 얼마나 중요한지를 잘 보여준다.

이리 소요는 호남선 이리역 앞 사거리에서 발발했던 사건이다. 이리역 앞 사거리에 위치한 일본인 상점 앞에 놓여 있던 자전거를 한 조선인 어린이가 만지자 자전거 주인인 일본인이 아이의 뺨을 때리고 아이를 길바닥에 내동댕이쳐서 다리를 부러뜨렸다. 이를 지나가던 조선인들이 목격하고 항의하자 부근의 몇몇 일본인들이 자전거 주인과 합세해 망치와 칼을 들고 대응하는 과정에서 패싸움이 일어나 수백 명의 조선인 군중이 운집하게 되면서 소요로 확대되었다. 당시 이리역 앞 사거리의 패싸움은 경관 수십 명이 다수의 조선인을 검거하며 겨우 해산되었으나, 이 문제는 여기서 그치지 않고 당시 패싸움 과정에서 조선인을 칼로 찌르려 했던 또 다른 일본인의 행동이 어린아이 폭행사건과 별도로 시민의 공분을 사 이리 각 단체의 주최로 조선인대회가 열리고 수천 군중이 이리역 앞 정거장의 일본인 시가를 돌며 만세시위를 하게 되면서 확대되었다. 이리 전 시가를 들썩이게 했던 당시 시위는 보름여 동안 계속되다 결국 익산 군수와 면장 그리고 경찰서장까지 나서서 폭행한 일본인과 칼을 빼어들고 조선인들을 위협했던 일본인이 사죄를 하게 하는 것으로 일단락되었다.[37]

철원 소요는 옆집에 사는 일본인의 과수원에 들어가 오디를 따먹

---

37) 〈이리 시민 수백, 일본인과 편전(便戰)〉, 《동아일보》, 1927년 4월 2일자; 〈일본인의 폭언으로 이리 시민 궐기(蹶起)〉, 《동아일보》, 1927년 4월 7일자.

었다는 이유로 과일 따는 칼로 여덟 살짜리 여자아이의 넓적다리 살을 잘라낸 일본인의 잔학행위가 주민들에게 알려지면서 수백 군중이 해당 일본인의 집으로 몰려가 "나와라", "안 나오면 죽인다"라고 시위하는 것을 경찰 수십 명이 출동해 겨우 상황을 무마한 사건이었다.[38]

그러나 이 같은 감성 인지 방식은 상황에 대한 객관화나 정보 수집을 통한 숙고의 과정이 생략된 채 경험에 의한 즉각적 촉발에 따른 것이어서 행위들 간의 접속이 어떤 결과를 가져올지 예측할 수 없는 것이었다. 사건의 정치가 감성과 맺는 관계에 의한 이와 같은 우발성과 예측 불가능성은 군중의 확전 양상을 가늠하기 어렵다는 점에서뿐만 아니라, 사건의 초기 원인이 갖는 성격이 행위들을 유발시켜 초래된 결과의 성격과 반드시 어떤 개념 논리적인 일관성을 형성한다고 보장할 수 없다는 측면에서도 그러했다. 사건의 초기 당사자를 둘러싼 행위에 전혀 포함되지 않았던 초기 성격이 목격자들의 자의적인 감성 논리에 따른 해석에 의해 그와는 전혀 상관없는 방향으로 저절로 흘러가기 때문이다.

1924년 5월 24일 경성 우미관 앞에서 1,000여 명의 조선인 군중이 순사 2명을 난타해서 순사들이 군중을 향해 "칼까지 빼어들고" 한참 휘두르다가 본서에서 지원받은 경찰 인력으로 겨우 군중을 해산시킨 사건이 일어난다. 태평로 대로변에서 수천 군중이 일본인 순사 2명을 집단 난타한 이 사건은 그 어떤 소요사건 못지않게 정치·사회적 의미가 컸다. 그런데 이와 같은 정치·사회적 사건으로 비화된 소요의 발발은 사실은 이런 정치성과는 아무 상관이 없는 사안에서 비롯된 것이었다. 술 취한 취객의 폭행을 제지하려던 순사들의 행동이 조선인 군

---

38) 〈상실(桑實) 땄다고 여아(女兒)를 할고(割股)〉,《동아일보》, 1927년 6월 28일자.

중의 눈에는 술에 취한 채 강하게 저항하는 한 조선인이 일본인 순사에 의해 파출소로 끌려가는 것으로 보였고, 이는 종로 야시에 모여 있던 군중에게 항일의식을 자극하는 분노를 불러일으켰던 것이다.[39]

위 사례들은 사건의 정치로서 군중 소요가 크게 세 가지 성격에 기대고 있었음을 보여준다. 첫째, 사건이 갖는 '실천성'이다. 우리가 사건이란 단어를 떠올릴 때, 그것이 가리키는 것은 언제나 특정하게 정체된 실체(인물이나 조직 그리고 개념화된 사상)라기보다는 행위들 간의 운동, 그리고 그것들 간의 만남을 통해 구성된 관계와 그것이 만들어낸 결과로서의 어떤 상황이다. 따라서 사건을 논하는 데 중요한 것은 대부분 사후적인 분석보다는 그것의 발발과 운동 자체를 구성해줄 수 있는 일종의 내러티브이다. 둘째, 사건의 운동 논리가 갖는 '우발성'이다. 사건의 관계 구성은 주체의 의도나 예측을 벗어난 채 사물들 자체의 자기 내적 논리에 의해 만들어진다는 의미에서 우연성의 법칙에 지배됨을 확인하게 된다. 셋째, 사건의 내용이 갖는 '감성적' 성격이다. 사건의 논리를 구성하는 우연성은 무엇보다도 사건의 정치가 논리적이거나 개념적인 인지(혹은 그 언표)가 아닌 신체적이고 감성적인 인지(혹은 언표)를 통해 구성되고 그것으로 자기를 표현하는 문제와 밀접하게 관련되어 있기 때문이다.

2) 수의 정치

(1) 다수자로서 군중

앞서 군중 소요를 사건의 정치라는 측면에서 접근하고 사건의 정치가 어떠한 공간적 요소를 통해 가능하게 되었는지를 살펴보았다.

---

39) 〈우미관(優美館) 전(前)에 대활극〉,《동아일보》, 1924년 5월 21일자.

이는 군중이라는 집단이 주체가 되어 일으킨 사태가 어떠한 논리 위에서 작동하는지 그 내부 운동 원리를 개념화하기 위한 시도였다고 할 수 있다. 이처럼 군중의 운동, 그 실천 논리가 사건의 정치란 이름으로 정의될 수 있다면, 군중이라는 주체 단위는 어떠한 개념들을 통해 정의될 수 있을까?

우리는 군중을 가리키기 위해 전통적으로 사용해온 용어들(폭도 mob, 무리crowd, 주민people)이 하나의 공통적 속성으로 수렴된다는 것을 알 수 있다. 그것은 바로 다수자이다. 군중 혹은 대중은 곧 다수자이다. 그렇다면 이 다수자가 갖는 수적 의미는 무엇인가? 1925년 8월 남대문통에서 발생했던 소요를 통해 이 다수자가 갖는 수적인 의미를 파악하고, 군중이란 주체의 속성을 살펴보자.

1925년 8월 22일 밤 10시 30분경 경성에서는 종로 1가부터 청계천 광교 사거리, 그리고 을지로 사거리에 이르는 거리를 조선인 군중이 점거한 채 그곳을 지나는 전차를 세워, 타고 있던 일본인 5명을 끌어내린 뒤 집단 구타하고 이들이 남대문파출소로 도망가자 이들을 내놓으라며 파출소에 돌을 던져 유리창을 깨부순 사건이 일어났다.[40]

세간을 떠들썩하게 했던 이 사건은 중학동에 이웃하여 살고 있던 일본인 5명이 술에 취해 앞서 걸어오던 조선인 행인 5명과 시비 끝에 조선인들을 심하게 구타하면서 시작되었다. 몇몇 조선인들과 일본인들 간의 사적인 폭력사건으로 끝날 수도 있었던 이 일이 종로 1가부터 을지로 사거리까지 약 2.03킬로미터의 거리를 조선인 군중이 점거하고 파출소에 돌을 던지는 행위로까지 발전하게 된 것은 이 사건

---

40)〈재작(再昨) 야(夜) 남대문통에서 수백 군중이 대석전(大石戰), 전차와 파출소도 공격: 던차를 막고 파출소를 드리쳐서 유리창을 모다 깨트리고 대소동〉,《매일신보》, 1925년 8월 24일자;〈남대문통 소란사건(騷亂事件) 관계자 다수 취조(取調)〉,《동아일보》, 1925년 8월 25일자.

에 대한 일본인 순사의 개입과 불공평한 조치 때문이었다. 순사가 폭행 가해자인 일본인들을 그대로 용산 방면 전차에 태워 돌려보내려 하자, 폭력사태를 처음부터 지켜보고 있었던 조선인들이 순사의 부당한 처사에 분노해 이들이 타고 간 전차 뒤를 쫓아갔다. 신문 기사에서는 이때 군중이 이미 수백 명에 이르렀다고 했다. 이처럼 전차를 따라오는 군중의 수가 계속 불어나고 사태가 험악해지자 겁을 먹은 순사와 가해자인 일본인들은 황급히 전차에서 내려 황금정 1정목 파출소로 피신했다. 군중이 파출소까지 쫓아와서 죽이라고 항의하자 순사는 이 일본인 5명을 용산 방면 전차에 태워 보내게 되었는데, 당시 조선신문사 앞 광장에 모여 있던 수백 명의 조선인이 전차를 가로막고 전차 유리창에 돌을 던졌다. 이에 도망치려는 일본인 5명을 결국 사로잡은 조선인 군중은 이들을 함께 구타했다. 이 현장에 파견된 남대문파출소 순사가 이 일본인들을 파출소 안으로 다시 피신시키자 군중은 다시 "다섯 놈을 내놓으라"고 소리를 지르며 파출소에 돌을 던졌다. 결국 초기 발단자인 조선인 5명과 일본인 5명을 각기 취조했으나 파출소와 전차에 돌을 던진 관련자들은 잡지 못한 채 사건을 마무리했다.

여기서 사건의 발단이 되었던 일본인 5명, 즉 이름과 주소까지 확인할 수 있는 5명을 가리키는 '5'라는 숫자는 어떤 개체들의 '합'을 의미한다. 수는 개체로 환원될 수 있는 것이다. 또한 이 수는 자신이 지칭하는 사물이 어떤 한계를 갖는다는 것, 그 제한성을 분명히 드러낸다. 그러나 수백으로 불리고 있던 그 상대 주체인 조선인 군중은 어떠한가? 당시 사건 현장에서 이 조선인 군중은 하나의 유기체처럼 길거리를 관통해 흘러가고 돌멩이를 집어들어 동일한 지점을 향해 던지는 단일자의 모습을 보여주지만, 사실 길거리라는 공간에서

이 수가 얼마나 더 불어날지는 예측할 수 없다. 불에 기름을 끼얹었듯 이 분노한 군중을 자극했던 순사들의 처치 방식이 전제되는 한 이 수백이라는 다수자는 사건의 현장 바로 그곳에서 제한된 어떤 총량이나 이를 구성하는 특정 개별자들을 가리키고 있다고 보기 힘들다.[41]

따라서 위 사례에서 군중을 가리키는 수백이란 수는 그 안에 포함된 '어떤' 개인들의 합의 의미, 즉 구별 가능한 나눔을 가능하게 해주는 한계로서의 의미보다는 오히려 이때의 **수를 넘어 존재하는 수**, 특정하게 규정하는 순간 계속 증식하려 하고 또 증식할 수 있는 하나의 생물로서의 수를 가리킨다. 이런 맥락에서 사건의 정치 현장 속에서 군중이란 다수자는 무한자, 즉 수천의 군중이 길거리라는 열린 공간에서 얼마나 더 많아질지 가늠할 수 없다는 의미에서의 무한자로서 운동한다. 그러나 이렇게 운동하는 무한자는 길거리 이곳저곳을 하나의 유기체처럼 누비며 전차와 파출소 같은 동일한 구심점을 향해 돌을 던질 수 있다는 의미에서 하나의 동일자로서 무한자이다. 다수자로서 군중은 무한성과 통일성, 무한한 확장과 수축의 이중성을 통해 작동하는 것이다.[42]

(2) 다수자의 효과: 폭력과 공포

동일자이자 무한자인 군중의 에너지가 폭발하는 가장 대표적인 방식은 바로 폭력이다. 이런 맥락에서 군중은 전통적으로 범죄성, 봉기, 무책임성, 문맹, 불복종이란 단어들과 함께해왔다. 그러나 이 폭력이

---

41) 카네티는 "성장하려는 욕구, 이것이야말로 군중의 가장 중요한 특성"이라고 말하면서 이런 군중을 "열린 군중"이라고 칭한다(엘리아스 카네티 지음, 강두식·박병덕 옮김, 〈열린 군중과 닫힌 군중〉,《군중과 권력》, 바다출판사, 2002).

42) 스테판 욘손, 앞의 책.

지배권력과 직접적이고 즉각적인 대결을 시도한다는 점에서 그것은 어떤 식으로든 '정치성'을 내포한다. 무엇보다 식민 공간에서 순사들을 향한 돌팔매질은 그들이 식민주의의 내면화된 자기 규율과 복종을 거부하게 된다는 의미에서 근본적으로 정치성을 내포하고 있다.[43]

1920년 8월 22일 원산 장촌동에서 모자 외상값을 지불하지 않았다고 시장 한복판에서 일본인 상인과 순사 들에게 집단 구타를 당해 피를 흘리는 조선인(최창운)을 보고 "경관의 불공평한 조치에 크게 분격"해 순식간에 1,000여 명이 모여들었다. 이 군중은 순사에게 돌팔매질을 하고 파출소 유리창을 깨부수며 분노를 표출했다. 직접적인 불복종, 이 폭력의 행위 과정에서 문명이란 이름으로 피식민자를 주눅 들게 했던 권력의 힘은 처참하게 부서진다. 다수자의 에너지는 '폭력'으로 즉각 표출된다. 그러나 앞선 많은 사례에서 보았듯이 다수자에 의한 폭력이 행사되기 이전에 식민자들은 도망을 친다. 콜레라 소요 당시, 광화문 사거리에 몰려든 수천의 군중 앞에서 조선인 보균자를 그대로 버려둔 채 파출소로 도망간 것은 그 전형적 예이다. 대개의 경우 가해자로 시작된 일본인들은 군중이 몰려오게 되면 일단 경찰서로 피신하는 선택을 한다. 그렇다면 이들은 왜 열등한 "여보"들의 무리 앞에서 도망이라는 선택을 했을까? '수'라는 것, 특히 군중의 '수'라는 것은 정확히 어떤 정치적 효과를 발휘하는가?

1929년 9월 17일 함경남도 단천에서는 운동장 취체를 나갔던 일본인 순사 한 명이 그곳 군중에게 맞아 죽었다는 동료(조선인 이용화) 순사의 보고를 받고 경찰서장이 이 죽은 순사를 찾기 위해 관내 경찰관을 총출동시키는 소동이 벌어졌다. 해프닝으로 끝났던 당시 소동은

---

43) 이와 관련해 릴라 간디, 앞의 책 참조.

군중이 주체가 된 사건의 정치에서 수가 현장의 정치 논리를 어떻게 지배하는지를 잘 보여준다.

문제가 되었던 일본인 오무로(大室) 순사는 단천군 파도면 신창리의 한 학교 운동장에서 열린 추석맞이 축구대회를 경계하기 위해 동료 조선인 이용화 순사와 함께 파견되었다. 사건은 이들이 운동장 밖에서 술 취한 조선인들 간의 싸움을 제지하려다 이를 본 어느 조선인이 "사람이 죽었다. 순사를 붙잡아라"라고 외치면서 시작되었다. 삽시간에 몰려드는 군중에 압도되어 겁을 먹은 조선인 순사는 군중을 피해 현장에서 10리나 떨어진 철로변 아래로 몸을 피했다가 철도 인부들의 도움으로 철도 정거장으로 올라오게 되었으나 "한참 동안 인사불성까지 되어" 남아 있던 동료 일본인 순사가 필경 "군중에게 폭행을 당해 죽었을 것"이라고 전언함으로써 사건이 커지게 되었다.[44]

순사 한 사람이 만든 웃지 못할 사건이긴 했지만 앞선 여러 사례처럼 이런 도망과 피신이 군중 소요 당시, 식민자 세력에게서 나타날 수 있는 주요 행태 중의 하나임을 알 수 있다. 축구 경기를 관람하기 위해 모여들었던 군중이 순사 한 명을 죽이겠다고 쇄도하는 상황은 그것이 주는 불확실성, 즉, '수'의 규모와 그것이 앞으로 만들어낼 상황이 전혀 예측되지 않는다는 점에서 불확실성의 공포로 인지되게 된다. 도망은 군중의 수를 무한정성으로 인지하는 순간 이들이 보여주는 행태 중 하나인 것이다.

무엇보다 사건의 내용과 발생 이유에 대한 개념적 이해가 중요한 것이 아닌, 수 싸움 자체가 현장을 지배하게 될 때, 그 수의 논리가 식민 공간의 다른 지배적 논리들, 즉 지배자와 피지배자, 식자와 무식

---

44) 〈군중에 쫓긴 순사. 경관 피살을 보고〉, 《동아일보》, 1929년 9월 29일자.

자, 총이나 검을 가진 자와 그렇지 못한 자라는 식의 위계구도를 전복하고 수의 논리로 상황을 지배하게 된다. 얼마나 많은 수의 사람이 더 몰려들지 전혀 예측할 수 없게 하는 운동장이나 광장 그리고 사거리 같은 공간에서 사건 현장을 지배하는 논리는 어느 순간, '수'가 되는 것이다. 중요한 것은 다수자와 소수자의 단순한 차이이며 그것은 곧바로 공포가 된다.

군중의 두 벡터 그리고 그 위험한 가능성

이상의 논의를 통해 이 글은 1920년대 길거리의 "조선인 군중 소요" 속에서 기미년의 정치 효과를 체험했던 식민자들의 자기 진술에서 시작해 이들이 체험하고 있던 군중 정치가 어떠한 구성 원리와 정치 효과를 통해 작동했는지를 분석하고자 했다. 이들의 운동은 순식간에 나타났다가 그 발생만큼이나 우연적인 이유로 순식간에 사라지고 마는, 주체와 조직 그리고 그 이념을 특정할 수 없는 '실체가 없는' 존재로 타자화되기 쉽다. 그러나 길거리에서 만들어졌던 군중의 정치를 실체가 없는 존재로 타자화하는 것은 1920년대의 수많은 제도·비제도적 정치 공간이 어떤 사회적 '힘'을 근거로 하고 있었는지 설명하지 못하게 할 수 있다. 이 '힘'은 식민지 정치 공간 내의 조직운동(제도 혹은 비제도적)을 가능하게 하지만 동시에 특정 성격으로 완전히 수렴되지 않는 통제 불가능한 '방향성'을 담보한 '잠재적 역량'으로 '존재'한다.

이런 이유에서 길거리에서 나타났다 사라지곤 했던 식민지 군중의 정치 역량이 즉흥적일망정 식민권력의 폭압을 고발하고 이에 대응하는 선도적 의미의 전복성을 가질 것이라고 보장할 수는 없다. 이 정치 역량이 그와 정반대로 지배질서의 폭력성과 이념 논리를 오히려 공고화하는 반동성으로 나타날 수도 있기 때문이다. 1931년 중국 지린성 창춘현 완바오산(萬寶山) 지역에서 중국인과 조선인 간에 발생했던 유혈사태('완바오산 사건') 이후 식민당국의 전략적 방관하에 조선인 군중이 조선 내 주요 도시 중국인들에게 행했던 대규모 폭행 학살이 그 전형적 사례다.

이런 맥락에서 1920년대 식민지 조선의 길거리에서 마주하게 되었던 군중의 정치는 조직과 구심력을 갖추고 등장했던 수많은 당대의 거시적 정치운동의 잠재적 토대로서 이 시기 정치의 역동성을—비가시적으로—이끌었다고 정리할 수 있을 것이다.

9장

1910년대 보통학교의 구조와
지역 3·1운동

이기훈

무단통치와 보통학교

1910년대 보통학교의 졸업사진들은 무단통치의 상징으로 자주 사용된다. 제복 차림을 한 교사가 칼을 차고 학생들을 가르친 것에서 폭력적이고 강압적인 통치의 본질을 쉽게 확인할 수 있기 때문이다. 또 무단농정의 전형적인 사례로 보통학교 훈도(訓導)가 학생들로 하여금 재래종 벼를 재배하는 논에 들어가 농사를 망치도록 하는 일들이 소개된다. 이런 사례들을 본다면 일제가 식민통치를 시작한 이래 보통학교는 지역사회를 통제하고 감시하는 이데올로기 기구로 순조롭게 작동했던 것 같다.

그런데 1919년 3·1운동 과정에서 도시 지역에서 만세시위의 주요한 동력이 되었던 것도 학생들이며, 지역에서 시위를 처음 일으키고 주력이 되었던 것도 재학생과 졸업생들이었다. 전남 지방의 경우, 특히 지방 시위에서 보통학교의 교사, 학생 그리고 졸업생 들은 매우 핵심적인 역할을 했다. 왜 이런 결과가 나타났을까?

강압적인 통치와 폭력적인 수단이 통치의 견고함을 의미하지는 않는다. 1910년대 일제가 지역의 학교를 재편하고 교육내용을 통제하는 과정은 매우 억압적이었지만, 실질적으로 '학교' 구성원들을 완전히 굴복시키거나 통제하지는 못했다. 이 글에서는 1910년대 전남 지방을 중심으로 보통학교 교육체제가 성립되는 과정을 추적해보고자한다. 이 과정에서 우리는 1919년 지역의 공립보통학교가 만세운동의 진원지가 되었던 이유를 살펴볼 수 있을 것이다.

1. 1910년대 지역 공립보통학교 체제의 형성

일반적으로 학교의 변화 상황을 설명하기 위해《조선총독부 통계연보》의 학교 관련 통계를 이용한다. 그러나 통계에 등장하는 보통학교, 사립각종학교, 서당 등의 교육기관 명칭을 그대로 수용하는 것은 문제가 있다. 일제강점, 정확하게는 '조선교육령' 실시를 전후로 근대 한국의 교육체제는 크게 변화했다. 대한제국의 소학교 체제는 물론이고 통감부에서 보통학교로 명칭을 변경한 이후에도 지역 교육을 주도했던 것은 사립학교였다.[1]

초등교육기관, 즉 소학교나 보통학교 수준에서는 관공립학교는 절대적으로 부족했고, 지방의 근대교육은 대부분 사립학교에 의존할

---

1) 이 사립학교 가운데 일부는 군수 등 지방관이 주도해 설립한 매우 공적인 성격을 띤 곳도 많았다. 1906년 나주군수와 유림이 설립한 금성학교, 1908년 구례군수와 재무주사 등이 설립한 봉양학교, 1906년 강진군수 등이 설립한 금릉학교 등이 대표적이다. 이 학교들은 1910년 이후 공립보통학교로 전환했다. 홍영기,〈전남의 신교육운동과 대한제국〉,《전남 학교의 역사》, 전라남도교육청, 2015.

수밖에 없었다. 사립학교의 학력도 대부분 인정받았으니 사립학교 졸업생들도 입학시험을 거쳐 관공립의 중등교육기관, 사범학교나 실업학교 등 상급학교에 진학할 수 있었다. 창평의 창흥학교를 졸업한 신태윤은 광주의 농업학교 등을 거쳐 교사가 되어 1914~1919년까지 곡성공립보통학교에서 학생들을 가르쳤고,[2] 오천석은 해주의 의창학교를 다니다 경성의 배재학교, 경신학교 등을 거쳐 도쿄의 아오야마 학원 중학부에 입학했다.[3]

따라서 1910년대 일제는 조선 사회 저변의 교육적 기초였던 사립학교의 자율성을 약화시키고 관공립학교 체제로 전환시키는 것이 초미의 과제였다. 그러나 초반에는 일제의 공립학교 교육에 대한 반발과 의심이 깊어 공립보통학교 자체를 거부하는 사람이 꽤 많았다. 조선인들은 일본 관헌들이 "내 아들이나 손자에게 신식 체조를 가르쳐 군인으로 만들어 최일선에 세워 죽이려는 것"이라고 아이들을 뒷산으로 피신시키거나 장독 안에 숨기기도 했다. 아동의 취학을 피할 정도로 총독부의 교육정책과 근대학교에 대한 의구심이 강했던 것이다.[4] 그리하여 일부 공립학교들은 짧은 기간이기는 했으나 학생들에게 수업료를 면해주기도 하고, 학용품을 제공하기도 했다. 관리들이

---

2)   신태윤의 학력은, 〈의사 백당 신태윤 선생 약전〉에서는 1906년 창흥학교 졸업, 광주농업학교를 거쳐 1908년 한성사범학교 졸업으로 전하는데, 창흥학교가 1908년 설립되었으므로 이 기록은 정확하지 않다. 아마도 1908년 창흥학교에 입학한 이후 광주농업학교를 거쳐 경성고등보통학교 부설 교원양성소를 졸업한 것으로 추정된다. 신태윤 지음, 신현동 역주, 《대한민국정사》, 이담북스, 2011, 284쪽 참조. 창흥학교 혹은 창흥의숙은 창평의 유림 고정주 등이 설립했다. 이 학교는 영학숙의 후신이며 김성수, 송진우가 영학숙의 졸업생이다. 홍영기, 〈한말 고정주의 활동을 통해 본 호남의 근대교육〉, 《우송 조동걸 선생 정년기념 논총 한국민족운동사연구》, 나남, 1999.

3)   강명숙, 〈미국 유학 이전 천원 오천석의 수학과 사회 활동-잡지 《개척》, 《학생계》 등의 활동을 중심으로〉, 《한국교육사학》 39-3, 2017, 5쪽.

4)   尹雄模, 〈隔世の感〉, 《朝鮮》, 1922년 3월호.

마을의 서당을 돌아다니며 학생들을 학교로 끌고 와 숙직실에 재우면서 입학을 강권하는 일까지 있었고, 면서기가 가정을 방문해 설득하기도 했다.[5]

조선인들의 공립학교에 대한 기피가 단순한 반감 때문은 아니었다. 초기의 관공립보통학교는 학교교육에 능력과 의지를 가지고 있는 계층의 자녀들도 다 수용할 수 없었고, 교육수준도 낮았다. 공립학교의 일본인 교사들은 조선어에 서툴렀고, 의사소통조차 쉽지 않았다. 반면, 사립학교는 지역공동체에 근거를 두고 있었다. 사립학교 중에는 개인이나 종교재단에서 운영하는 것이 아니라, 건물과 설비, 운영 경비 등을 공공재산에 의존하고 지역 유지들이 학교 운영을 주도하는 경우가 많았다.[6] 지역 주민들은 이런 학교들에 대한 신뢰가 훨씬 깊었던 것이다.

일제는 사립이지만 공공성이 강한 이 학교들을 공립학교로 전환시켰다. 1910년 전남의 공립보통학교는 광주, 목포, 나주, 영암, 제주의 5개교였고, 사립학교 중 재정 지원을 받는 보조지정학교도 진도, 담양, 순천, 창명의 보통학교 4개교에 불과했다.[7] 반면, 1910년 이전 전남 지역에 설립된 사립학교는 약 69개 정도로 추정되며, 1910년 사립보통학교와 사립각종학교는 42개였다.[8] 그런데 이 사립보통학교 가운데 다수가 1912년을 전후해 대거 공립으로 전환하면서 사립보통학교는 크게 줄어들었다. 사립각종학교 또한 일제가 규제를 강화하면

5) 김태웅, 《신식 소학교의 탄생과 학생의 삶》, 서해문집, 2017, 320·321쪽.
6) 1906년 이후 설립된 많은 학교는 사립학교라기보다는 민립학교라고 해야 할 것이다. 김태웅, 앞의 책, 237~251쪽.
7) 《조선총독부 통계연보》, 1910.
8) 홍영기, 앞의 글(2015), 73쪽.

	사립보통학교	사립각종학교	서당
1910	15	27	—
1912	6	15	2,101
1914	5	9	2,248
1916	6	8	2,954
1918	4	5	2,204
1920	3	2	2,482

(단위: 개)

※ 출전: 《조선총독부 통계연보》, 각 연도판.

표 1. 1910년대 전남의 사립보통학교와 사립각종학교 및 서당 수

서 학교 수와 재학생 수가 모두 줄었다.

공립으로 전환한다고 해도 실제 운영 비용은 지역 주민들이 부담해야 했다. 조선총독부는 1911년 '공립학교비용령'을 제정했는데, 이에 따르면 공립보통학교 운영 비용은 기본 재산 수입, 임시 은사금 이자, 향교 재산 수입, 수업료, 기부금, 국고 및 지방비 보조로 충당하되 부족분은 학교 설립 구역 내의 조선인들이 부담하게 되었다.[9] 일반적으로 학교를 설립할 당시 건물과 대지, 기타 자금이 기본 재산이 되었으나, 운영 자금이 여기서 나올 수는 없었다. 여기에 국고나 지방비 보조는 얼마 되지 않았으니 보통학교 재정은 수업료와 조선인들이 낸 부담금으로 충당되었다.

1910년대 내내 전남 지역의 사립보통학교나 사립각종학교는 크게 줄어들었는데, 서당 수는 조금 늘어나는 경향을 보인다. 전통적인 교

---

9) 〈공립학교비용령(公立學校費用令)〉; 〈공립학교비용령시행규칙(公立學校費用令施行規則)〉, 《조선총독부 관보》, 1911년 10월 28일자.

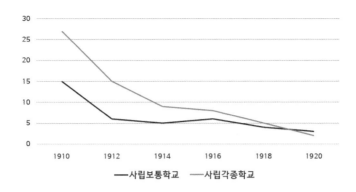

그림 1. 1910년대 전남의 사립보통학교와 사립각종학교 수

육기관인 서당의 수가 늘어나는 기현상은, 사립학교에 대한 통제가 강화되면서 일부 학교들이 서당으로 인가를 받아 운영하게 되었기 때문으로 추정된다.

사립학교가 이렇게 급격히 줄어들게 된 것은 1911년 제정된 '사립학교규칙' 때문이었다.

① 사립학교는 조선총독의 허가를 받지 않으면 설립할 수 없다.
② 학교장 및 교원은 조선총독의 허가를 받지 않으면 채용할 수 없다.
③ 수업연한, 교과목, 교과과정 및 매주 수업시간 수, 생도의 정원, 학년·학기·휴업일, 입학자의 자격 등 학제에 규정해야 할 사항은 조선총독의 인가를 받을 것을 요한다.
④ 교과서는 조선총독부가 편찬한 것 또는 조선총독의 검정을 거친 것을 사용해야 한다. 만일 이들의 도서가 없는 경우에 한하여 조선총독의 인가를 받아서 기타의 도서를 교과서로 채용할 수 있다.

⑤ 조선총독이 규정한 일정한 사항에 해당하는 자는 사립학교를 설
  립할 수 없으며, 또한 학교장·교원이 되는 것을 허가하지 않는다.
  조선총독은 만일 사립학교의 설립 후 설립자가 이 일정한 사항에
  해당할 때에는 설립 인가를 취소하며, 학교장·교원이 이에 해당할
  때에는 설립자에 대하여 해고를 명할 수 있다.

⑥ 사립학교의 설비, 수업, 기타의 사항이 부적당하다고 인정될 경우
  에는 조선총독은 그 변경을 명령할 수 있다.

⑦ 법령의 규정을 위반할 때, 안녕과 질서를 문란케 하거나, 풍속을
  파괴할 염려가 있을 때, 또는 ⑥의 명령을 위반하는 경우에는 조
  선총독은 사립학교의 폐쇄를 명할 수 있다.[10]

이처럼 '사립학교규칙'은 학교 설립, 교장 및 교원 채용, 교과과정,
학생 정원, 교과서 등 학교의 설립과 운영, 인사에 관한 모든 사항을
총독부의 허가를 받도록 했으며, 총독부의 자의적 판단에 의해 학교
설립 인가를 취소하거나 교육 활동에 제한을 가할 수 있도록 했다.
특히 반일적 성향의 인사들이 학교를 설립하거나 운영할 수 없도록
한 규정 때문에 기존 사립학교들이 급속히 줄어들었다. 여기에 더해
조선총독부는 1915년 사립학교규칙을 또 고쳤다. 여기에서는 ① 사
립학교에서 종교 과목의 배제(교과의 제한), ② 일본인 교원의 의무 채
용, ③ 일본어를 하지 못하는 교원의 제한 등이 주요 내용이었다. 기
독교 등 종교계 사립학교들도 더 이상 운영할 수 없도록 해 실제로
많은 기독교계 사립학교가 문을 닫았다.

사립학교에 대한 억압이 강화되면서 일부 사립보통학교들은 공립

---

10) 조선총독부,《조선법령집람(朝鮮法令輯覽)》제15집 학사, 1916, 제국지방행정학회, 68~69쪽
     참조.

	학교 수	학급 수	교원 수	학생 수	
				남학생	여학생
공립보통학교	34	130	160	5,316	463
사립보통학교	5	9	13	361	2
공립소학교	38	83	104	1,585	1,385

※ 출전:《조선총독부 통계연보》, 1917, 975~986쪽.

표 2. 1917년 5월 전남의 공사립 소학교와 보통학교

으로 전환했지만, 상당수는 학력을 인정받지 못하는 '서당'이 되거나 폐쇄되었다. 결국 '학교'가 오히려 줄어드는 결과를 가져온 것이다. 한 군에 공립보통학교가 2~3개 정도 있는 데다 그마저도 통학이 불가능한 지역에 있었다. 1917년 전남 지역의 공립보통학교 학생 수는 5,779명이었고, 교사 1인당 학생 수는 36.1명, 학급당 학생 수는 44.5명이었다. 일본인 공립소학교의 교사 1인당 학생 수(28.6명)나 학급당 학생 수(35.8명)에 비해 훨씬 많았으니 교육환경 역시 일본인 학교에 비해 훨씬 열악했다.[11]

요약하자면 대한제국 시기에는 '민립'이라고 해야 할 사립학교들이 공공교육의 주요 부분을 담당하고 있었다. 일제가 교육 영역을 급격히 장악하려 하면서 일부를 공립으로 전환했으나, 실질적으로 많은 교육기관이 '학교'의 영역 밖으로 밀려났다. 사립학교들이 사라져버린 교육의 영역을 서당(혹은 서당 인가를 받은 강습소)들이 감당했던 것이다.

1921년 조선총독부 통계에 따르면 전국 서당 교원 2만 4,507명 가운데 여교원이 24명이고, 여학생이 2,787명이며, 전남에는 여교원 3

---

11) 《조선총독부 통계연보》, 1917.

	학교 수	학급 수	교원 수	학생 수	
				남학생	여학생
공립보통학교	73	297	329	14,239	1,524
사립각종학교	9	42	32	701	482
서당	2,074	–	2,121	31,563	376

※ 출전:《조선총독부 통계연보》, 1921.

표 3. 1921년 전남의 조선인 초등교육기관과 학생

명과 여학생 376명이 있었다.[12] 허가는 '서당'으로 나 있으나 여자부를 두고 여교사까지 있는 경우는 근대학교와 같은 역할을 했을 것이다. 실질적으로 학교의 역할을 한 일부 서당에서는 산술이나 지리 같은 교과목도 가르쳤다. 서당처럼 교육당국이 완전히 통제하지 못하는 교육 공간이 줄어들지 않자, 일제는 1918년 '서당규칙'을 제정했다.

> 제1조 서당을 개설할 때는 명칭·위치, 학동의 정수, 교수용 서적, 유지 방법, 개설자와 교사의 성명 및 이력서, 한문 외 특히 일본어, 산술 등을 가르친다면 그 사항 등, 계절을 정하고 수업할 때 그 계절 등을 구비하여 부윤, 군수 또는 도사(島司)에게 제출해야 한다.
>
> 제2조 서당을 폐지할 때는 개설자가 지체 없이 이 사항을 부윤, 군수 또는 도사에게 제출해야 한다.
>
> 제3조 서당 명칭에는 학교와 비슷한 이름을 사용할 수 없다.

---

12) 《조선총독부 통계연보》, 1921, 51쪽.

제4조 금고 이상의 형을 받거나 성행이 불량한 자는 서당 개설자 또는 교사가 될 수 없다.

제5조 아래 경우에 도장관은 서당의 폐쇄 또는 교사의 변경, 기타 필요한 조치를 명할 수 있다.

-법령 규정을 위반할 때

-공안을 해치거나 또는 교육상 유해하다고 인정한 때

제6조 서당은 특별한 규정이 있는 경우를 제외하고는 부윤, 군수 또는 도사의 감독에 속한다.

한문 외 교과목에 대한 규정이 있는 것은 이 시기 서당으로 인가받은 교육기관의 다수가 학교의 역할을 했기 때문이다. 서당규칙에 의해 총독부가 불온시하는 인물들은 서당을 세울 수 없었을 뿐만 아니라 교재도 제한되었다. 그러나 3·1운동 이후 조선인들의 교육열이 한창 고조될 때에도 보통학교가 늘어나지 않는 반면, 서당 수는 계속 늘었다. 1920년대 중반 이후 보통학교 설립이 활발해지자 비로소 서당 수가 줄어들기 시작했다.

사립학교나 서당에 대한 규칙이 계속 강화되었던 것은, 1910년대 학교의 교육내용에 대해 일제의 통제가 아직 확고하지 못했다는 점을 역으로 보여준다. 심지어 공립보통학교에 대한 일제의 통제도 한계가 있었다. 앞서 살펴보았듯이 일본인 교원들은 전반적으로 조선어와 조선 문화에 대해 무지했다. 1910년 이후 일본어가 교수 언어로 정해졌지만, 보통학교 교과목 교수시수 106시간 가운데 '조선어와 한문'이 22시간을 차지하고 있었다.[13] 이런 과목을 일본인 교사들이 가

---

13) 김태웅, 앞의 책, 347쪽.

르치는 데는 한계가 있었을 것이다. 일본인 교사들의 조선어 능력 부족은 현장에서 많은 문제를 야기했다. 조선총독부는 1911년부터 매년 여름 열흘 또는 한 달간 보통학교의 일본인 교원들을 상대로 강습회를 열었는데, 1917년부터는 이를 3개월로 연장하고 특히 조선어 강습을 강화했다.[14)]

조선인 훈도들도 일부는 일본어가 능란하지 못했다. 한성사범학교 출신 가운데는 일본어를 배우지 않은 사람도 많았고, 1910년 이후 경성고등보통학교나 경성여자고등보통학교의 임시교원 양성과정을 이수한 경우에도 1년 남짓한 기간 동안 일본어를 능란하게 구사하기는 쉽지 않았을 것이다. 시골의 작은 학교의 경우, 교사들 사이의 의사소통조차 원활하지 못했을 수도 있다. 이런 기묘한 동거와 어색한 구조는 교과서에도 반영되었다. 일제강점 이후 일본어로 교과서를 편찬했지만 정작 이를 가르쳐야 할 교사용 교과서(요즘으로 따지면 교사용 지도서)는 일본어와 한글이 함께 실려 있었다.[15)]

2. 1910년대 보통학교 교사들의 구성과 동향

1) 학교의 지배구조와 조선인 교사들

1910년대 일본인 교원들은 크게 두 부류로 나눌 수 있다. 일본에서 사범학교를 졸업하고 소학교 훈도로 재직하다 조선의 관공립보통학교 훈도로 채용되어 건너온 교사들이다. 통감부는 1906년 9월부터 일

---

14) 김광규, 〈1910년대 재조선 일본인 교원의 양성과 인사〉, 《한국교육사학》 39-3, 2017, 36쪽.

15) 박영숙, 《일제강점기 교과서 연구: 제1기 보통학교 수신서 1(하)》, 불이문화, 2007 중 조선총독부, 《보통학교 수신서 교사용》, 1917 등 참고.

본인 교사 50여 명을 초빙했는데, 처음에는 관공립소학교(1906년 9월부터는 보통학교)에서 일본어, 이과, 산술 등을 조선인 교원이 통역하는 가운데 가르쳤다.[16] 1907년 말 '보통학교령'이 개정되면서 소학교 교원을 '훈도'라 하고 일본인 훈도가 교감이 되도록 했다. 이들은 1910년 이전에는 공립보통학교의 교감으로 근무했으며, 사립보통학교에도 일본인 교사 채용이 의무화되자 여기에 채용되기도 했다. 초빙된 교원들은 일본 본국에 비해 우대받았으므로 초빙 자격을 얻기 위해 경쟁이 치열했다. 통감부 당국자는 정식 사범학교 졸업자로 교장이나 장학사 등 학교 업무 관리의 경력이 있는 자들을 우대하는 방침을 세웠다.[17] 조선어를 제대로 구사하지 못했으므로 조선인 교원들이 통역을 하거나, 교원이 통역을 할 수 없었던 사립보통학교에서는 통역을 따로 고용해야 했다.[18]

일본에서 건너온 경력 교사들만으로는 1910년대 모든 학교에 일본인 교원을 배치하기는 어려웠다. 조선총독부는 경성고보 부설 임시교원양성소 2부, 경성여고보 부설 임시여자교원양성소를 두고 중학교 졸업 정도의 학력을 가진 일본인들을 1년 이하의 단기 속성 과정을 거쳐 보통학교 훈도로 보냈다. 그러나 이들은 임시양성소에 가기 이전에 조선어를 전혀 알지 못한 채 조선으로 건너온 상태였으므로 조선인 학생 교육이 쉽지 않았다.[19]

그러나 1910년을 전후해 학교의 지배구조는 눈에 띄게 변했다. 다

---

16) 김태웅, 앞의 책 226쪽.

17) 이나바 쓰기오 지음, 홍준기 옮김, 《구한말 교육과 일본인》, 온누리, 2006, 291·292쪽.

18) 1906년 일본인 교원 배치를 위해 한성사범학교에 교원임시양성과를 두고 3개월 과정으로 통역 교원을 양성했다. 위의 책, 288·291쪽.

19) 김광규, 앞의 글 참조.

그림 2. 1910년 목포공립보통학교 제1회 졸업식(목포북교초등학교 역사관 소장)

음 두 사진을 비교해보면 한눈에 드러난다. 〈그림 2〉는 1910년 목포
공립보통학교의 제1회 졸업식 사진이다. 양복과 한복을 입은 교사들
과 조선인 유지들이 앞줄을 차지하고 있다. 앞줄 중앙에 아이를 안
고 있는 사람이 일본인 교감 스나가 도코로(須長德五郎),[20] 그 왼쪽 옆
이 교장 이우정(李愚定)으로 추정된다.[21] 스나가 교감 옆에 두루마기
차림의 젊은이들이 김준학, 김진성, 양유형, 조경호, 위관식 등 조선
인 교사들일 것이다. 이우정은 1906년 사범학교 졸업시험에서 수석
을 차지한 이후 1920년대 중반까지 소학교, 보통학교에서 교사로 근

---

20) 일본인 교감 스나가는 후쿠오카사범학교를 졸업하고 소학교 교사로 근무하다 1906년 서울의
   관립소학교 교사로 초빙되어 조선으로 건너왔다. 교동보통학교 교사로 재직하며 학부 교과서
   교정 업무를 맡기도 했다. 1908년 목포공립보통학교 교감으로 부임했으며 1910년 병으로 퇴
   직했다.《황성신문》, 1906년 3월 13일자, 2면; 1907년 2월 25일자, 2면; 1908년 2월 16일자, 1면;
   목포공립보통학교,《목포학보(木浦學報)》, 1932, 8쪽.

그림 3. 1914년 목포공립보통학교 제5회 졸업식(목포북교초등학교 역사관 소장)

무했다.[22]

그러나 1914년 촬영한 제5회 졸업식 사진(〈그림 3〉)은 사뭇 다르다. 앞줄의 교사들은 제복 차림에 모두 검을 쥐고 있으며, 앞줄 가운데는 일본인 교장 요시다 가쓰히사마(吉田勝久馬)가 차지하고 있다. 훈도들이 착용한 제복과 칼은 권위의 상징이었다. 일본 전통에서 패검은 사무라이의 신분적 특권이었으니 제복 입은 훈도는 교사라기보다는 민

---

21) 목포공립보통학교가 1932년에 펴낸 《목포학보》는 당시 무안부윤인 한치유(韓致愈)를 교장으로 기록하고 있으나(목포공립보통학교, 위의 책, 8쪽), 직원록이나 신문 기록에는 이우정이 교장이다(《대한제국 직원록 1908년》; 〈관공립제학교〉, 《황성신문》, 1907년 6월 25일자). 《목포학보》에 1912년까지 한치유가 교장으로 있고 스나가는 교감으로 재직하다 1910년 4월 병으로 사직한 것으로 기록되어 있다(목포공립보통학교, 위의 책, 8쪽). 한성사범학교 출신 중 1910년 이후에도 계속 교직에 남은 사람의 비율이 약 10% 정도이니, 이우정처럼 오래 교직에 남아 있는 경우는 드물었다.

22) 《고종실록》, 광무 10년(1906) 7월 4일.

중을 지배하는 관료의 일부였다.

교장 요시다는 제국주의 지배하에서 일본인의 조선 진출을 상징하는 인물이었다. 1909년 진도보통학교에 부임한 이후 1911년 목포공립보통학교 교장, 1916년 전남도청으로 옮긴 후 진도공립보통학교 교장 등 전남 지역의 학교 교장을 역임하면서 진도 지역의 대규모 토지를 구입했다. 그리고 1924년 퇴직한 이후에는 진도 지역의 대표적인 일본인 지주가 되었다. 그는 조선인 소작농들의 투쟁에도 강경하게 대응해 1925년 4월 50정보(1정보는 3,000평) 이상의 토지를 소유한 대지주들로 구성된 전남농담회에 진도 지역 지주 대표로 참여했다.[23]

〈그림 3〉에서 앞줄 오른쪽의 기모노를 입은 여성은 여학생 교육을 담당한 쓰치모토 우메(土元ウメ)일 것이다. 쓰치모토는 1912년 11월 목포공립보통학교에 부임해 여자부를 담당하다 1923년 6월 목포여자보통학교가 개교하자 이 학교에서 1928년까지 근무했다.[24]

목포공립보통학교는 전남 지역에서 가장 큰 학교였지만, 1914년까지 교사가 7명에 불과했는데, 이 중 교장과 여자부를 담당한 여자 교사만 일본인이었다. 1915년부터 일본인 남자 교사가 한 명 더 부임했지만 조선인 교사가 대부분이었다. 그런데 이들의 재직 기간은 그다지 길지 않았다.

초기의 조선인 교사 중 가장 오래 근무한 교사는 김준학(金濬鶴)이었다. 그는 교원검정시험에 합격해 1908년 목포공립보통학교 교사가되었다.[25] 이후 1919년 10월 일제하에서 조선인으로서는 처음으로 보통학교 교장에 임명되었다.[26] 초창기 교사 가운데는 "금체모자(金軆帽

---

23) 《동아일보》, 1925년 4월 12일자, 1면; 《조선신문》, 1925년 4월 7일자, 1면.

24) 목포공립보통학교, 앞의 책, 8쪽.

25) 위의 책, 10쪽.

子)와 오동(烏銅)칼로 멋"을 부리고 "군청 직원과 어깨를 같이하고 경찰서원(警察署員)과 칼을 같이 번쩍거리고 면 직원 같은 것은 눈 아래로 깔보고"[27] 지낸 사람도 있었으나 1910년 이전부터 근무하던 교사들 대부분은 오래 재직하지 않았다. 1908년 개교 당시 근무한 교사들 가운데 조경호는 1909년 3월까지 재직했으며, 위관식도 1909년 7월 퇴직했고, 양유형도 1914년까지 근무하다 퇴직했다.[28] 일본인이 교장이 되고 일본어 교육이 강요되는 현실이 영향을 미쳤을 것으로 보인다.

1919년까지 목포공립보통학교에서 근무한 11명의 조선인 교사 가운데 10년 이상 근속한 교원은 5명으로 재직 인원의 절반에도 미치지 못했다. 1910년 부임한 김용진, 1915년 부임한 김상억, 1918년 부임한 고광규, 1919년 부임한 김구경은 모두 1919년에서 1920년 사이에 퇴직했다.[29] 김용진과 김상억은 1920년대 목포청년회에서 활동했고,[30] 김구경도 1920년 훈도를 그만두고 일본 유학을 떠났다.[31] 이들의 퇴직에는 3·1운동이 다분히 영향을 미쳤던 것으로 보인다.

2) 공립보통학교의 교사, 학생과 3·1운동: 곡성공립보통학교의 경우

곡성군에 근대적인 사립학교가 처음 설립된 것은 1909년이었다. 《황성신문》 보도에 따르면 군주사 신창희(申昌熙)가 1909년 10월 사립학교를 설립했다고 한다.[32] 이 사립학교가 이후 곡성공립보통학교

---

26) 낙안보통학교 교장 재직 중 1921년 조선교육령 시행 10주년 기념 전라남도 지사 표창을 받기도 했다.《매일신보》, 1919년 10월 31일자, 2면; 1921년 11월 2일자, 2면; 박달성, 〈모든 부형(父兄)을 대(代)하야 보통학교 훈도(訓導) 제씨(諸氏)에게〉, 《개벽》 58, 1925, 29쪽.

27) 박달성, 위의 글, 29쪽.

28) 목포공립보통학교, 앞의 책, 10쪽.

29) 위의 책, 10쪽; 《조선총독부 직원록》, 각 연도판.

30) 《동아일보》, 1920년 5월 29일자, 4면; 1922년 9월 10일자, 4면.

31) 《동아일보》, 1923년 5월 9일자, 4면; 1923년 7월 29일자, 6면; 1923년 8월 26일자, 5면.

가 되는 사립통명학교인 듯하다. 곡성읍의 통명학교는 지역에서 명망과 부와 영향력을 모두 지니고 있던 정일택(丁日宅) 등 정씨 집안이 주도했던 듯하다.[33] 11월 중순《대한매일신보》는 곡성군의 정일택이 교육에 헌신해 통명학교에 40원을 기부하는 한편 학교의 일반 업무를 힘을 다해 보살피자, 곡성의 유지들이 모두 협심해 학교를 후원했다고 보도했다.[34] 1918년 편찬된《곡성군지》는 정일택이 1909년 향교 양사재(養士齋)에서 사립통명학교를 설립했다고 하고,[35] 〈곡성보통학교 연혁〉은 1909년 12월 27일 사립통명학교가 설립 인가를 받았다고 한다.[36]

정일우(丁日宇)·정일택 형제는 곡성의 전통적인 향리 집안 출신이지만 성리학적 소양과 실무 능력을 인정받고 지주 경영을 통해 막대한 부를 축적했다.[37] 정일우와 일택, 일흥(日興) 형제는 동학과 청일전

---

32) 《황성신문》, 1909년 10월 10일자 1면. 신문 기사에 학교 이름은 나와 있지 않다.

33) 정씨 일문 중에서도 정일우, 정일택, 정일흥의 삼형제가 두드러진다. 정일흥의 아들 정수태(丁秀泰)는 호남은행 이사, 신간회 광주지회장을 지냈다. 일본 육사를 나와 해방 이후 중장, 국방부 장관, 국회의장을 지낸 정래혁(丁來赫)이 정수태의 아들이다. 홍성찬, 〈19·20세기 초 향리층의 사회·경제 동향―곡성 정씨가의 사례를 중심으로〉,《경제사학》 24집, 경제사학회, 1998.

34) 《대한매일신보》, 1909년 11월 16일자.

35) 《곡성군지(谷城郡誌)》에 따르면 정일택이 1909년 양사재에 사립통명학교를 설립해 운영했고, 1912년에 객사로 이전했으며 곧이어 공립이 되었다고 서술하고 있다(《곡성군지》, 1918, 53쪽). 《곡성군지》는 정일택의 조카인 정수태 등이 주도해 편찬했으므로 정일택의 영향력이 과장되었을 수 있으나, 여러 정황으로 보아 정씨 일가가 학교 설립과 운영을 주도한 것은 사실로 보아야 할 것이다.

36) 〈곡성보통학교 연혁〉에는 정일섭(丁日燮)이 학교 설립자로 나온다. 정일택이나 정일우 계열의 세계도(世系圖)에는 나오지 않는데, 연혁이 공식 문서가 아니므로 오식일 수도 있고, 곡성 정씨 문중의 다른 일원일 수도 있다. 그러나《곡성군지》에 나와 있듯이 실질적으로 정일택이 설립자 역할을 했을 가능성이 높다.

37) 홍성찬, 앞의 논문. 1920년대에 이들 형제는 만석꾼이라는 소리를 듣는 곡성의 대표적인 지주가 되었으며, 1932년에는 정일우의 아들 정봉태(丁鳳泰)가 묵용실(墨容室)의 고문서 1만여 권 및 여러 유물을 연희전문에 기증해 화제가 되었다(《동아일보》, 1932년 9월 29일자, 3면).

그림 4. 1910년대 곡성공립보통학교와 학생들(곡성중앙초등학교 홈페이지 역사관)

쟁을 거치면서 개화를 불가피한 현실로 받아들이고 새로운 문물과 지식을 수용했다. 이들은 당시 유학자 가운데서도 개화를 주장하던 장지연(張志淵), 현채(玄采), 이기(李沂) 등과도 교류했다.[38] 정일택은 호남학회에도 참여했으며, 일찍이 이기는 그를 두고 호남 유생들 가운데 비교적 일찍 신학을 받아들일 만한 인물이라고 평가했다.[39]

1910년 보통학교령에 의거해 사립통명보통학교로 인가를 받아 4월부터 수업을 시작했다. 설립 당시 교직원은 교장 양원석(梁元錫), 교감 정병규(丁炳珪), 교사 송육(宋堉), 일본인 교사 다마키 히데오(玉木

---

38) 홍성찬, 앞의 논문, 27쪽.

39) 이기(李沂)는 구례의 황현과 곡성의 정일택이 신학 수용의 불가피성을 받아들였다고 평가했다(박찬승, 〈한말 호남학회 연구〉, 《국사관논총》 53, 1994). 정일택의 사촌인 정일기는 석곡면에 사립일미학교를 세웠으며, 후손들에게 신학문과 함께 유도를 권했다(홍성찬, 앞의 논문, 24쪽).

英雄), 학감 임길수(林吉洙), 회계 김문회(金文會), 조병순(曺秉順) 등이
었다. 개교 당시 교사(校舍)는 향교의 양사재를 수리해서 사용했는데,
읍내에서 서북쪽으로 2리가량 떨어진 곳에 있어 교통이 불편할 뿐 아
니라 교사로 사용하기도 어려웠다. 곧 읍내에 있는 예전 관아의 객사
(客舍)를 수리해 사용하기로 하여 1911년 8월 공사를 시작해 1912년
1월 1일 학교를 이전했다. 개교 당시 40명을 넘지 않았던 학생 수는
1911년 70명을 넘었고 1912년에는 111명으로 늘었다.[40]

사립통명학교는 향교나 객사 등 관청이나 공공건물을 교사로 사
용하고 공동재산을 재원으로 운영하며 지역사회의 유지가 설립자 역
할을 하는 등 단순한 사립학교가 아니라 지역의 공공교육기관이라는
성격을 지니고 있었다. 또 보통학교령에 의해 일본인 교원이 채용되
었으나, 교장, 교감, 학감 등 조선인 교직원들이 다수였고 개명한 유
학자 출신의 조선인 교사가 교육을 담당하는 등 조선인 사회의 계몽
적 활력을 그대로 반영하고 있었다. 곡성공립보통학교 전신인 사립
통명보통학교는 1910년 2월 보통학교 설립 인가를 받을 당시 일본인
교원 다마키 히데오를 고용하면서 통역(최춘열)도 함께 고용해야 했
다.[41]

1911년 6월 22일 사립통명학교에서 곡성공립보통학교로 전환한
뒤,[42] 조선교육령에 따라 4년제 보통학교로 운영되었다. 각 학년 한
학급을 원칙으로 했지만 처음에는 2학급으로 시작했다. 조선인 교장,

---

40) 〈곡성보통학교 연혁〉;《조선총독부 통계연보》, 1912, 823쪽.

41) 국사편찬위원회가 수집한 〈곡성·구례 지역 근현대 교육사 자료〉 중에《곡성중앙초등학교 연
혁》, 1976(하위사료계열번호 DGJ014_02_02)이 있다. 이 연혁 말미에 1920년경 작성된 것으
로 보이는 제목 없는 일본어 문서가 첨부되어 있는데, 여기에 사립통명학교부터 곡성공립보
통학교의 설립과 운영, 초기 사립학교 및 공립학교 전환 이후 1920년까지 교직원 명단과 이동
사항이 정리되어 있다. 원래 문서 제목은 없으나 이 글에서는 〈곡성공립보통학교 연혁〉으로
부르고자 한다.

성명	직위	부임 날짜	1920년까지 상황
다마키 히데오(玉木英雄)	훈도	1911년 7월 21일	재직
심종훈(沈鍾薰)	부훈도	1911년 11월 1일	1914년 9월 30일(의원면관)
송육(宋堉)	대용 교원	1911년 6월	1913년 4월 30일
다마키 도모(玉木茂聟)	훈도(다마키 히데오의 처)	1913년 1월 20일	1918년 3월 1일
정석하(丁錫夏)	대용 교원	1913년 4월 28일	1917년 4월 23일(오과공보)
김채섭(金埰燮)	대용 교원	1913년 10월 4일	1914년 5월 1일(의원면관)
신태윤(申泰允)	부훈도	1914년 4월 1일	1919년 3·1운동으로 구속
정경하(丁璟夏)	대용 교원	1914년 6월 25일	1915년 3월 31일 사직
김한규(金漢奎)	훈도	1915년 4월 1일	1918년 8월 1일(나주공보)
김인규(金仁柱)	훈도	1916년 4월 1일	1917년 7월 21일(능주공보)
한진성(韓鎭聲)	촉탁	1917년 7월 31일	1918년 2월 31일(오리공보)
정완섭(鄭完燮)	훈도	1918년 3월 31일	재직
정석하(丁錫夏)	부훈도	1918년 3월 31일	대용 교원에서 훈도로
정동화(鄭東華)	부훈도	1918년 7월 31일	1919년 9월 7일(의원면관)
정형모(鄭亨謨)	훈도	1919년 4월 1일	재직
김병주(金炳柱)	촉탁	1919년 4월 11일	재직
정길조(鄭吉朝)	촉탁	1920년 부임(《동아일보》, 1935년 6월 11일자)	재직
나카무라 도모오(中村友男)	훈도 겸 교장	1920년 7월 13일	재직

※ 출전: 〈곡성보통학교 연혁〉.

표 4. 1911~1920년 곡성공립보통학교 교직원과 이동 상황

교감과 직원들은 모두 사퇴했고, 다마키 히데오가 교장 역할을 했던 것으로 보인다. 호남학회 회원이기도 했던 송육은 교사였는데, 사립

에서 공립으로 전환하면서 임시직인 대용 교원이 되었고 결국 1913년 4월 사직했다.[43]

1910년대에 4학년제로 운영했던 전남 지역 다른 학교에서 일본인 훈도가 1명이었던 것에 비해 곡성공립보통학교에는 일본인 교원이 2명이었다. 교장 다마키 히데오의 부인인 다마키 도모(玉木茂登)가 훈도로 부임했기 때문이다.

부부 교원이었지만 일본인 훈도가 2명이었던 탓에 곡성공립보통학교에는 조선인 훈도나 부훈도 외에 임시직인 대용 교원이나 촉탁이 늘 1~2명씩 근무했다. 언어와 의사소통 등의 현실적인 문제가 있었으니 일본인 교원만으로 학교 운영이 불가능했던 탓일 것이다. 대용 교원의 처우는 좋지 못했으니 근무 기간도 길지 않았다. 김채섭은 1년도 근무하지 않았고, 1913년부터 근무했던 정석하는 1916년 사립학교 교원시험에 합격해 다른 학교로 옮긴 이후 1918년부터 부훈도로 근무했다.[44] 심종훈(沈鍾薰)도 1911년부터 1914년까지 근무하다 사직했으며, 김한규나 정동화도 1919년 이후에는 《조선총독부 직원록》에서 찾아볼 수 없다.

곡성공립보통학교의 교사 중 주목할 사람은 신태윤(1884~1961)이다. 신태윤은 곡성 부근에 위치한 창평 출신으로 1914년 부훈도로 부임한 이후 아예 근거지를 곡성으로 옮겨 생활했다. 창평 창흥학교를 졸업했으며 서울 유학 중 단군교에 가입하는 등 민족주의적 성향이 강했다. 곡성의 3·1운동은 신태윤과 그의 제자들이 주도했다. 당시

---

42) 〈곡성보통학교 연혁〉에 1911년 6월로 전환 시기가 명기되어 있으며, 1912년 《조선총독부 통계연보》에 공립학교로 집계되어 있다.

43) 대용 교원들은 《조선총독부 직원록》에는 나오지 않으나 〈곡성보통학교 연혁〉에 기재되어 있다.

44) 《조선총독부 관보》, 1152호, 1916년 6월 7일자.

판결문에 따르면 1919년 3월 24일 신태윤이 졸업생인 정래성, 김중호, 양성만 등이 천렵을 하고 있는 것을 보고 "조선의 다른 지방에서는 독립운동을 시작했고, 보통학교 생도들이 이끌고 있다. 곡성의 청년들은 용기가 없는가"라고 꾸짖었다고 한다. 충격을 받은 졸업생들은 다음 날부터 정래성의 집에서 격문을 만들고 만세시위를 준비했으며, 신태윤이 준비를 주도하면서 조선의 역사를 정리한 책자를 나눠주기도 했다. 1919년 3월 29일 장날 신태윤과 정래성 등의 졸업생과 곡성공립보통학교 3, 4학년 학생 수십여 명이 시장을 돌며 만세를 부르고 시위를 벌였다.[45]

판결문은 신태윤이 우연히 정래성 등을 만나 시위를 이끈 것처럼 되어 있지만, 여러 가지 상황을 고려하면 그리 단순하지 않다. 신태윤은 판결문에서 이미 단군교를 신봉한 지 오래되었다고 했으며, 석방된 이후 단군전을 짓고 《정사(正史)》라는 민족주의 역사책을 저술한 바 있다.[46] 학생들에게 나눠준 조선 역사책도 단군교의 영향이 짙었을 것이고, 이전에도 자주 전해준 이야기였을 것이다. 학생 대표인 정래성도 우연히 그 역을 맡게 된 것이 아니라 신태윤과 학생들 사이의 논의 끝에 선정되었을 가능성이 높다. 정래성은 사립통명학교 설립자인 정일택의 형 정일우의 손자로, 정일우 가의 장손이었다.[47]

지역에서 3·1운동에 보통학교 교사와 학생 들이 주역으로 참여했던 곳은 곡성만이 아니었다. 전남의 경우 광주, 목포, 영암, 담양, 완도, 영광, 해남의 보통학교 교사와 학생 들이 시위를 주도했다. 이것

---

45) 광주지방법원, 〈신태윤 외 판결문〉, 1919(관리번호 CJA0001947).

46) 위의 글; 신태윤 지음, 앞의 책.

47) 《동아일보》, 1925년 11월 1일자, 2면. 해방 이후에는 곡성군 대한청년단장을 지냈다(《호남신문》, 1949년 4월 2일자, 2면). 정래성은 구속기소되었지만, 대구복심법원에서 무죄 판결을 받고 석방되었다. 정씨 집안의 영향력이 미쳤을 가능성이 높다.

	1914	1917	1919(년)
1학년	11세 9개월	12년 3개월	12세 7개월
2학년	13세 2개월	13년 1개월	13세 1개월
3학년	14세 9개월	14년 9개월	14세 9개월
4학년	15세 11개월	15년 9개월	19세 9개월*

※ 출전:《조선총독부 통계연보》각 연도판, 각 연도의 3월 말 기준.
* 1919년 4학년 평균연령 19세 9개월은 전반적인 추세로 볼 때 오기일 가능성이 매우 높다.
표 5. 전남 보통학교 학생의 학년별 평균연령 변화

은 식민지 학교의 위계 속에서 보통학교의 위상이 기형적일 정도로 높았기 때문이다. 일제는 보통학교, 실업학교 중심의 단절적이고 그 자체로 완결되는 학교체제를 수립하려 했고, 이러다 보니 실제 법정 연령과 무관하게 보통학교 취학연령도 높아졌다. 〈표 5〉에서 확인할 수 있듯이 12세 중반에 보통학교에 입학하고 17세가 되어야 졸업했다. 앞의 〈그림 4〉를 보면 곡성공립보통학교 학생들도 이미 어린이라고 할 나이는 벌써 지난 청소년들이다. 이들은 보통학교에 입학 전 이미 실질적인 학교 역할을 하고 있던 서당이나 강습소를 다녔다. 총독부가 1911년 제정한 조선교육령은 보통학교의 교육목적을 "국민교육의 기초"라고 정의하고 "생활에 필요한 보통 지식과 기능"을 가르친다고 규정했다. 그러나 대부분의 학생들은 서당이나 총독부의 인가를 받지 못한 학교에 다니면서 생활에 필요한 기초 지식 정도는 공부한 이후에 보통학교를 다녔다. 이미 1910년대 조선의 보통학교는 조선총독부가 표방한 공식적인 목표와 달리, 실질적으로 중등학교 이상의 역할을 했던 것이다. 게다가 조선총독부가 학교 현장의 실제 교육내용을 완전히 통제할 수도 없었다. 학생들은 학교에서 일본어와 근대 지식들을 배우고 식민지 지배 이념을 접했지만, 무조건 수용하지는 않았다. 심지어 교사들도 기계적인 교과서의 전달자는 아니었다. 학교에서 학생들은 새로운 근대 지식을 통해 세계를 이해하는 지역의 젊은 지식인이 되었다. 또 공립학교라고 해도 그 기원은 지역의 유지와 주민 들이 힘을 합쳐 만든 학교였고, 교사와 학생 모두 그 사실을 뚜렷이 기억하고 있었다. 이렇게 사회적 사명감을 가진 젊은 지식인들이 합법적으로 모일 수 있었던 지역의 학교는, 권력의 뜻과 무관하게 민족운동의 근거지가 될 수 있었던 것이다.

식민지 학교의 불온

스스로 문명을 표방한 제국주의 권력은 근대교육 자체를 부정할 수 없었다. 1910년대 일제의 교육정책은 대한제국 시기 민립학교의 자율성과 공공성을 부정하고 권력에 종속된 학교를 만들려는 것이었지만, 그다지 성공적이지 못했다. 단절과 부정 속에서도 근대적 학교를 향한 열망은 다양한 형태로 표출되었다. 언뜻 급속히 확장되는 것 같던 일제의 공립보통학교 체제는 많은 약점을 가지고 있었다.

일본인 교장들은 학교를 완전히 장악하지 못했고, 조선인 교사들의 수업이나 학생들의 사상 역시 감독하고 통제하지 못했다. 그 틈을 타 교사와 학생 들은 자생적인 저항의 길을 찾았다. 교사나 학생 들이 장기적이고 공공연한 반제운동을 추진하지는 못했지만, 대규모 저항이 연속적으로 전개될 때 학교는 조직적인 민족운동을 위한 훌륭한 근거지가 되었다.

물론 제국주의 권력은 학교에 대한 통제를 지속적으로 강화했고,

어느 정도 성공적이었다. 취학연령이 낮아지면서 학생들에 대한 통제도 강화되었고, 교사 수가 늘어났으며, 교육 관료기구와 사찰제도도 정교화되었다. 그러나 1929년 광주학생항일운동이 보여주듯 식민지의 학교는 여전히 불온했다. 식민지배를 재생산하기 위해 필수적이지만, 지배의 근저를 뒤흔드는 불온함, 식민지의 학교는 그 모순 위에 서 있었다.

10장

3·1혁명의 여진과 조선 사회

고태우

혁명 이후를 생각하기

세계 역사에서 보듯이 개혁과 혁명이 사회구조와 인민의 생활양
식을 바꿔놓는 데는 시간이 필요했고, 누군가의 희생과 '반동'을 불
러왔으며, 또 그 변화 역시 불완전했고 항상 긍정적이었던 것만도 아
니었다. 애초 혁명을 꿈꾼 이들 가운데 도중에 좌절하는 이가 많았
고, 혁명이 성공했다 하더라도 일시적인 성공으로 끝나는 경우도 흔
했다. 그 점에서 혁명의 성공 여부 못지않게 '혁명 이후'의 문제 역시
중요할 터이다.

한국 근현대사에서 관점에 따라 '혁명'이라는 말이 붙는 사건은 여
럿 있지만 그중에서도 3·1운동만큼 획기적인 사건이 또 있을지 의문
이다. 3·1운동을 계기로 정치체제로서 대한제국이라는 군주제의 그
림자가 걷히고 민주공화제가 불가역적인 형태로 등장했다. 신분과
성별, 지역과 종교, 빈부 격차를 초월한 다양한 계층이 참여했고, 그

과정에서 민족이라는 공동체를 발견했다. 시위를 주도한 이들은 이후 민족운동, 사회운동, 문화운동의 주체로 성장했으며, 이는 '신민'에서 근대적인 '시민'으로의 전환 과정이었다. 이 점에서 3·1운동을 3·1혁명으로 불러야 한다는 주장이 제기되고 있다.[1] 필자 역시 '운동'이라는 가치중립적인 용어로만 지칭하기에는 부족함을 느끼며, 혁명으로 보는 관점에 동의한다. 3·1운동은 민족해방운동이면서 동시에 공화주의, 민주주의를 내세운 혁명이었다.

그간 3·1운동(혁명)에 관한 수많은 연구가 있었지만 대체로 '거족적인 항쟁'으로서의 면모와 만세시위의 폭발성, 일제 탄압의 잔혹성 등에 주목했다. 막상 만세 함성이 잦아든 '혁명 이후'가 어떠했는지에 대해서는 관심이 적었다. 물론 3·1혁명의 영향과 직접적인 결과물로서 공화주의의 정착과 임시정부의 탄생, '문화정치'로의 개편, 1920년대 민족운동의 발전 등을 여러 논자가 지적했으나, 그간의 연구는 시위 저변에 깔린 사회심리, 혁명이 잦아들던 시점과 종료 후 조선의 구체적인 상황에 대해서는 간과한 측면이 있다.[2]

만세시위가 끝난 뒤 '혁명의 여진'은 각 지역에서 어떻게 누적되고 또 표출되었을까? 또 이는 어느 시점에 어떤 방식으로 정리되었을까? 이 글에서는 이와 같은 물음을 염두에 두면서 혁명을 겪은 이들이 '혁

---

1) '혁명'이라는 용어에 대한 구체적인 문제 제기와 관련해서는 3·1혁명100주년기념사업준비위원회, 《3·1혁명100주년기념사업추진위원회 결성식 95주년 기념 학술회의 '제국에서 민국으로' 자료집》, 2014의 이준식, 〈'운동'인가 '혁명'인가─'3·1혁명'의 재인식〉(〈'운동'인가 '혁명'인가─'3·1혁명'의 재인식〉, 《역사와 책임》 7, 민족문제연구소, 2014로 출간)과 이만열, 〈3·1정신 재정립의 현재적 의의〉 참조. 이 학술회의에서는 발표자 임경석(〈3·1혁명과 사회주의〉)과 토론자 이나미도 '혁명'이라는 말을 사용했다. 이 밖에 서로 강조점의 차이는 있지만 '혁명'으로서의 호명에는 김동택, 〈한국 근대국가 형성과 3·1운동〉, 박헌호·류준필 편집, 《1919년 3월 1일에 묻다》, 성균관대학교출판부, 2009; 김삼웅, 〈'3·1혁명' 정명(正名) 회복의 의미〉, 《내일을 여는 역사》 62, 2016; 이준식, 〈3·1혁명과 친일파의 대응 양태〉, 《인문과학연구》 26, 덕성여대 인문과학연구소, 2018; 한인섭, 〈3·1운동인가? 3·1혁명인가?〉, 최갑수 외, 《혁명과 민주주의》, 경인문화사, 2018 등 참조.

명 이후'를 어떻게 맞이하고 삶을 꾸려가려 했는지에 주목하고자 한다. 혁명 직후의 열기와 에너지가 언제, 어느 정도까지 이어졌는지, 또 그것이 조선 사회에 미친 영향을 사회사적 차원에서 검토할 것이다.

검토를 위한 자료는 주로 《조선 소요사건 관계 서류(朝鮮騷擾事件關係書類)》인데,[3] 이 가운데 특히 일본 군경이 작성한 '민정보고' 문서이다. 육군성은 4월 6일 조선총독부와 조선군사령부, 조선헌병대사령부 등에 3·1혁명의 근본 원인을 조사할 것을 통첩했다.[4] 이후 조선 각지의 각계각층을 대상으로 조사가 이뤄졌는데, 조선헌병대사령부는 그 조사 내용을 토대로 〈소요사건에 관한 민정휘보(騷擾事件ニ關スル民情彙報)〉(이하 '〈민정휘보〉')[5] 문건을 작성해 총독부와 각 도, 각 부대장, 일본 내각과 육군성으로 발송했다. 또한 만세시위가 끝난 뒤 조선군참

2) 3·1혁명 전후 상황은 나가타 아키후미 지음, 박환무 옮김, 《일본의 조선 통치와 국제관계: 조선독립운동과 미국 1910~1922》, 일조각, 2008이 가장 자세하다. 나가타 아키후미는 3·1운동 과정에서 조선 사회 동향을 다뤘지만, 3·1혁명 이후 시기는 국제관계에 천착한 나머지 조선 내부 동향을 구체적으로 언급하지는 않았다. 유선영은 3·1혁명 이후 1920년 8월 미국 의원 동양시찰단의 조선 방문까지 '18개월에 걸친 독립만세운동'으로서 바라볼 필요성을 지적해 주목되는데, 그는 조선인들의 '상상의 미국' 인식을 오리엔탈리즘과 주체 문제에 국한했을 따름이다(유선영, 〈일제 식민지배와 헤게모니 탈구: '부재하는 미국'의 헤게모니〉, 《사회와 역사》 82, 2009; 〈3·1운동 이후의 근대 주체 구성-식민적 근대 주체의 리미널리티〉, 박헌호·류준필 편집, 앞의 책).

3) 이 자료는 1945년 일본이 패전한 뒤 미국이 일본 육군성에서 압수해간 문서로, 1958년 일본에 반환되어 현재 일본 방위청 방위연구소에서 소장하고 있다. 재일사학자 강덕상과 김정명이 이 자료 일부를 다른 자료와 함께 발간했고, 국내에서는 국회도서관에서 1975년 번역집을 발간했다. 이후 1989년 한국출판문화원에서 원문 전체를 영인했다(姜德相 編, 《現代史資料》 25·26, みすず書房, 1966·1967; 金正明 編, 《朝鮮獨立運動》 I 本編·I 分冊, 原書房, 1967; 國會圖書館, 《日本外務省陸海軍省文書》 第3~5輯(三一運動 篇 其一~三), 國會圖書館, 1975; 日本陸軍省 編, 《極秘 韓國獨立運動史料叢書》 1~12, 韓國出版文化院, 1989). 현재 국가보훈처 공훈전자사료관과 국사편찬위원회 한국사데이터베이스 웹사이트에서 원문 서비스를 제공하고 있다. 자료 해제는 최우석, 〈3·1운동을 읽는 통로-새롭게 살펴보는 〈조선 소요사건 관계 서류〉〉, 《역사의 창》 43, 국사편찬위원회, 2016; 국사편찬위원회 자료 해제(http://db.history.go.kr/introduction/intro_jssy.html) 참조.

4) 〈密 第102號 朝鮮騷擾原因研究ノ件〉(1919. 4. 6). 관련 상황은 이양희, 〈일본군의 3·1운동 탄압과 조선 통치 방안-《조선 소요사건 관계 서류》를 중심으로〉, 《한국근현대사연구》 65, 2013, 127쪽 참조.

모부와 경무국 고등경찰과에서도 '민정' 관계 문건들을 생산했다.

이 '민정자료'는 비록 일제가 3·1혁명의 원인을 파악해 시위를 조기에 진압하고 조선 통치의 자료로 삼기 위한 의도가 담긴 점에서 사료비판이 필수지만, 여기에는 조선인 식자층과 자산가층, 민중층, 일본인 등 다양한 계층의 목소리가 광범하게 포함되어 있어서 조선 사회 전반을 이해하기에 적절하다. 실제 이것보다 당시를 상세하게 설명한 자료도 없다. 또 이 자료들은 이후 일제의 3·1혁명에 대한 종합보고서[6]에도 반영된 만큼 원자료의 성격을 지닌 것으로서 의의가 있다.

이상의 문제의식과 방법을 통해 본론에서는 먼저 3·1혁명의 직접적인 여파가 언제까지 지속되었는지 그 변화상을 그려본다. 이어 시기 변화에 대한 밑그림을 토대로 '민정자료'에 포착된 양상을 정리하며 조선 사회 동향에 색감을 입혀볼 것이다. 이로써 1920년대 민족해방운동이나 지역사회운동의 배경을 이해하고, '혁명 이후의 삶'이라는 보편사적인 주제를 생각해보는 기회를 갖고자 한다.

1. 밑그림 그리기

혁명 직후의 열기와 에너지는 언제, 어느 정도까지 이어졌을까? 이

---

5) 이 문건은 4월 16일부터 6월 30일까지 총 28회에 걸쳐 작성되었다. 《조선 소요사건 관계 서류》에는 일부가 누락되어 있으며, 일찍이 강덕상이 누락된 부분을 모아 姜德相 編, 《現代史資料(25)》에 수록했다. 이하 〈騷擾事件ニ關スル民情彙報〉 인용 시 〈民情彙報(第○報)〉'로 줄이고, 문서번호와 발신일을 함께 표시한다. 자료 인용 시 '密 第102號 其○○○'와 같은 형식의 육군성 문서번호는 생략한다. 참고로 문서번호가 '朝特報'로 시작하는 것은 조선군참모부, '騷密'은 조선헌병대사령부, '高警'은 조선총독부 경무국 고등경찰과에서 생산한 것을 뜻한다.

6) 朝鮮憲兵隊司令部, 《大正八年 朝鮮騷擾事件狀況》, 1919; 朝鮮憲兵隊司令部·朝鮮總督府 警務總監部, 《朝鮮騷擾事件ノ概況》, 1919.

물음에 답을 찾기 위해 조선군참모부에서 육군성으로 보낸 정기 보고서를 먼저 살펴보았다.

조선군참모부는 혁명의 소용돌이 속에 있던 1919년 3~5월까지 〈소요사건에 관한 상황(騷擾事件ニ關スル狀況)〉이라는 제목으로, 만세시위가 잦아든 1919년 6월부터는 〈조선 내외 일반 상황(鮮內外一般ノ狀況)〉이란 제목으로 문건을 작성해 육군성에 보고했다. 이 보고서는 매번 조선 안팎의 상황을 요약한 뒤 각 지역별 특이사항을 수록하는 등 일정한 형식을 갖추고 있어서 조선인의 저항과 조선 사회의 분위기를 포괄적으로 파악하는 데 유효하다. 1920년 5월까지 이어지는 보고서의 주요 내용을 정리하면 〈표 1〉과 같다.

〈표 1〉에서처럼 만세시위운동은 시기별 특징을 보였다.[7] 3월 중순 이후 시위는 공간적으로 확대되었고, 참가 계층도 학생층뿐만 아니라 노동계급 등 다양한 계층으로 확산되었다. 3월 말에서 4월 초는 혁명의 절정기로 평가되는데, 〈표 1〉에서 보듯이 시위운동이 산간 지역까지 파급되고 시위자들이 무기를 소지해 폭력투쟁화하는 양상을 띠었다. 이를 조선군 당국자는 "일종의 유행적 성질을 띠고 타지방에서의 잦은 소요에 따라 이에 대등하게 형식적으로나마 독립운동을 실시하는 지방도 있는 것 같다"고 보았다.[8] 목숨을 건 투쟁을 '유행'이라거나 '형식'적인 것으로 볼 수는 없겠으나, 그만큼 시위 지역

7)   선행 연구로는 이윤상·이지원·정연태, 〈3·1운동의 전개 양상과 참가 계층〉, 한국역사연구회·역사문제연구소 편, 《3·1민족해방운동연구》, 청년사, 1989; 임경석, 〈3·1운동과 일제의 조선 지배정책의 변화-만세시위운동에 대한 일제의 대응 방식을 중심으로〉, 한국정신문화연구원 편, 《일제식민통치연구 1: 1905~1919》, 백산서당, 1999; 이정은, 《3·1독립운동의 지방 시위에 관한 연구》, 국학자료원, 2009, 139~146쪽; 김정인·이정은, 《국내 3·1운동 I-중부·북부》, 한국독립운동사편찬위원회·독립기념관 한국독립운동사연구소, 2009; 김진호·박이준·박철규, 《국내 3·1운동 II-남부》, 한국독립운동사편찬위원회·독립기념관 한국독립운동사연구소, 2009 참조.
8)   〈朝特報 第9號 騷擾事件ニ關スル狀況〉(1919. 4. 7).

기간	주요 내용	출전(발신일)
1919. 3. 11~15	-폭동이 더욱 만연해 총독은 3월 12일 군사령관에게 병력을 동원해 진압하라고 지시. 사령관은 같은 날 폭동 방지 목적으로 각지에 군대 분산 배치. 평안도와 황해도에서의 배치는 제19사단장이 맡도록 함	朝特報 第7號 騷擾事件에 關한 狀況(1919. 3. 17)
1919. 3. 16~25 (경성 부근 3월 말까지)	-각지 소요 더 만연할 징조 -(경성 부근) 점차 소요 정도 커지고 끊이지 않음. 26일 이후 거의 계엄령 같은 대비 태세/(경성 이남) 경상도 가장 활발 -소요 계속될 듯. 선동자는 기독교도·천도교도. 참가자는 학생이 대부분이었는데 노동계급에까지 파급	朝特報 第8號 騷擾事件에 關한 狀況(1919. 3. 31)
1919. 3. 26~4. 5	-각지 소요 계속. 점차 변두리 지역으로 파급. 흉기 소지하고 폭행 감행하며 폭도화 -(평안) 일시 진압되었다가 3. 29 이후 재기. 폭력화/(황해) 해주 외 십수 개소 발생/(함경) 회령 등 약간의 소요 및 불온한 형세/(강원) 춘천 등 서부 지역 각지 소요. 점차 동해 연안으로 파급/(경성) 계엄령 같은 경비로 3. 28 이후 표면상 정온(靜穩). 위험성 잠재/(경기) 가장 소요 활발/(충청) 경기 다음으로 소요 활발/(전라) 군산 외 불온. 기타는 일반으로 정온/(경상) 각처에서 소요 계속 -표면상 정온한 지방에서도 이면에는 위험 잠재. 소요 전파되어 계속될 듯. 일종의 유행으로서 형식적으로 독립운동 실시하는 지방도 있음. 다수가 장날 이용	朝特報 第9號 騷擾事件에 關한 狀況(1919. 4. 7)
1919. 4. 6~15	-각지 소요 의연히 반복, 계속. 전(前) 기간에 비해 소요 지점 점차 감소 경향. 소요 장소 황해, 충남, 경남 순으로 다수 -4월 10일 이후 소요 개소 격감. 점차 진정됨 -군대 분산 배치되어 소요 진압에 착수. 머지않아 진정될 것으로 기대	朝特報 第10號 騷擾事件에 關한 狀況(1919. 4. 16)
1919. 4. 16~30	-기간 중 소요 개소 십수 개소, 전(前) 기간 비해 격감. 정온한 이유는 군대의 분산 배치, 경무기관의 감시 때문. 군대 분산 배치 500여 개소 -이면의 상황은 쉽게 경계 늦출 수 없음. 민심 안정될 때까지 다수의 시일 필요할 듯 -지방에 따라 자제단 조직됨. 총독부도 설립 장려. 자제단 증가하면 민심 안정 효과 클 것으로 기대	朝特報 第12號 騷擾事件에 關한 狀況(1919. 5. 1)
1919. 5. 1~10	-소요 거의 자취 감춤. 이는 군대의 분산 배치, 경무기관의 엄중 감시에 따른 것. 기회 있으면 다시 소요 발발할 우려 있어서 경비 소홀히 할 수 없음 -조선군사령관 5월 2일 예하 부대에 훈시해 군대의 군기 유의 당부 -소요 관계자도 군 위생부대나 자혜의원 등에서 치료와 진료를 받을 수 있도록 함	朝特報 第13號 騷擾事件에 關한 狀況(1919. 5. 13)
1919. 5. 21~31	-특기할 만한 건 없고 정온. 단 5월 23일 경성에서 남작 김가진(金嘉鎭), 자작 이재곤(李載崐)·권중현(權重顯)과 민영달(閔泳達) 외 20명 이상이 독립선언서 배포할 계획 있다는 정보가 있어 경성경비부대가 엄히 경계하고, 경찰이 23일 아침 주모자로 보이는 이능우(李能雨), 최익환(崔益煥) 외 2명 체포해 선언서, 진정서, 경고문 등 인쇄물 압수 -5월 31일 경성에서 블라디보스토크에서 온 5명이 태극기를 들고 독립만세 부르다 경찰관에게 체포 -지방에서의 정보 종합하면 쉽게 경계의 손을 놓으면 안 되는 상황. 특히 일본에서 발행되는 신문에 게재되는 조선인 독립운동 관련 기사 등 단속할 필요	朝特報 第16號 騷擾事件에 關한 狀況(1919. 6. 2)

1919. 6. 1~20	-전국적으로 고요하고 평온. 때때로 풍설(風說)이 유포되고 있어 조선인 심리상태에 크게 경계할 필요 -(5. 31) 황해 은율군에서 협박장, 장연군에서 선동인쇄물 유포/(6. 10) 황해 봉산군에서 약 200명 모여 《독립신문》 배포하고 만세 불렀다는 풍설/(6. 16) 경성고보에서 동맹휴교 소식. 당일 독립선언서 50~60매 발견 -경성 시민과 학생 사이에 파리강화회의에서 독립 승인 확실하다는 풍설 유포. 지식계급 사이에서 소요를 계기로 하등의 개혁 기대	朝鮮特報 第22號 鮮內外一般 狀況 (1919. 6. 21)
1919. 6. 21~7.10	-일반적으로 정온. 상하이 방면에서 선동자 침입해 활동하면 민심 안정 파괴할 우려 있음 -파리강화회의 종결로 일반에서 독립 불가능 인식한 것 같으나, 10월 워싱턴 국제연맹회의에 일말의 희망 갖는 자 존재 -(강원) 이천군에서 조선인 헌병보조원 피살됨/(경성) 독립문 부근에서 소수의 조선인이 만세 부르고 도주. 종로에서 30명의 조선인 만세 고창(6. 30 저녁). 서대문감옥에서 죄수 만세 고창(7. 1)/(경기) 개성공립상업학교 2학년 전부 동맹휴교(6. 25)	朝鮮特報 第27號 鮮內外一般 狀況 (1919. 7. 15)
1919. 7. 11~31	-경성에서 한두 건 경미한 사고. 이 밖에 일반적으로 정온. 파리강화회의 종료 계기로 독립 불가능 인식. 민심 점차로 진정. 재외 조선인 통해 선동하거나 그들 통해 침투된 사상이 민심의 안정 파괴할 우려 있어 경계 필요 -(경성) 서대문감옥 서북쪽 고지에서 2회에 걸쳐 몇 명 만세 고창, 도주(7. 11)	朝鮮特報 第32號 鮮內外一般 狀況 (1919. 8. 5)
1919. 8. 1~31	-민심 진정되어가나, 소요 발발 이래 민심은 기회만 있으면 폭발하려는 위험성 곳곳에 잠재. 헌병제도 철폐 계기로 다소 민심 동요해 경계 필요 -10월 워싱턴 국제연맹회의에 청원서 제출하고 미국의 후원 얻으려는 노력이 커지고 있음 -상하이 방면에서 선동 계속 -황해, 경기를 중심으로 한 서선(西鮮) 지역 가뭄으로 농민 소요 야기 우려 -(경성) 병합기념일을 기해 소요 야기한다는 풍문. 당일 시내 상점 대부분 폐쇄(8. 29). 다음 날 절반 정도 개점(8. 30). 9월 2일 신임 총독 도착 때 소요 야기할 것이라는 풍문	朝鮮特報 第41號 鮮內外一般 狀況 (1919. 9. 6)
1919. 9. 1~30	-신임 총독 일행 보호 위해 경비 병력 증대했으나, 경성 남대문역에서 강우규 폭탄 투척사건 발생 -민심 안정 잃고 유언비어 성행. 10월 국제연맹회의를 이용해 독립청원 및 조선에서 소요 야기하려는 계획 추진되는 듯 -해외로부터 선동자의 잠입 많고, 독립운동자금 모집 다액에 달함 -총독 경질 영향: 지식계급에서는 경질 계기로 조선인 관리 대우 개선 기대했으나, 무관 총독 부임은 조선인 일반의 위험한 사상 완화에 큰 효과 없는 듯 -헌병제도 철폐 영향: 조선인 일반적으로 기뻐함. 일본인 측은 철폐로 인해 불안을 느껴 일본으로 귀환하는 자 있음	朝鮮特報 第57號 鮮內外一般 狀況 (1919. 10. 9)
1919. 10. 1~31	-10월 1일 시정기념일 경성 주요 도로의 조선인 상점 폐점했다가 경찰 경고에 점차 개점. 태극기 게양 및 관공서에 폭탄 투하할 것이라는 풍설 있었음 -평북 의주(義州), 강원 김화(金化), 함남 원산에서 구 한국기 게양 또는 불온문서 배포됨 -10월 8일 추석 맞이해 소요 야기할 것이라는 풍설 있었으나 조용히 지나감 -10월 31일 천장절 축일 평양의 세 곳에서 만세시위 -표면상 소강상태 유지하고 있으나, 민심은 안정되지 못하고 배일 기세 완화하지 않음. 차별 대우 개선, 묘지규칙 개정, 헌병제도 철폐 등은 소요로 인한 것이라며 의기양양해하거나 재차 소요 일으키면 큰 개혁 가능하리라	朝鮮特報 第73號 鮮內外一般 狀況 (1919. 11. 8)

	는 자 존재. 일본인에 대한 태도 불손하고, 그들에게 경제적 압박을 가하려는 움직임 존재. 상하이 임시정부의 실력을 과대평가해 머지않아 독립할 것이라는 기대 있고 군자금 징수도 생각 밖으로 다액	
1919. 11. 1~30	-(평양) 2개소에서 약 200명 만세 고창(11. 1). 평양고보생 약 25명 퇴교해 태극기 흔들며 만세시위(11. 3)/(황해) 재령 읍내 약 30명 수차 만세 합창. 불온문서 낭독 및 태극기 산포(11. 16) -군자금 징수와 유언비어 성행 -이강(李堈) 공(公) 중국 망명 시도했으나 11월 11일 중국 안동(安東)에서 붙잡힘	朝特報 第79號 鮮內外一般 情況 (1919. 12. 3)
1919. 12. 1~31	-일반적으로 정온했으나 불안한 공기 조선을 뒤덮고 있음. 친일세력 조장 필요 -(평양) 상하이 임시정부 교통부 관서지부 설치하고 여러 활동하려 했으나 11월 하순 경찰이 주동자 검거 -(황해) 연백(延白), 배천(白川) 기독교 학교 학생 약 15명 태극기 흔들며 만세 고창(12. 12)	朝特報 第2號 鮮 內外一般 情況 (1920. 1. 10)
1920. 1. 1~31	-민심 아직 불안정. 1월 27일 황해 안악 읍내 장날에 천도교도 중심의 약 500명 만세 고창 -소요 1주기인 3월 1일을 기해 다시 소요 기도하려 한다는 풍설	朝特報 第8號 鮮 內外一般 狀況 (1920. 2. 5)
1920. 2. 1~29	-민심 아직 불안정하며 악화하는 경향. 조선인의 획책 더욱 교묘해지고 독립하려는 결심 견고. 만세시위가 아닌 언론이나 경제상으로 일본인 압박. 작년 소요 때 비해 민심 안정 얻고 있다고 생각하면 오산 -배일자는 철저하게 압박하고 제 시설은 민도를 고려해 점진적으로 실시해 급격한 변화 피하며, 재외 조선인에 대한 대책 적극 실시할 필요	朝特報 第13號 鮮內外一般 狀況 (1920. 3. 6)
1920. 3. 1~31	-소요 1주기인 3월 1일 경성, 평양, 선천(宣川)의 기독학교 및 황해 신천(信川)·재령(載寧)·황주(黃州)·송화(松禾)·장연(長淵), 경기 장단(長湍)에서 만세소요. 이 밖에는 경계가 엄해 큰 소요 없었음 -소요보다 친일세력에 대한 협박, 자금 강징 등 진행. 평북 선천 대산면(臺山面) 면장 및 면서기 총살사건(3. 15), 의주경찰서 조선인 형사 총살사건(3. 15), 신의주경찰서 조선인 형사 상해사건(3. 20), 의주 도수의(道獸醫) 살상사건(3. 24) 이어지고 평안도 일대 면직원의 업무 중지와 조선인 순사의 사임 등 있어 우려됨	朝特報 第21號 鮮內外一般 狀況 (1920. 4. 5)
1920. 4. 1~30	-4월 28일 이 왕세자(영친왕) 결혼을 맞아 소요할 것이라는 풍설 있었으나 조용히 지나감. 이면의 민심의 추이에 주의할 필요. 배일 색채를 띤 《동아일보》 같은 신문의 구독자가 매우 많고 기독교·천도교 신자 수가 근래 증가하고 있음 -지난달에 이어 의주, 창성, 선천, 용천 등 조선인 면직원이 불안해하며 사무 폐기하는 경우 많고, 조선인 경찰관이 사직 신청. 평북 지역 일본인도 크게 불안해하는 상황	朝特報 第26號 鮮內外一般 狀況 (1920. 5. 13)

표 1. 조선군참모부에서 파악한 3·1혁명과 그 이후 조선의 상황(1919. 3~1920. 4)

이 인근에 영향을 미쳤고 때로는 지역 간 연대투쟁도 이루어졌던 것이다.

그 뒤 시위는 퇴조해 4월 중순 이후에는 시위 개소가 격감했다. 이를 조선군에서는 500여 곳에 달하는 군대의 분산 배치와 경무기관의 감시 때문으로 보았다. 4월 말에는 총독부 장려 아래 각지에 자제단 (自制團)이 조직되고 있었다.[9] 5월 들어 만세시위는 거의 사라져 혁명적 국면은 종결되었다고 할 수 있다. 이를 식민당국은 "특기할 만한 것이 없고 정온(靜穩)"하다고 표현했지만, 시위가 재발할 우려가 있어 경비를 소홀히 할 수 없고, 경계의 손을 놓으면 안 되는 상황으로 파악했다.[10] 일제에 큰 충격을 안긴 3·1혁명이라는 대지진은 그 여운이 크고 깊었던 것이다.

6월 이후 혁명의 여진은 만세시위 때와 다른 양상을 보였다. 조선 문제가 논의되지 않은 채 6월 28일 베르사유강화조약이 체결되면서 조선독립의 열망이 한풀 꺾였다. 이를 조선군에서는 강화회의가 종결되어 조선 사회 일반에서 독립이 불가능한 것으로 인식하는 경향이 있고 민심이 점차 진정되고 있는 것으로 파악했다.[11] 그러나 특정 계기에 따라 여진이 빈발하거나 그 강도가 한층 커졌다.

먼저, 1919년 여름의 대가뭄으로 수확 면적과 미곡 생산이 급감하면서 유리걸식자가 증가하고 민심이 매우 흉흉해졌다.[12] 식민권력은 1918년 일본의 '쌀 소동' 같은 농민 봉기가 일어나지 않을까 전전긍

---

9) 〈朝特報 第13號 騷擾事件ニ關スル狀況〉(1919. 5. 1).

10) 〈朝特報 第13號 騷擾事件ニ關スル狀況〉(1919. 5. 1); 〈朝特報 第16號 騷擾事件ニ關スル狀況〉(1919. 6. 2).

11) 〈朝特報 第27號 鮮內外一般ノ狀況〉(1919. 7. 15); 〈朝特報 第32號 鮮內外一般ノ狀況〉(1919. 8. 5).

12) 朝鮮總督府 內務局 社會課, 《大正八年 朝鮮旱害救濟誌》, 朝鮮總督府, 1925, 〈緖言〉, 1쪽.

긍했다. 다음으로 10월 워싱턴에서 국제연맹회의[13]가 열린다는 소식은 일부 사람들에게 계속 미국의 도움이 가능하지 않을까 하는 일말의 희망을 갖게 만들었다. 한편으로 일본의 3·1혁명 대책이었던 헌병제도 철폐와 총독 경질은 다시 민심을 동요시켰다. 관제 개정을 저항에 따른 결과물로 받아들여 다시 시위를 기획하는 등 조선인의 대응은 일제가 바란 사상 완화가 큰 효과를 거둘 수 없음을 의미했다.[14]

특히 7월 이후 상하이 임시정부를 비롯한 재외 한인 독립운동단체들의 국내 침투가 활발하게 이뤄지면서 일반인들은 조선독립을 다시 꿈꾸었고 독립운동자금 모금에도 적극 동참했다.[15] 9월 2일 경성 남대문역(지금의 서울역)에서 발생한 강우규의 폭탄투척 의거는 많은 조선인에게 '통쾌'함을 주었고, 일제에 경각심을 갖게 만들었다.[16] 1920년에 들어서는 독립군의 국경지대 습격과 친일협력 세력에 대한 협박 및 암살, 부호에 대한 군자금 강제징수 사건이 끊임없이 발생했다. 이 과정에서 평안도 일대의 조선인 관리들이 업무를 기피하거나 사직을 신청하는 일도 있었다.

독립만세의 외침도 간헐적으로 들렸다. 혁명적 국면이 일단 수그러든 1919년 5월 이후 만세시위 현황을 조선군참모부의 보고서를 참조해 정리하면 〈표 2〉와 같다.

비록 산발적이지만 〈표 2〉와 같이 3·1혁명 이후에도 만세를 외치

---

13) 이 회의는 미국이 국제연맹에 불참하는 가운데 국제노동기구(ILO)의 회의로 1919년 10월 29일 워싱턴에서 개막하면서 조선의 독립과 무관하게 진행되었다.

14) 〈朝特報 第57號 鮮內外一般ノ狀況〉(1919. 10. 9).

15) 〈朝特報 第73號 鮮內外一般ノ狀況〉(1919. 11. 8).

16) 〈高警 第25436號 總督ニ對スル不逞鮮人ノ兇行〉(1919. 9. 2); 〈高警 第25643號 兇行事件ニ對スル感想〉(1919. 9. 5); 〈高警 第26153號 兇行事件ニ對スル感想〉(1919. 9. 12); 〈高警 第26656號 兇行事件ニ對スル感想〉(1919. 9. 17); 〈高警 第27148號 兇行事件ニ對スル感想〉(1919. 9. 26).

날짜	장소	내용
1919. 5. 7. 오후 5시경	경북 청도군 해전면 구촌동	노동자 수십 명이 술을 마시고 1명이 독립만세를 부르 자 대중이 합세해 폭행하고 불온한 행동을 함
1919. 5. 9. 오전 10시, 오후 2시	강원 양양군	양양 남쪽 고지에서 37명 만세 고창
1919. 5. 31.	경성	블라디보스토크에서 온 노인조(老人組) 대표라는 5명이 태극기를 들고 독립만세 부르다 경찰관에게 체포
1919. 6. 10.	황해 봉산군 사국리	약 200명 모여 《독립신문》 배포하고 만세 불렀다는 풍설
1919. 6. 30. 밤	경성	독립문 부근에서 소수의 조선인이 만세 부르고 도주. 같은 날 저녁 8시 30분 종로에서 30명의 조선인 만세 고창
1919. 7. 1. 오후 7시	경성	서대문감옥 죄수들 만세 고창
1919. 7. 11.	경성	서대문감옥 서북쪽 고지에서 몇 명 2회에 걸쳐 만세 고창
1919. 10. 31. 정오	평남 평양	천장절 축일 평양의 세 곳에서 남녀 학생 20~30명씩 만세시위하고 일본기 파기
1919. 11. 1.	평남 평양	두 군데에서 약 200명 만세 고창
1919. 11. 3.	평남 평양	평양고보생 약 25명 퇴교해 태극기 흔들며 만세시위
1919. 11. 16.	황해 재령 읍내	약 30명 수차 만세 합창. 불온문서 낭독 및 태극기 산포
1919. 11. 28. 오후 4시 반	경성	안국 도로 광장에서 태극기 흔들며 독립만세 고창하려 고 약 200명 모였으나 해산됨
1919. 12. 12.	황해 연백, 배천	연백, 배천 기독교 학교 학생 약 15명 태극기 흔들며 독 립만세 고창
1919. 12. 31.	전남 진도	보통학교 졸업생 11명 인쇄물 배포하고 만세 고창
1920. 1. 27.	황해 안악 읍내	장날에 천도교도 중심으로 약 500명 태극기 휘두르며 만세 고창
1920. 3. 1.	경성, 평양, 황해도 일대	경성의 배재학교, 진명여학교 부속학교 학생 만세시위. 상점 정오 무렵까지 대부분 폐쇄. 평양 및 선천 기독학 교 학생 및 황해도 신천, 황주, 송화, 재령, 장연, 경기도 장단에서 30~50명씩 만세시위 경성 서대문감옥 죄수 약 200명 만세 고창
1920. 3. 25. 오후 8시	평북 용천군 양시	기독교도 중심으로 약 100명 태극기 들고 만세 고창

1920. 3. 26. 오후 6시경	전남 함평군	함평군 공립보통학교 학생들 함평 시장에서 태극기 휘두르며 만세 고창
1920. 4. 14. 오후 2시 20분경	평남 평양 남문통	만세 고창하자 부근 조선인 약 700명 중 일부가 동참해 경찰관에 투석. 주모자 2명 체포되어 오후 3시 30분경 해산됨
1920. 4. 23. 오후 9시경	전남 해남군 우수영	약 500명 집합해 구 한국기 휘두르며 만세 고창. 경찰이 위협하며 권총 발사하자 해산

※ 출전: 〈朝特報 第13號 騷擾事件ニ關スル狀況〉(1919. 5. 13); 〈朝特報 第16號 騷擾事件ニ關スル狀況〉(1919. 6. 2); 〈朝特報 第22號 鮮內外一般ノ狀況〉(1919. 6. 21); 〈朝特報 第27號 鮮內外一般ノ狀況〉(1919. 7. 15); 〈朝特報 第32號 鮮內外一般ノ狀況〉(1919. 8. 5); 〈朝特報 第73號 鮮內外一般ノ狀況〉(1919. 11. 8); 〈朝特報 第79號 鮮內外一般ノ狀況〉(1919. 12. 3); 〈朝特報 第2號 鮮內外一般ノ狀況〉(1920. 1. 10); 《每日申報》(1920. 1. 13); 〈朝特報 第8號 鮮內外一般ノ狀況〉(1920. 2. 5); 《每日申報》(1920. 4. 3); 〈朝特報 第21號 鮮內外一般ノ狀況〉(1920. 4. 5); 〈朝特報 第22號 鮮內外不逞行動ト民心ノ推移〉(1920. 4. 13); 〈朝特報 第26號 鮮內外一般ノ狀況〉(1920. 5. 13).

표 2. 1919년 5월~1920년 4월 만세시위 현황

려는 시도가 끊이지 않았음을 알 수 있다. 혁명 이후에도 일상적인 차별이나 현실에서의 생활문제가 해소되지 않으면서 '여진'은 특정 계기와 시위를 동원할 수 있는 조직력이 뒷받침될 경우 '본진' 못지 않은 힘을 발휘하기도 했다. 다양한 계층이 참여한 가운데 경찰 발포로 2명이 사망하고 500여 명이 검속·체포된 1920년 9월 23일 원산의 대규모 만세시위가 대표적이다.[17]

3·1혁명 이후 조선 사회의 분위기를 이상과 같이 설정할 수 있다면, 이제는 실제 사람들의 인식과 행위를 파고들어갈 때이다. 이때 혁명 '직후'를 언제까지로 볼 것인지 시기 설정이 중요할 것이다. 아래

---

17) 오미일, 〈1920년 9월 원산 지역 만세시위와 저항의식 형성의 기제〉, 《역사와 경계》 102, 2017. 3·1혁명 이후 만세시위에 관해서는 장석흥, 〈3·1운동과 국내 민족주의 계열의 독립운동-1920년대를 중심으로〉, 《한국독립운동사연구》 13, 1999, 250~256쪽 참조.

에서는 1919년 6월까지를 혁명 직후 상황으로, 그 이후부터《조선 소요사건 관계 서류》가 생산된 1921년까지를 또 하나의 시기로 구분할 것이다.

1919년 6월을 기준으로 한 이유는 첫째, 직접 조선 사회의 동향을 살피던 통치당국의 시선과 행위를 고려했기 때문이다. 먼저 일본군이 전국에 배치되어 시위 군중을 철저히 진압하기 위해 취한 '분산 배치' 방침이 6월 10일 이후 철회되어갔다. 이는 상황 변화를 인식한 통치당국이 치안 유지에 자신감을 갖게 되었음을 의미한다. 그들의 인식은 자료에서도 나타난다. 조선헌병대사령부가 〈소요사건에 관한 민정휘보〉를 6월 30일까지 작성했다면, 이후에는 경무국 고등경찰과에서 '소요' 단어를 뺀 '민정휘보'류의 사회 동향 보고서를 만들었다. 자료 생산의 변화는 곧 '소요사건'이 일단락되었다는 당국자의 인식을 반영하는 것이다.[18] 이는 6월에 경찰과 헌병대사령부, 각 도청의 보고를 종합한《조선 소요사건 상황》보고서[19]가 작성된 상황과도 연관된다.

둘째, 6월 28일 베르사유강화조약 체결이 조선 사회에 준 영향이다. 실제 민족자결주의에 대한 기대감과 이를 바탕으로 국제사회를 향한 조선독립 호소가 3·1혁명을 이끌어간 주요 에너지였던 점에서 강화조약의 체결은 상징적인 의미가 컸다.[20] 조약 체결로 인해 대표 파견을 통한 독립청원과 만세시위운동은 실효성이 떨어졌다.

---

18) 3·1혁명에 대한 인식 변화는 앞서 언급했듯이 조선군참모부에서 육군성에 발신한 보고서 제목을 1919년 3~5월까지는 〈소요사건에 관한 상황〉에서 6월 이후 〈조선 내외 일반 상황〉으로 바꾼 것과도 겹처 있다.

19) 朝鮮憲兵隊司令部,《大正八年 朝鮮騷擾事件狀況》, 1919(영인본은《大正八年 朝鮮騷擾事件狀況》, 極東研究所出版會, 1969).

20) 이상의 두 가지 요인은 선행 연구에서도 혁명 퇴조 국면의 종결 시점을 판단하는 차원에서 지적되었다. 임경석, 앞의 글(1999), 245~247쪽 참조.

셋째, 둘째 이유와도 연관되는 문제로, 7월 이후 상하이 임시정부를 비롯한 재외 한인 독립운동단체들의 국내 침투가 활발해지면서 3·1혁명의 국면이 만세시위에서 무장투쟁으로 전환하는 경향을 보였기 때문이다.

2. 혁명 직후의 상황(1919. 4~6)

1) 당국 시책 거부, 일시적으로 열린 '해방구'

1919년 5월 평안북도의 조선인 관리와 대서업자는 식민통치로 인해 조선인이 고통받는 사항으로 '묘지규칙', 화전 단속, 세금 부과, 번잡한 신고 절차, 관리 급여의 민족 격차, 일본인의 조선인 모욕, 뽕나무 묘목 강제식부 등 일곱 가지를 꼽았다.[21] 이 사항들은 조선인 계층별로 해당 사안이 조금씩 달랐지만, 평안북도만이 아닌 전국적으로 공통된 불만이었고,[22] 3·1혁명 직후에도 줄곧 제기된 문제였다.

그 가운데 몇 가지를 살펴보면, 먼저 묘지규칙에 대한 불만은 전래의 문화와 결부된 것이었다. 식민권력은 1912년 묘지규칙을 제정하고 조선의 묘지 관행을 '미신'으로 치부하면서 조선인의 끊임없는 저항을 불러일으켰다.[23] 묏자리를 통해 효를 다하고 자손의 번영을 희망했던 조선인들에게 공동묘지에 조상을 모시는 것은 '조선 고래의 양속(良俗)'을 해치는 것으로, 조선인이 총독정치에 "열복(悅服)하지

---

21) 〈騷密 第2854號 民情彙報(第22報)〉(1919. 5. 23).

22) 각 도별 조선인의 불만 및 희망 사항은 朝鮮憲兵隊司令部, 앞의 책, 383~430쪽 참조.

23) 장용경, 〈1910년대 일제의 공동묘지 정책과 조선인의 경험〉,《역사와 문화》19, 문화사학회, 2010; 정일영, 〈일제강점기 '묘지규칙'을 통해 본 식민자와 피식민자의 간극〉,《한국근현대사연구》72, 2015 참조.

않는" 이유였다.[24] 3·1혁명 시기와 그 직후 곳곳에서 묘지규칙 반대, 공동묘지 불가의 목소리가 높았다.[25] 결국 묘지규칙이 1919년 10월 개정되어 공동묘지 이외에 조상이나 배우자의 분묘를 가진 자는 그 경역(境域)에 의거하거나 접속한 자기 소유지 내에 묘지를 설치할 수 있도록 해 사설 묘지가 인정되었다.

농민들은 뽕나무 묘목 강제식부에도 크게 반발했다. 러일전쟁 이후 일본 생사가 미국으로 수출되면서 그 수출량을 조달하고, 일본 제사공장의 원료로도 사용하기 위해 일본은 조선에서 양잠업을 장려했다. 그러나 총독부가 농민의 자발성을 무시한 채 강압적으로 양잠을 장려하면서 많은 문제가 발생했다.[26] 행정관청은 토지 상황에 적합하지 않은 양잠을 장려하고, 뽕나무 묘목을 토지 없는 자에게까지 배포해 강제로 심게 하고, 누에씨를 배당해 대금을 강제징수했다. 뽕나무 재배 강요는 다른 작물의 경작 면적을 감소시켜 생계 작물 수확에도 영향을 미쳐 농민의 생활을 곤란하게 만들었다. 3·1혁명 시기 농민들은 면사무소의 모종 수령을 거부하거나 밤에 모종을 면장의 집과 면사무소 문 앞에 몰래 투기하는 등 불만을 표출했다.[27]

세금 납부를 거부하는 움직임도 곳곳에서 나타났다. 1919년 4월

---

24) 朝鮮憲兵隊司令部, 앞의 책, 413·419쪽. 헌병대 사령부의 조사에 따르면 전국 모든 도에서 묘지규칙을 반대했다.

25) 〈騷密 第911號 民情彙報(第9報)〉(1919. 4. 26)의 충남 사례; 〈騷密 第2063號 民情彙報(第18報)〉(1919. 5. 11)의 충남 천안 사례; 〈騷密 第2854號 民情彙報(第22報)〉(1919. 5. 23)와 〈朝特報 第46號 總督ノ更迭, 警察制度ノ改變ニ依ル地方民心ニ及ボセシ影響ニ就テ(第一號)〉(1919. 9. 17)의 평북 사례 등 참조.

26) 1910년대 총독부의 양잠업 장려에 관해서는 이영학, 〈1910년대 조선총독부의 농업정책〉, 《한국학연구》 36, 인하대 한국학연구소, 2015, 566~570쪽 참조.

27) 〈騷密 第1016號 民情彙報(第10報)〉(1919. 4. 27)의 개성 사례; 〈騷密 第1269號 民情彙報(第12報)〉(1919. 4. 30)의 강원도 사례; 〈騷密 第2040號 民情彙報(第17報)〉(1919. 5. 10)의 봉화 사례; 〈朝特報 第35號 鮮內民心一般ノ趨向ニ就テ〉(1919. 8. 18)의 평남 성천·강동 사례 참조.

평안북도 일대와 평남 용강군(龍岡郡)에서는 세금 징수에 응하지 말라는 문서가 배포되고 있었다. 황해도 금천(金川)에서는 만세시위 이래 군민의 태도가 바뀌어 세금을 낼 필요가 없다는 자도 등장했다.[28] 6월에도 평북 의주와 평남 상원(祥原), 중화(中和)에서 '조선이 가까이 독립하기 때문에 일본에 납세할 필요가 없다'는 등 세금을 납부하지 않는 자가 많았다.[29]

이 밖에 도로 부설 때 부역을 거부하거나,[30] 육지면 경작에 반대하는 움직임,[31] 독립을 예상하고서 일본어 교육을 거부하고 학교를 옮기거나 서당에 입학하는 경우[32] 등 당국의 시책에 저항하는 행위가 줄기차게 이어졌다.

만세시위가 퇴조한 6월 이후에도 일상에서 조선인의 저항은 계속되었다. 군부대와 관청의 게시물이 파손되거나 '불온'한 문구가 낙서로 남고 태극기가 몰래 나부끼는 일이 빈번했다. 예를 들면 헌병숙사 입구에 '만세'라 쓰인 종이를 붙이거나, '독립만세'라고 적힌 태극기를 가로수에 묶어두거나 길가에 뿌려두는 식이었다. 읍내 게시판에 붙은 이완용의 경고문이 파기되기도 했다.[33]

6월 23일 독일이 강화조약에 조인할 것을 결정하고, 28일에 베르사유궁전에서 강화조약이 체결되었다. 이를 축하하기 위해 일본 곳곳에서 조약 체결 축하회를 열고 일본기를 게양했다. 조선에서도 축

---

28) 〈騷密 第385號 民情彙報(國內 第2報)〉(1919. 4. 16); 〈騷密 第607號 民情彙報(第5報)〉(1919. 4. 21); 〈騷密 第1147號 民情彙報(第11報)〉(1919. 4. 29).

29) 〈朝特報 第35號 鮮內民心一般ノ趨向ニ就テ〉(1919. 8. 18).

30) 위의 글 평북 의주·신의주 사례.

31) 〈騷密 第1731號 民情彙報(第16報)〉(1919. 5. 6)의 경북 고령 사례.

32) 〈騷密 第385號 民情彙報(國內 第2報)〉(1919. 4. 16)의 평북 사례; 〈朝特報 第35號 鮮內民心一般ノ趨向ニ就テ〉(1919. 8. 18)의 평남 요파(了波), 평북 의주 사례 등.

33) 〈朝特報 第35號 鮮內民心一般ノ趨向ニ就テ〉(1919. 8. 18)의 각종 사례.

하회와 일본기 게양이 있었는데, 일부 조선인들이 축하회에 참석하고 독립이 불가능해졌다고 실망하기도 했지만, 많은 경우 불참하고 일본기 게양을 거부했다.[34] 상당수 조선인들은 천황의 생일인 8월 31일 천장절(天長節)과 10월 1일 조선통치 시정기념일에도 일본기를 게양하지 않으며[35] 당국의 시책에 저항했다.

시위를 주도하고 현장을 누비던 학생들 가운데 검거되지 않은 이들은 동맹휴학을 계속했다. 개학기인 4월에도 경성의 주요 학교는 재적생의 절반도 출석하지 않았고, 이화여자고보와 배재고보, 세브란스 의학전문학교는 4월 12일에도 개교할 예정이 없었다.[36] 경성공업전문학교에서는 진급시험과 졸업시험을 치러야 할 학생들 대다수가 결석해 출석률이 저조했다.[37]

등교 거부와 무단결석 상황은 6월 초에도 변하지 않았다. 경성의 관공립학교의 경우 〈표 3〉과 같이 대체로 출석 상황이 재적수의 절반도 못 미칠 정도로 매우 저조했다. 경성뿐만 아니라 각지의 여러 학교에서도 등교하지 않는 학생이 많았다.[38]

조선인 관공리에 대한 사직 권고와 협박, 폭력도 계속되었다. 협박

---

34) 강화 성립 이후 전체적인 경향은 〈騷密 第5663號 講和成立卜民情〉(1919. 7. 16); 〈騷密 第5875號 講和成立卜民情〉(1919. 7. 24)〔姜德相 編,《現代史資料(25): 朝鮮(一) 三·一運動(一)》, みすず書房, 1966, 477~479쪽) 참조. 국기 게양 거부는 〈朝特報 第35號 鮮內民心一般ノ趨向ニ就テ〉(1919. 8. 18)의 경기도 경성·고양·양주·양평, 평남 용강, 평북 선천 사례 참조.

35) 〈高警 第25258號 民情彙報〉(1919. 9. 1)의 경성 사례; 〈高警 第25435號 民情彙報〉(1919. 9. 2)의 평양 사례; 〈高警 第29831號 地方民情彙報〉(1919. 10. 21)의 울진 사례 등.

36) 〈騷密 第2494號 民情彙報(第20報)〉(1919. 5. 17).

37) 〈騷密 第1578號 民情彙報(第15報)〉(1919. 5. 4).

38) 보기로 1919년 6월 평북 초산공립보통학교에서는 신입 학생이 감소하고 결석자가 많았고, 충남 아산, 황해 장연, 평남 상원, 경남 부산의 보통학교에서도 입학자가 감소하거나 등교하지 않는 학생이 많았다. 충북 괴산의 청안공립보통학교 3~4학년생은 동맹휴교를 기획했다. 〈朝特報 第35號 鮮內民心一般ノ趨向ニ就テ〉(1919. 8. 18).

학교	재적	수감	정학	휴학 신고	무단결석	출석
경성의학전문학교	209	45	22	10	10	122
경성공업전문학교	74	9		38	10	17
경성공업전문학교 부속 공업전습소	60	3		15	21	21
경성고등보통학교	507	33		89	65	220
경성전수학교	92	12		23	16	41

(단위: 명)

※ 출전: 〈騷密 第3938號 民情彙報(第26報)〉(1919. 6. 11).
※ 비고: ① 경성고등보통학교 재적수와 나머지 항목의 합계가 맞지 않음.
　　　　② 경성전수학교의 경우 원문은 "專習學校"이지만 "專修學校"의 오류로 보여 수정.

표 3. 경성 소재 관공립학교 출석 상황(1919년 6월 7일 현재)

장이 배달되거나 위협이 가해지면서 경남 밀양에서는 1919년 5월 당시 군내 13개 면장 가운데 사직서를 제출한 자가 8명에 달했고, 면 직원들이 사직을 신청하거나 직무가 불가능해져 사실상 면 행정이 중단된 곳도 있었다.[39] 평남 중화경찰서 상원(詳原)주재소의 조선인 순사보는 5월 22일 수배 중인 도박범을 체포해서 가다가 인근 마을 주민 약 40명에게 폭행을 당하고 범인을 탈취당하는 일도 있었다.[40] 시위사건과 상관없는 도박범을 빼앗아간 점에서 조선인 경찰에 대한 민심의 악화를 엿볼 수 있다.

　민심의 악화는 재조 일본인 사회로도 이어졌다. 6월 조선 북부에는 일본인이 우물과 식염, 어류 등에 독약을 섞어 조선인을 죽이려 한다는 풍설이 나돌았다. 이 소문은 거꾸로 조선인이 독극물을 살포해

---

39) 〈騷密 第2685號 民情彙報(第21報)〉(1919. 5. 20)의 밀양 사례; 〈朝特報 第35號 鮮內民心一般 ノ趨向ニ就テ〉(1919. 8. 18)의 합천 사례.
40) 〈騷密 第3361號 民情彙報(第25報)〉(1919. 5. 31).

일본인에게 위해를 가하려 한다는 유언으로 번지기도 했다.[41] 이러한 '독약설'은 실제 그와 같은 일이 있었을 가능성이 있고,[42] 한편으로 그러한 사례를 바탕으로 새롭게 시위를 일으키려 했던 활동가들이 일본인에 대한 조선인의 분노를 자극하기 위해 유포했을 수도 있다.[43] 여기에는 '고종독살설'이라든가 일본 군경의 조선인 학살에 대한 공포, 혁명 이후 재조 일본인들의 조선인에 대한 두려움 등 여러 사회심리가 겹쳐졌을 것이다.

조선인들의 일본인에 대한 불만은 혁명을 거치면서 다각도로 표출되었다. 시위 당시 주재소와 면사무소가 공격받고 불태워진 것은 물론, 만세시위가 퇴조하던 시기에도 일상에서 반감이 솟아올랐다. 금호강에서 낚시하던 대구부윤과 부청 관리들에게 조선인 10여 명이 돌을 던졌고, 경남 삼천포에서는 교외로 놀러갔다 돌아오던 일본인 여성들에게 어린이들이 기와와 자갈을 던지기도 했다.[44] 혁명 이전에는 불평을 갖고 있어도 몰래 일본인에게 '왜놈〔倭奴〕'이라고 부르다가, 이후에는 태연히 '왜놈'이라 말하고 "스스로 대한국인이라고 부르기에 이르렀다."[45] 전차와 기차에서 일본인을 물리치고 자리를 차지하려 하고, 일본인 소학생에게 경례를 강요하거나 만세를 부르게

---

41) 일본인의 독약 유포설은 〈朝特報 第35號 鮮內民心一般ノ趨向ニ就テ〉(1919. 8. 18)의 평북 신의주·벽동·영변·위원·초산·북진, 평남 안주와 강동군 삼등면 사례, 조선인의 일본인에 대한 독약 유포설은 같은 글의 평북 의주군 비현면(批峴面), 함북 경성의 수남(지금의 청진시 구역) 사례 참조.

42) 박은식은 그 증거로 평양과 용천 양시(楊市) 사례를 들었다. 박은식 지음, 김도형 옮김, 《한국독립운동지혈사》, 소명출판, 2008, 255쪽.

43) 평북 북진(北鎭)에서는 '일부 불령배가 일본인들이 근래 식용품에 독약을 섞어 조선인을 죽이려 한다는 풍설을 유포시켜 민심을 동요시키는 것이 적지 않다'는 보고가 있다(〈朝特報 第35號 鮮內民心一般ノ趨向ニ就テ〉, 12쪽).

44) 〈騷密 第911號 民情彙報(第9報)〉(1919. 4. 26).

45) 〈騷密 第1446號 民情彙報(第14報)〉(1919. 5. 3).

하는 조선인도 있었다. 작업장에서 일본인이 조선인 인부를 태만하다고 벌하면 다른 조선인들이 그에게 반항하기도 했다.[46] 일본인이 운영하는 상점에 들어가 '내지로 돌아가지 않으면 위험에 빠질 것'이라고 협박하기도 했다. 일본인의 고용에 응하지 않거나 일본인의 경작물을 훔치는 경우도 있었다. 이러한 상황에서 일본인 또는 조선인 순사와 친교가 있던 조선인들은 일부러 그들을 피하거나 마주쳐도 인사를 안 하고 지나가기도 했다.[47]

8월 총독부 관제 개정 이후에도 조선인이 일본인을 경멸하는 상황은 계속되었다. 조선인 가운데는 총독 경질과 보통경찰제로의 전환을 만세시위의 성과로 받아들이면서, 일본인은 "우리를 억누르고 막을 수 없기 때문에 요구하면 무엇이라도 달성할 수 있을 것"이라며 자신감을 보이기도 했다. "내지인에 대한 경의와 복종은 근래 거의 땅에 떨어진 것 같다"는 군경 측의 자조 섞인 평가가 나올 정도였다.[48]

이와 같이 당국의 시책에 대한 조선인의 저항은 만세시위가 수그러든 이후에도 상당 기간 지속되었다. 조선인 경찰과 면 직원 들이 압박을 받아 행정이 마비되는 곳도 생겼다. 불평이 있어도 눈치만 보던 사람들이 혁명 이후에는 곧장 '불온'한 기운을 내비쳤다. 이러한 상황들은 식민자들에게 긴장과 공포를 안겨주었고, 일본의 통치 비용을 증대시켰다. 조선인들에게는 혁명을 계기로 어디 하소연이라도 해볼 수 있는, 한번 대들어볼 수 있는 장이 열린 것이다. 이를 일종의 심리적인 '해방구'라고도 부를 수 있을 것이다. 물론 '해방구'는 식민

---

46) 이상은 〈朝特報 第35號 鮮內民心一般ノ趨向ニ就テ〉(1919. 8. 18).

47) 〈騷密 第1446號 民情彙報(第14報)〉(1919. 5. 3)의 경남 창원과 황해도 사례.

48) 〈朝特報 第46號 總督ノ更迭, 警察制度ノ改變ニ依ル地方民心ニ及ボセシ影響ニ就テ(第一號)〉
    (1919. 9. 17), 13~14쪽 평남 성천 사례.

통치가 계속되는 한 오래 지속될 수는 없었다.

2) 파리강화회의와 미국에 대한 기대

3·1혁명은 당초 일본에 저항해 직접 독립을 쟁취하기보다는 만세 시위를 통해 열강의 지원을 이끌어내는 데 목적이 있었다.[49] 잘 알려져 있듯이 혁명 직후 조선 사회에서 윌슨 대통령의 발언과 행동, 파리강화회의의 경과는 초미의 관심사였다.

1919년 4월 경기도의 한 활동가는 조선의 시위에 윌슨 미국 대통령이 큰 동정을 갖고 강화회의에 조선독립을 제의할 것이라고 기대하고 있었고,[50] 4월 23일 경성 종로에서 만세를 부른 학생들은 파리로부터 조선의 독립이 확정되었다는 소식이 도착했다고 말하기도 했으며, 상인들 중에서도 독립이 확실하다고 믿는 이들이 있었다. 경북 지역 주민들은 자제단이 조직된 사실이 강화회의에서 병합에 대한 조선인의 불평이 없다는 하나의 증거가 되지는 않을까 우려하기도 했다.[51] 그만큼 주민들이 독립과 파리회의를 강하게 연결시키고 있었다는 증거이다.[52]

일본과 미국의 전쟁 가능성을 예상하는 이도 많았다. 대구에서는

---

49) 경남의 한 시위 주도자도 시위 목적을 "무기를 갖지 않은 우리 민족으로서 최선의 방법인 독립운동을 강화회의 종료 날까지 계속해 단연 일본의 얽어맨 굴레를 벗어나려 함에 있다"라고 했다.〈騷密 第432號 民情彙報(第3報)〉(1919. 4. 18).

50) 〈騷密 第385號 民情彙報(國內 第2報)〉(1919. 4. 16).

51) 〈騷密 第911號 民情彙報(第9報)〉(1919. 4. 26).

52) 평양에서는 평양부윤과 경찰서장이 4월 24일 약 300명, 이튿날 약 600명에 이르는 부민들을 소집해 훈화했는데, 이때 식민당국은 부민들의 혁명에 대한 생각이 독립이 불가능하다고 보는 이는 소수였고, 반신반의하는 이들이 다수를 차지했으며, 강화회의 종료까지는 독립한다고 보는 이가 10분의 3에 이른 것으로 관찰했다(〈騷密 第2854號 民情彙報(第22報)〉(1919. 5. 23)). 식민권력 앞에서 자신의 솔직한 의사를 숨겼을 가능성을 고려하면, 실제 독립이 가능하다고 생각했던 비중은 더 컸을 것으로 보인다. 그만큼 강화회의와 독립을 연결하고 독립에 대한 확신이 상당했던 것이다.

미국의 앤더슨-마이어(Anderson-Mayer) 회사가 중국에 병기를 공급한다는 신문 기사를 보고 일본과 미국 사이에 전쟁이 일어날 전조로 해석하는 이들이 있었고, 경찰이 미국인의 가택과 그들이 운영하는 교회, 학교까지 수색한 것도 그러한 점을 뒷받침하는 것이라고 평가했다.[53] 평북 중강진 주민들은 산둥반도 문제가 촉발되면 미국이 조선과 중국인을 구제하기 위해 일본과 전쟁을 일으키고, 조선인과 중국인이 미국에 가담할 경우 일본이 패전해 산둥을 중국에 환부하고 조선이 독립될 것이라고 믿고 있었다. 이처럼 여러 지역에서 일·미개전설이 유포되었다.[54]

5월 들어 시위 열기가 수그러들 무렵 조선인 지식인층 사이에서 강화회의 상황이 생각만큼 진행되고 있지 않다는 인식이 확산됐다. 베르사유에서 오는 여러 뉴스를 접하고 조선 문제가 다뤄지지 않으면 독립 달성이 실현되지 않을 수 있다며 신중한 태도를 보이거나, 독립 가능성을 비관하는 이들도 나타났다.[55] 신문 등의 매체를 접해 상대적으로 정보에 밝은 지식인이나 유력자층 사이에서 강화회의에 대한 기대감이 줄어들고 있었던 것으로 보인다.

그럼에도 여전히 강화회의와 미국에 대한 희망을 품는 조선인이 많았다. 조선인 관리를 비롯한 식자층에서는 강화회의에서 일본에 불리한 뉴스를 접하고 몰래 기뻐하는 이들이 있었다. 윌슨이 강화회의가 끝난 뒤 조선에 오게 되면 2~3개월 뒤에는 모든 것이 결정될

53) 〈騷密 第385號 民情彙報(國內 第2報)〉(1919. 4. 16).
54) 〈騷密 第2040號 民情彙報(第17報)〉(1919. 5. 10)의 평양 사례; 〈騷密 第2854號 民情彙報(第22報)〉(1919. 5. 23)의 합천 사례; 〈騷密 第3227號 民情彙報(第24報)〉(1919. 5. 29)의 중강진 사례 등.
55) 〈騷密 第1578號 民情彙報(第15報)〉(1919. 5. 4); 〈騷密 第2327號 民情彙報(第19報)〉(1919. 5. 15)의 경성 사례; 〈騷密 第2494號 民情彙報(第20報)〉(1919. 5. 17)의 청진 사례.

것이라고 말하고 다니는 이도 있을 만큼 미국 대통령에 대한 기대가 컸다.[56] 1919년 6월 이후에도 조선독립 승인이 파리강화회의에서 실패해도 미국의 동정 여론을 환기시켜 독립이 가능하다는 유언이 퍼지기도 했으며, 상하이 임시정부가 강화회의에 열석하고 있다거나 미국이 쓰시마해협에 군함을 보내 일본의 교통을 차단할 것이라는 소문도 돌았다. 이미 미국이 조선독립을 확인했다거나, 조선의 대통령을 선정 중이라고 말하는 이도 있었다.[57] 잘못된 정보지만 미국의 원조에 따른 독립 가능성을 믿고 있는 이들이 많았던 것이다.

그러나 많은 조선인의 바람에도 불구하고 국제연맹에 일본이 참여하는 것을 중시한 미국은 산둥반도 문제에 대한 일본의 요구를 수용하지 않을 수 없었고, 파리강화조약에 산둥의 권익을 일본에 양도한다는 규정이 포함된 채 6월 28일 베르사유강화조약이 체결되었다.[58] 하지만 조약 체결 이후에도 조선인들은 10월에 워싱턴에서 개최될 국제연맹회의에 조선독립 문제를 상정하기 위해 다시 조선독립을 제의해야 한다고 주장하거나, 일·미전쟁을 상상하고 조선의 독립을 기정사실화하며 당국의 시책을 냉담하게 바라봤다.[59]

---

56) 〈騷密 第1731號 民情彙報(第16報)〉(1919. 5. 6)의 전북 사례; 〈騷密 第2854號 民情彙報(第22報)〉(1919. 5. 23)의 경남 하동 사례.

57) 〈朝特報 第35號 鮮內民心一般ノ趨向ニ就テ〉(1919. 8. 18)의 경기 김포, 경북 예안, 강원 양구, 함남 고원 사례 등.

58) 전상숙, 〈파리강화회의와 약소민족의 독립 문제〉, 《한국근현대사연구》 50, 2009, 24~27쪽 참조.

59) 〈朝特報 第50號 鮮內民心一般ノ趨向ニ就テ 第貳號〉(1919. 9. 20)의 평북 의주와 선천, 경북 안동 사례; 〈高警 第31409號 地方民情彙報〉(1919. 11. 5)의 평안남도 기독교인 사례. 신의주에서는 10월 국제연맹회의 이후 조선이 독립할 것이라면, 8월에 실시된 총독부 관제 개정은 무의미하다고 조소하는 이도 있었다. 〈朝特報 第46號 總督ノ更迭, 警察制度ノ改變ニ依ル地方民心ニ及ボセシ影響ニ就テ(第一號)〉(1919. 9. 17), 6쪽.

3) 시위 참가자·희생자에 대한 동정과 추모, 공동체성

혁명 직후, 그리고 상당 기간 시위 참가자와 시위 과정에서 희생된 이들에 대한 지역공동체의 동정과 추모 열기가 뜨거웠다. 1919년 4월 3일 경남 창원 진동면(鎭東面) 사동리(社洞里) 시위 때 부상을 입은 9명이 조선인이 운영하는 마산의 한 병원에서 치료받고 있었다. 이들의 치료비는 진전면장(鎭田面長)이 "부상자는 모두 국가를 위해 노력한 자"라며 인접한 진북·진동면장과 협의해 치료비 모금을 세 면민들에게 제안하자, 주민들이 불평 없이 갹출하여 마련한 것이었다.[60] 전북 남원 주민들도 4월 3일 만세시위 때 사상한 자들을 "독립운동의 희생적 대표자"로서 깊이 동정해 제반 비용을 부담해 성대하게 장례를 치르고, 명기(銘旗)에 "의용(義勇)의 널(柩, 관)"이라 적어 의연금을 모집하고자 했다. 이를 일본 관헌이 경고해 중지시켰으나, 사망자 유족이 강력히 반발해 장례를 치렀다.[61] 함북 온성에서도 북창평(北蒼坪) 시위 때 사망한 지도자 최기철(崔基哲)의 죽음을 "한국의 독립 수행상 희생된 것"이라 칭찬하며 기린 이들이 온성군 영월면(永月面) 주민 67명으로부터 기부금 60여 원을 거둬 유족에게 증정하기도 했다.[62]

사상자 추모뿐만 아니라 수감자들과 그 가족에 대한 동정도 뜨거웠다. 충남 홍성에서 시위로 검거된 홍성 군민 3명에게 마을 주민들이 이들을 위문해 금품을 증여하려고 하자 관할 경찰서에서 중지시킨 일이 있었다.[63] 황해도 수안(遂安)의 천도교도들은 시위 입감자 구

---

60) 〈騷密 第2854號 民情彙報(第22報)〉(1919. 5. 23).

61) 〈騷密 第1731號 民情彙報(第16報)〉(1919. 5. 6).

62) 〈騷密 第2494號 民情彙報(第20報)〉(1919. 5. 17); 〈허가 업시 기부금을 모집, 소요 사상쟈를 위호야〉, 《매일신보》, 1919년 5월 25일자.

63) 〈騷密 第680號 民情彙報(第6報)〉(1919. 4. 22).

호를 위해 금전을 모집했다.[64] 충남 조치원에서는 만세시위를 시도한 《매일신보》 조치원지국 주임 김재형(金在衡)이 청주지방법원 지청에서 징역 2년에 처해지자, 조치원 조선인청년회 회장 맹의섭(孟義燮)과 유력자들이 협의해 김재형의 가족에게 금품을 증여하려다가 경찰에 의해 중지되었다.[65]

시위 지도자에 대한 일반인의 반응은 뜨거웠다. 예를 들면, 함북 경성군 수성(輸城) 만세시위사건 관련자에 대한 1919년 4월 11일 청진지청 공판정에서 시위 지도자 2명이 끝까지 독립운동을 계속하겠다고 말하자, 그들이 국가를 위했다며 칭찬하는 자가 적지 않았다.[66] 전남 강진에서는 1919년 3월 말 시위를 기획하다 검거된 김안식(金安植) 외 11명이 대구복심법원에서 무죄 판결을 받고 5월 8일 돌아올 예정이라는 소식을 접한 강진공립보통학교 학생 80여 명이 그들을 맞이하기 위해 학교 밖을 무단으로 나갔는데, 학생들은 김안식 등이 '조선을 위해 힘쓴 자로서 무죄로 돌아와 기뻐서' 간 것이라 했다.[67] 이미 4월 4일 강진에서 만세시위운동이 있었는데,[68] 강진공립보통학교 졸업생과 재학생 들이 대거 시위에 참여했던 직후였기에 무죄로 풀려난 이들이 더욱 반가웠을 것이다.

물론 지역마다 상황이 다를 수 있었다. 일제의 잔인한 탄압이 휩쓸고 간 이후 시위운동을 주도한 이들에 대한 반감이 싹튼 지역이 없지는 않았다.[69] 그러나 전반적으로 보면 수감자, 희생자 들에 대한 추모

---

(64) 〈朝特報 第35號 鮮內民心一般ノ趨向ニ就テ〉(1919. 8. 18).

(65) 〈騷密 第2040號 民情彙報(第17報)〉(1919. 5. 10).

(66) 〈騷密 第694號 民情彙報(第7報)〉(1919. 4. 23).

(67) 〈騷密 第2685號 民情彙報(第21報)〉(1919. 5. 20).

(68) 강진의 시위운동에 관해서는 독립운동사편찬위원회 편,《독립운동사 제3권》, 독립유공자사업기금운용위원회, 1971, 613~616쪽 참조.

와 동정의 온기는 혁명 이후에도 오래 남았다. 1919년 8월 통영면 서기 이학이(李學伊)는 3월 14일 시위를 준비하다 경찰에 붙잡혀 유죄 판결을 받고 부산감옥에서 복역 중 고문 여독으로 병을 얻어 가석방 되었으나 사망했다. 이에 많은 사람이 동정하여 구호금이 600원 넘게 모였고 장례 참석자가 500여 명에 달했다. 또 청년들은 일제의 방해를 무릅쓰고 릴레이식으로 영구를 부산에서 통영까지 운반했다.[70] 일제의 감시와 방해에도 부산에서 김해와 마산, 통영에 이르는 여러 지역 간에 연대감이 형성되고 망자를 추도하는 분위기가 일었다. 이 밖에도 곳곳에서 의연금 모금 등의 동정과 추모 활동이 이어졌다.[71]

이와 같이 시위가 있었던 곳곳에서 주민들은 희생자들에 대한 장례비나 부상자 치료비를 별다른 불평 없이 부담하고, 나서서 수감자를 돕고자 했다. 의연금 모금이나 의례가 중지되는 과정에서 주민들의 관에 대한 저항의식도 고취될 수 있었다. 시위 경험과 시위 이후 관계자들에 대한 구호와 추모 과정에서 주민들의 공통된 경험과 공동체성은 1920년대 각지에 우후죽순으로 생겨난 청년회와 각종 단체, 지역주민운동에 밑거름이 되었을 것이다.

4) 반(反)혁명 또는 혁명 피로감의 여러 층위

만세 함성이 울려 퍼지는 가운데 한쪽에서는 시위에 반대하는 목소리도 있었다. 특히 대한제국 시기 이래로 일본의 식민통치에 협력

---

69) 〈騷密 第1269號 民情彙報(第12報)〉(1919. 4. 30)의 경북 영덕 사례; 〈騷密 第1446號 民情彙報(제14보)〉(1919. 5. 3)의 황해 연백·서흥 사례; 〈騷密 第1578號 民情彙報(第15報)〉(1919. 5. 4)의 충남 청양 사례; 〈騷密 第1731號 民情彙報(第16報)〉(1919. 5. 6)의 경북 청도 사례.

70) 〈朝特報 第50號 鮮內民心一般ノ趨向ニ就テ 第貳號〉(1919. 9. 20); 李龍洛 編著, 《三·一運動實錄》, 三·一同志會, 1969, 662·663쪽; 독립운동사편찬위원회 편, 앞의 책, 254~257쪽.

71) 〈高警 第28470號 地方民情彙報〉(1919. 10. 6)의 원산, 평양 사례; 〈高警 第32778號 民情彙報〉(1919. 11. 18)의 김해 사례.

했던 세력에게 3·1혁명은 자신들의 삶을 송두리째 앗아갈 수 있는 큰 위협이었다. 그들은 만세시위 국면에 적극적으로 대항했다. 이완용(李完用)의 3차에 걸친 경고문이라든가 조선인 도지사와 고양군수 민원식(閔元植)의 경고문·유고 발표, 조선독립 불가능을 주장한 윤치호(尹致昊)의 인터뷰 기사 등 언론매체를 동반한 친일협력 세력의 3·1혁명 반대 활동,[72] '관민합동' 단체로서 자제단(또는 자위단, 자성단 등) 설립[73] 등은 잘 알려진 사실이다.

그런데 흔히 '친일파'로 알려진 이들의 활동 이외에, 조선 사회의 저변에 시위 참여자들을 반대하고 혁명을 우려하는 시선이 짙게 깔려 있었던 점은 잘 알려지지 않았다. 〈민정휘보〉에는 혁명을 반대하거나, 두 달여 동안 진행된 만세시위의 열기에 피로를 느끼는 내용들이 상당 부분 눈에 띈다.

〈민정휘보〉를 보면 대체로 공직을 맡고 있던 유력자나 자산가층, 양반유생층이 3·1혁명에 반감을 드러냈다는 점을 알 수 있다. 함남 신흥군(新興郡)에 거주하는 군수 출신의 류승해(柳承海)는 만세 고창으로 독립할 수 없고, "가령 독립했다 해도 재력이 없고 군비 없고 국가를 조리(調理)할 만한 인물이 없"으며, "곧바로 백인이 함부로 날뛰게 되어" 더 큰 고초를 겪을 수 있기 때문에 "황인종의 동맹으로 저 횡포한 백인에 대항"하는 것이 낫다고 보았다.[74] 경북 군위의 양반 배

---

72) 임경석, 〈3·1운동기 친일의 논리와 심리〉, 《역사와 현실》 69, 2008; 황민호, 《《매일신보》에 나타난 3·1운동에 대한 인식과 친일 논리〉, 《한국민족운동사연구》 90, 2017; 이준식, 앞의 글 (2018) 참조.

73) 윤주한, 〈3·1운동기 자제단(自制團)의 등장과 활동〉, 한양대학교 사학과 석사학위논문, 2017; 이양희, 〈3·1운동기 일제의 한국인 자위단체 조직과 운용〉, 《한국근현대사연구》 83, 2017; 이준식, 위의 글.

74) 〈騷密 第2494號 民情彙報(第20報)〉(1919. 5. 17). 경북 영덕의 지식계층에서도 이와 거의 유사한 이야기가 나왔다. 〈騷密 第1731號 民情彙報(第16報)〉(1919. 5. 6).

응석(裵應錫)은 일본 시찰 결과를 동네 유지들에게 전하면서 일본의 발전이 놀랄 정도이고 "한국이 독립하면 도리어 인민이 불행해질 것이 명백"하며, "다른 나라와 병합해도 도저히 오늘 이상으로 행복할 수 없을 것"이라 했다.[75] 함흥의 한 서당 교사는 '조선의 발전은 일한병합이 준 것'이며, 서민은 옛날의 가렴주구를 면하고 안락한 생활을 하고 있기 때문에 속히 불령배(시위자들)를 응징해야 한다고 했다.[76] 이상은 일본의 발전으로 인민이 행복한 상태이고 독립을 해도 백인종에게 침략당할 수 있기 때문에 같은 '황인종'인 일본의 지배 아래에 있는 것이 더 안전하다는 이야기였다.

상인층을 중심으로는 만세시위로 인해 상점이 열리지 않고 경제가 위축된다는 불만이 제기되었다. 경성의 상인들은 개점해도 상행위가 예전만 못해 폐점하는 자도 있고, 하층 상인의 경우 '만세 탓에 아사한다'며, 독립운동도 생존한 뒤에 해야 하지 않느냐는 원성이 있었다.[77] 경남 창원에서는 장날 시위 때 참가자들에게 술과 음식을 제공했다가 돈을 받지 못하고, 시위 이후 시장 상황이 부진해 어려움을 겪던 소상인들이 시위 선동자를 원망하기도 했다.[78] 평북 정주와 함남 문천에서는 개시(開市) 중지로 인한 생활문제를 이유로 천도교도와 기독교도 등 시위 주도자를 배척하는 이가 많았고,[79] 충남에서는 장시를 열어달라는 청원서가 당국에 제출되기도 했다.[80]

75) 〈騷密 第2685號 民情彙報(第21報)〉(1919. 5. 20).

76) 〈騷密 第2494號 民情彙報(第20報)〉(1919. 5. 17).

77) 〈騷密 第785號 民情彙報(第8報)〉(1919. 4. 24); 〈騷密 第3035號 民情彙報(第23報)〉(1919. 5. 26); 〈騷密 第5008號 民情彙報(第28報)〉(1919. 6. 30).

78) 〈騷密 第1446號 民情彙報(第14報)〉(1919. 5. 3).

79) 〈騷密 第385號 民情彙報(國內 第2報)〉(1919. 4. 16); 〈騷密 第2854號 民情彙報(第22報)〉(1919. 5. 23)의 정주 사례; 〈騷密 第2040號 民情彙報(第17報)〉(1919. 5. 10)의 문천 사례.

생활의 불만을 시위와 연결하는 시각은 일반 주민들에게서도 보였다. 이들은 특히 시위를 주도한 기독교도와 천도교도에 비난의 화살을 돌렸다. 평북 구성군(龜城郡)에서는 천도교도의 '선동'으로 귀중한 인명이 살상당하고 산업상 손해를 입었다며 천도교를 절멸해야 한다고 주장하는 주민이 늘어갔고, 각 시장에서 만세시위가 일어나지 않도록 방비했다.[81] 경북 봉화 명호면(明湖面) 내천리(乃川里) 주민들 가운데는 기독교도의 시위 때문에 관헌의 엄중한 단속을 받고 있다며 기독교에 반감을 품는 자가 늘어갔다.[82] 평남 대동군에서도 생활이 불안정해졌다며 기독교도와 천도교도를 증오하는 주민이 많아 기독교 학교 증축 계획과 천도교 전도실 신축 계획이 중단되기도 했다.[83]

기독교도와 천도교도 들은 여러 지역에서 압박을 받았다. 기독교 신도들이 외출을 꺼려 사람들의 눈을 피해 밤중에 먹는 물을 긷거나, 다른 마을로 이거하거나, 천도교도에게 빌려준 말과 소를 반환받고 소작계약을 해제하는 일도 발생했다. 어느 기독교도는 장모가 직접 찾아와 처를 데려가면서 이혼을 요구하는 말을 듣기도 했다.[84] 퇴교하는 이들도 늘어갔다. 평북 태천(泰川)의 한 조선인 전도사는 주변 기독교도에 대한 압박으로 자신의 상업 경영에 미칠 영향을 우려해 퇴교했다. 함남 풍산에서는 천도교구장이 시위 혐의에 무죄로 풀려

80) 〈騷密 第1578號 民情彙報(第15報)〉(1919. 5. 4); 〈소요 후의 지방 인심, 망동인 줄 쾌히 깨달은 듯〉,《매일신보》,1919년 5월 9일자.

81) 〈騷密 第475號 民情彙報(第4報)〉(1919. 4. 19).

82) 〈騷密 第2327號 民情彙報(第19報)〉(1919. 5. 15).

83) 〈騷密 第1016號 民情彙報(第10報)〉(1919. 4. 27).

84) 각각 〈騷密 第2494號 民情彙報(第20報)〉(1919. 5. 17)의 영덕, 〈騷密 第1578號 民情彙報(第15報)〉(1919. 5. 4)의 평남 평원, 〈騷密 第3227號 民情彙報(第24報)〉(1919. 5. 29)의 함남 장진, 〈騷密 第1731號 民情彙報(第16報)〉(1919. 5. 6)의 평북 정주 사례; 〈소요 후의 지방 인심, 망동인 줄 쾌히 깨달은 듯〉,《매일신보》, 1919년 5월 9일자.

났지만, 천도교도로서 불이익을 우려해 주변 사람들과 퇴교했다.[85]

이상에서 3·1혁명 직후 혁명에 반대하거나 여러 가지 생활문제로 혁명에 피로감을 표출하는 이들이 상당 부분 있었음을 살펴보았다. 여기에는 서로 다른 층위가 존재했다. 먼저, 각지의 식자층이나 유생층에서 혁명을 반대했던 이들은 조선독립 불가능론을 이야기하거나, 설사 독립하더라도 살아남기 힘들다는 '실력 부족' 논리를 들어 일본의 통치를 인정했다.[86] 한편으로 상인들은 시위 여파에 따른 영업 부진으로 인한 생활의 어려움, 주로 경제적인 차원에서 혁명에 피로감을 드러냈다. 이는 주로 장시라는 공간에 국한되어 이윤을 우선시하던 상인 특유의 정체성이 발현된 것이 아닐까 한다.

혁명적 국면에 따른 지역사회의 '혼란'과 생활에 대한 불만은 일반 주민에게도 번져갔다. 민중의 분노는 천도교와 기독교계에 집중되는 양상을 보였다. 이는 군중심리에 '반신반의'하며 시위에 참여했던 상당수의 민중이 식민통치 아래 억눌려 있던 해방의 염원을 폭발시켰으나, 시위가 끝나면서 생활인으로 돌아가버리는 희박한 주체의식에서 비롯된 것으로 볼 여지가 있다.[87]

조선이 독립하면 새로운 정부는 국고 자금이 없어서 가렴주구가 옛

---

85) 〈騷密 第1731號 民情彙報(第16報)〉(1919. 5. 6); 〈騷密 第2063號 民情彙報(第18報)〉(1919. 5. 11).

86) 〈민정휘보〉상으로 3·1혁명 반대론이 양반유생층에서 보이는 것은 일제강점 직후 1910년대 양반유생층을 회유와 포섭의 대상으로 삼았던 일제의 정치적 목적과 합치된 결과가 아닐까 한다. 물론 대한제국기 의병전쟁 이래로 3·1혁명 시기 유생층의 저항이 있었던 것도 사실이다. 1910년대 일제의 유림·유교정책과 관련해서는 이명화, 〈조선총독부의 유교정책(1910~1920년대)〉,《한국독립운동사연구》7, 1993; 유준기, 〈1910년대 전후 일제의 유림 친일화정책과 유림계의 대응〉,《한국사연구》114, 2001 참조.

87) 조경달 지음, 허영란 옮김,《민중과 유토피아》, 역사비평사, 2009, 244~250쪽.

날의 배로 늘 것이다.

　독립 불능하면 조선인에 대한 증오로 여러 가지 단속이 엄중해져 법령이 비 오듯 쏟아지고, 세금 수취가 한층 심해질 것이다.[88]

　위 인용문처럼 시위 열기가 식어가기 시작한 1919년 5월 무렵 평안남도 주민들의 시국관에서도 보듯이 일단 진정 국면에 접어들어서는 생활문제 해결이 중요했던 것으로 보인다. 조선이 독립해도, 독립하지 못해도 예부터 생활난이 문제였다. 그 양자 사이에서 민은 움직이고 있었다.

3. 계속되는 여진, 잠재된 독립 열망(1919. 7~1921)

1) 정중동, 계속되는 '불온'한 분위기

　강화회의도 이미 종료를 고해 독립을 몽상하며 뇌동하던 무리도 점차 독립이 불가능함을 깨닫고 민심은 점차 진정되어가는 것으로 판단되나, 재외 조선인을 통한 선동과 한번 침윤된 사상은 자칫하면 민심의 안정을 파괴할 수 있어 크게 경계할 필요가 있다.[89]

　1919년 7월 조선군은 베르사유강화조약이 체결된 뒤 점차 사회가 안정되고 있다고 파악하면서도 상하이 임시정부와 간도·연해주의

---

88)　〈騷密 第2854號 民情彙報(第22報)〉(1919. 5. 23).
89)　〈朝特報 第32號 鮮內外一般ノ狀況〉(1919. 8. 5), 1쪽.

독립군 단체 등 해외 조선인들의 동태를 예의주시하고 있었다. 6월 28일 베르사유강화조약이 체결되면서 조선독립 청원의 희망이 한풀 꺾였다고는 하나 조선인들이 독립이 불가능하다고 생각한 것만은 아니었다.

조선인 중에 8월 20일 칙령 제386호로 공포된 조선총독부 관제 개정을 조선독립에 가까워지거나 3·1혁명의 결과물로 해석하는가 하면, 새 총독으로는 시위를 근절할 수 없고 독립운동은 소멸되지 않을 것이라고 보는 이도 있었다.[90] 보통경찰제도의 개편에 대해서는 헌병제도 폐지를 '소요의 결과'로 보며 조선인에게 자유를 주는 것으로 생각하거나, 조선독립이 가까워진 신호로 해석하기도 했다.[91] 더 크게 시위하면 관제 개정 이상의 제도 개편이 가능할 것이라 주장하며, 헌병들이 사라지기를 기다려 다시 독립운동을 일으키려는 움직임도 있었다.[92] 관제 개정을 통해 조선 사회를 안정시키려던 식민권력의 의도가 어긋나고 있었던 것이다.

8월 29일 강제병합일을 전후하여 여러 움직임도 포착된다. 8월 29일 경성에서는 각종 불온문서를 배포하고 조선인 상점에 휴업을 강제하거나, 북악산과 남산에 태극기를 꽂고 시위를 시도하려는 이들이 있었다. 8월 말에 조선이 독립할 것이라거나, 음력 8월 추석을 전후로 독립만세를 고창할 것이라는 유언비어가 나돌았고, '불온'문서

90)　위의 글, 31·32쪽 경기 김포 사례.

91)　〈朝特報 第46號 總督ノ更迭, 警察制度ノ改變ニ依ル地方民心ニ及ボセシ影響ニ就テ(第一號)〉 (1919. 9. 17), 8쪽 평북 구성 및 28·29쪽 경기 포천 사례;〈朝特報 第50號 鮮內民心一般ノ趨向ニ就テ 第貳號〉(1919. 9. 20), 7쪽 함남 문천, 9쪽 경남 김해 사례.

92)　〈朝特報 第35號 鮮內民心一般ノ趨向ニ就テ〉(1919. 8. 18), 해주 사례;〈朝特報 第50號 鮮內民心一般ノ趨向ニ就テ 第貳號〉(1919. 9. 20), 5·6쪽 의주·희천 사례, 9쪽 경남 김해 사례;〈朝特報 第46號 總督ノ更迭, 警察制度ノ改變ニ依ル地方民心ニ及ボセシ影響ニ就テ(第一號)〉(1919. 9. 17), 23쪽 황해 옹진 사례.

가 전국에 유포되었다.[93]

9월 2일 남대문역에서 사이토 마코토(齋藤實) 총독을 향해 폭탄을 던진 강우규의 의거는 또 한 차례 조선을 뒤흔들었다. 그의 의거를 유력자층에서는 조선인 차별 대우를 폐지하고 '선정'을 베풀려고 온 총독을 암살하려 한 행위가 다시 '무단통치'로 되돌려 조선인을 힘들게 하는 일이라며 비난하기도 했으나, 다른 많은 이는 통쾌하고 장한 일로 여겼다. 이후 1920년 강우규의 공판 과정이 신문에 보도되면서 청년 학생들을 중심으로 예순이 넘은 나이에 거사한 그를 칭찬하는 이가 많았다.[94]

의거의 기운은 칭찬에 그치지 않고 만세시위로도 이어졌다. 천장절 축일[95]이었던 10월 31일과 이튿날에 걸쳐 평양에서는 청년 학생이 주축이 되어 만세시위를 일으켰다. 11월 3일에는 평양공립보통학교와 숭실중학교, 숭실여학교 학생들이 인쇄물을 배포하고 태극기를 흔들며 만세시위를 벌였으며, 11월 7일에는 전남 순천읍 뒷산에서 순천기독교회 목사와 청년 남녀 80여 명이 모여 하늘을 향해 조선독립을 기원하는 통곡식을 거행했다.[96] 이 밖에도 만세시위는 3·1혁명 1주기인 1920년 3월 1일을 비롯해 간헐적으로 일어났다.[97]

---

93) 〈朝特報 第50號 鮮內民心一般ノ趨向ニ就テ 第貳號〉(1919. 9. 20), 2~7·8쪽. 1919년 여름 경기와 황해, 평안도를 중심으로 한 희유의 대가뭄은 유언비어의 전파를 더욱 부채질하기도 했다. 식민권력은 평북 선천과 의주, 강원 이천(현재 경기도 소재), 황해도 해주 등지에서도 가뭄 때문에 민심이 동요해 쌀 폭동 같은 소요사태가 일어날까 우려했다. 같은 글, 4·6·7쪽.

94) 〈高警 第25436號 總督ニ對スル不逞鮮人ノ兇行〉(1919. 9. 2); 〈高警 第25643號 兇行事件ニ對スル感想〉(1919. 9. 5); 〈高警 第26153號 兇行事件ニ對スル感想〉(1919. 9. 12); 〈高警 第26656號 兇行事件ニ對スル感想〉(1919. 9. 17); 〈高 第27148號 兇行事件ニ對スル感想〉(1919. 9. 26); 〈高警 第29831號 地方民情彙報〉(1919. 10. 21)의 평북 철산 사례; 〈朝特報 第22號 鮮內外不逞行動及民心ノ推移〉(1920. 4. 13), 7쪽.

95) 다이쇼 천황의 탄생일은 8월 31일이었으나, 병약한 다이쇼 천황이 혹서기에 각종 식전을 행하는 것을 꺼려해 의식을 기후가 좋은 때로 행하고자 '축일'을 별도로 정한 것으로 천장절과 구별된다.

그러나 1919년 후반부터는 간헐적인 만세시위는 있었으나, 국내에서보다는 상하이와 간도, 연해주 등 국외의 독립운동이 조선 내에 미치는 영향력이 커졌다. 식민권력의 국내 저항세력에 대한 진압과 감시가 강화된 상황에서 혁명의 직접적인 여파는 약해지던 상황이었다. 1919년 여름부터는 상하이 임시정부와 간도·연해주 독립운동단체의 국내 잠입이 활발해졌다.[98] 그들은 비밀조직을 만들고, 독립 고취 문서를 배포하고, 조선인 부호들에게 독립운동자금을 요구하거나 조선인 관리에게 사직을 강요했다.

특히 1920년 3월 평북에서는 면 직원과 경찰관이 독립단원에게 총살당하는 사건이 발생해 일대 행정이 일시적으로 마비되는 일도 있었다. 3월 15일 선천군 대산면(臺山面)의 면장과 서기, 의주경찰서의 조선인 형사가 총살되었다. 20일에는 의주 고관면(古館面)에서 전 조선인 형사가 중상을 입는 일이 발생했고, 24일에는 의주 수진면(水鎭面)에서 일본인 도청 수의(獸醫)가 살상당했다. 철산군과 곽산군에서는 대낮에 권총을 휴대한 독립단원이 나타났다. 이에 평북 일대 조선인 관리들이 동요해 사직을 신청하거나 결근하는 자가 많았다. 조선인 순사의 경우 자신에게 올 피해를 면하기 위해 수사에 미온적이었다. 자산가들은 몸을 보존하고자 독립단원이 협박할 때 내놓을 돈을 미리 준비해놓았다.[99] 이후에도 4월 7일 용천군 용천경찰서 주재소가

96) 〈朝特報 第73號 鮮內外一般ノ狀況〉(1919. 11. 8); 〈高警 第32262號 地方民情彙報〉(1919. 11. 13)의 평양 사례; 〈高警 第32778號 民情彙報〉(1919. 11. 18)의 평양 사례; 〈朝特報 第79號 鮮內外一般ノ情況〉(1919. 12. 3); 〈高警 第32900號 地方民情彙報〉(1919. 11. 20)의 전남 순천 사례.

97) 1920년 3월 1일 만세시위 등 조선 내 상황에 관해서는 〈高警 第5964號 3月1日ノ情況〉(1920. 3. 3); 〈朝特報 第21號 鮮內外一般ノ狀況〉(1920. 4. 5) 참조.

98) 조선군에서는 이를 두고, "저들 대부분이 항상 상하이에서 임시정부와 하등의 맥락을 갖거나 가지고 있음을 표방하고" 있다고 보았다. 〈朝特報 第22號 鮮內外不逞行動及民心ノ推移〉(1920. 4. 13), 9쪽.

방화로 전소되는 등 관공서 습격 및 친일행위를 했던 조선인이나 경찰관에 대한 사상(死傷)사건이 끊이지 않았다.[100]

이처럼 1919년 후반부터 상하이 임시정부와 여러 독립운동단체의 국내 침투가 활발해진 반면에 3·1혁명이 국내에 직접적으로 미친 여파는 줄어들고 있었다. 국면이 전환된 것이다. 이는 식민권력이 남긴 자료에도 반영되어, 그들이 항일운동에 관해 남긴 문건에는 '국내 정황'보다 '국외 정보' 부분이 훨씬 높은 비중을 차지하고 있다. 실제 1920년대 초 총독부 경찰이 가장 경계했던 사건들은 거의 해외 조선인, 구미 열강과 관련되어 있었다.[101] 이는 앞의 인용문처럼 조선의 민심이 점차 진정되는 것 같으면서도 '재외 조선인을 통한 선동'과 한번 침윤된 사상이 자칫 민심을 흔들어놓을 수 있다는 식민당국의 경계심과 마찬가지였다.

2) 새로운 방향 모색

근래 조선의 민심은 …… 지난번 소요사건 이래 한층 훈련을 거쳐 그 사상은 점차 험악한 정도가 더해져, 그 음모는 교묘하고 조직은 점차 계통적으로 그 뿌리가 더욱 깊어져 반도 내외에 부식되고 있다.[102]

---

99) 〈朝特報 第18號 不逞鮮人ノ兇行ニ對シ民情變異ニ關スル件〉(1920. 4. 1); 〈朝特報 第21號 鮮內外一般ノ狀況〉(1920. 4. 5); 〈朝特報 第22號 鮮內外不逞行動及民心ノ推移〉(1920. 4. 13), 12쪽; 〈朝特報 第26號 鮮內外一般ノ狀況〉(1920. 5. 13).

100) 〈朝特報 第26號 鮮內外一般ノ狀況〉(1920. 5. 13); 〈高警 第14469號 不逞鮮人ノ良民銃殺ノ件〉(1920. 5. 15); 〈高警 第17162號 不逞鮮人鮮人巡査銃殺ノ件〉(1920. 6. 7); 〈高警 第18132號 不逞鮮人大倉面長殺害ノ件〉(1920. 6. 15); 〈高警 第32778號 爆彈投下及自動車狙擊人檢擧ノ件〉(1920. 11. 6); 〈高警 第35002號 面事務所襲擊犯人逮捕〉(1920. 11. 9) 등 참조.

101) 松田利彦 著, 《日本の朝鮮植民地支配と警察》, 校倉書房, 2009, 328·329쪽.

102) 〈朝特報 第22號 鮮內外不逞行動卜民心ノ推移〉(1920. 4. 13), 1쪽.

혁명이 발발한 지 1년이 지난 시점에 식민당국은 이와 같이 조선 사회를 바라보고 있었다. '교묘하고 계통적'이라는 말은 무슨 뜻일까? 이는 항일운동이 만세시위만이 아닌 여러 갈래로 진행되고 있었음을 의미한다. 대체로 파리강화회의가 종료된 1919년 6월 이후 외국을 향한 독립청원이나 만세시위만으로 독립을 실현할 수 없다는 인식이 조선 사회에 확산되고 있었다.

먼저, 국내에 무장투쟁론과 독립전쟁을 시도하려는 움직임이 확대되고 있었다. 평양에서는 1919년 10월 무렵 상하이 임시정부에서 일제와 독립전쟁을 주장하던 이동휘(李東輝)가 국무총리에 취임했다는 소식이 전해졌고, 평안남도의 기독교 청년들 중에는 독립청원으로는 독립의 뜻을 관철할 수 없고 장차 무력에 호소해야 할 시기가 도래할 것이라며 임시정부를 연해주로 옮겨 무력 활동으로 독립을 달성해야 한다는 목소리가 등장했다.[103]

이미 8월경 해외의 독립군 단체가 평안도 일대에서 의병을 모집하고 있었다.[104] 10월 평북 자성군에서는 조선인 청년 30여 명이 압록강을 건너 임시정부의 독립군에 응모하러 가기도 했고, 평양 숭실학교 대학생이 독립군이 될 것을 결심하고 서간도의 신흥무관학교로 가다가 경찰에 체포되기도 했다.[105] 무장투쟁론은 독립군 단체의 활발한 국내 침투와 함께 더욱 확대되었을 것으로 보이며, 이 과정에서 기존의 외교독립론을 지향하던 이들과 인식 차이도 커졌다.[106]

사회주의 사상의 저변도 넓어지고 있었다. 이미 3·1혁명 와중에 각

---

103) 〈高警 第30932號 地方民情彙報〉(1919. 11. 1); 〈高警 第31409號 地方民情彙報〉(1919. 11. 5).

104) 〈高警 第25435號 民情彙報〉(1919. 9. 2)의 평남 순천 사례; 〈高警 第25504號 民情彙報〉(1919. 9. 4)의 의주와 평양 사례.

105) 〈高警 第28816號 地方民情彙報〉(1919. 10. 11), 4쪽; 〈高警 第29517號 地方民情彙報〉(1919. 10. 18), 1·2쪽 사례.

지의 조선인들은 사회주의와 재산 균분에 대한 지향을 보였다. 조선이 독립할 때 국민 전체에게 재산이 분배된다는 등 사회주의를 지향하는 이야기가 전파되었다.[107] 시위가 잠잠해진 뒤에도 독립 이후 토지가 정부에 수용되어 분배될 것에 대비해 미리 토지를 매각하는 이들도 있었다.[108] 조선에서 사회주의의 선전과 확산은 이후에도 줄곧 이어졌다.

무장투쟁에 대한 움직임과 사회주의 확산은 만세시위가 퇴조하면서 독립에 대한 열망이 다른 차원으로 전환해갔음을 뜻한다. 반면, 독립을 유보하면서 조선의 자치를 주장하거나 조선인 차별 철폐를 제기하는 흐름도 있었다. 일각에서는 만세시위를 계기로 조선인 차별 대우 해소와 조선의 자치권 부여를 기대했다. '우리 동포의 절규'가 일본 정부의 변화를 불가피하게 만들어 더 크게 저항하면 자치제나 대의사(代議士) 선출을 이끌어낼 것으로 보거나, 조선인 권리 신장에 더욱 노력해야 한다는 주장을 펼치기도 했다.[109] 경성의 조선인 관리 중에서는 조선인에게 병역 의무를 부여하고, 조선인 관리도 일본인 관리와 똑같이 대우하며, 조선의 자치를 인정해달라는 주장이 나왔다.[110]

---

106) 예를 들어, 평양의 안창호를 지지하던 기독교 유력자들 사이에서는 이동휘의 국무총리 취임 소식을 듣고 임시정부의 상황을 우려하는 시선이 있었다. 〈高警 第30932號 地方民情彙報〉 (1919. 11. 1), 3·4쪽.

107) 〈騷密 第125號 民情彙報(第1報)〉(1919. 4. 16), 4·5쪽 경남 사례; 〈騷密 第2040號 民情彙報(第17報)〉(1919. 5. 10), 충남 연기와 대전·전남 담양 사례. 재산 균분에 대한 열망은 동학농민전쟁 당시 토지의 '평균분작' 구호와 같은 농민들의 지향과 사회주의가 결합된 것으로 볼 수 있다(이윤상·이지원·정연태, 앞의 글, 253·254쪽; 박찬승, 〈3·1운동의 사상적 기반〉, 한국역사연구회·역사문제연구소 편, 앞의 책, 413쪽).

108) 〈朝特報 第35號 鮮內民心一般ノ趨向ニ就テ〉(1919. 8. 18), 12쪽 평북 창성 사례.

109) 〈騷密 第432號 民情彙報(第3報)〉(1919. 4. 18); 〈騷密 第694號 民情彙報(第7報)〉(1919. 4. 23)의 경남 사례.

이러한 생각은 시위가 잠잠해진 이후에도 계속되었다. 만세시위 결과 총독 교체와 관제 개혁이 이뤄졌고, 자치제가 아니라도 참정권이 부여되거나 조선인에 대한 차별 철폐가 실현된다든가 조선인이 요직에 충당될 것이라고 이야기되었다.[110] 평양의 심천풍(沈天風)과 이기찬(李基燦) 등은 일본 총리 하라 다카시(原敬)와 일본 정계의 인물들을 방문해 조선은 조선인이 직접 다스리게 해달라거나, 조선의회를 설치해달라는 의사를 표명하기도 했다.[112]

이처럼 자치나 참정권을 이야기하는 입장을 단순히 친일협력으로만 규정할 수는 없다. 사실상 '독립'을 포기하는 논리도 있었으나, 독립의 수순으로서 자치를 생각하는 경우도 있었다.[113] 적어도 3·1혁명 직후에는 일본이 혁명에 대한 대응책을 모색하고 있었고, 그 과정에서 조선 사회에서는 당장 독립이 되지 않더라도 조선인 차별이 개선된다든지 만세시위로 긍정적인 효과가 있을 것을 바라는 심리가 존재했다. 3·1혁명의 파급 효과 가운데 하나로서 '자치'와 차별 철폐 문제가 대두되었던 것이다.

국면 전환은 경제계에서도 뚜렷했다. 조선인만의 경제권을 형성하겠다는 움직임이 나타났던 것이다. 1919년 10월 무렵 목포의 조선인

---

110) 〈騷密 第785號 民情彙報(第8報)〉(1919. 4. 24).

111) 〈騷密 第3938號 民情彙報(第26報)〉(1919. 6. 11)의 경남 의령 사례; 〈朝特報 第50號 鮮內民心一般ノ趨向ニ就テ 第貳號〉(1919. 9. 20)의 강원 금성(金城) 사례.

112) 〈朝特報 第22號 鮮內外不逞行動卜民心ノ推移〉(1920. 4. 13), 7·8쪽에는 1919년 9월경 일본 조야를 방문했다고 했으나, 그들은 하라를 8월 1일에 만났다(原奎一郎 編, 《原敬日記 5》, 福村出版, 2000, 124쪽).

113) 이 시기 친일협력 세력의 자치·참정권운동은 이태훈, 〈일제하 친일정치운동 연구〉, 연세대학교 사학과 박사학위논문, 2010, 95~167쪽, 민족주의 세력의 자치에 관한 인식은 윤덕영, 〈1920년대 전반 민족주의 세력의 민족운동 방향 모색과 그 성격〉, 《사학연구》 98, 2010 참조. 참고로 식민당국은 1920년 4월에 '소요사건' 이래 "헛되이 독립을 부르짖고 자치를 칭하며" 조선인 사이에 사상이 악화하고 있다고 보았다. 자치도 통치에 위협적인 형태로 파악했던 것이다(〈朝特報 第22號 鮮內外不逞行動卜民心ノ推移〉(1920. 4. 13), 1쪽).

사이에서는 "재조 일본인을 근본적으로 구축해 완전히 조선의 독립을 꾀하지 않으면 안 된다"며, 일본인이 소유한 토지·가옥을 전부 매수해야 한다는 주장이 있었다. 그들은 당시 경성을 비롯해 각지에서 일본인의 토지·가옥 매수가 진행되는 모습을 보며 시가의 2~3배를 준다고 하면 일본인이 기뻐하며 일본으로 돌아갈 것이라고 보았다.[114]

전남 강진읍에서는 3·1혁명 시위를 기획했던 김안식(金安植) 등이 공익상회(公益商會)를 설립하려 했다. 비록 경찰의 방해로 설립이 중단되었지만, 상회의 운영 방침은 첫째, 상회원이 일본인 상점에서 물품을 구입하지 않고, 둘째, 일본인의 가산과 토지를 시가 이상으로 매입하고, 셋째, 일본인에게 절대 차가(借家)하지 않는 것이었다.[115] 경남 김해군 장유면(長有面) 조선인들은 일이 없을 때를 제외하고는 일본인에게 고용되지 않고, 일본인 상점에서 물품을 구입하지 않기로 협의했다. 창원에서도 1919년 9월 이후 읍내 일본인 상인의 판매량이 감소했는데, 이 역시 읍내 조선인들이 일본인 상점에서 상품을 구입하지 않았기 때문이다.[116]

일본인 경제권을 위협하고 그들의 자산을 흡수하려는 방식뿐만 아니라 조선인 은행과 회사를 설립하려는 시도도 활발해졌다. 각지의 조선인 자산가들은 은행 설립을 계획하고 주식 모집을 기획했는데, 경찰은 이러한 움직임에 대해 일본인에게 경제적 압박을 가해 대항하려는 의도가 있다고 파악했다.[117] 실제 〈표 4〉에서도 보듯이 1910년

---

114) 〈高警 第28816號 地方民情彙報〉(1919. 10. 11), 14쪽. 회령과 함흥에서도 같은 사례가 보인다〔〈朝特報 第22號 鮮內外不逞行動ト民心ノ推移〉(1920. 4. 13)〕.

115) 〈高警 第29517號 地方民情彙報〉(1919. 10. 18), 5·6쪽.

116) 〈高警 第32778號 民情彙報〉(1919. 11. 18).

117) 위의 글, 4·5쪽.

연도	신설	해산	증감	총 회사 수	지수(1910년:100)
1910	–	–	–	112	100
1911	47	22	25	137	122
1912	28	14	14	151	135
1913	34	12	22	173	154
1914	26	12	14	187	167
1915	15	9	6	193	172
1916	15	12	3	196	175
1917	37	10	27	223	199
1918	51	23	28	251	224
1919	143	20	123	374	334
1920	235	48	187	561	501
1921	195	36	159	720	643
1922	231	67	164	884	789
1923	299	91	208	1,092	975

※ 출전: 김두얼, 〈식민지 조선의 회사 수〉, 《경제사학》 56, 경제사학회, 2014, 173쪽 〈부표 1〉을 가공. 추계 자료는 《조선총독부 통계연보》의 등기 자료.

표 4. 1910~1920년대 초 회사 수 변동

대 회사령체제 아래에서 조선 내 회사 수가 1년에 10~20개 정도 증가하다가 1919년을 기점으로 회사 수가 두드러지게 늘어났다. 1919~1920년대 초는 조선인 회사 수와 공칭(公稱) 자본금이 급증한 시기였다.[118]

이처럼 1919년 후반~1920년 초에는 일본인으로부터 경제상 권리를 회복하는 것을 독립의 한 방편으로 보는 분위기가 조성되고 있었다. 일본인의 토지·가옥을 매수하고, 그들의 상품을 사지 않고, 회사를 설립해 조선인 경제력을 향상시키려는 움직임이 각지에서 일어났다. 그 과정에서 마을 단위나 지역 내 조선인 사이에 공동체성이 발휘되고 협의가 이뤄진 점도 특징이다. 이러한 동향은 1920년대 초 물산장려운동으로 대변되는 경제운동으로 연결되었다.

이 밖에 보통학교 입학 지원자 수가 급증하는 등 혁명 이후 교육열이 높아졌다.[118] 또 결사의 제약이 어느 정도 완화되면서 1920년부터 청년회 등 각종 단체가 폭발적으로 늘어났다. 이 과정에서 교육과 산업 부문의 역량을 축적해 독립을 달성하거나 대비하겠다는 문화운동, 실력양성운동이 전개된 것은 잘 알려진 사실이다. 이 역시 혁명이 낳은 정치적 기회 구조로 인한 새로운 현상이라 하겠다.

100년 후, 다시

1921년 4월 경찰부장회의에서 사이토 마코토 총독은 조선의 민심이 안정된 점을 과거와 비교해 '격세지감'이라 표현했다. 같은 자리에서 미즈노 렌타로(水野鍊太郎) 정무총감은 민심 평정의 원인을 조선인들이 민족자결이 무가치한 것을 알게 된 점, 상하이나 기타 지역의 '무뢰배 단체'가 힘이 없다는 것을 자각한 점에서 찾았다.[120] 조선의

---

118) 허수열, 〈조선인 자본의 존재 양태〉, 《경제논집》 6, 충남대학교 경영경제연구소, 1990, 80~83 쪽 참조. 물론 허수열이 지적했듯이 1919~1920년대 초 조선인 및 일본인 회사 수와 자본금의 급증 원인을 3·1혁명 및 회사령 철폐에만 초점을 맞추기보다는 제1차 세계대전 시기 호황과 시장 확대에서 찾는 것이 필요하다.

119) 〈朝特報 第8號 鮮內民心ノ推移ニ就テ〉(1921. 5. 13), 5·6쪽.

120) 水野直樹 編, 《朝鮮總督諭告·訓示集成》 3, 綠蔭書房, 2001, 393, 399·400쪽.

치안이 안정을 찾았다고 한 것이다. 1921년 들어 혁명의 여진은 더이상 발생하지 않았다고 볼 수 있다.

그러나 식민당국은 극비문서에 단서를 남겼다. 조선 내 민심이 소강상태를 유지하고 있지만, "그 내부에 잠재한 독립사상은 결코 줄어든 것이 없어서, 무엇인가의 동기가 있으면 다시 소요를 야기하게 될 것"[121]이라고 했다. 이처럼 3·1혁명은 식민권력에 상흔을 남겼다.

식민당국에 혁명이 상처였다면, 조선인에게는 에너지원이 되었다. 1919년 5월 들어 만세시위가 사라지면서 혁명적 국면이 종결되었다. 그러나 3·1혁명이라는 대지진이 낳은 여진은 상당 기간 지속되었다. 곳곳에 소문이 나돌고 선동·선전물이 유포되었다. 조선인들은 묘지규칙과 뽕나무 강제식부, 세금 납부를 기피하며 식민당국의 시책을 거부했고, 일본인의 눈치를 보지 않는 등 일상에서 저항을 계속했다. 여전히 교실에는 여기저기 빈자리로 냉기가 가득했다. 많은 이는 파리강화회의와 윌슨에 기대하고 일·미 개전을 꿈꾸며 독립을 바랐다. 한번 대들어보고 어디 하소연이라도 해보며 몽상하는 일종의 심리적인 '해방구'가 조성된 것이다.

혁명 직후 시위 참가자 및 희생자에 대한 지역공동체의 동정과 추모 열기도 이어졌다. 주민들은 희생자에 대한 장례비나 부상자 치료비를 부담하고, 나서서 수감자를 도왔다. 의연금 모금이나 장례식이 경찰에 의해 중지되자 오히려 관에 대한 주민들의 저항의식이 거세졌다. 시위 경험과 시위 관계자들에 대한 구호와 추모 과정에서의 공통된 경험은 1920년대 우후죽순으로 생겨난 청년회와 각종 단체, 지역사회운동에 밑거름이 되었음에 틀림없다.

---

121) 〈朝特報 第8號 鮮內民心ノ推移ニ就テ〉(1921. 5. 13), 5쪽.

물론 사회 구성원 모두가 한 방향으로만 움직일 수는 없다. 친일협력 세력의 3·1혁명 반대 활동, 자제단 설립과 함께 시위에 반대하고 혁명을 우려하는 시선이 여러 층위에서 나타났다. 식자층이나 유생층 가운데 조선독립 불가능론을 말하며 일본의 통치를 인정하는 이들이 있었다. 상인들은 상행위 부진으로 경제적 어려움을 겪으며 혁명에 피로감을 느꼈다. 시위가 끝나면서 생활인으로 돌아간 민중 가운데는 혁명에 따른 '혼란'을 천도교와 기독교계에 돌리며 분노를 표출하는 이들도 있었다.

한편, 베르사유강화조약 체결 이후 독립청원과 만세시위만으로 독립을 이룰 수 없다는 인식이 확산되면서 국면이 전환되었다. 항일운동은 여러 갈래로 진행되었다. 먼저 1919년 후반기 들어 상하이 임시정부와 간도·연해주의 독립운동단체는 비밀조직을 만들고, 조선인 부호들에게 독립운동자금을 요구하거나 관리들을 협박하며 사직을 강요했다. 이 과정에서 관공서 습격과 조선인 관리 및 부호에 대한 사상사건이 끊이지 않았다. 이와 표리를 이루어 무장투쟁론과 독립전쟁을 시도하려는 움직임이 확산되었다. 더불어 재산 균분 인식이 표출되고 조선에서 사회주의 사상에 대한 저변도 확대되었다.

다른 한편으로 직접적인 독립 달성이 아닌 새로운 움직임이 모색되었다. 정치적으로는 만세시위를 계기로 조선인 차별 대우 해소를 기대하는 이들이 있었고, 독립의 수순으로서 조선에 자치권 부여를 주장하는 이들도 등장했다. 경제적으로는 일본인의 자산을 흡수해 조선인만의 경제권을 형성하려는 움직임이 나타나고, 조선인 은행과 회사를 설립하려는 시도가 활발해졌다. 후자는 1920년대 초 물산장려운동 같은 경제운동으로 연결되었다. 이 밖에 보통학교 입학난으로 대변되는 교육열이라든가 각종 단체의 폭발적인 설립은 1920년대

문화운동, 실력양성운동으로 이어졌다. 이 역시 혁명이 낳은 새로운 현상이었다.[122]

3·1혁명의 역사에서 '혁명 이후'를 찾아보는 것은 오늘날 어떤 의미가 있을까? 일각에서 '촛불혁명'이라고도 부르는 2016~2017년 촛불집회로 정권이 교체되었다. 그러나 많은 이의 삶은 여전히 고단하고 삶의 변화를 향한 열망 역시 고스란히 남아 있다. 100년 전처럼 '혁명 이후'를 어떻게 꾸려갈 것인가는 결국 우리의 몫일 터이다.

---

122) 1922년 조선총독부 경무국은 "종래 직접 독립운동에 종사하던 자와 독립의 희망을 갖고 있던 자 가운데" 발생한 새로운 두 경향으로서 "문화적 방법에 의한 독립운동"과 "사회혁명적 운동", 곧 사회주의운동을 꼽았다(朝鮮總督府 警務局, 《大正十一年 朝鮮治安狀況(鮮內)》, 1922, 11·12쪽(金正柱 編, 《朝鮮統治思料 第七卷》, 韓国思料研究所, 1971, 459쪽)). 이 서술은 1922년 워싱턴회의가 종료되고 외교독립론이 성과 없이 끝난 뒤 국내 정세 변화를 평가한 것이지만, 3·1혁명을 겪은 이들이 자신들의 삶을 바꾸기 위해 새롭게 움직여간 모습을 단적으로 보여준다.

■ **저자 소개**

머리말 박준형

서울시립대학교 국사학과 조교수. 한반도 공간의 식민지적 분할과 재편, 전후 일본의 조선사학 등을 주제로 연구하고 있다. 주요 논저로 〈청일전쟁 이후 잡거지(雜居地) 한성(漢城)의 공간 재편 논의와 한청통상조약〉, 〈재한 일본 '거류지'·'거류민' 규칙의 계보와 '거류민단법'의 제정〉, 〈'조계(租界)'에서 '부(府)'로: 1914년, 한반도 공간의 식민지적 재편〉, 《이와나미강좌(岩波講座) 일본역사(日本歷史) 20》(공저) 등이 있다.

1장 배석만

고려대학교 한국사연구소 연구교수. 20세기 한국 경제사의 다양한 모습에 주목하여 연구를 하고 있다. 주요 논저로 〈어느 주물기술자의 일기로 본 기업경영사-대동(大東)공업(주), 이천(利川)전기공업(주)의 사례〉, 〈일제 시기 입전(立廛)상인 백씨 집안의 경제활동〉, 《한국 조선산업사: 일제 시기 편》 등이 있다.

2장 백선례

한양대학교 사학과 박사과정 수료. 식민지 시기 조선에서 발생했던 콜레라에 관한 논문으로 석사학위를 받았다. 이후 계속 전염병에 대한 관심을 이어오고 있으며, 환경사에 대해서도 공부하고 있다. 석사학위논문으로 〈1919·20년 식민지 조선의 콜레라 방역 활동〉이 있다.

3장 한승훈

고려대학교 독일어권문화연구소 연구교수. 세계사적 관점에서 한국 근대 국제관계사를 연구하고 있다. 주요 논저로 〈변경의 접촉지대 삼도(三島), 그리고 거문도(巨文島)의 탄생〉, 〈'조미수호통상조약(1882)' 체결 당시 미국의 '공평함'이 갖는 함의〉, 《조일수호조규, 근대의 의미를 묻다》(공저) 등이 있다.

4장 김제정

경상대학교 사학과 조교수. 식민지 시기 조선총독부의 정책과 그에 대한 각 세력들의 대응을 새로운 시각으로 파악하는 '정치사' 연구를 하고 있다. 주요 논문으로 〈식민지기 조선총독부의 조선특수성론〉, 〈식민지기 '지역'과 '지역운동'〉 등이 있다.

5장 이정선

조선대학교 역사문화학과 조교수. 민족·계급·젠더의 시각을 교차시키면서 한국 근현대사를 새롭게 그려내는 연구를 하고 있다. 주요 논저로 〈식민지 조선·대만에서의 '가제도(家制度)'의 정착 과정〉, 〈근대 한국의 '여성' 주체〉, 《동화와 배제》, 《'성'스러운 국민》(공저) 등이 있다.

6장 가토 게이키(加藤圭木)

현재 일본 히토쓰바시대학 사회학연구과 준교수. 박사(사회학). 주요 논저로 〈近代日本と植民地の公害〉, 《歴史を学ぶ人々のために: 現在をどう生きるか》(공저) 등이 있다.

7장 박현

서울시립대학교 서울학연구소 연구원. 근현대 도시사 연구를 하고 있다. 주요 논문으로 〈20세기 초 경성 신정유곽의 형성과 변화 과정에 대한 공간적 분석〉, 〈경성공립농업학교 일본 수학여행의 양상과 특징〉 등이 있다.

8장 기유정

성신여자대학교 강사. 재조 일본인의 식민지 조선 사회에서의 정치활동과 그 정체성에 대한 연구로 박사학위를 받은 이후 관련 후속 연구를 해오고 있다. 주요 논저로 〈1920년대 경성의 유지정치와 경성부협의회〉, 《제국과 식민지의 주변인: 재조 일본인의 역사적 전개》(공저) 등이 있다.

9장 이기훈

연세대학교 사학과 부교수. 국학연구원 부원장. 문화와 미디어의 영역에서 근대 주체 형성 과정을 탐구하고 있다. 주요 논저로 〈1920년대 《어린이》지 독자 공동체의 형성과 변화〉, 〈3·1운동과 깃발〉, 《청년아 청년아 우리 청년아》, 《무한경쟁의 수레바퀴-1960~1970년대 학교와 학생》 등이 있다.

10장 고태우

연세대학교 사학과 박사과정 수료, 한국생태환경사연구소 연구위원. 식민지 개발과 유산 문제, 20세기 한국의 생태환경사를 연구하고 있다. 주요 논저로 〈식민지 토건업자의 '과점동맹'〉, 〈한국 근대 생태환경사 연구의 동향과 과제〉, 《한국사, 한 걸음 더》(공저), 《일제강점기 경성부윤과 경성부회 연구》(공저) 등이 있다.

3·1운동 100주년 총서

3·1운동 100년
4 공간과 사회

한국역사연구회 3·1운동100주년기획위원회 엮음

1판 1쇄 발행일 2019년 3월 1일

발행인 | 김학원
편집주간 | 김민기 황서현
기획 | 문성환 박상경 임은선 김보희 최윤영 전두현 최인영 정민애 이문경 임재희 이효온
디자인 | 김태형 유주현 구현석 박인규 한예슬
마케팅 | 김창규 김한밀 윤민영 김규빈 김수아 송희진
제작 | 이정수
저자·독자서비스 | 조다영 윤경희 이현주 이령은(humanist@humanistbooks.com)
조판 | 이희수 com.
용지 | 화인페이퍼
인쇄·제본 | 영신사

발행처 | (주)휴머니스트 출판그룹
출판등록 | 제313-2007-000007호(2007년 1월 5일)
주소 | (03991) 서울시 마포구 동교로23길 76(연남동)
전화 | 02-335-4422 팩스 | 02-334-3427
홈페이지 | www.humanistbooks.com

ⓒ 한국역사연구회 3·1운동100주년기획위원회, 2019

ISBN 979-11-6080-209-2 94910
ISBN 979-11-6080-205-4 (세트)

* 이 도서의 국립중앙도서관 출판예정도서목록(CIP)은 서지정보유통지원시스템 홈페이지(http://seoji.nl.go.kr)와 국가자료공동목록시스템(http://www.nl.go.kr/kolisnet)에서 이용하실 수 있습니다.(CIP제어번호: CIP2019002668)

만든 사람들

편집주간 | 황서현
기획 | 최인영(iy2001@humanistbooks.com)
편집 | 엄귀영 이영란 김수영
디자인 | 김태형